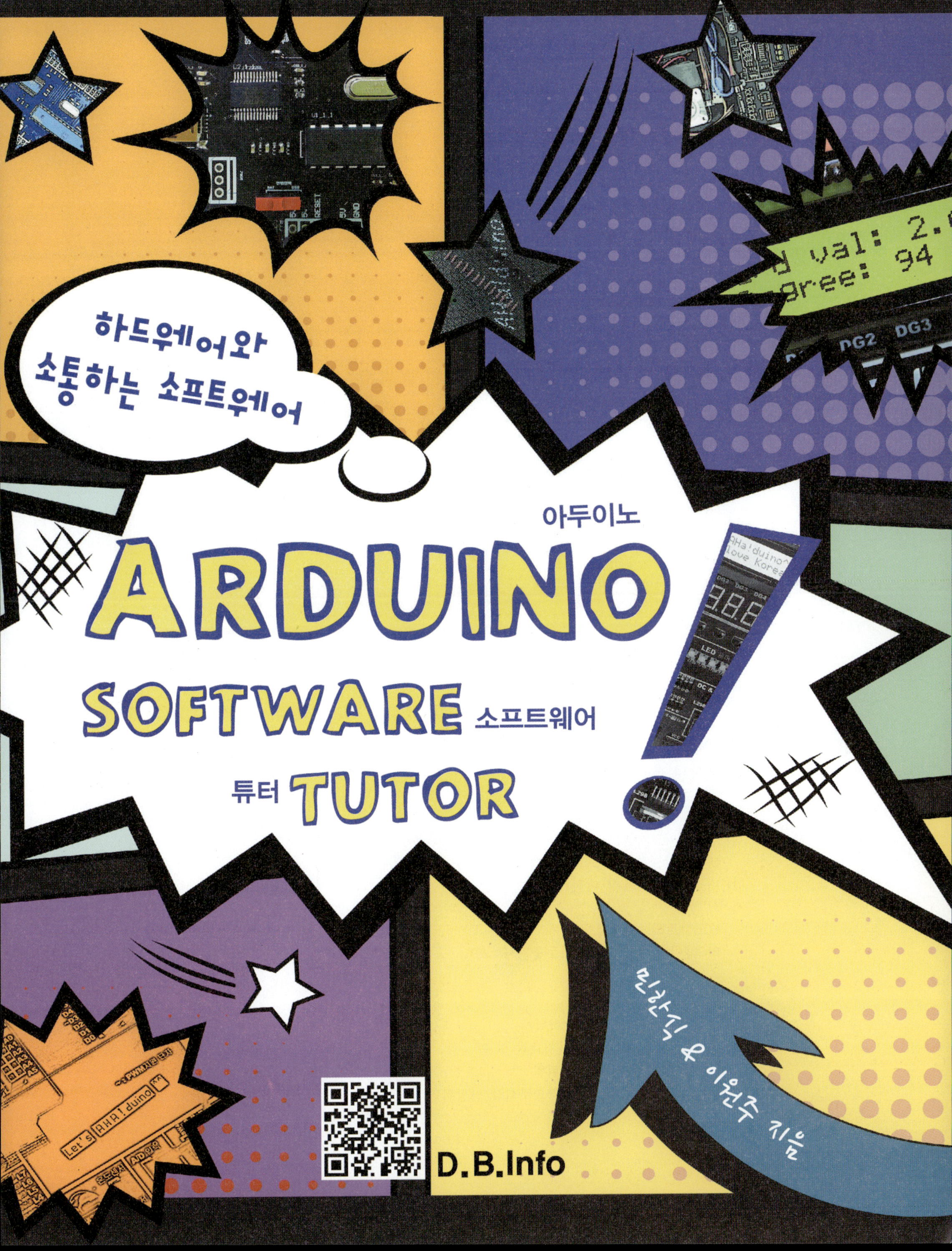

하드웨어와
소통하는 소프트웨어
아두이노
ARDUINO
SOFTWARE 소프트웨어
튜터 TUTOR
민한식 & 이원주 지음
D.B.Info

저자소개

민한식

충남대학교 전자공학교육과졸
충남대학교 산업대학원 공학석사
전자계산기(컴퓨터시스템응용)기술사 취득 (2,000년)
전) 충남대학교 기술교육과 겸임교수
    대학수학능력시험 프로그래밍교과 출제위원
현) 대전광역시교육청 대전교육정보원 교육연구사
저서)
    PCB아트웍, 성안당, 2009
    PIC마이크로컨트롤러, 복두출판사, 2012

이원주

한양대학교 컴퓨터공학과 공학박사
현) 인하공업전문대학 컴퓨터정보과 교수
    (사)앱센터운동본부 전문위원
    (사)한국컴퓨터정보학회 학술부회장/편집위원장

하드웨어와 소통하는 소프트웨어

ARDUINO
SOFTWARE TUTOR

민한식/이원주 공저

복두출판사

PREFACE

머리말

"자동차는 이제 가솔린이 아니라 소프트웨어로 달린다"

메르세데스 벤츠(Mercedes-Benz)의 CEO인 디터 제체(Dieter Zetsche)의 말입니다. 무인 자동차개발을 위한 개발비의 90%가 IT기술 개발비에 투자되고, 전기자동차를 개발하는 기업인 테슬라도 하드웨어가 아닌 소프트웨어기술을 경쟁력으로 내세우고 있습니다. 자동차를 비롯한 비행기, 스마트폰, 생활 가전제품 등 모든 제조업 제품의 경쟁력은 내장한 소프트웨어에 달려있다 할 수 있는 세상이 되었습니다.

이제 소프트웨어는 모든 산업에 광범위하게 영향을 미치고 있으며, 개별 회사의 경쟁력을 넘어 국가 경쟁력을 결정하는 중요한 요소입니다. 마이크로소프트, 구글을 비롯해 컴퓨터를 만들던 애플의 경쟁력은 운영체제와 콘텐츠 등의 소프트웨어에 있습니다. 제품개발 원가 중 소프트웨어가 차지하는 비율은 정보가전 제품의 54%, 통신장비의 52%, 의료장비의 42%, 자동차의 40%이상이며, 신기술이 적용됨에 따라 그 비중은 점점 더 높아질 전망입니다.

우리의 대한민국은 생산 가능 면적비율이 낮고 지하자원 또한 부족합니다. 그럼에도 불구하고 세계 10대 교역국에 속한 경제력과 국가 경쟁력을 갖고 있는 이유는 바로 우수한 인적 자원을 바탕으로 한 제조산업의 경쟁력이 있었기 때문입니다. 하지만 최근 들어 우리나라의 전통 제조산업은 세계적인 소프트웨어 기반 환경에 발 빠르게 대응하지 못하고 있으며, 이와 함께 중국의 강한 제조역량과 기술적 성장, 일본의 차별화된 기술력과 엔저를 통한 가격 경쟁력 회복에 발이 묶여 국가 경쟁력 유지에 많은 어려움을 겪고 있습니다.

세계 제일의 하드웨어와 생산량을 자랑하는 우리 휴대폰의 소프트웨어 국산화율은 놀랍게도 15%에 불과합니다. 아울러 세계적인 경쟁력을 가진 조선산업은 겨우 4%, 자동차도 5%에 불과합니다. 이와 함께 소프트웨어 엔지니어의 수도 턱없이 부족한 실정입니다. 기술선진국 대비 소프트웨어 기술수준평균이 77%에 불과한 우리나라의 기술 경쟁력을 높이고, 우수한 하드웨어 제조기술에 차별화된 소프트웨어 혁신 기술을 더하는 국가적 노력이 절실히 요구되고 있습니다.

소프트웨어는 그 자체도 경쟁력이지만 하드웨어와 결합하면 더 큰 경쟁력을 발휘합니다. 본 교재의 여러 과제를 하나하나 차분히 따라하다 보면 어느새 원하는 동작을 프로그램할 수 있을 것입니다. 그 순간이 아마도 소프트웨어 전문가로서의 출발점이 될 것입니다.

살며 공감되는 옛 시 한 구절입니다.

"사랑하면 알게 되고, 알게 되면 보이나니, 그때 보이는 것은 전과 다르리라"

평생 1만 시간만 투자하면 그 분야 최고의 전문가가 될 수 있다 합니다. 지식인으로서의 도덕성과 책임감을 갖고 있고, 멋지게 놀 줄도 아는 여러분이 우리나라의 미래이고, 가장 소중한 자원입니다. 세상을 향해 날개를 펼치는 것은 여러분의 몫입니다.

감사합니다.

2014년 가을
저자 드림

※ 통계수치 산업통상자원부 자료 인용

CONTENTS

이 책의 구성

Chapter 1 아두이노는 무엇인가요?

Chapter 2 아두이노 디딤돌 (전기•전자공학 기초 다지기)

Chapter 3 아두이노와 소통하기

Chapter 4 아두이노 프로그래밍 기초

Chapter 5 아두이노 프로젝트 과제 만들기

1 아두이노는 무엇인가요?

1.1 일상의 작은 컴퓨터 마이크로컨트롤러

- 학습목표 : 아두이노 통합개발환경(IDE)을 사용할 수 있습니다.

컴퓨터는 현대인의 필수품으로 비행기, 배, 인공위성, 냉장고, TV, 세탁기, 휴대전화 등에도 그 모양과 성능, 사용 용도에 차이가 있을 뿐 우리 일상과 항상 함께 하고 있습니다. 우리 일상에서 가장 많이 쓰이는 컴퓨터는 데스크 탑이나 노트북 컴퓨터일 거라 생각하겠지만 사실 아주 작고 값싼 컴퓨터가 더 많이 사용되고 있습니다. 집에서 몇 개씩 사용하는 리모컨을 예로 들면, 1만원 정도하는 리모컨의 동작을 제어하고 프로그램 하는 것에 10만원이 넘는 펜티엄 CPU를 사용할 수는 없겠지요. 그래서 전자회사에서는 성능은 조금 떨어지지만 크기와 소비전력을 작게 만든 마이크로컴퓨터를 사용해 리모컨을 만듭니다. 휴대폰에도 작은 마이크로컴퓨터가 들어있습니다. 범용 컴퓨터를 사용해 업무도 하고 인터넷도 즐기는 등 다양하게 활용되고 있지만 사실 우리 일상에는 더 많은 컴퓨터가 또 다른 모습으로 활용되고 있습니다.

그림 1-1 마이크로컨트롤러의 활용

전기 · 전자공학 기술자, 프로그래머가 아닌 사람들에게도 컴퓨터는 중요한 삶의 도구가 되었습니다. 컴퓨터의 두뇌역할을 하는 핵심적인 전자부품은 마이크로프로세서[TIP](Microprocessor)이며, 컴퓨터에게 할 일을 알려주는 명령의 집합은 프로그램(Program), 프로그램을 하는 사람을 프로그래머(Programmer), 프로그램을 하는 과정을 프로그래밍(Programming)이라 합니다.

그럼 먼저 컴퓨터의 두뇌역할을 하는 핵심 하드웨어 마이크로프로세서에 대해 알아볼까요?

TV를 비롯한 가전제품, 휴대폰 등 통신기기, 로봇, 산업현장 생산라인의 자동화된 생산 장비 제어, 자동차의 엔진제어, 자동변속기 제어, 수치제어선반, 수치제어 공작기계, 화학공장의 생산설비, 슈퍼마켓, 옷가게의 금전 출납기, 무대 조명장치 등 모든 분야에서 마이크로프로세서는 사용되고 있습니다. 과거 자신만의 노하우(KnowHow)를 가지고 하던 모든 일, 다시 말하면 엄마가 하던 밥을 대신 해주는 전기밥솥, 비행기의 자동 조종 장치, 자동차의 차선 유지 장치, 길을 알려주는 내비게이션 등의 기능이 프로그램의 형태로 메모리에 저장되고 마이크로프로세서에 의해 실행되어 우리 일상에 도움을 주고 있습니다.

(a) 인텔 코어 i7

(b) AMD A10

그림 1-2 마이크로프로세서

그림 1-2는 일상에서 주로 사용되는 범용 컴퓨터에 주로 사용되는 인텔 코어 i7과 AMD(Advanced Micro Device)사의 A10 마이크로프로세서입니다. 인텔의 i7코어의 가격은 대략 40만원입니다. 이런 고가의 프로세서를 20만원 정도하는 전기밥솥에 사용하기에는 지나치게 고 성능인데다 가격도 너무 비싸 사용할 수 없습니다. 이에 따라 소형 전자제품

> **TIP 마이크로프로세서**
> (두산세계대백과 EnCybe에서)
>
> 연산을 미리 확립된 순서에 의해 체계적으로 실행할 뿐만 아니라 컴퓨터의 각 장치에 제어 신호를 제공하는 제어 장치를 1개의 작은 실리콘 칩에 집적시킨 초대규모 집적회로로 이루어진 처리장치입니다. 내부는 산술 논리 연산기, 레지스터, 프로그램 카운터, 명령 디코더, 제어 회로 등으로 구성되어 있습니다. 마이크로프로세서는 주기억 장치에 저장되어 있는 명령어를 인출하여 해독하고, 해독된 명령어를 실행하며 실행 결과를 다시 주기억 장치에 저장할 수 있는 기능 등을 자동으로 수행함과 동시에 입출력 장치들과도 데이터 교환을 수행합니다.
> 반도체 기술은 지난 20여 년 동안 실로 혁명적이라 말할 수 있을 정도로 발전하여 컴퓨터 시스템의 크기가 작아졌을 뿐만 아니라 시스템의 신뢰도와 동작 속도가 크게 개선되었고 전력 소비도 많이 줄었으며 가격 또한 매우 저렴해졌습니다. 현재 마이크로프로세서는 마이크로컴퓨터에는 물론 군사용 무기와 일반 가정에서 사용되는 가전제품에 이르기까지 다양하게 이용되고 있으며, 또한 공정 제어 분야와 사무자동화 기기 등에도 광범위하게 사용되고 있습니다. 또한 여러 반도체 회사에서 앞을 다투어 개발하고 있어 성능이 우수하면서 가격이 저렴한 마이크로프로세서를 많이 생산하고 있습니다.

에 사용할 수 있도록 마이크로프로세서, 프로그램을 저장하는 메모리, 입출력을 할 수 있는 입출력 장치를 하나의 반도체 칩으로 만들었습니다.

이 반도체 부품을 마이크로컴퓨터(Microcomputer) 또는 마이크로 컨트롤러(Microcontroller)라 하는데, CPU, ROM, RAM, I/O장치 등 컴퓨터 구성요소를 하나의 반도체 IC(IC; Integrated Circuit)로 만든 것입니다. 이 마이크로컨트롤러를 사용해 최소의 부품으로 간단한 컴퓨터를 구성할 수도 있고 전자제품을 아주 작고, 값싸게 만들 수 있게 되었습니다. 마이크로컨트롤러는 처리속도나 메모리 크기에 따라 1,500원부터 20,000원 정도면 구매할 수 있습니다.

인터넷 데이터센터(IDC)에 따르면 2013년 전 세계에서 1억 6천만대의 PC가 팔렸다하니 대략 전 세계에서 intel i7이나 AMD A10와 같은 마이크로프로세서가 1년에 1억 6천만 개 정도 사용되고 있다는 이야기입니다. 그렇다면 마이크로컨트롤러는 얼마나 사용되었을까요? TV에 1개, 리모컨에 1개, 전기밥솥, 에어컨, 에어컨 리모컨, 전축, MP3, 전자레인지, 터치 스탠드, 자동차 한 대에는 6개 이상의 마이크로컨트롤러가 사용되고 있습니다. 가만 살펴보니 집에서 사용하고 있는 작은 마이크로컨트롤러는......... 언뜻 세어 봐도 30개 이상이 사용되고 있는 것 같습니다. 이를 전 세계로 확대하면 수백억 개 이상이 사용되고 있음을 추산할 수 있습니다.

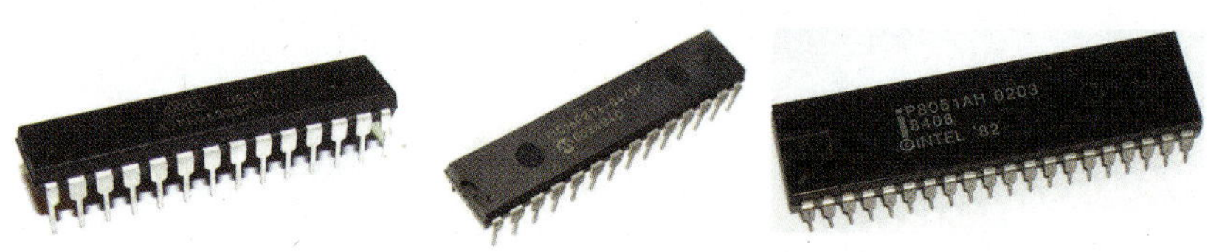

(a) ATmega328 (b) 마이크로칩 PIC16F876 (c) 인텔80C51

그림 1-3 마이크로컨트롤러

표 1-1에는 마이크로컨트롤러가 우리 일상에서 사용되는 예를 적어놓은 것입니다.

표 1-1 마이크로컨트롤러의 사용 예

분류	사용 예
통신 기기	휴대폰, 팩시밀리, 교환기, 자동 응답기, 무선 전화기 등
가전 기기	휴대전화, 전기밥솥, 식기 건조기, 세탁기, 인터폰, 보일러, VTR, TV, 리모컨, 전자레인지, 전기담요, 선풍기, 에어컨 등
PC 주변 기기	HDD, USB저장장치, 마우스/트랙볼, 키보드, 스캐너, 프린터, 모니터 등
자동차	자동차 전자장치, 원격 시동기, ABS 브레이크 등
가정 자동화	가정용 경보기, 비디오폰, 전자자물쇠, 자동 검침장치 등
공장 자동화	온도 컨트롤러, 공정 제어 컨트롤러, 로보틱스 등
기타	게임기, 보조기억장치, 배터리 충전기, 전자 작동 완구 등

작은 반도체 소자로 마이크로컨트롤러를 만들어 놓으니 전원을 연결하기도 프로그램 업로드 케이블을 연결하기도 불편하여 전자회로기판(인쇄회로기판 PCB[TIP]; Printed Circuit Board)에 마이크로컨트롤러와 주변 회로, 전원연결단자, 프로그램 업로드 단자를 장착하여 만들 것을 싱글 보드, 또는 원 보드 마이크로컨트롤러라 합니다. 그 종류를 살펴보면, 요즘 많이 각광을 받고 있는 영국 라즈베리파이 재단이 기초 컴퓨터 과학교육을 위해 만든 5만원 상당의 컴퓨터 싱글 보드 컨트롤러 라즈베리파이, 인텔에서 만든 갈릴레오 보드, 국산으로는 산업용 제어에 사용되는 큐블록, 이탈리아에서 탄생한 아두이노 등이 있습니다.

(a) 라즈베리파이 보드

(b) 인텔 갈릴레오보드

TIP PCB
인쇄회로기판은 전자부품을 고정하는 뼈대역할과 부품과 부품을 연결하는 신경역할을 하는 전자제품의 핵심 부품입니다. 일반적으로 PCB 또는 PWB 두 가지 용어를 혼용해서 사용하고 있습니다. 우리나라, 미국, 일본 등에서는 인쇄회로기판(PCB ; PRINTED CIRCUIT BOARD)의 용어를 주로 사용하지만, 유럽에서는 인쇄배선기판(PWB ; PRINTED WIRING BOARD)이라 부릅니다.

(c) 국내 컴파일사 CUBLOC

(d) 이탈리아 아두이노

그림 1-4 싱글 보드형 마이크로컨트롤러

1.2 아두이노의 탄생

아두이노는 2005년 이탈리아에서 탄생했습니다. 마이크로컨트롤러를 싱글 보드로 만든 제어용 컴퓨터로 컴퓨터를 손바닥만 한 크기로 아주 작고, 몇 만원이면 구입할 수 있도록 값싸게 만든 것입니다. 아두이노에 각종 감지장치나 전자부품을 연결해 전자기기와 제어장치, 로봇 등을 만들 수 있습니다. 아두이노는 무대 예술가, 전자음악가, 디자이너, 취미 활동가, 전자기술자 등 누구나 자신이 만들어 보고 싶은 것이 있다면 약간의 기초적인 전자지식과 프로그래밍 능력을 배워 자신만의 작품을 만들어볼 수 있도록 만든 컴퓨터입니다.

물론 고난이도의 작품을 만들기 위해서는 더 많은 전자적인 지식과, 프로그래밍능력이 필요하겠지만 초보자라 하더라도 오픈 소스 하드웨어, 소프트웨어[TIP] 기반의 환경을 통해 타인이 만든 회로와 프로그래밍을 응용해 자신만의 작품을 만들어 볼 수 있다는 점이 큰 장점입니다. 처음에 모터나 LCD를 프로그램하여 동작시키기는 매우 어렵지만, 아두이노는 이를 구동하기 위한 프로그램이 제공 되어 누구나 조금만 공부하면 큰 어려움 없이 서보모터, LCD, 그래픽 LCD, 블루투스(Bluetooth), 지그비(ZigBee) 등의 다양한 기술을 활용해 수준 높은 응용 제품을 만들 수 있습니다.

TIP 오픈소스 HW/ SW

전자제품 제품을 만드는 데 필요한 핵심 기술을 일반에 모두 공개해 다른 사람들도 비슷한 제품을 만들 수 있게 하는 것 프로그램 소스, 회로도, 자재 명세서, 회로 기판 도면 등을 모두 공개하여 자유롭게 사용할 수 있도록 한 제품을 말합니다.

아두이노는 아트멜(Atmel)사의 마이크로컨트롤러 AVR[TIP]을 사용해 만든 싱글 보드 마이컴 하드웨어와, 프로그램을 작성하기 위한 스케치(sketch) 통합개발환경(IDE; Integrated Development Environment)인 소프트웨어로 구성되어 있습니다. 아두이노는 여러 개의 입력 스위치와 빛, 온도, 속도 등을 감지하는 감지기(Sensor)로부터 값을 받아들여, 표시장치인 발광다이오드(LED)나 모터와 액정표시장치(LCD)와 같은 외부 전자 장치에 표시할 수 있습니다. 그리고 다양한 통신 장치(블루투스, USB, 지그비 등)를 통해 주위 컴퓨터, 또는 다른 아두이노와 상호 통신을 할 수 있어 수준 높은 작품을 구현할 수 있습니다.

아두이노 환경이 아니라면 AVR 마이크로컨트롤러에 프로그램하고 다운로드 하는 주변 장치와 고가의 컴파일러가 필요하고 마이크로컨트롤러와 주변회로에 대한 상당한 수준의 전문지식이 필요합니다. 하지만 아두이노는 회로가 공개되어 있기 때문에 쉽게 만들 수 있고 함께 제공하는 예제를 활용해 동작프로그램을 활용해 편리하게 프로그램을 작성할 수 있습니다.

아두이노는 처음에는 시제품 제작용, 취미공작용, 프로젝트 과제용 등 교육용 플랫폼으로 주로 사용되었지만 후에 미디어 지원, 무선 통신 등의 기능이 추가되면서 사용분야가 점차 넓어지더니 최근에는 사업용으로 활용되고 있습니다. 장난감 회사 레고는 자사의 로봇 장난감과 아두이노를 활용한 로봇 교육 프로그램을 학생과 성인을 대상으로 북미 지역에서 운영하고 있으며, 자동차회사 포드는 아두이노를 이용해 차량용 하드웨어와 소프트웨어를 만들어 차량과 상호작용을 할 수 있는 오픈 XC라는 프로그램을 선보이기도 했습니다. 세계적 반도체 회사인 인텔은 지난 2013년 10월 아두이노를 기반으로 한 '갈릴레오' 보드를 발표했습니다. 갈릴레오에는 32나노미터(nm) 공정에서 제작되는 인텔 펜티엄 기반의 쿼크 칩이 들어있어 아두이노에 비해 매우 빠른 고성능 마이크로컨트롤러 보드입니다.

TIP AVR

Atmel에서 만든 범용 RISC 마이크로 컨트롤러로 하나의 칩 안에 CPU, ROM, RAM, 플래시 메모리, ADC, DAC, GPIO가 모두 있습니다. Microchip사의 PIC와 함께 독립된 상표 형식으로는 8비트 마이크로컨트롤러 업계에서 가장 잘 알려져 있으며, 특히 ISP(In-circuit Serial Programming) 인터페이스를 갖추고 있어서 별도의 롬 라이터 없이 PC에서 프린터 포트나 시리얼 포트, USB 인터페이스에 연결하는 ISP 장비를 통해 손쉽게 프로그램을 업로드 할 수 있어서 각종 전자제품에 많이 사용됩니다. 8비트 마이크로컨트롤러인 만큼 연산능력이나 클록속도, 메모리 어드레스 영역은 상당히 제한되나 8비트 특성상 구조가 간단하여 소모 전력이 적어 여전히 널리 사용되고 있습니다. 20MHz 마이크로컨트롤러의 경우 1초에 500만개의 명령어를 처리할 수 있어 다양한 전자기기에 사용되고 있습니다.

1.3 아두이노의 구성

아두이노는 아트멜(ATmel)사의 AVR 마이크로컨트롤러를 사용해 이탈리아에서 개발 되었으며, AVR 마이크로컨트롤러를 사용해 만든 하드웨어와 소프트웨어 개발을 쉽게 해주는 개발환경(IDE)을 합쳐서 아두이노라 합니다.

아두이노 소프트웨어는 공식 홈페이지에서 무료로 제공되며, 윈도우, MAC, 리룩스 등 운영체제에 관계없이 사용할 수 있는 크로스플랫폼(Cross platform)을 지원하고 있습니다. 공개된 하드웨어를 활용해 매일매일 개발되고 있는 아두이노와 호환되는 많은 응용회로 즉, 하드웨어와 다양한 플랫폼에서 개발된 전 세계 많은 프로그래머의 프로그램 자료를 활용해 나만의 응용작품을 만들 수 있다는 점은 아두이노의 가장 큰 장점이라 할 수 있습니다.

아두이노의 장점

- 무료 소프트웨어입니다.
- 아두이노 통합개발환경(IDE) : AVR 활용을 위한 컴파일러 프로그램이 보통 250만 원 정도임을 감안하면 무료에 제공되는 컴파일러[TIP]와 단순한 인터페이스만으로 프로그램 작성, 기계어로의 번역, 마이크로컨트롤러로 업로드를 실행해주는 막강한 기능을 제공합니다.
- 저렴한 하드웨어 가격 : 35,000원 가량의 저렴한 아두이노 보드에서부터 기술능력이 향상되면 4,000원 정도의 마이크로컨트롤러로 나만의 아두이노를 만들어 사용할 수 있습니다.
- 공개 소스 프로그램 : 아두이노 프로그램은 공개 소스(Open Source) 형태로 발표되었습니다. 그러므로 고급 프로그래머에 의해 기능이 계속 확장되고 있습니다. 예를 들어 고급 프로그래머가 만든 액정표시장치(LCD)제어 함수를 활용하여 간단한 명령만으로도 초보자가 LCD를 쉽고 편리하게 사용할 수 있습니다.
- 공개 하드웨어 : 아두이노는 Atmel사의 ATmega328 마이크로컨트롤러를 기반으로 개발되었습니다. 아두이노 모듈에 대한 회로도는 비

TIP **컴파일러(compiler)**

프로그램은 사람이 작성하지만, 컴퓨터가 실행하므로 컴퓨터가 이해하고 실행할 수 있는 언어로 바꿔주어야만 합니다. 기계어가 아닌 다른 언어로 작성한 프로그램을 컴퓨터가 처리할 수 있는 기계어로 번역해주는 작업을 컴파일이라 하고, 이런 작업을 해주는 프로그램을 컴파일러(Compiler)라 합니다.

배타적이고 공동체적인 가치를 추구하고, 영리를 목적으로 하지 않는 한 자유로이 사용할 수 있는 저작권[TIP](Creative Common License)에 의해 발표되었기 때문에 회로 설계자에 의해 아두이노 모듈을 확장하거나 기능을 향상시켜서 자신만의 아두이노 모듈을 만들어 사용할 수 있습니다.

아두이노 소프트웨어

아두이노로 프로그램을 작성하기 위해 아두이노 공식 홈페이지(http://www.arduino.cc)에서 무료로 제공하는 스케치(Sketch)라는 통합개발환경(IDE; Integrated Development Environment)을 사용합니다. 홈페이지에서 각자의 운영체제(Window, MAC, 리눅스 등)에 맞는 스케치 프로그램을 다운로드 받아 설치한 뒤 프로그램을 작성하고, 이를 컴파일(Compile) 한 다음 아두이노 하드웨어에 탑재(Upload; 업로드)하면 동작이 실행됩니다.

그림 1-5 아두이노 홈페이지(www.arduino.cc)

TIP 저작권

저작권에는 인간의 사상 또는 감정을 표현한 창작물인 저작물에 대한 배타적 · 독점적 권리. 이러한 저작물에는 소설 · 시 · 논문 · 강연 · 각본 · 음악 · 연극 · 무용 · 회화 · 서예 · 도안 · 조각 · 공예 · 건축물 · 사진 · 영상 · 도형 · 컴퓨터프로그램 등이 있습니다. 여기에 더하여 원 저작물을 번역 · 편곡 · 변형 · 각색 · 영상제작 등의 방법으로 작성한 창작물(이를 2차적 저작물이라 합니다)과 편집물로서 그 소재의 선택 또는 배열이 창작성이 있는 것(이를 편집저작물이라 한다)도 독자적 저작물입니다. 그러나 ① 법령, ② 국가 또는 지방공공단체의 고시 · 공고 · 훈령, 그 밖의 이와 유사한 것, ③ 법원의 판결 · 결정 · 명령 및 심판이나 행정심판절차, 그 밖의 이와 유사한 절차에 의한 의결 · 결정 등, ④ 국가 또는 지방자치단체가 작성한 것으로서 위의 ① 내지 ③에 해당하는 것의 편집물 또는 번역물, ⑤ 사실의 전달에 불과한 시사보도 등은 저작권의 객체가 아닙니다. [두산백과]

아두이노는 회로 자체에 프로그램 업로드를 할 수 있는 시리얼 프로그래밍 장치(ISP ; Incircuit Serial Programming)를 갖는 부트로더(Bootloader)[TIP]라는 프로그램을 내장하고 있기 때문에 아두이노 보드와 컴퓨터간의 통신이 자동으로 실행됩니다. 이 책은 스케치 1.05버전을 기준으로 작성되었습니다.

TIP 부트로더

컴퓨터나 마이크로컨트롤러는 전원이 들어오면 프로그램에 정해진 일을 순서대로 처리합니다. 아두이노 부트로더는 컴퓨터의 윈도우 운영체제와 유사한 역할을 합니다. 즉, 전원이 켜지면 마이크로컨트롤러가 처리해야 할 동작과정을 내장된 메모리에 미리 저장해 놓은 프로그램입니다. 아두이노에서 부트로더는 컴퓨터와의 통신을 통해 작성된 프로그램을 마이크로컨트롤러의 메모리에 저장하고 이를 실행하는 역할을 하는 내장 프로그램입니다.

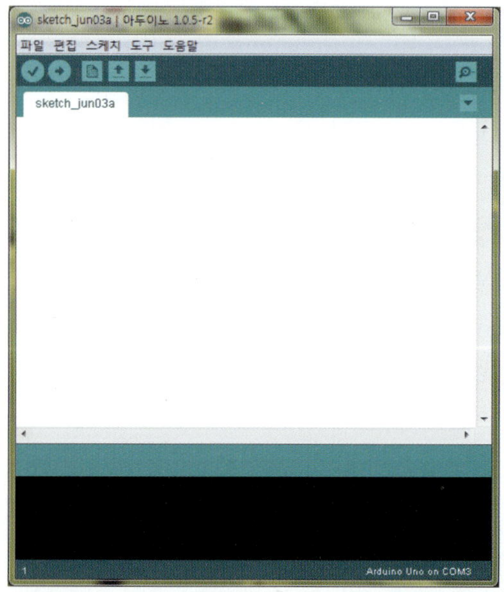

그림 1-6 아두이노 스케치 실행화면

전 세계에서 사용되어지는 Microchip사의 PIC이나 Atmel사의 AVR 등 대표적인 마이크로컨트롤러를 사용하기 위해서는 ISP라는 시리얼 통신 장비가 있어야 프로그램을 업로드 할 수 있으며, 컴파일 시에는 고가(보통 150만원~250만원 가량)의 컴파일러를 구입해야만 사용할 수 있습니다.

아두이노 하드웨어

아두이노 하드웨어는 스케치(아두이노 IDE)로 작성한 프로그램을 하드웨어에 업로드 해서 실행하는 타깃 보드(Target Board)를 가리킵니다.

아두이노는 그 용도에 따라 다양한 형태의 보드로 제작되었는데 우리가 주로 공부할 대표적인 아두이노는 아두이노 우노 R3가 있습니다.

(a) 아두이노 우노

(b) 아두이노 메가

(a) 릴리패드

(b) 아두이노 프로미니

그림 1-7 아두이노 보드

기타 개발하고자 하는 목적에 따라

❶ 웨어러블[TIP] 기기를 디자인 할 때 사용하기 편한 릴리패드

❷ 작은 크기의 로봇, 제어장치 등을 제작하기 위한 아우이노 프로미니

❸ 감지기와 모터, 디스플레이 장치를 많이 사용하여야 한다면 아두이노 메가

TIP 웨어러블(Wearable)
「착용할 수 있는」이란 것이 본래의 의미인데요, 각종 장치를 현실적으로 입거나 착용할 수 있다는 것을 의미합니다.

❹ 리듐폴리머 배터리와 지그비(XBee) 무선통신 모듈을 사용하여 만들 경우에는 아두이노 피오

❺ 기본 보드인 아두이노 우노 보다 조금 더 큰 규모의 입출력 장치가 필요하다면 아두이노 레오나르도

❻ 이미지 등 보다 빠르고 강력한 데이터 처리능력이 필요하다면 고성능의 고어텍스(Cortex) 칩을 사용한 아두이노 듀에를 선택하여 사용할 수 있습니다.

표 1-2 아두이노 보드 목록

아두이노	컨트롤러	동작전압	디지털 입출력핀	아날로그 입력핀	플래시 메모리	EEPROM	클럭수
Uno	ATmega328	5V	15(6)	6	32KB	1KB	16MHz
Mega	ATmega2560	5V	54(15)	16	256KB	4KB	16MHz
Nano	ATmega328	5V	14(6)	6	32KB	1KB	6MHz
Pro mini	ATmega168	5V	14(6)	8	16KB	512B	16MHz
Lily Pad	ATmega328	5.5V	14(6)	6	16KB	512B	8MHz
Fio	ATmega328	3.3V	14(6)	6	32KB	1KB	8MHz
Leonardo	ATmega32u4	5V	20(7)	12	32KB	1KB	16MHz
Due	AT91SAM3X8E	3.3V	54(12)	12	512KB		84MHz

1.4 아두이노 우노 R3(Arduino Uno R3)

지금부터 가장 많이 사용되고 있고 우리가 공부해야 할 아두이노 우노 보드에 대해 알아볼까요?

아두이노 우노는 아트멜(Atmel)사의 Atmega328 28핀 마이크로컨트롤러를 기반으로 만든 보드입니다. 그러므로 입출력 단자와 메모리는 모두 ATmega328과 같습니다. 프로그램을 저장하는 메모리는 플래시메모리로 32Kbyte, 비밀번호와 같은 중요 데이터를 저장하는 EEPROM은 1Kbyte를 갖고 있으며 14개의 디지털[TIP]입출력 단자와 6개의 아날로그 입력 단자를 갖고 있습니다. 동작 클록은 16MHz입니다.

그림 1-8(b)는 아두이노를 간략하게 만들어 자작할 수 있는 호환보드를 보였습니다. 아두이노와 모든 동작 및 핀 배치, 성능은 같지만, 가격은

훨씬 저렴한 보드입니다.

디지털 입출력 핀 14개 (Pin D0~D13)

14개의 디지털 입출력 핀을 사용해 스위치 입력, 또는 LED나 모터 제어 출력으로 자유로이 사용할 수 있습니다.

아날로그 출력핀 6개 (Pin D3, D5, D6, D9, D10, D11)

디지털 핀 가운데 6개는 펄스폭을 바꾸는 펄스폭변조(PWM)제어로 아날로그 값을 출력할 수 있고, 이 아날로그 출력단자를 이용해 모터의 속도 제어 등을 쉽게 수행할 수 있습니다.

아날로그 입력핀 6개(Pin A0~A5)

6개의 아날로그 입력핀은 0~5V의 아날로그 전압을 0~1023의 이진수로 변환하여 광량, 속도, 전압, 온도 등을 아두이노가 입력 받습니다.

그림 1-8에 아두이노와 100% 호환되는 아하!두이노(AHa!duino)보드를 소개합니다. 아하!두이노는 아두이노 회로의 기능을 유지한 채 조금 더 간단하게 만든 보드입니다. 아하!두이노의 모든 사용법은 아두이노와 같습니다. 여러분도 이 책을 공부한 후 자기만의 보드를 만들 수 있습니다.

그림 1-8(b)는 USB신호변환 IC를 내장해 스케치와 바로 통신할 수 있는 보드입니다. 그림 1-9(c)는 비교적 고가인 USB신호를 시리얼 통신 신호로 변환해 주는 FTDI 통신칩을 별도로 분리해 구성하고, 조립이 쉽고 저렴한 삽입형 부품으로 초보자도 쉽게 자작할 수 있도록 만든 보드입니다. (d)에서 보듯이 별도로 구매하거나 자작해서 사용하는 아두이노 시리얼 링크(ASL; FTDI칩을 내장한 보드)와 결합하여 사용하면 사용방법은 똑같습니다.

TIP 디지털(digital)

컴퓨터에서는 2진법을 사용합니다. 디지털 입출력이란 참과 거짓의 두 가지 논리로 입력과 출력을 한다는 것을 의미합니다. 컴퓨터는 아주 복잡한 계산을 순식간에 처리하는 능력이 있기 때문에 그 내부의 데이터가 매우 복잡할 것이라 생각하기 쉽지만, 실제 컴퓨터는 '1'과 '0'의 두 숫자밖에 구분하지 못하는 단순한 기계입니다. 컴퓨터는 5V를 1(참, High)로, 0V를 0(거짓, Low)으로 판단합니다. 스위치를 눌러진 단자에 5V가 입력되면 1(참, High)이 되고 스위치가 떼어 단자에 0V가 입력되면 0(거짓, Low)으로 입력됩니다. 출력으로 사용한다면 참일 때 단지에 5V를 거짓일 때 0V를 출력한다는 것을 의미합니다.

TIP USB

USB(범용 직렬 버스,Universal Serial Bus)는 컴퓨터와 주변 기기를 연결하는 데 쓰이는 입출력 표준의 하나입니다. 대표적인 버전으로는 USB 1.0, 1.1, 2.0, 3.0, 3.1 등이 있습니다. USB는 다양한 기존의 직렬, 병렬 방식의 연결을 대체하기 위하여 만들어졌으며, 키보드, 마우스, 게임패드, 조이스틱, 스캐너, 디지털 카메라, 프린터, PDA, 저장장치 와 같은 다양한 기기를 연결하는 데 사용되고 있습니다. 이러한 기기 연결의 대부분은 표준 연결 방식을 이용하여 이루어지고 있으며, USB는 PC를 위하여 개발되었지만 지금은 PDA나 게임콘솔 등에서도 표준으로 채택되어 사용되고 있습니다. [위키백과]

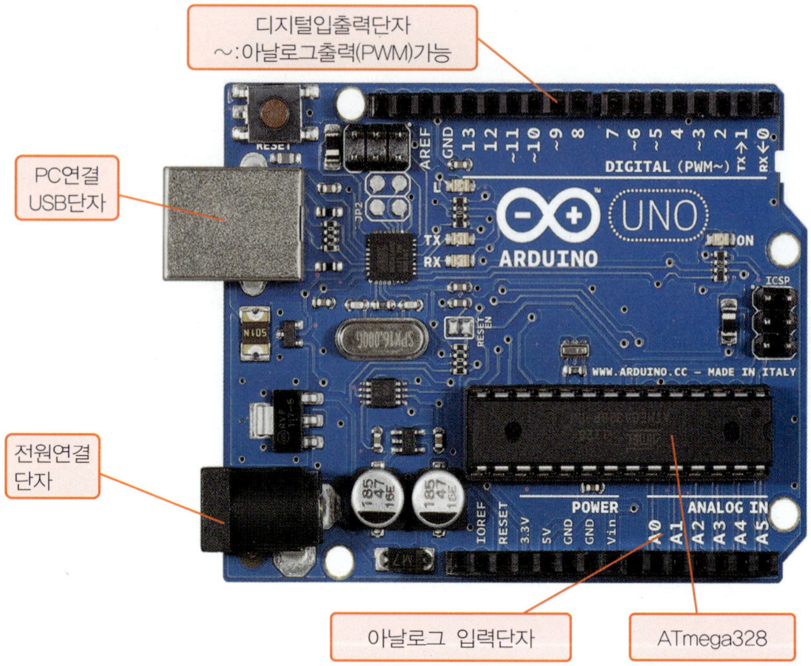

(a) 아두이노 보드

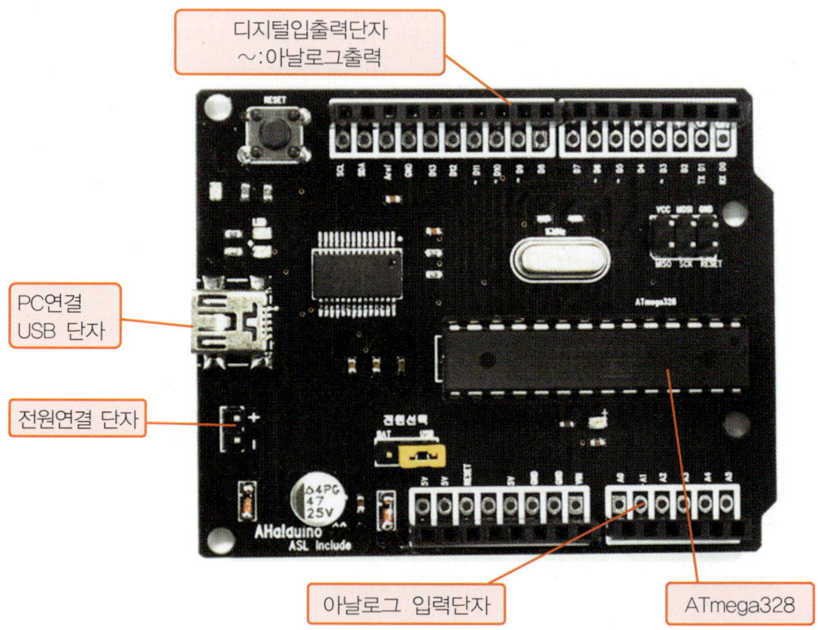

(b) 호환보드 아하!두이노(Aha!duino) 보드

(c) FTDI 칩 미 장착형 아하!두이노(Aha!duino) 보드

(d) 업로드를 위한 ASL과 결합한 아하!두이노

그림 1-8 아두이노 UNO R3와 호환보드 Aha!duino

아두이노 보드는 6개의 아날로그 입력 핀, 14개의 디지털 입출력 핀(일부는 PWM도 지원함), 전원(+5V와 GND), 상태 표시 LED 4개(전원 표시 LED PWR, D13번과 연결된 테스트용 LED L, 통신상태표시 LED TX, RX), 리셋 스위치 등이 있습니다. 전원공급은 USB 포트나 DC전원 어댑터로 할 수 있는데, 어느 것이든 전원 연결단자에 연결하면 됩니다. DC잭으로 파워 어댑터나 배터리를 연결하면 컴퓨터에 연결하지 않아도 독립적으로 작동됩니다.

TIP

아하!두이노는 모든 것이 아두이노와 같습니다. 단, 외부전원을 사용할 때는 보드에 전원선택 점퍼를 외부쪽으로 옮기고 외부전원은 5~6V를 연결하여야 합니다.

그림 1-9에 아두이노와 아두이노 호환 아하!두이노 보드를 다양한 전자부품이 연결된 PCB(인쇄회로기판: Printed Circuit Board)와 회로도를 함께 보여줍니다. 대략 회로도의 기호가 실제 아두이노 보드에서 어떤 부품을 가리키는지 표시해 보았는데 회로도는 실제 아두이노 보드에서 부품과 부품이 어떻게 연결되는지 확인해 볼 수 있습니다. 나중에 아두이노를 활용하여 다양한 응용제품을 설계하고 제작하게 된다면 회로에 대한 공부를 조금 더 깊이 있게 해야 합니다.

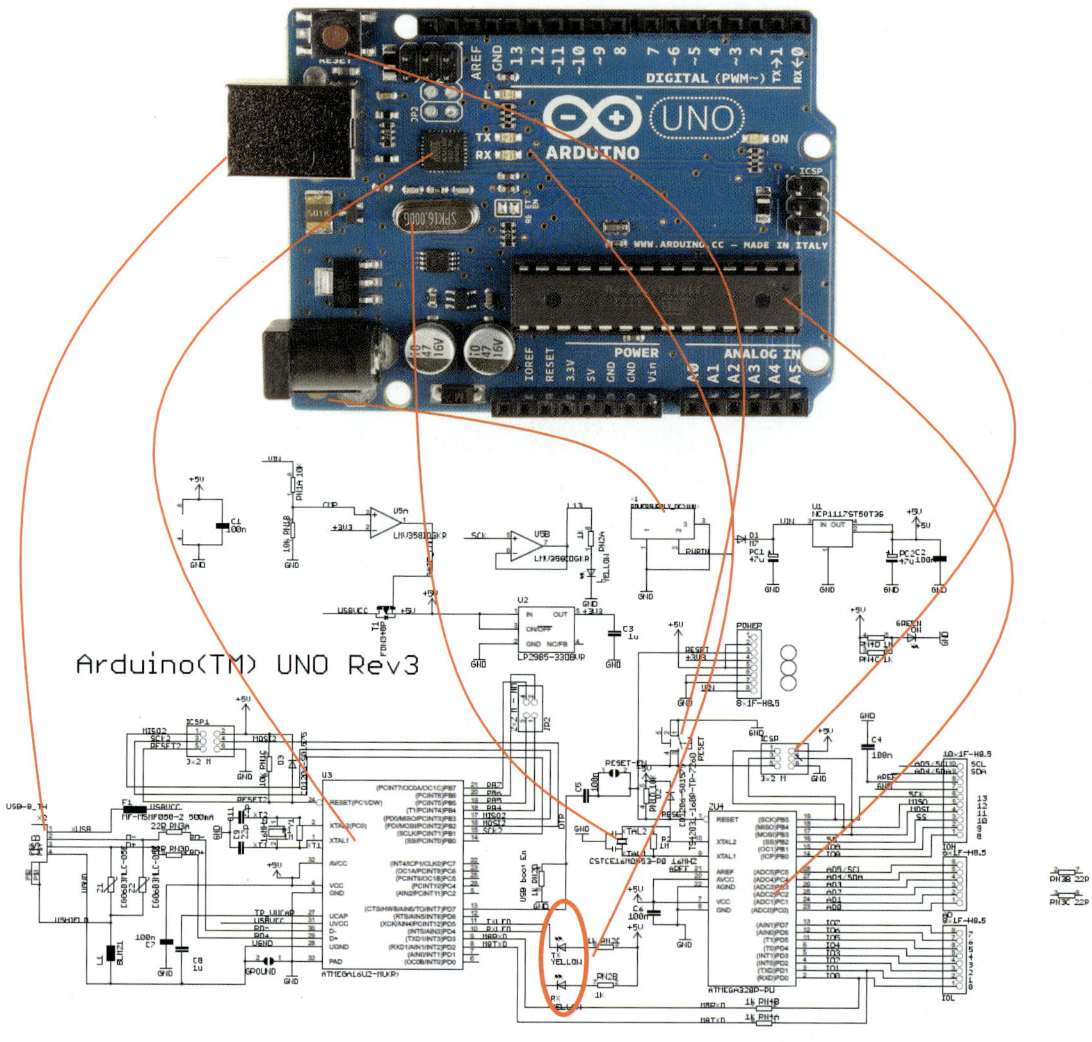

(a) 아두이노 Uno R3

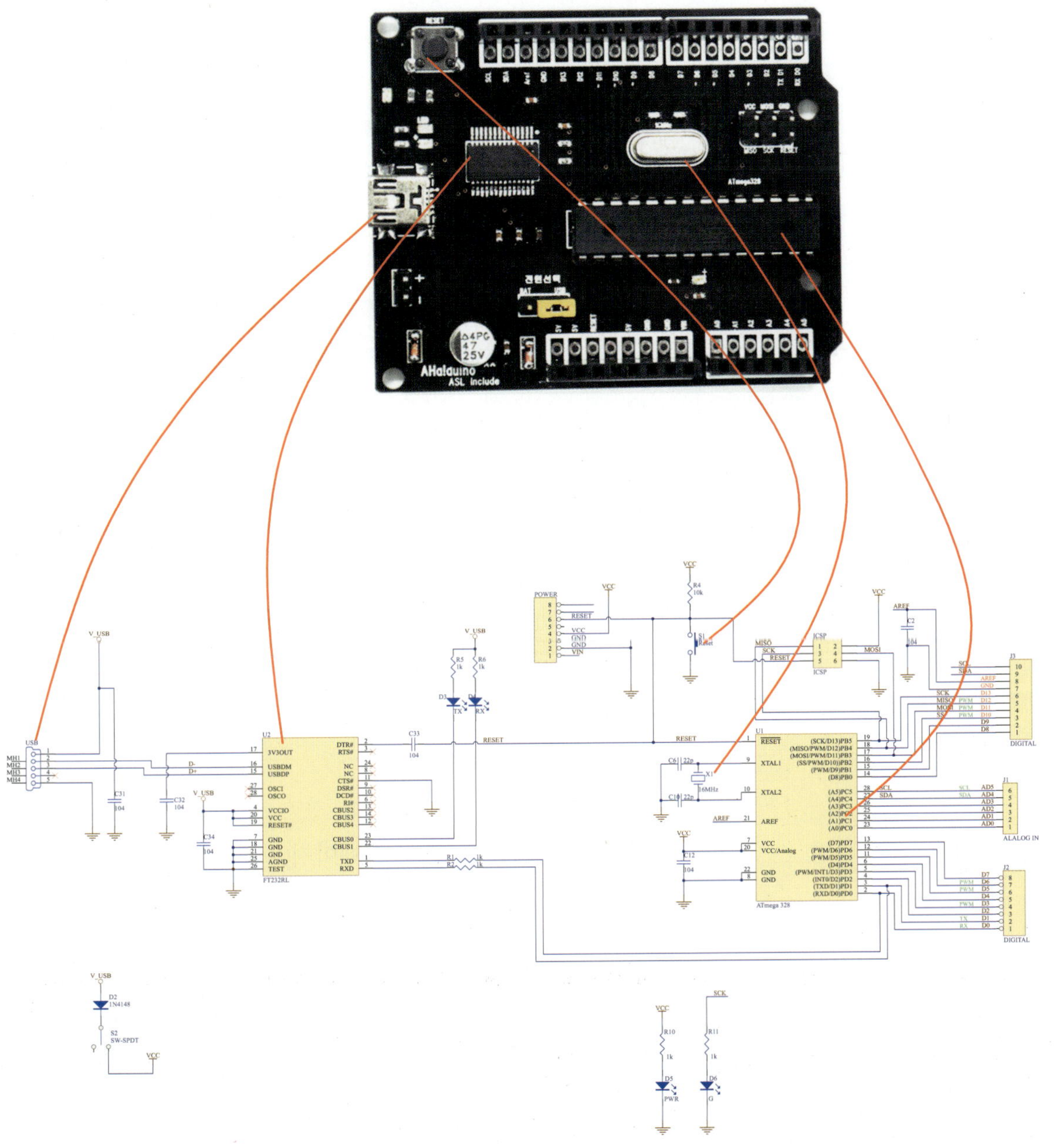

(a) 아하!두이노(AHa!duino)보드와 회로도

그림 1-9 아두이노 호환 보드와 회로도

회로도 보는 것에 익숙하지 않아도 아두이노 프로그램을 할 수 있습니다. 회로에 관심이 많은 사람은 하드웨어에 전문성을 가진 기술자가, 프로그램에 관심이 많은 사람은 프로그래밍에 전문성이 가진 기술자가 될 수 있습니다. 회로도를 잘 모른다는 것에 너무 큰 부담을 갖지 않으셔도 됩니다.

1.5 아두이노 스케치(IDE : 통합개발환경) 설치

자! 이제 아두이노를 사용하기에 앞서 프로그램을 작성하는 프로그램 편집, 작성한 프로그램에 대한 컴파일, 컴파일을 완료한 기계어를 아두이노 보드에 업로드 하는 작업을 도와주는 스케치(Sketch) 프로그램을 설치해보도록 하겠습니다. 스케치를 통합개발환경 프로그램(IDE: Integrated Development Environment)이라고도 합니다. 앞으로는 줄여서 아두이노 IDE라고 하겠습니다.

스케치 다운로드 및 설치

아두이노 IDE는 아두이노 공식 홈페이지(www.arduino.cc)에서 다운로드할 수 있습니다.

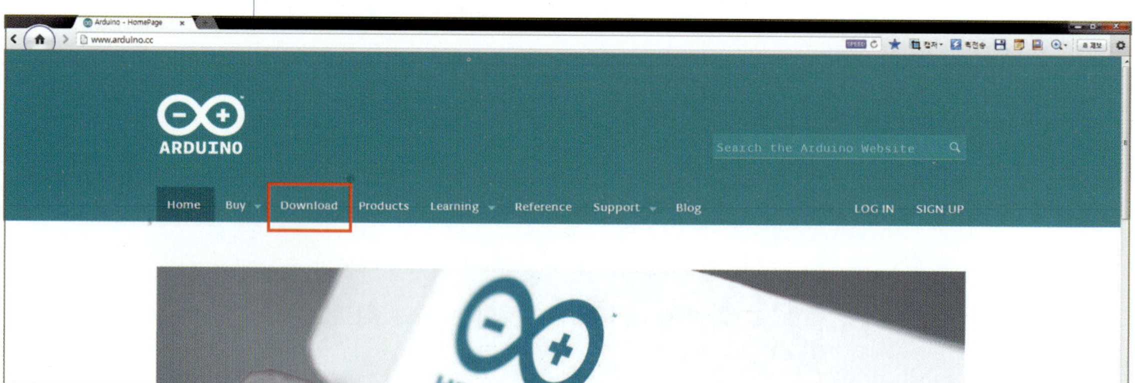

그림 1-10 아두이노 공식 홈페이지

아두이노 홈페이지의 다운로드(Download)메뉴를 클릭 Arduino IDE를 찾은 후, 컴퓨터의 운영체제[TIP]에 따라 알맞은 프로그램을 다운로드하면 됩니다. 윈도우를 운영체제로 사용한다면 Windows Installer를 선택합니다.

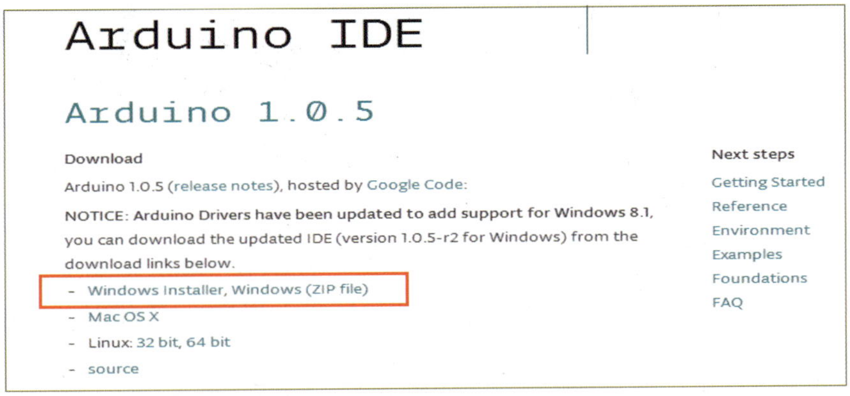

그림 1-11 다운로드할 OS 종류 선택

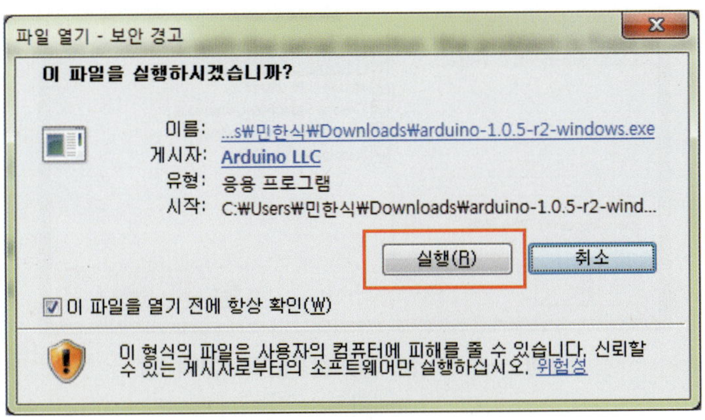

그림 1-12 프로그램 다운로드

아두이노 홈페이지 - 다운로드 메뉴 - Windows Installer를 선택하면 프로그램이 다운로드 되고 다음과 같은 실행창이 열리게 됩니다. 여기서 실행버튼을 클릭합니다.

TIP 운영체제(OS)

운영체제는 모든 하드웨어와 소프트웨어를 관리하는 컴퓨터 시스템의 한 부분인 "실행 관리자" 라고 정의할 수 있습니다. 운영체제는 누가 시스템을 사용할 수 있고, 어떻게 사용할 수 있는지를 관리하므로, 즉 운영체제는 컴퓨터시스템을 관리하는 대장(boss)이라고 할 수 있으며, 하드웨어를 제어하고 컴퓨터 자원을 관리하며, 컴퓨터 사용을 편리하게 해주고 응용 프로그램들의 수행을 도와주며, 사용자와 하드웨어 사이의 매개체 역할을 하는 소프트웨어입니다.

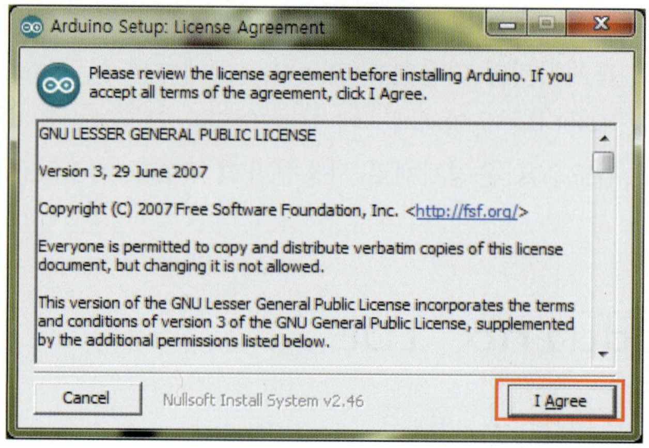

그림 1-13 프로그램 설치 라이선스 동의절차

프로그램 설치화면이 열리면 프로그램에 대한 라이선스에 동의하는지 묻는 창이 열립니다. 여기서 동의(I Agree) 버튼을 클릭합니다.

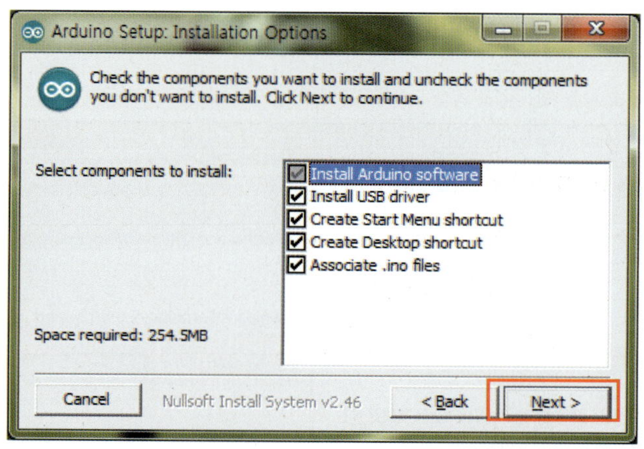

그림 1-14 설치될 컴포넌트 선택 창

다음은 설치할 컴포넌트를 묻는 창이 열립니다. 기본 값 그대로 모두 설치하며 다음(Next) 버튼을 클릭합니다.

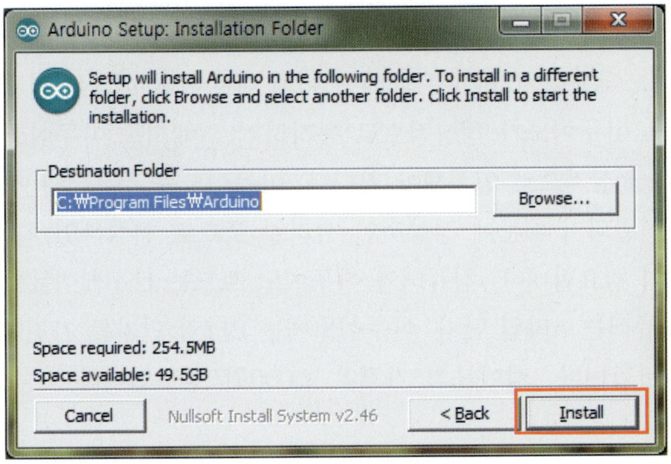

그림 1-15 설치될 경로수정 창

다음은 프로그램이 설치될 경로를 지정하는 창입니다. 기본 값은 "c:\Program Files\Arduino"입니다. 기본 경로를 수정하지 않고 설치(Install) 버튼을 클릭합니다.

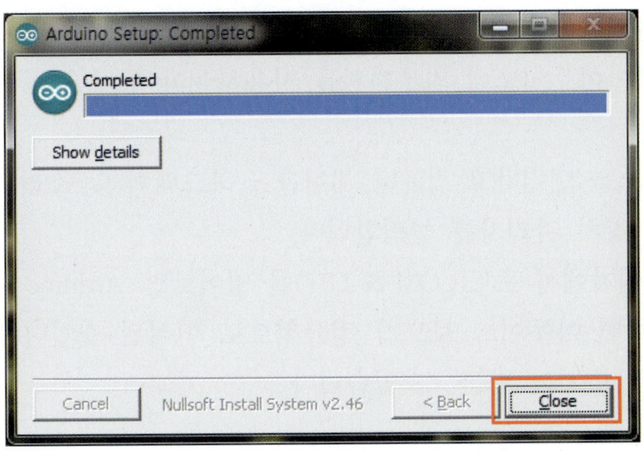

그림 1-16 프로그램 설치완료

설치(Install)버튼을 누르면 컴퓨터 사양에 따라 30초~1분이면 프로그램이 설치됩니다. 닫기(Close)버튼을 클릭합니다.

아두이노 보드 연결하기

아두이노 IDE설치가 마무리 되면 이제 아두이노 보드를 컴퓨터에 연결합니다. 아두이노가 정상적으로 동작하기 위해서는 아두이노 보드를 컴퓨터가 정상적으로 인식해야 합니다. 아두이노는 컴퓨터와 시리얼 통신으로 연결되기 때문에 정상적인 시리얼 포트로 인식하였는지 확인하는 과정이 필요합니다. 컴퓨터와 아두이노 보드는 USB케이블로 연결됩니다. 컴퓨터는 A타입 단자, 아두이노에는 B타입 단자를 가진 USB케이블을 준비합니다. 케이블의 가격은 2,000원 정도입니다.

1. 아두이노 보드 컴퓨터와 연결하기

아두이노 보드를 컴퓨터와 연결하면 보드의 전원 LED(PWR)가 켜집니다. 이때 아두이노는 컴퓨터 USB케이블을 통해 전원을 공급 받습니다. 이때 주의할 점은 컴퓨터 USB단자는 500mA의 적은 전류만 공급할 수 있어 LED켜고 끄는 동작 정도는 가능하지만 만약 모터와 같이 큰 전류가 필요한 장치를 동작시키면 컴퓨터 USB 동작 IC나 컴퓨터 메인보드가 파손될 수 있으니 주의하여야 합니다. 그러므로 LED동작 이외의 예제에서는 아두이노에 외부전원을 사용하여야 합니다.

TIP

아하!두이노의 USB가 아닌 외부전원을 사용할 때는 보드에 전원선택 점퍼를 외부쪽으로 옮기고 외부전원은 5~6V를 연결하여야 합니다.

아두이노를 연결하고 컴퓨터 제어판 - 하드웨어 및 소리 - 장치 및 프린터 - 장치 관리자를 클릭합니다.

장치관리자에서 포트(COM & LPT)를 열어보면 'Arduino Uno(COM 3)'이 보이면 아두이노 보드가 정상적으로 인식된 것입니다. 컴퓨터 COM 뒤의 숫자는 다를 수 있습니다.

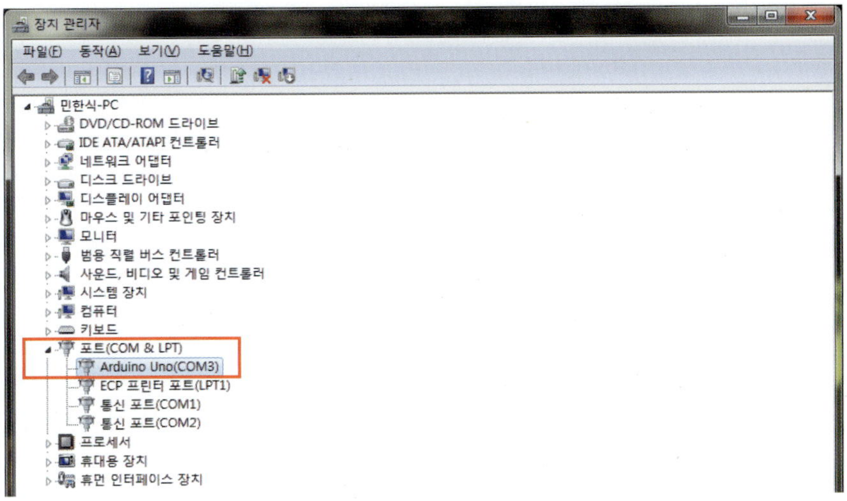

그림 1-17 아두이노 보드 인식 확인

만약 장치에 따라 그림 1-18과 같이 알 수 없는 장치로 인식된다면 마우스 오른쪽 버튼을 클릭하여 "드라이버 소프트웨어 업데이트(P)"를 실행하여 드라이버[TIP]를 업데이트 해주면 인식됩니다.

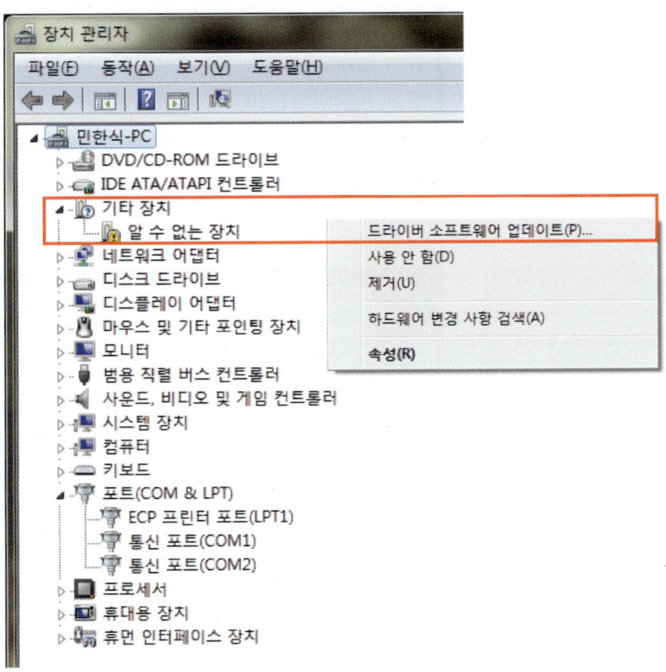

그림 1-18 아두이노 보드가 인식되지 않을 때

TIP 드라이버(driver)

드라이버란 컴퓨터에 온라인으로 연결된 입출력 주변기기를 제어하는 운영체제 모듈을 말합니다. 사용자 프로그램의 입출력 호출에 대응해 운영체제 내의 관리 프로그램이 드라이버를 호출하여 필요한 일을 수행합니다. 대부분의 시스템에서는 각종 주변장치마다 고유한 드라이버를 가지고 있으며 컴퓨터에 접속하는 주변 장치를 제어하기 위한 운영체제(OS)의 일부를 이루는 프로그램입니다.

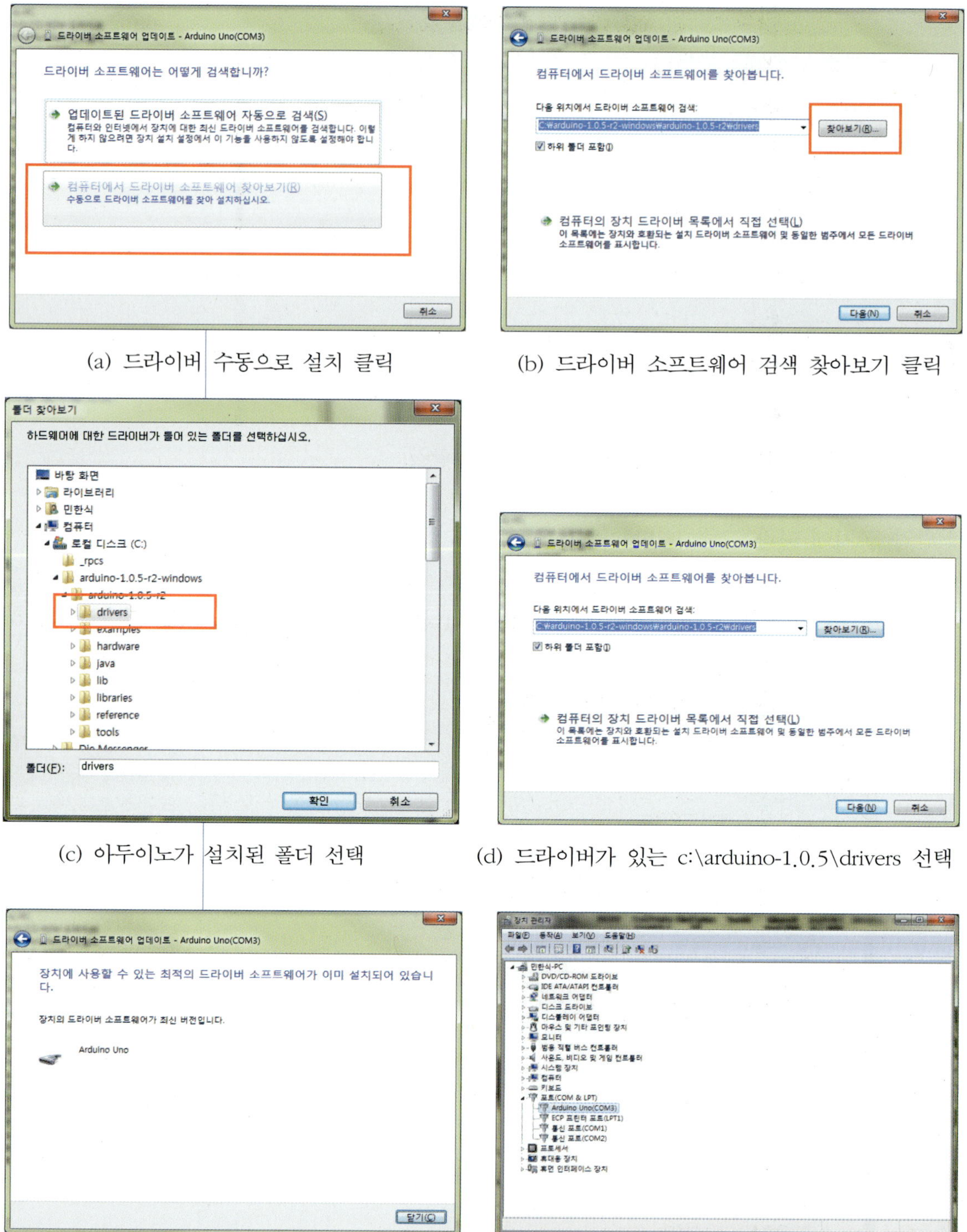

(a) 드라이버 수동으로 설치 클릭

(b) 드라이버 소프트웨어 검색 찾아보기 클릭

(c) 아두이노가 설치된 폴더 선택

(d) 드라이버가 있는 c:\arduino-1.0.5\drivers 선택

(e) 드라이버 설치 완료

(f) 아두이노 인식 확인

그림 1-19 아두이노 보드 드라이버 설치 방법

그림 1-19는 아두이노 보드가 인식되지 않을 때 인식시키는 방법입니다. 컴퓨터 제어판에서 아두이노 드라이버를 인식시키는 방법으로 아두이노는 한번 인식되면 보드를 꽂을 때 마다 자동 인식되므로 번거롭다 생각하지 마시고 처음 설치할 때 오류가 없도록 차분히 설치해 주시기 바랍니다.

아두이노 통합개발환경 실행하기

아두이노 보드가 컴퓨터에 포트에 정상적으로 인식되었다면 이제 아두이노 통합개발환경에 내가 사용할 아두이노 보드와 시리얼 통신[TIP] 포트를 설정해 주어야 합니다.

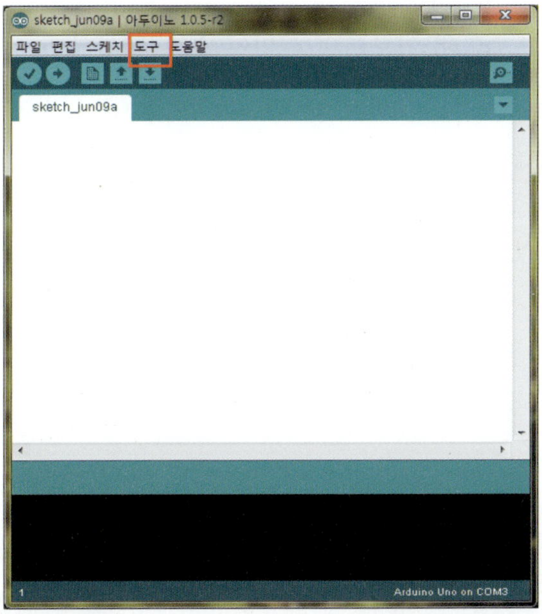

그림 1-20 아두이노 IDE실행 화면

1. 아두이노 보드설정

본 교재에서는 아두이노 우노를 사용하였으므로 “아두이노 IDE - 도구 - 보드- Arduino Uno”를 선택하면 보드 설정이 마무리 됩니다.

TIP 시리얼 통신(직렬통신)

전기 통신과 컴퓨터 과학 분야에서 시리얼(serial; 직렬) 통신은 연속적으로 통신 채널이나 컴퓨터 버스를 거쳐 한 번에 하나의 비트 단위로 데이터를 전송하는 과정을 말합니다. 여러 개의 병렬 채널을 갖춘 링크 위에서 동시에 여러 개의 비트를 전송하는 병렬 통신에 비해 전송속도는 느리지만 간단하게 구현할 수 있다는 점에 많이 사용되고 있는 통신방식입니다. 통신장치는 연결배선이 많을수록, 회로내의 전자부품을 구성하는 집적회로(IC)들은 입출력 핀이 많아 질수록 값이 비싸집니다. 컴퓨터 내부, 외부 기기, 전자 부품들을 연결배선이나 연결 핀들의 수를 줄이기 위해 속도가 중요하지 않을 때 직렬 버스를 사용하여 데이터를 전송합니다. 직렬 버스의 예를 들자면 USB, SPI, I^2C, 1-Wire 등의 방식이 사용되고 있습니다.

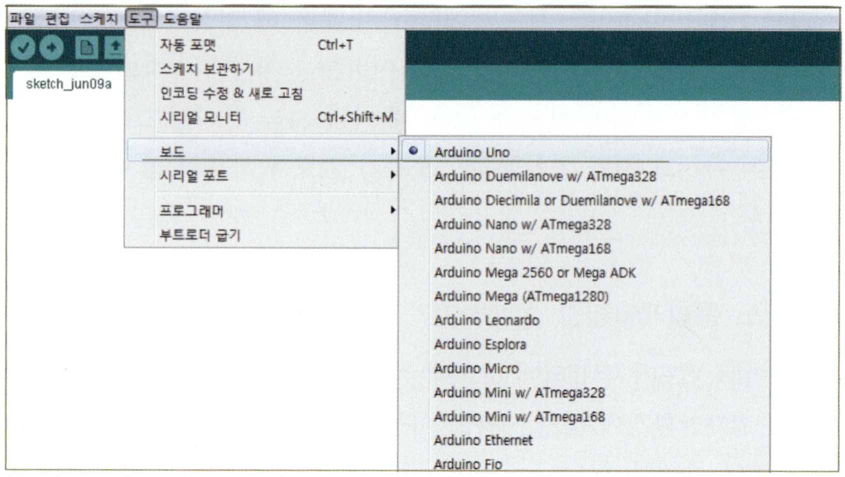

그림 1-21 아두이노 보드 설정

2. 아두이노 프로그램 업로드용 시리얼 포트 설정

아두이노를 컴퓨터 USB단자에 연결한 뒤 장치관리자에서 COM3포트에 인식된 것을 확인하셨지요. 이제 COM3 포트를 이용해 아두이노와 컴퓨터가 통신할 것이라는 것을 설정하는 과정입니다. 시리얼 포트 설정은 자동으로 COM3(컴퓨터 마다 포트 번호는 다르게 인식될 수 있습니다.)로 설정되지만, 다시 한 번 장치관리자에서 시리얼 포트가 정확히 인식되었는지 확인하는 과정입니다. 장치관리자에서 인식된 포트와 같은 COM3포트가 자동으로 인식되었음을 확인하면 포트설정이 마무리 됩니다.

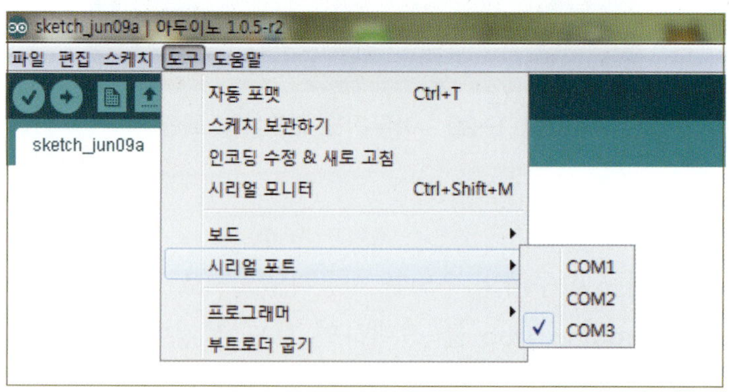

그림 1-22 아두이노 시리얼포트보드 설정

이제 아두이노 프로그램을 작성할 환경이 모두 준비되었습니다. 이 설정은 처음 한번만 하면 됩니다. 혹시 학교에서는 COM3포트에 인식되지만 집에 컴퓨터에서는 다른 번호로 인식될 수 있으니 아두이노가 어느 포트에 인식되었는지 장치관리자에서 반드시 확인하여야 합니다.

스케치 맛보기

아두이노를 사용하여 작성한 프로그램을 스케치(Sketch)라 합니다. 보통은 프로그램, 소스프로그램이라 부르지만 아두이노에서는 스케치라 합니다. 작성된 스케치는 확장자가 "ino"로 저장됩니다. 아두이노 1.0이전 버전에서는 확장자 "pde"를 사용했습니다.

자! 이제 아두이노에서 기본으로 제공하는 LED깜빡이 프로그램을 실행해보며 어떻게 프로그램을 작성하는지, 어떤 과정을 통해 컴파일 되고 실행되는지 따라해 보겠습니다. 프로그램 문법이나 의미는 3장에서 설명이 되니 본 단원에서는 어떤 과정으로 스케치가 작성되어 실행되는지만 꼼꼼히 살펴보도록 하겠습니다.

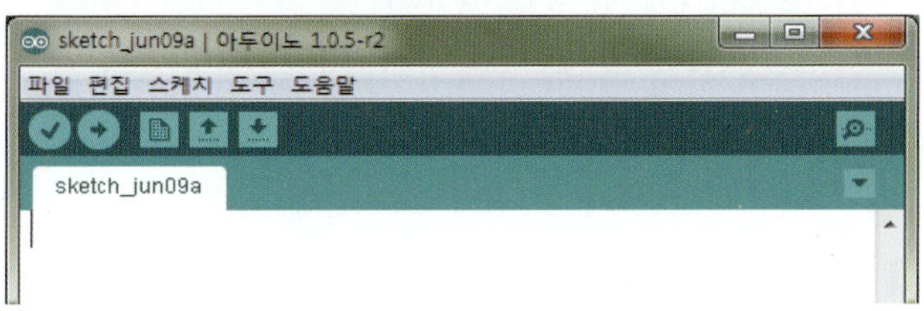

그림 1-23 스케치 메뉴

메뉴	기 능
파일	● 새 파일, 열기, 예제, 저장, 다른 이름으로 저장 등의 명령 모음
편집	● 실행취소, 다시실행, 잘라내기, 복사, 주석추가, 들여쓰기 추가 등의 명령 모음
스케치	● 확인/컴파일, 스케치 폴더 보이기, 파일추가 등의 명령 모음
도구	● 자동포맷, 시리얼 모니터, 보드, 시리얼 포트, 프로그래머, 부트로더 굽기 등의 명령 모음
도움말	● 시작하기, 환경, 문제해결, 아두이노 창 등의 명령모음

아이콘	명칭	기능
	확인 (Verify)	● 작성한 프로그램에 에러가 있는지 확인하고 이상이 없으면 프로그램을 기계어로 번역하는 컴파일 작업을 합니다.
	컴파일 & 업로드 (Upload)	● 번역된 기계어 파일을 컴파일 한 후 자동으로 아두이노 보드에 업로드 합니다.
	새 파일 (New)	● 새로운 스케치를 만듭니다.
	열기 (Open)	● 내가 이전에 작성한 스케치를 열수도 있고, 아두이노에서 제공하는 모든 예제를 보여 주어 필요한 예제파일을 열어 이를 참고로 프로그램을 작성할 수 있습니다.
	저장 (Save)	● 작성한 스케치를 저장합니다.
	시리얼모니터 (Serial Monitor)	● 시리얼모니터는 아두이노에서 입력받은 값을 모니터로 보여주거나 컴퓨터 키보드를 사용해 아두이노로 데이터를 전송하는데 사용합니다.

지금부터 D13번 포트에 연결된 칩 LED를 깜박이는 blink 예제를 열어 실행해보는 전 과정을 따라 해보며 스케치 작성방법과 아두이노 IDE 사용방법을 익혀보도록 하겠습니다.

먼저  (열기) 아이콘 – 01.Basics – Blink를 클릭해서 깜박이는 예제를 실행해 보겠습니다. 아이콘을 선택해서 Blink 예제를 클릭하면 스케치 편집창이 열립니다.

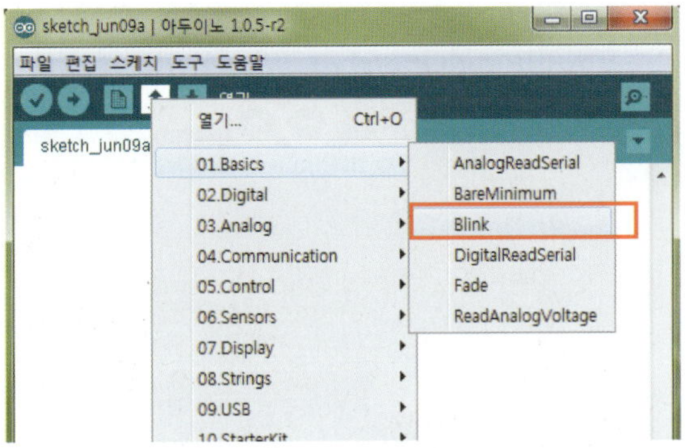

(a) 파일-예제-Basics-Blink예제를 Open합니다.

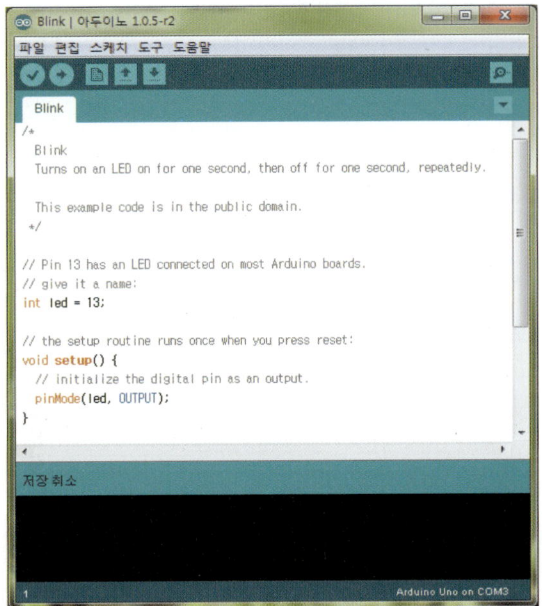

(b) (확인) 아이콘을 클릭합니다.

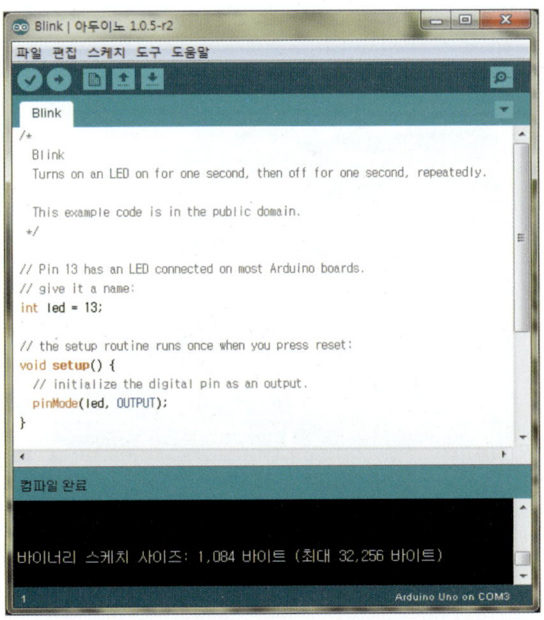

(c) 컴파일 작업이 완료되었습니다.

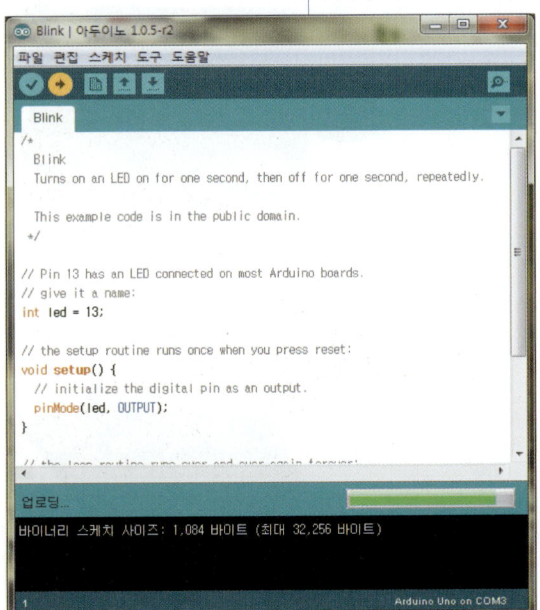

(d) (업로드) 아이콘을 클릭하면 아두이노로 전송

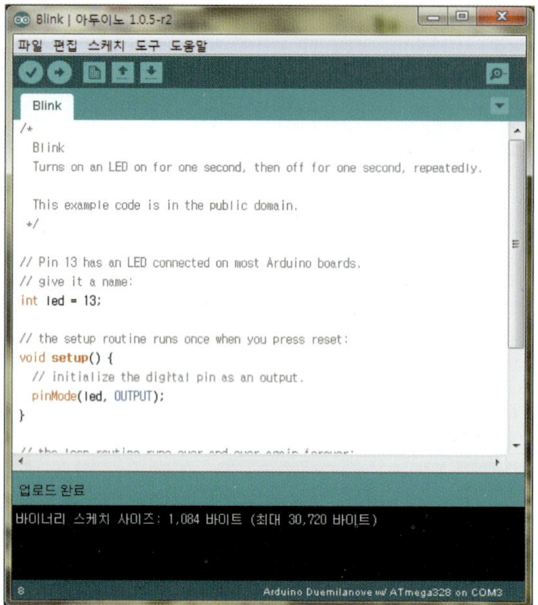

(e) 업로드 완료되면 프로그램 자동 실행

(f) LED L이 깜박이는 동작을 함

(g) 아하!두이노 실행 장면

(h) 아하!두이노 실습보드의 D13번 깜박이는 장면

그림 1-24 Blink 예제 실행해보기

Blink 예제가 열리면 프로그램을 작성할 수 있게 됩니다. 이창이 바로 프로그램 편집창입니다. 프로그램 한줄 한줄의 의미는 차근차근 배우기로 하고 우선 프로그램이 아두이노 보드에 어떻게 업로드 되어 실행되는지 확인해 보겠습니다. 그림(a)와 같이 (열기) 아이콘 - 01.Basics - Blink를 클릭해 Blink 예제를 실행합니다. Blink 예제는 보드에 있는 조그만 칩 LED를 1초 간격으로 깜박이는 프로그램입니다. 프로그램이 열렸다면 그림(b)와 같이 (확인) 아이콘을 클릭합니다.

이 과정은 문법적 오류[TIP] 확인과 컴파일 과정입니다. 편집 창에 작성한 프로그램을 아두이노 IDE가 자동으로 작성 오류가 없는지 확인하고 오류가 없으면 아두이노가 실행할 수 있는 기계어로 번역을 하는 것입니다. 그림(c)는 컴파일이 마무리 된 그림입니다. 다음은 (d)와 같이 (업로드) 아이콘을 클릭합니다. 이제 기계어로 번역하여 파일을 아두이노로 전송하는 업로드가 실행됩니다. 이때 시간이 조금 소요됩니다. 그림(e)는 업로드 작업이 완료된 그림입니다. 업로드가 완료되면 프로그램을 자동으로 실행합니다. 그러면 그림(f)와 같이 보드에 장착된 LED L이 깜박이는 것을 확인할 수 있습니다. 그림(g)와 (h)는 아하!두이노 보드와 아하!두이노 프로그래밍 실습 장치에서 D13번 핀 LED L이 깜빡이는 모습입니다.

브레드보드를 통해서도 동작을 확인할 수 있지만, 회로가 완벽히 꾸며진 실습보드를 사용해 작업하면 프로그래밍 과정에서 오류가 발생하였을 때 이것이 회로 배선에 의한 것인지, 프로그램 오류에 의한 것인지의 고민을 덜어 줍니다. 프로그래머로 하여금 회로적 오류를 배재하고 프로그램에서 그 오류를 찾을 수 있도록 해주는 것이지요. 처음 프로그램을 접하는 이에게 하드웨어 구성에 대한 어려움을 해소해 주고 배선으로 인한 오류를 배재해 줌으로서 프로그램 학습에 전념할 수 있게 해주는 장점이 있습니다.

스케치 프로그램 맛보기

여기서 아두이노를 한번 맛보기 하고 본격적으로 학습을 시작하겠습니다.

TIP 문법적 오류 (Syntactic Errors)

프로그램 작업시 발생하는 오류는 문법적오류와 논리적 오류가 있습니다. 문법적 오류는

㉠ **구성**: 문장의 특정한 형식의 위반, 변수 이름의 잘못 사용 등의 구조적인 오류. 구두점의 잘못 사용, 선언하지 않은 배열의 사용 등이 있을 때.

㉡ **일관성**: 구성은 올바르게 되었으나 다른 문장과의 관계에서 발생하는 오류. 모순되는 배열, 부적절한 문장의 사용 등이 있을 때.

㉢ **완전성**: 완전하지 못한 프로그램. 존재하지 않는 문 번호로 분기, 부적절한 다중 DO 루프의 사용되고 있을 때.

발생하는 오류로 컴파일 과정에 쉽게 찾아낼 수 있습니다.

논리적(Logic Errors)는 프로그램의 흐름이 잘못되어 실행이 불가능하거나 실행이 가능해도 결과를 얻을 수 없는 오류. 프로그램이 문법적으로는 오류가 없으나, 프로그램의 제어 논리가 잘못되었을 때 나타나는 오류입니다. 이는 입력 오류나 구문 오류에 비해 찾아내어 고치기가 매우 어려우며, 프로그램 결함의 대부분은 논리적 오류입니다.

수정전	프로그램을 변경한 후

void loop() {
digitalWrite(led, HIGH);
delay(1000);
digitalWrite(led, LOW);
delay(1000);
}
	void loop() {
	digitalWrite(led, HIGH);
	delay(100);
	digitalWrite(led, LOW);
	delay(100);
	}

스케치 화면에서 delay(1000);을 delay(100)으로 변경한 후 확인, 업로드 하는 그림 1-20의 과정을 다 한번 실행해 볼까요? LED의 동작이 어떻게 변하는지요? 그렇습니다. 깜빡임이 0.1초 간격으로 아주 빨라졌어요. 이렇게 프로그램을 통해 회로의 동작을 변경할 수 있습니다.

용어설명

아두이노 쉴드란?

GPS, SD카드 데이터 로깅, 이더넷, 와이 파이, 블루투스, XBee, 센서, 배터리, 등등 아두이노 보드 자체만으로는 수행할 수 없는 기능을 위해서 아두이노에 장착하여 그 기능을 확장할 수 있으며 보통 아두이노 쉴드 혹은 확장보드, 확장 쉴드라 합니다.

FTDI란?

컴퓨터와 통신이 가능한 USB 시리얼 변환기가 내장되어 있지 않은 아두이노 프로미니 혹은 릴리패드는 프로그래밍을 하기 위해서 USB신호를 시리얼 통신신호로 변환해주는 FTDI 변환기가 필요합니다. 이를 통해 USB를 사용해 아두이노에 프로그래밍 할 수 있습니다.

프로세싱이란?

아두이노는 프로세싱 프로그래밍 언어를 기본으로 만들어진 언어입니다. 각종 감지기와 통신 그리고 액추에이터들을 다루는 아두이노와 컴퓨터 그래픽을 사용하여 보다 시각적으로 멋진 시스템을 구현할 수 있는 프로그래밍 언어입니다.

예를 들어, 아두이노에서 얻은 센서 값을 시리얼모니터링을 통하면 숫자에 불과하지만, 컴퓨터에서 프로세싱언어를 사용해 이 데이터를 계기판 및 그래프 등 다양한 형태로 표현할 수 있습니다.

2 아두이노 디딤돌 (전기·전자공학 기초 다지기)

TIP 로봇(Robot)

로봇은 사람을 대신해 힘들고 어려운 여러 작업을 할 수 있도록 만든 기계장치입니다. 로봇이란 용어가 처음 사용된 것은 1920년 체코슬라바키아 극작가 카렐 차페크(Karel apek)가 물질문명의 폐해를 풍자한 희곡 <R.U.R : Rossum's Universal Robots : 로섬의 인조인간>에서입니다. 지금까지 로봇산업이 자동차 · 반도체 등의 산업용제품 · 제조분야를 중심으로 발전해 왔다면, 앞으로는 기존 로봇 기능에 정보기술(IT) · 센싱 · 음성인식 · 기계 메커니즘 및 엔지니어링기술 등 각종 이종기술과 결합된 융 · 복합형 로봇, 지능형 로봇 산업 중심으로 발전할 것입니다. 지능형 로봇산업은 지식산업화와 바로 코앞까지 닥친 고령화사회, 삶의 질에 대한 향상 욕구 등의 현실과 맞물리면서 앞으로 폭발적인 수요 증가가 예상되는 분야입니다.

- 학습목표 : 전압, 전류, 저항의 관계를 설명할 수 있습니다.

아두이노는 작은 컴퓨터라 했습니다. 그렇다면 아두이노는 무슨 일을 하기 위한 컴퓨터일까요? 다양한 전기전자부품을 내가 원하는 대로 움직이게 제어하는 컴퓨터입니다. 모터를 사용하여 로봇[TIP]을 만들고, 온도변화를 전압의 변화로 변환하고 이 전압 값을 읽어 온도를 감지합니다. 감지한 온도를 감지하여 시원하게 해야겠다고 판단되면, 전기신호를 내보내 모터를 돌리고 모터에 연결된 날개에서 바람이 나와 온도를 식혀주는 동작을 프로그램으로 구현하는 것입니다.

아두이노를 본격적으로 배우기 전에 이번 단원에서는 전기란 무엇인가? 모터는 어떤 원리로 회전하는가? 직류, 교류의 다른 점은 무엇인가? 등 전기전자에 대한 지식을 먼저 배워보려 합니다. 전기전자에 대한 지식이 있다면 이번 장은 간단히 살펴보고 다음 장으로 넘어가셔도 좋을 듯합니다. 다음 장에서는 아두이노와 소통하기 위한 아두이노 프로그래밍 언어를 설명합니다.

전기전자공학을 이 작은 단원에서 설명하기는 어렵습니다. 전기에너지를 활용해 살아가는 현대인들에게 필요한 전기 · 전자 지식을 중심으로 설명하고자 합니다. 여기서 설명한 주요 내용은 나중에 프로젝트 과제를 만들 때 큰 도움이 될 것 입니다. 내용을 단순히 외우지 말고 전기의 흐름을 마음속으로 그릴 수 있도록 전기를 이해한다는 마음으로 부담없이 읽어주시기 바랍니다.

2.1 전기란 무엇인가요?

전기가 무엇인지 알아보기 전에 좀 거리가 있는 다른 이야기 같지만 먼저 우리가 살고 있는 태양계를 살펴보면, 전기에너지의 원천인 원자와 우리가 살고 있는 태양계는 유사한 면이 많이 있습니다.

태양계에는 태양을 중심으로 수성, 금성, 지구, 화성, 목성, 토성, 천왕성, 명왕성, 해왕성 등 모두 9개의 행성이 조금 기울어져 스스로 자전하며 태양주위를 크게 공전하고 있습니다.

(a) 태양계TIP

(b) 태양계 행성의 자전 기울기

그림 2-1 태양계

지구는 어떻습니까? 지구가 태양을 1회 공전하면 바로 1년이 됩니다. 물론 스스로 돌며(자전)하며 태양 주위를 공전하는 것이지요. 지구는 24시간에 1회 자전합니다. 그럼 태양계에서 지구의 운동을 이렇게 간단하게 정리해 보겠습니다. "하루에 1회 자전(24시간마다 스스로 1회전), 1년에 1회 공전(1년 주기로 태양을 1회전)한다"라고 말입니다.

지구가 태양을 돌 때 태양의 인력이 강해 태양으로 빨려 들어갈 수 있습니다. 그런데 왜? 지구는 태양으로 빨려 들지 않고 45억년 이상 공전을 하고 있을까요? 그것은 바로 공전 시 발생하는 원심력 때문입니다. 태양이 지구를 당기는 인력과 지구가 태양의 주위를 공전하며 발생하는 원심력이 균형을 이루어 지구는 태양에 충돌하지도 않고, 튕겨나가지도 않고 안정되게 태양의 주위를 돌고 있기 때문입니다.

TIP 태양계(Solar System)

태양계는 태양과 태양의 중력에 의해 태양 주변을 돌고 있는 지구를 비롯한 행성, 왜소행성, 혜성, 유성체 등의 천체로 이루어졌습니다. 태양계에는 태양과 그 가까이로부터 수성, 금성, 지구, 화성, 즉 지구형 행성이 순서대로 나열되어 있으며 그 다음에 유성대(asteroid belt)가 존재합니다. 이후 목성, 토성, 천왕성, 해왕성으로 구성된 목성형 행성이 나열되어서 총 8개의 행성이 존재합니다. 그 바깥에는 얼음덩어리들과 미행성들로 구성된 카이퍼 띠(Kuiper belt), 원반대역(scattered disk)이 있으며, 가장 바깥쪽에는 오르트구름(Oort cloud)이 있습니다.
태양계 전체 질량 중 태양은 99.86%에 해당하며, 목성과 토성이 나머지 질량의 90%를 차지하고 있습니다. 나머지 천체들의 질량은 태양계 내에서 매우 작은 값에 해당합니다. [두산백과]

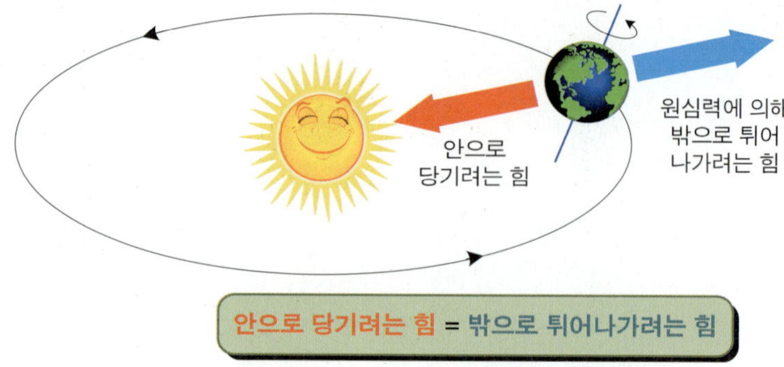

그림 2-2 지구의 자전과 공전

지구를 이루는 물질이 무엇입니까? 고대 그리스의 철학자였던 엠페도클레스(Empedocles)[TIP]는 지구의 만물은 물, 불, 공기, 흙의 4원소로 이루어졌다 주장했고 그 후 한참 동안 인류는 지구가 이 네 가지 원소로 이루어졌다고 믿고 살아 왔습니다. 하지만 이 가설은 틀린 것이지요.

2013년 1월 현재 인류는 지구를 구성하는 원소로 118개의 원자를 발견하였습니다.

> **TIP 엠페도클래스 (Emprdocles)**
> 기원전 5세기경 활동한 고대 그리스 철학자이자 정치가, 시인, 종교 교사, 의학자입니다. 세상 만물이 동등한 근원물질인 4원소(물, 공기, 불, 흙)의 사랑과 다툼 속에서 생겨났다고 주장했습니다.

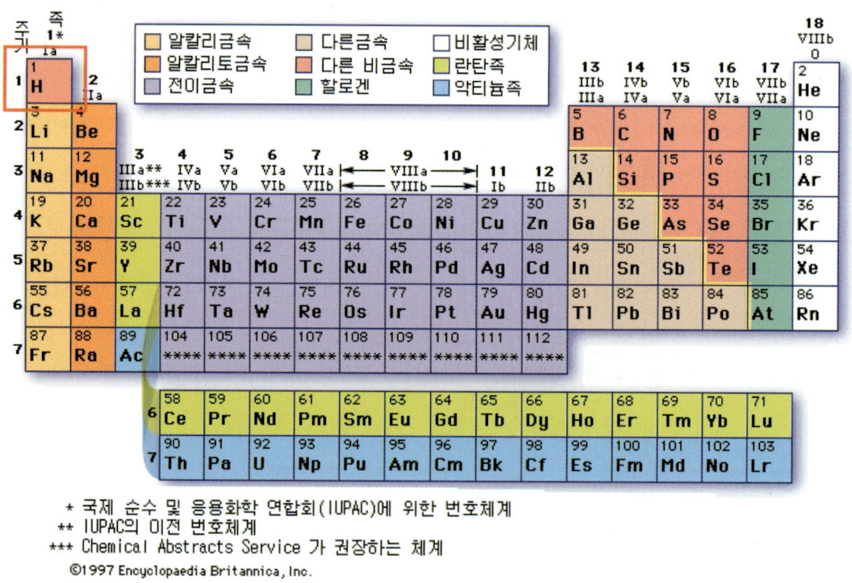

그림 2-3 원소 주기율표

그럼 원자[TIP]는 무엇으로 구성되었을까요? 크게 보면 양성자과 중성자로 구성된 원자핵과 전자로 구성되어 있습니다. 원자핵은 전자에 비해 매우 무거우며 전자는 이 원자핵 주위를 공전하고 있습니다. 더구나 전자는 팽이처럼 자전하며 양성자의 주위를 공전하고 있습니다.

수소[H], 산소[O], 질소[N], 헬륨[He], 철[Fe], 구리[Cu], 알루미늄[Al]....

그림 2-3의 주기율표에서 원자번호 1번, 지구상에 제일 작고 가벼운 원자인 수소 원자를 살펴보겠습니다. 수소 원자는 태양과 같이 중심을 이루는 양성자 1개와 그 주위를 도는 전자 1개로 구성되어 있습니다. 지구가 태양을 돌고 있듯이 전자는 원자핵 주위를 돌고 있지요. 게다가 전자는 지구가 기울어져 스스로 자전을 하는 것과 마찬가지로 조금 기울어져 자전하며 원자핵 주위를 공전하고 있습니다.

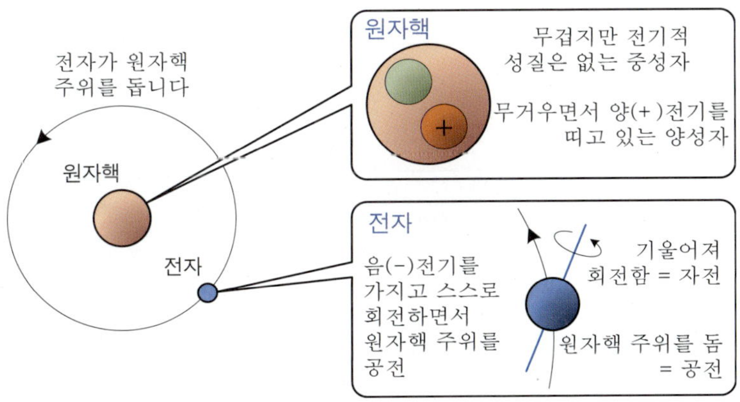

그림 2-4 수소 원자의 공전

태양이 지구에 비해 아주 크고 무겁듯이 원자핵 또한 전자에 비해 아주 크고 무겁습니다. 원자핵은 전기 성질을 가지고 있지 않지만 전자에 비해 상대적으로 무거운 중성자와, 양(+)전기를 띠며 역시 아주 무거운 양성자가 모여 원자핵을 이루고 있습니다. 중성자의 개수는 원자마다 조금씩 다르지만 전자의 개수와 양성자의 개수는 원자번호와 일치합니다. 원자번호 1번 수소는 전자가 한개, 양성자가 한개, 우리가 숨을 쉬는 원자번호 8번 산소(O)는 전자가 8개, 양성자가 8개로 구성되어져 있습니다.

TIP 원자(atom)

원자는 화학적 방법으로는 더 이상 나눌 수 없는 물질의 기본 단위 입자입니다. 원자의 어원은 그리스어로 「나눌 수 없는」 이라는 뜻의 아토모스(atomus)에서 온 것으로 알려져 있습니다. 화학원소는 각기 한 종류의 원자로 이루어지며 원소의 종류는 원자번호로 표시하는데, 수소(1번)에서부터 우라늄(92번)까지 92종의 원소가 지구상에 천연으로 존재하는 원자입니다. 원자는 원자핵과 그 주위를 도는 전자로 이루어져 있습니다. 전자의 개수는 원소마다 다르며 이것은 그 원소의 특성을 결정짓는 이유이기도 합니다. 전자는 전기적으로 (-)를 띠며 (+)를 띠는 양전하는 원자핵 속에 있습니다. 원자핵은 또한, 중성자와 소립자, 미립자, 쿼크 등으로 구성됩니다. 전자는 원자핵에 비해서 약 2,700배 가볍기 때문에 전자만 이동을 할 수 있습니다.

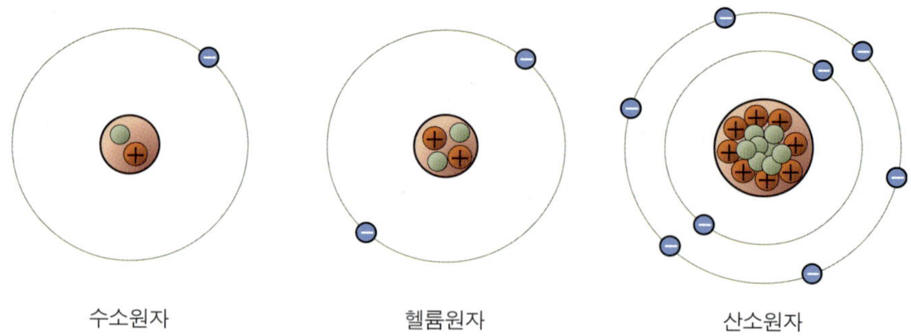

그림 2-5 원자의 구조

물의 화학식은 H_2O입니다. 물은 수소 원자 2개 산소원자 한 개로 이루어졌다는 것을 식으로 표현한 것입니다. 즉 물 분자 한 개는 수소 2개, 산소 1개로 이루어진 화합물입니다.

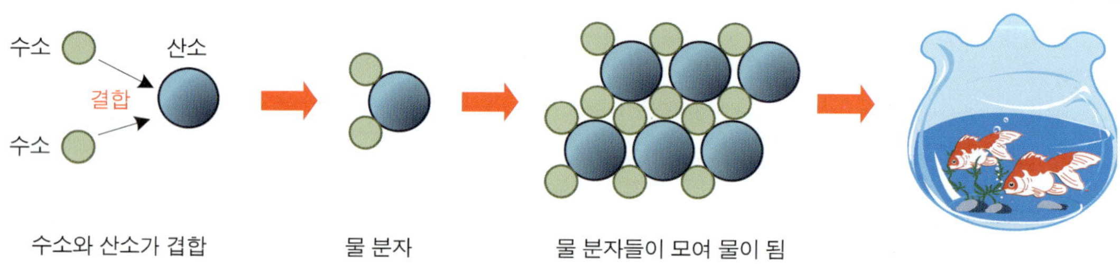

그림 2-6 물(H_2O)의 모형

이제 전기에 대해 생각해 봅시다. 그럼 우리가 말하는 전기란 무엇일까요?

원자핵을 이루는 양성자는 이름 그대로 양(+)의 전기를 띠고 있고, 전자는 음(-)의 전하를 띠고 있습니다.

전자는 질량은 양성자나 중성자에 비해 매우 가볍기 때문에 질량에는 거의 영향을 미치지 않으나 갖고 있는 전하량은 양성자와 극성만 다를 뿐 그 크기는 같습니다. 평상시 전자는 원자핵 주위를 공전하지만 외부의 에너지를 받으면 자기의 공전 궤도를 이탈해 다른 원자 사이를 돌아다니는 자유전자가 됩니다. 자유전자가 많은 물질을 도체라 하고, 특별한 경우가 아니면 물질 내 자유롭게 돌아다니는 자유전자가 거의 없는 물질을 절연체[TIP]라고 합니다. 금, 은, 구리 등은 도체이고, 고무, 플라스틱은 절연체입니다.

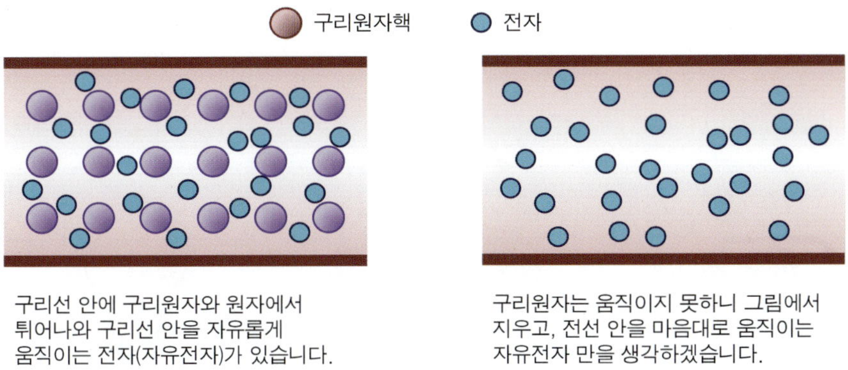

(a) 구리선 안의 원자핵과 자유전자 (b) 구리선 안의 자유전자

그림 2-7 구리선의 모형

그림 2-7의 도체인 구리를 살펴보면 구리 선내에는 평상시에 원자핵 궤도를 벗어나 자유로이 이동하는 자유전자가 많이 있습니다. 구리선을 이루는 구리 원자핵은 무거워 이동할 수 없으니 그림에서 생략하고, 자유로이 움직이는 자유전자만을 상상하여 그려본다면 그림 2-7(b)와 같이 그려 볼 수 있겠습니다. 전류는 무엇일까요? 전류는 그림(b)의 자유전자가 어느 한 방향으로 움직이는 전자의 움직임. 즉, 전자의 흐름을 전류라 합니다. 전자가 움직일 때 생기는 에너지를 전기라 합니다.

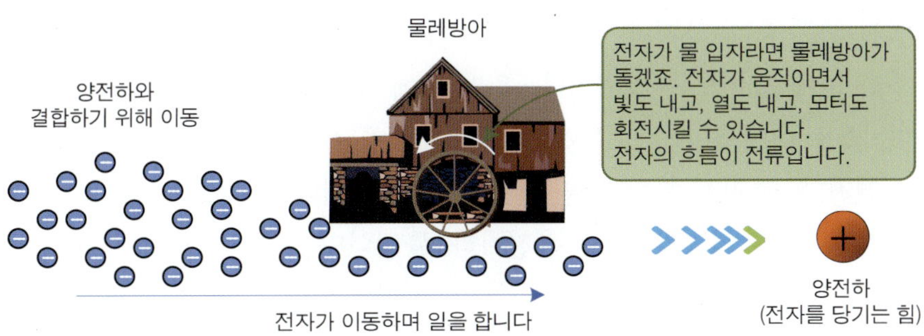

그림 2-8 전류(전자의 이동)

> **TIP 절연체(Insulator)**
> 전기나 열을 전하지 않는 물질. 부도체라고도 합니다. 실제로는 전기 전도나 열전도가 아주 작은 것을 가리킵니다. 유리, 에보나이트, 다이아몬드, 고무 등은 전기적 부도체이며, 솜, 석면, 재 등은 열적 부도체입니다. 이들 물질은 열이나 전기가 빠져나가는 것을 막는 데 쓰이기도 하기 때문에 절연체라고 합니다. 소켓이나 플러그 등 전기기구의 손잡이는 다루기에 안전하도록 절연체로 만들어져 있습니다.

TIP 빛(Light)

과거에는 가시광선만 빛이라고 생각하였으나 현대에는 빨간색 가시광선보다 파장이 긴 적외선과 보라색 가시광선보다 파장이 짧은 자외선, 자외선보다 파장이 더 짧은 X선 등의 전자기파를 포함합니다. 빛이 파동과 입자 중 어느 것인가에 대한 논란은 오래 전부터 끊임없이 제기되었습니다. 17세기에는 빛의 입자설과 파동설이 첨예하게 대립하였으나 18세기 뉴튼에 의해 입자설이 우세하게 됩니다. 그러나 19세기에 토마스 영(Tomas Young)의 '이중슬릿실험'을 통해 파동설이 우위를 점하게 되었으며, 맥스웰은 빛과 전자기파가 본질적으로 같다는 전자기파설을 주장하였습니다. 20세기가 되어서는 플랑크의 양자가설 등에 의해 입자성이 증명되었으며, 이후 빛은 입자와 파동의 성질을 동시에 가진다고 생각하고 있습니다. 파동의 성질로 본다면 빛은 전자기파에 해당하며, 입자의 성질로 볼 때 광자로 볼 수 있습니다. 빛의 회절 및 간섭현상은 빛의 파동성으로 설명할 수 있습니다. 하지만 직진성을 가지는 입자의 성질로는 파동의 원형으로 퍼져나가는 회절 및 간섭현상을 설명할 수 없습니다. 빛의 입자성은 콤프턴 효과에 의해 증명되었는데 전자에 X선을 쪼였을 때 전자가 튀어나오는 현상으로 입자성을 설명할 수 있습니다. 1905년 아인슈타인은 기존 빛은 전자기파로 이루어졌다는 고전물리 이론과 달리 빛은 파동성과 입자성을 지니고 있으며 특정 진동수의 빛은 그 진동수에 비례하는 에너지를 갖는 입자인 광자(photon)로 구성되어 있다는 광양자설(Light quantum theory)을 제창하였고, 그 뒤 콤프턴효과에 의해서 그 이론의 정당성이 증명되었습니다. [두산백과]

전자는 눈에 보이지 않습니다. 하지만 우리 일상에 전기는 무척 가까이 있습니다. 전자회로를 설계하고 만들기 위해서는 전자의 움직임을 상상할 수 있어야 합니다. 전자를 물 입자, 전류를 물의 흐름이라고 생각하면 좋을 듯합니다.

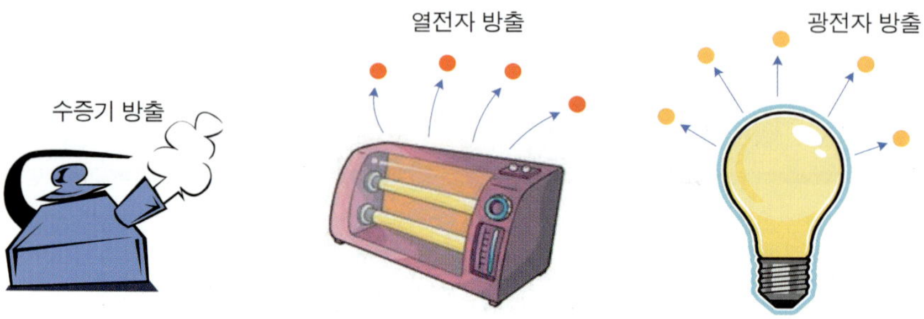

(a) 주전자의 수증기 (b) 전기난로의 열전자 (c) 전구의 광전자

그림 2-9 전자의 다른 이름

그림 2-9(a) 주전자에 물을 넣고 끓이면 하얀 수증기가 피어납니다. (b)와 같이 전자가 난로의 히터(니크롬선)를 흐르며 빨간 빛과 함께 뜨거운 열기를 뿜어낼 때, 이때 니크롬선에서 튀어나와 우리 눈에 보이지 않지만 열로 느껴지는 자유전자를 열전자라고 합니다. 백열등의 필라멘트를 흐르던 전자가 밖으로 튀어나올 때는 열과 함께 빛의 형태로 튀어나옵니다. 이때 우리 눈에 빛의 형태로 다가오는 전자를 광전자라 부릅니다.

백열등이나 형광등과 같이 전기를 주면 빛이 나는 조명등은 열을 갖는 열전자도 방출 하지만 빛에너지를 가진 광전자가 전등에서 튀어나와 우리 눈에 들어오는 것입니다. 우리 눈에 빛으로 보이는 것은 광전자이며, 빛을 내며 튀어 나오는 전자의 덩어리를 우리는 광량자라 부릅니다.

열전자, 광전자 모두 같은 전자지만 어떤 에너지를 갖고 밖으로 나왔는지에 따라 열전자 또는 광전자라 불립니다.

2.2 전압, 전류, 저항이란

전압TIP, 전류TIP, 저항TIP의 의미와 역할을 생각해 보겠습니다. 전자를 물이라고 하면 전압은 물이 흐르도록(전자가 움직이도록)하는 에너지를 말합니다. 지금부터 전자를 물에 비유해 설명하겠습니다.

댐을 한번 살펴볼까요? 비가 모여 댐에 물이 가득 고였다 합시다. 물이 댐에 가득 차 있을 때 댐에 고여 있는 물의 압력을 수압이라 합니다. 물을 전자로 생각한다면, 물이 고여 형성한 물 입자의 위치에너지인 수압은 전기회로에서 전압과 같은 의미입니다. 건전지는 전자가 가득 담긴 물병으로, 수도관은 전선이라 생각할 수 있습니다.

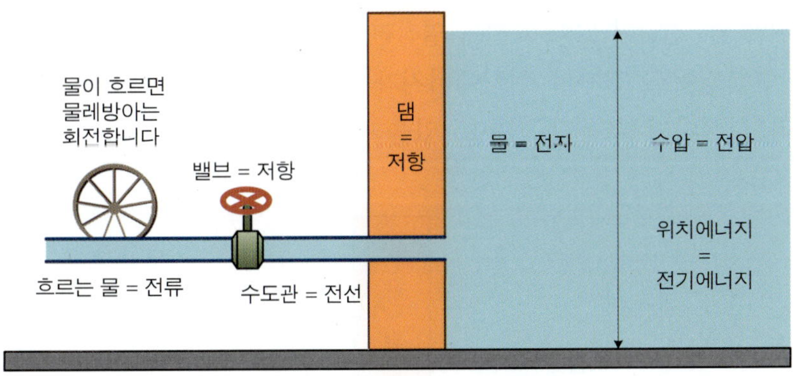

그림 2-10 물과 전자

여기서 질문을 해보겠습니다.

Q1. 물레방아를 돌게 하는 힘은 무엇입니까?

물의 흐름이지요. 전기로 말하자면 전자의 흐름인 전류입니다.

Q2. 밸브는 어떤 역할을 하고 있나요?

물의 양을 조절하는 역할을 합니다. 밸브를 사용해 물을 많이 흐르게도 하고, 적게 흐르게도 할 수 있습니다. 만약 밸브를 잠그면 물이 흐르지 못하고, 밸브를 열면 물이 흐릅니다. 밸브를 아주 조금만 열면 물은 아주

TIP 전압(Voltage)
도체(導體) 내에 있는 두 점 사이의 전기적인 위치에너지(전위, 電位) 차이. 전위차(電位差).

전압의 단위
전압의 크기를 나타내는 단위는 V(볼트)입니다. 1V는 1C(쿨롱)의 전하가 두 점 사이에서 이동하였을 때에 하는 일이 1J(줄)일 때의 전위차입니다.

TIP 전류(Electric Current)
전위(電位)가 높은 곳에서 낮은 곳으로 전하(電荷)가 연속적으로 이동하는 현상.
전류의 크기를 나타내는 단위는 A(암페어)입니다. 1A는 도선의 임의의 단면적을 1초 동안 1C(쿨롬)의 전하가 통과할 때의 크기이며, 전류의 방향은 정전하(정지한 전하, 양전하)의 이동방향을 양(+)의 방향으로 정하였습니다. 그러나 실제로 도선 안에서는 전류의 반대방향으로 자유전자가 이동하며, 1A의 전류가 흐르는 도선에는 1초에 약 6.25×10^{18}개의 자유전자가 단면적을 통과합니다. 전류의 종류에는 그 크기 및 방향이 변하지 않는 직류(直流)와 크기와 방향이 주기적으로 변하는 교류(交流)가 있습니다.

TIP 저항(Resistance)
전류가 흐르는 것을 막는 작용. 단위는 옴(Ω)
1Ω=1V의 전압을 가한 때, 1A의 전류가 흐르는 도체의 저항.

조금만 흐를 것입니다. 물의 입장에서 보면 물의 이동을 방해하는 저항 역할을 하고 있습니다. 밸브를 많이 열면 물의 흐름을 억제하는 저항이 줄어들게 되어 물이 많이 흐르게 되는 것입니다. 전기회로에서 저항은 전류를 많이 흐르게 하거나 적게 흐르게 조절하는 역할을 합니다. 이 과정에 물레방아를 전구라 생각하면 불빛이, 모터라 생각하면 회전 속도를 조절할 수 있습니다. 여기서 밸브는 전기회로의 저항과 같은 역할입니다.

Q3. 전압은 무엇입니까?

물을 흐르게 해주는 물의 위치에너지입니다. 만약 그림 2-11과 같이 댐에 물이 없다면 밸브를 열어도 흐를 물이 없으니 물레방아는 멈추게 됩니다. 전기회로에서도 이와 같습니다. 전자가 쌓여 전자의 위치에너지인 전위차 즉, 전압이 있어야 길이 열리면 전자가 이동할 수 있습니다. 회로가 연결되어도 전자의 위치에너지가 없으면 전자는 이동할 수 없고, 따라서 전자의 흐름인 전류도 있을 수 없습니다.

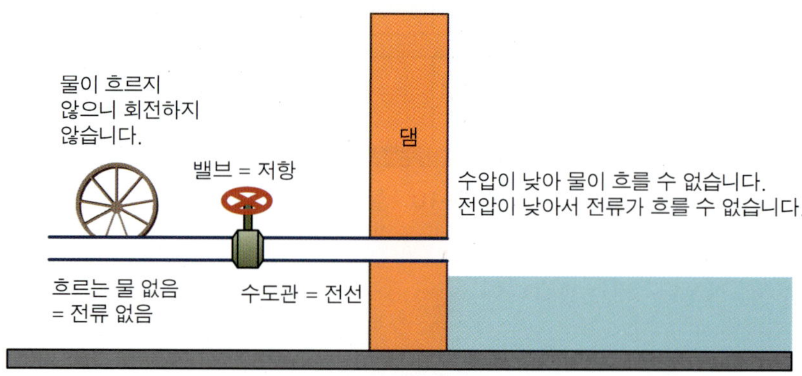

그림 2-11 전압과 전류(1)

Q4. 물이 고여있는 댐 위의 물레방아는 회전할까요?

그림 2-12 전압과 전류(2)

그림 2-12를 보면 댐에 물이 가득 고여 있으니 수압은 아주 높습니다. 이와 같이 수압이 높은 댐 위에 물레방아를 설치해 놓으면 이 물레방아는 움직일까요?

움직이지 않습니다. 수압은 있으나 물레방아를 돌려주는 물의 흐름이 없기 때문입니다. 전기도 마찬가지입니다. 전압이 있다 하더라도 전자가 움직이는 길이 없으면 전자가 이동할 수 없으며, 전압은 있으나 전류는 없는 것이지요.

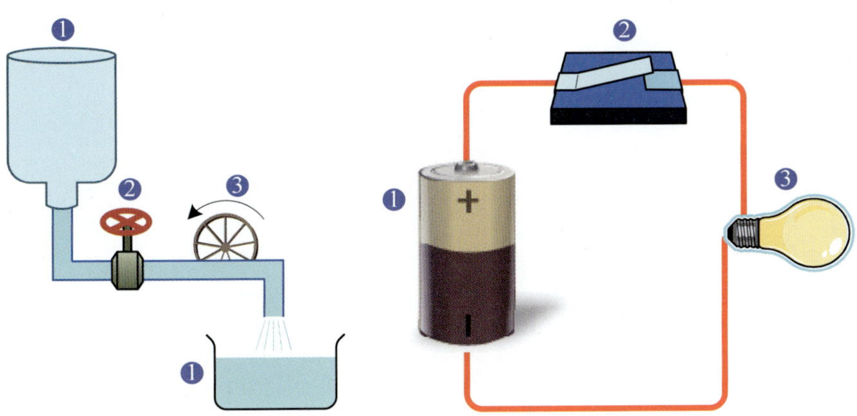

(a) 물의 흐름 (b) 전자의 흐름

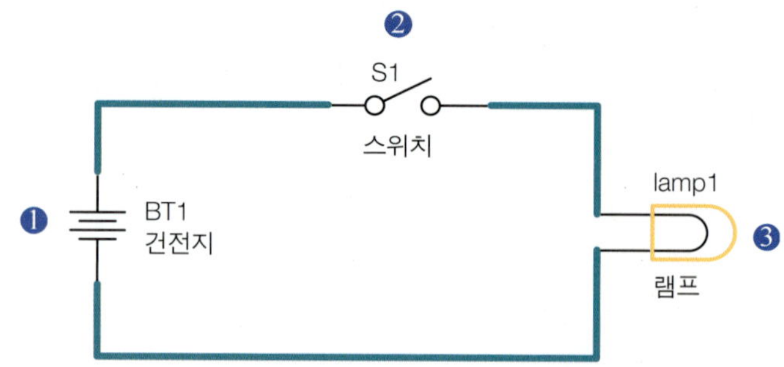

(c) 전류의 흐름을 기호로 표현한 회로도

그림 2-13 전기회로

그림 2-13의 (b), (c)는 건전지와 스위치, 꼬마전구로 불을 켜는 회로입니다. 전류가 흐를 수 있는 길이 만들어졌을 때 우리는 이것을 전기회로라고 합니다. 만약 선이 한곳이라도 연결이 되지 않으면 회로 내에 전류는 흐르지 못합니다. 전류가 흐르지 못하는 것은 아무 일도 하지 못한다는 것입니다.

물통의 수압으로 물이 흐르고 이로 인해 물레방아가 돌아가는 것과 같이, 건전지에 가득 들어있는 전자들이 스위치를 켜서 움직이는 길이 형성되면 전선을 따라 이동하고 이 과정에서 꼬마전구의 필라멘트에서 광전자가 방출 되는 것입니다. 이와 같이 전기가 흐르는 길을 회로(Circuit)[TIP]라 하고 그림(c)와 같이 전류가 흐르는 길인 회로를 기호로 표현한 도면을 회로도(Schematic)라 합니다.

TIP 회로(Circuit)

회로의 용어적 정의는 다음과 같습니다.

❶ 전류의 통로가 되는 단일(혹은 복수의) 닫힌 도체 배치

❷ 필요로 하는 전기적 특성을 얻을 수 있도록 전원과 부품을 접속하는 것

❸ 소자의 기능을 결합하여 필요한 신호 또는 에너지 처리 기능을 갖게 한 것

디딤돌

질문하나 하겠습니다. 구리선에는 마음대로 움직이는 자유전자가 많이 있다 했고, 앞에서 전자가 움직이면 그것을 전류라고 하였습니다. 그렇다면 구리선 안에서는 자유전자가 끊임없이 움직이고 있으니 그림(b)와 같이 건전지가 없어도 전구에 불이 켜져야 하지 않겠습니까? (b)의 전구는 켜 질까요? 켜지지 않을까요?

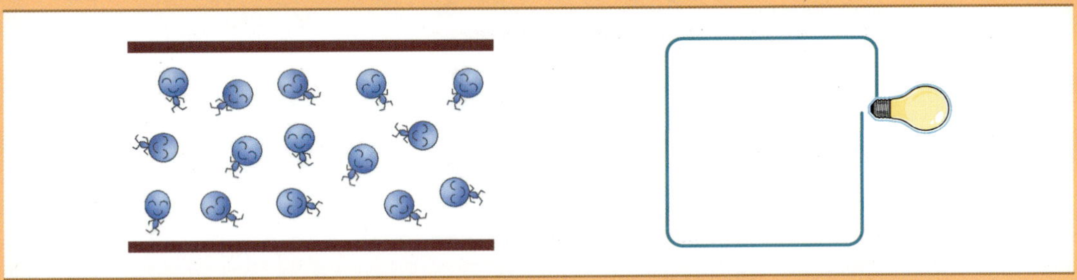

(a) 구리선 안의 자유 전자들　　(b) 전구에 불이 켜질까?

그림 2-14 구리선으로 연결된 회로

답 : 불은 켜지지 않습니다. 실제로 구리선 안에 수많은 자유전자가 움직이지만 불은 켜지지 않습니다. 그림 2-15(a)을 보면 두 마리의 소가 상자를 끈다고 할 때 상자가 움직일까요? 움직이지 않겠지요. 힘의 합이 0이기 때문입니다. 그림(b)과 같이 구리선 안에서 전자는 각각 방향이 없이 무질서하게 움직입니다. 확률적으로 볼 때 서로의 일이 상쇄되어 겉으로 드러나는 일은 하나도 없는 것이지요. 그래서 전자를 한쪽으로 움직이게 하는 에너지 즉, 전자의 위치에너지(전압)가 있을 때만 전자의 운동방향이 한 방향으로 통일되고 비로소 전구에 불이 켜지게 되는 것입니다.

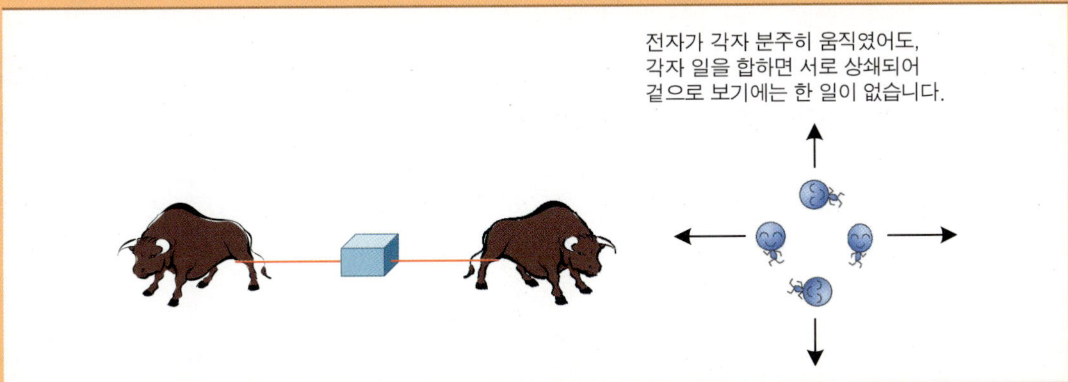

(a) 일의 합력 = 0　　(b) 전자가 한 일의 합력 = 0

그림 2-15 구리선으로 연결된 회로

이럴수가 !!

여러분, 이 책에서는 전류와 전자의 방향을 다르게 설명하려 합니다. 전자의 움직임을 전류라 했는데, 실제로는 전자와 전류의 방향이 서로 반대이지만 편의상 전자와 전류의 방향을 같다고 설명할 것입니다.

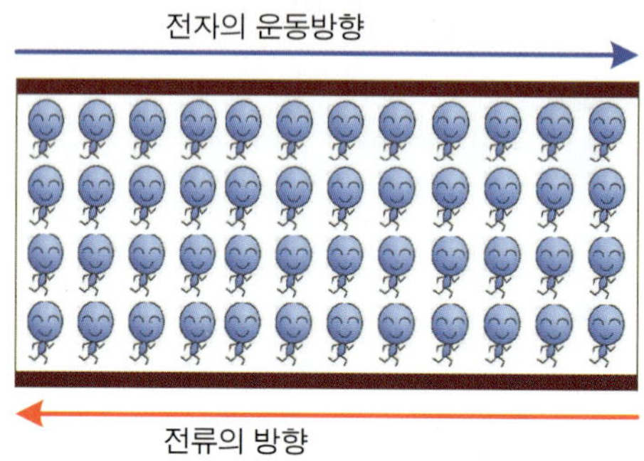

그림 2-16 전자와 전류의 방향

사실 전자의 운동 방향과 전류의 방향은 같아야 하지만, 전류의 방향을 전자에 대해 잘 모르던 시절에 전류의 방향을 미리 정하였습니다.

18세기 말 볼타에 의해 전지현상이 발견되었을 때 과학자들은 전지에서 전기를 운반하는 전하 전달체가 음의 전하를 띈 전자라는 사실을 몰랐기 때문에 일반적인 인식대로 전자가 나오는 쪽을 뭔가가 생성된다고 하여 양극, 전자가 들어가는 쪽을 뭔가가 소비된다고 하여 음극으로 정의하였고 이 전하 전달 체의 방향을 양극에서 음극으로 정의하였습니다.

나중에 전자의 흐름을 발견하였을 때 전류의 방향을 전자의 이동 방향으로 바꾸려 하였으나 오히려 혼란스러울 것 같아 기존의 전류방향을 사용하였습니다.

이 책에서는 전자의 방향을 전류의 방향이라고 설명하겠습니다. 나중에 전기에 대해 좀 더 깊이 있게 공부할 기회가 있을 때 전자의 이동 방향과 전류의 방향이 다르다는 점을 잊지 마시기 바랍니다.

2.3 전류의 열작용

전류[TIP]가 흐르면 열이 나요

앞에서 수압과 전압을 비교하여 보았습니다. 만약 강물이 흐르다 좁은 곳을 만나면 어떻게 될까요? 당연히 냇물이 좁아지는 곳에서는 잘 흐르지 못합니다. 좁은 수로가 물의 흐름을 방해하는 저항 역할을 하기 때문이지요. 전기도 마찬가지입니다.

전자가 이동하는 길이 넓다면(선이 굵거나 전기가 잘 통하는 물질) 전자도 잘 이동하지만 저항이 전자의 흐름을 더디게 합니다. 장애물이 많다는 것은 무엇을 의미할까요? 원자와 원자 사이에 간격이 넓으면 전자가 지나가기가 쉽겠지만 촘촘히 자리 잡은 물체에서는 전자가 이동하기가 어렵습니다. 이 사이를 이동하다 자꾸 원자핵과 충돌하게 되고 그 과정에서 열이 발생하게 됩니다.

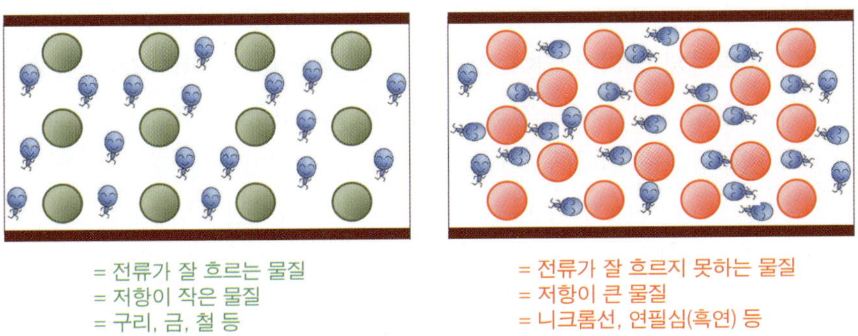

그림 2-17 도체와 절연체

만약 전류가 잘 흐르는 선 사이에 전류가 잘 흐르지 못하는 재질의 선이 있다면 어떤 현상이 발생할까요? 10차선 고속도로에 공사를 하여 1차선 고속도로로 갑자기 좁아진다! 상상해 보세요. 전자가 큰길로 이동하다 갑자기 좁은 길을 만나면 좁은 길에 원자핵과 부딪치게 되고 이 과정에 열이 발생하게 됩니다. 이 열에너지를 전자가 받아 더 힘차게 움직이려 하다 다시 원자핵에 충돌하는 과정이 되풀이 되면서 전선 밖으로 튕겨 나갈 수도 있습니다. 튕겨져 나온 전자 중에 에너지를 많이

TIP 전류

전류의 주된 작용에는 화학작용 · 열작용 · 자기(磁氣)작용이 있습니다.

화학작용으로서는, 전해질 속을 전류가 흐르면 전극에 이온이 달라붙어 방전, 기체가 발생하거나 금속이 석출하는 전기분해, 이와는 반대로 전극에서 물질이 이온화함으로써 기전력(起電力)이 생기는 현상 등이 있습니다.

전류의 열작용은 전류가 전기저항이 있는 장소를 흐르면 열(줄열 : Joule's heat)을 발생하는 작용으로, 1초당 발열량은 전류와 전기저항의 제곱에 비례합니다. 줄열은 전열기나 전구 등에 이용됩니다.

전류의 자기작용은 전류가 그 주위에 자기장을 만드는 작용입니다. 정상전류가 만드는 자기장은 앙페르의 법칙으로 표현됩니다. 긴 직선전류의 주변에는 전류를 중심축으로 하는 동심원상의 자기장이 생기는데, 그 자기장의 세기는 중심축으로부터의 거리에 반비례한다는 것입니다.

전류의 자기작용은 전류계 · 전동기 등에 이용됩니다.

가지고 나온 전자는 광전자가 되어 우리 눈에 빛으로 보이고, 에너지를 조금 적게 가진 전자는 우리에게 따스한 열을 전달하는 열전자로 다가오게 됩니다.

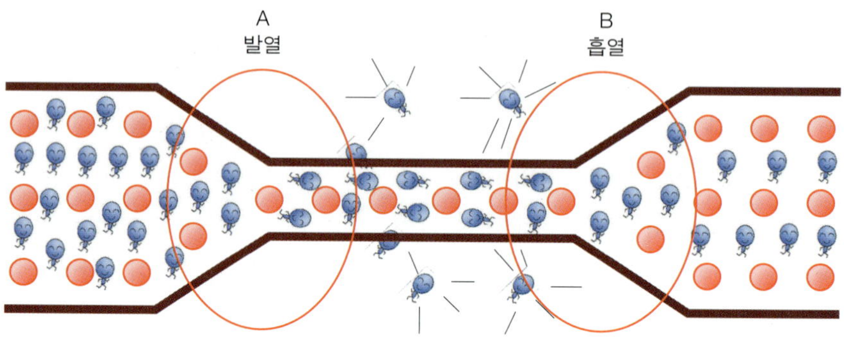

그림 2-18 열전자와 광전자

그림 2-18에 (A)부분은 넓은 길이 좁은 길로 변하니 충돌이 많아지므로 연결부위에 열이 많이 발생합니다. 반대로 (B)부분에서는 좁은 길이 넓어지니 시원하게 달리게 되어 흡열현상이 일어납니다. 이와 같은 현상을 물리학자인 펠티에[TIP]가 발견하여 펠티에 효과(Peltier effect)라 합니다. 자동차 냉온장고는 펠티에 효과를 이용해 만든 것입니다. 전류를 반대로 흘려주면 B부분에서 열이 나고 A부분은 차가워지게 되겠지요. 그래서 전류를 어느 방향으로 흘려주는 가에 따라 냉장고 또는 온장고 로 동작합니다.

TIP 펠티에(Peltier)

프랑스의 물리학자. 파리 암 출생. 시계수리공이었으나 30세 경에 그만두고 물리학 연구를 시작했습니다. T.J.제베크가 발견한 열전효과(熱電效果)와 관련하여 그 역현상의 유무에 관심을 쏟았는데, 1834년 2개의 다른 금속의 접점(接點)을 통해서 전류를 보내면 열의 흡수 또는 발생이 일어남을 발견하였는데, 이것이 '펠티에효과' 입니다.

디딤돌

빛은 무엇일까요? 빛은 에너지를 가진 전자의 덩어리로 광량자라 합니다. 가시광에서 에너지가 가장 작은 것은 빨강색입니다. 빨강색에서 주황, 노랑, 초록, 파랑, 남색, 보라색으로 갈수록 강한 에너지를 갖고 있습니다. 보라색(자주색)은 영어로 'Violet' 입니다. 만약 자주색을 띠는 광자보다 에너지가 많은 전자가 있다면 우리 눈으로 볼 수 없습니다. 보라색보다 에너지가 더 강한 광자를 자외선이라 합니다. 영어로는 "Ultra Violet", 자주색보다 더 강한 에너지를 갖고 있다는 의미입니다. 반대로 가시광에서 가장 에너지가 작은 것은 빨강입니다. 만약 광자의 에너지가 빨강보다 작으면 어떻게 될까요? 역시 우리 눈에 보이지 않습니다. 빨강색보다 작은 에너지를 가진 광자는 적외선이라 합니다. 영어로 "Infra Red", 여기서 Infra는 "이하에, 아래에, 다음에"라는 의미입니다. 그러니 "빨강색보다 작은 에너지파"란 뜻이지요. 적외선은 눈으로 보이지는 않고 열로 느낄 수 있습니다. 사람 옆에 있으면 따스함을 느끼는 것은 그 사람에게서 나오는 적외선 때문입니다.

전자가 갖고 나오는 에너지에 따라 색과 이름이 달라집니다. →

원적외선	근적외선	빨	주	노	초	파	남	보	자외선
적외선		가시광선							자외선
• 우리 눈에 보이지 않습니다. • 열로 느껴지죠. • 난로 옆에, 사람 옆에 있으면 따스하죠. 적외선 때문입니다. • 사람의 체온은 원적외선에 해당하는 열입니다. • 열 영상 카메라는 밤에도 물체를 볼 수 있어요. 열 영상을 우리가 볼 수 있는 가시 광으로 증폭해주기 때문입니다.									• 우리 눈에 보이지 않습니다. • 피부에 화상을 입힙니다. • 자외선은 살균작용이 있습니다. • 선글라스를 쓰는 이유는 자외선을 차단하기 위해서 입니다. • 이불을 햇빛에 너는 것은 자외선으로 소독하기 위해서입니다.

2.4 전류의 자기작용

TIP 영구자석

영구자석도 특정조건에서는 자력을 잃을 수 있습니다. 어느 온도 이상으로 가열하면 자석의 성질을 잃어버리게 되며 이 현상을 발견한 프랑스의 물리학자 피에르 퀴리의 이름에서 따서 퀴리 온도(Curie Temperature)라고 합니다. 피에르 퀴리는 우리가 잘 알고 있는 퀴리부인의 남편입니다. 보통 자철석의 퀴리온도는 575℃, 적철석은 675℃, 순수한 철은 768℃, 니켈은 350℃, 코발트는 1120℃정도입니다.

자석은 우리 생활에 아주 중요한 역할을 합니다. 우리가 흔히 볼 수 있는 영구자석TIP은 한번 자석이 되면 자력을 잃지 않습니다. 그래서 영구 자석이라 하는 것이지요. 인류가 자기장을 발견함으로써 전자통신, 모터, 발전기 등 현대문명의 단초를 제공한 것입니다. 지구의 한정된 화석연료를 생각하면 인류가 미래에 사용할 가장 보편적인 동력은 전기모터가 될 것이고, 모터에 사용할 전기를 생산하기 위해 발전기를 사용할 것입니다. 그런데 직류 모터와 발전기는 같은 구조이며, 직류모터의 경우 발전기의 역할도 할 수 있습니다.

아두이노를 활용해 다양한 프로젝트를 수행하기 위해서는 아두이노로 제어하는 전기 모터, 스피커, 전자석 등 전자기기에 대한 이해가 필요합니다.

1820년경 덴마크의 과학자 에르스텟(Oersted)은 전류가 흐르고 있는 전선 주위에 자석과 같이 자기장이 생겨난다는 것을 발견했습니다. 코펜하겐 대학 교수였던 에르스텟은 학생들에게 전류가 전선을 흐르면 전선이 따뜻해지는 전류의 열작용을 설명하던 중이었습니다. 실험대 위에는 전선과 전지가 스위치를 통해 연결돼 있었습니다. 실험을 위해 스위치를 켠 순간 전선 바로 옆에 우연히 놓여있던 나침반의 바늘이 움직이는 것을 보고 전기적인 현상과 자기적인 현상이 관련되어 있을 것이라고 추측했습니다. 즉, 전자의 이동(전류)이 자기장을 만든다는 사실을 발견한 것입니다. 이것이 인공자석인 전자석을 만들어냈고, 모터와 발전기로 발전한 것입니다.

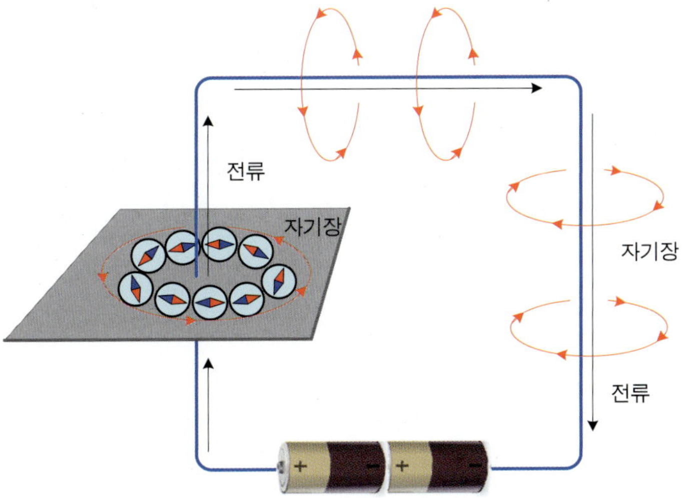

그림 2-19 자기장의 발견

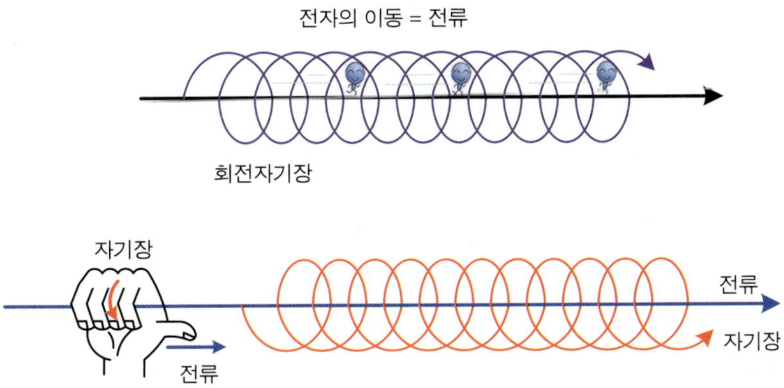

그림 2-20 전류와 자기장

나중에 프랑스의 앙페르TIP(Ampere ; 앙페르를 기념해 전류의 단위 암페어로 사용)는 나침반을 이용해 전류가 나사의 진행 방향이라면 자기장의 방향은 나사가 회전하는 방향이라는 오른나사 법칙을 발견했습니다.

TIP 앙페르 (Abdre Marie Ampere)

1775~1836 프랑스의 물리학자 · 수학자. 리옹에서 태어나 루소에게 심취한 아버지로부터 에밀식(Emile)교육을 받았습니다. 프랑스 혁명 시대인 1793년 치안판사였던 아버지가 체포, 처형되고 그 자신도 99년 결혼했으나 부인이 병사하는 등 가정적인 불행을 겪었습니다. 1802년 에콜상트랄에서 물리학 및 화학 교수가 되었고 19년 파리 대학의 철학 교수, 24년 콜레주 드 프랑스의 물리학 교수로 선임되었습니다. 20년 덴마크의 H. C. 에르스텟은 전류가 자석에 힘을 미친다는 것을 발견했는데 앙페르는 이것을 단서로 곧 실험에 착수했습니다. 그는 전류가 흐르는 도선 사이에 힘이 작용하는 것을 발견하고 이것을 수학적으로 설명하여 전류와 자기에 관한 「앙페르 법칙」을 발표했습니다. 전류의 단위 「암페어」는 그의 이름에서 유래한 것입니다.

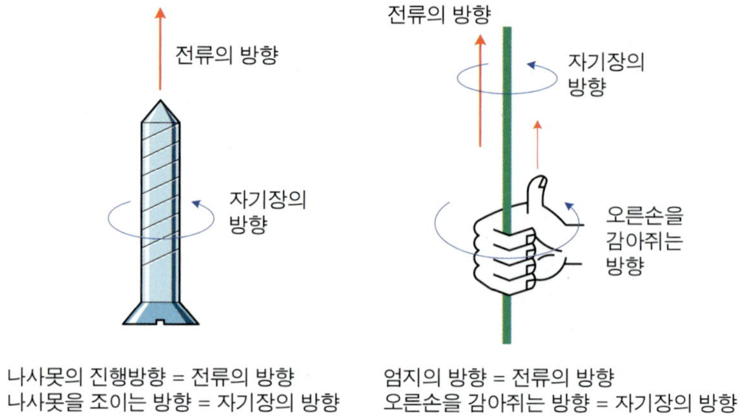

그림 2-21 앙페르의 오른나사법칙

앙페르의 오른나사 법칙을 이용해 만든 전자석은 우리에게 편리함을 주었을까요? 현관의 도어록, 자동차의 창문 도어록, 승강기를 움직이는 모터는 바로 전기적 신호로 자석이 필요로 할 때 만들 수 있는 전자석을 이용한 것입니다.

인류가 전기에너지를 일상에 편리하게 이용하는 것은 바로 전자석을 이용해 전기적 에너지를 운동에너지로 바꿀 수 있었기 때문입니다.

그럼 필요할 때만 전류를 흘려 자석을 만드는 전자석은 어떻게 만들어 질까요? 선 한 가닥에서 나오는 자기장은 매우 작기 때문에 자석의 힘을 강하게하기 위해선 자기장의 가닥수를 늘여야 합니다. 작은 공간을 차지하면서 강한 자기력을 얻기 위해선 구리선을 같은 방향으로 겹치며 여러 번 둥글게 감으면 됩니다. 전선을 같은 방향으로 많이 감을수록 자기장의 세기는 강해지게 됩니다. 전선을 동그랗게 감은 것을 코일(Coil)이라고 하며, 코일 내에 흐르는 전류의 방향에 따라 자기장의 방향도 달라집니다.

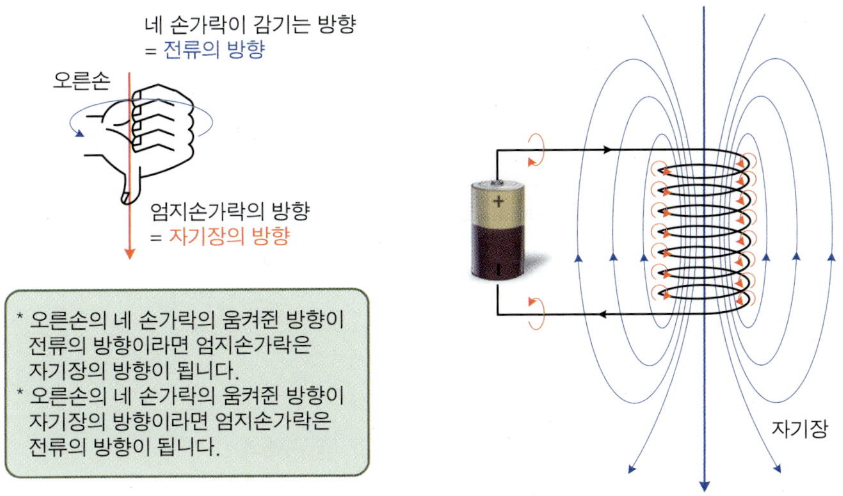

그림 2-22 코일과 전자석[TIP]

선을 동그랗게 감은 코일에서 앙페르의 오른나사 법칙을 보면 네 손가락의 감기는 방향이 전류의 방향이라면, 엄지손가락이 향하는 방향은 자기장의 방향으로 생각해도 됩니다. 만약 네 손가락이 감기는 방향이 자기장의 방향이라고 한다면, 엄지손가락의 방향은 전류의 방향이 됩니다.

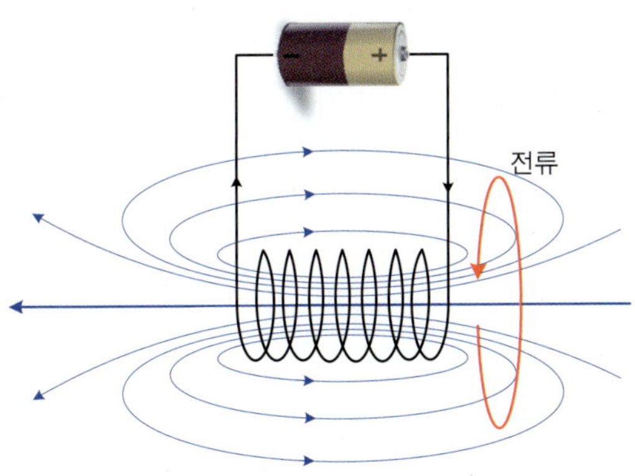

(a) 전자석

TIP 전자석 (Electromagnet)

전류가 흐르면 자기화되고, 전류를 끊으면 자기화되지 않은 원래의 상태로 되돌아가는 자석을 가리킵니다. 전류의 공급과 상관없이 항상 자기를 유지하는 영구자석과 구분할 수 있는데 도선에 전류가 흐르면 도선 주위에 동심원 모양의 자기장이 형성되게 되며, 이를 이용하면 영구자석으로는 얻을 수 없는 매우 강력한 자기장을 얻을 수 있습니다. 전자석은 전류를 인위적으로 조정하여 비교적 쉽게 자기장의 세기를 바꿀 수 있습니다. 그래서 통신기의 계전기부터 1t(톤) 이상의 무거운 재료를 끌어올리는 전자기식 기중기까지 널리 이용되고 있습니다.

TIP

강한 전자석을 만드는 방법

- 코일을 많이 감습니다.
- 코일을 감을 때는 촘촘히 한 방향으로 감습니다.
- 전압을 올려 도선에 흐르는 전류를 많이 흐르게 합니다.(많은 전류를 흘리면 전류의 열작용으로 코일에 열이 발생합니다)

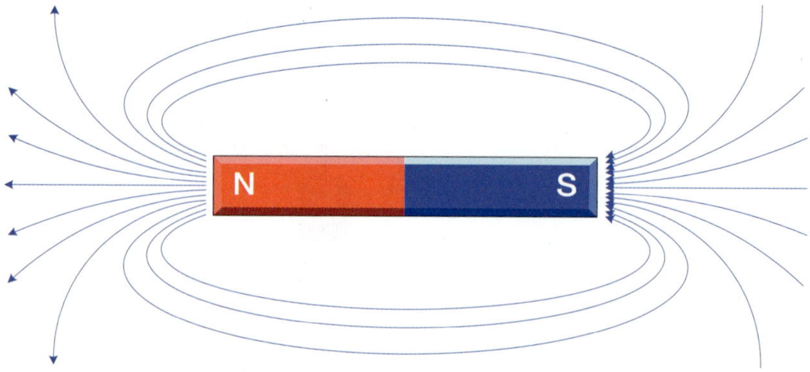

(b) 영구자석

그림 2-23 전자석과 영구자석

TIP **전동기(Electric motor)**

전류가 흐르는 도체가 자기장 속에서 받는 힘을 이용하여 전기에너지를 역학적 에너지로 바꾸는 장치이며, 일반적으로 모터(motor)라 합니다. 전동기는 전류가 자기장 속에서 받는 힘을 이용하여 전기에너지를 기계적인 일로 바꾸는 장치인데, 대부분의 전동기는 회전운동의 동력을 만들지만 직선운동을 할 수도 있습니다. 발전기는 전동기와 반대되는 장치로서 역학적 에너지를 이용하여 전기를 생산하는 장치인데 전동기와 발전기는 서로의 역할을 바꿔 대신할 수 있습니다. 전원의 종류에 따라 직류전동기와 교류전동기로 분류되며, 교류전동기는 다시 3상교류용과 단상교류용으로 구분됩니다. 큰 동력 장치에는 3상교류용 전동기가, 소형 전자기기에는 직류 전동기가 주로 사용됩니다.

코일과 자석으로 만드는 전동기[TIP]

야구에서 보면 투수가 던진 공이 똑바로 타자를 향해 가는 것이 아니라 날아가다가 위로, 아래로, 좌 · 우로 공이 휘어짐을 볼 수 있습니다. 공이 날아가다 휘어지는 변화구의 비밀은 바로 공의 회전입니다.

그림 2-24와 같이 야구공이 빠른 속도로 회전하면서 앞으로 나갈 때 공기의 저항을 받게 됩니다. 그러면서 공의 아래쪽의 공기는 전진하며 회전하는 회전기류와의 합력으로 공의 아래쪽 공기 밀도는 높아지고, 위쪽의 공기 밀도는 낮아집니다. 그러면 야구공은 어떻게 될까요. 공의 아래쪽에 조밀하게 모인 공기는 공을 위로 밀어 올려주고 야구공은 위쪽으로 조금씩 떠오릅니다. 비행기가 날아가는 원리와 같습니다.

만약 공이 반대 방향으로 회전을 하면 이런 현상이 반대로 일어나 공은 아래로 휘며 날아가게 됩니다.

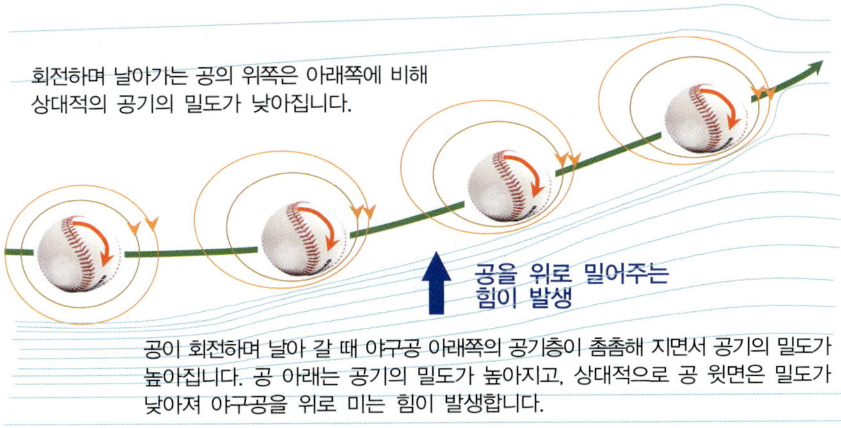

그림 2-24 변화구의 원리

전동기의 회전원리도 변화구의 원리와 유사합니다. 그림 2-19와 같이 영구자석에 의한 직선자기장(B)과 자기장을 가로지르는 도선에 전류(I)를 흘려주면 전류(I)에 의해 발생하는 회전 자기장과 충돌하게 됩니다. 야구공의 진행 방향이 변하듯이 충돌한 자기장의 밀도 변화에 따라 도선에 힘(F)이 작용하여 신이 아래쪽으로 움직입니다. 만약 전류를 반대로 흐르게 하면 회전 자기장의 방향도 바뀌고 전선은 위쪽으로 움직일 것입니다. 플레밍(Fleming)[TIP]은 이 과정을 왼손의 손가락으로 설명하였으며 이것이 바로 플레밍의 왼손법칙입니다. 플레밍의 왼손법칙은 직류모터의 회전원리입니다. 그림에서 왼손 검지가 자석에 의한 자기장의 방향(B), 중지가 전선에 흐르는 전류의 방향(I)이라면 엄지는 전선이 힘을 받아 움직이는 방향을 가리킵니다. 실제 전선이 힘을 받아 움직이는 방향과 같습니다.

TIP 플레밍(Fleming, John Ambrose, 1849~1945)
영국의 과학자로 전자기학 연구에서는 전류 · 자기장 · 도체 운동의 3방향에 관한 법칙(플레밍의 법칙)으로 알려졌습니다. 1883년 에디슨이 우연히 발견한 에디슨 효과에서 힌트를 얻어 2극 진공관을 발명하였고, 무선전신용 검파장치로써 1904년 특허를 받았습니다.
[두산백과]

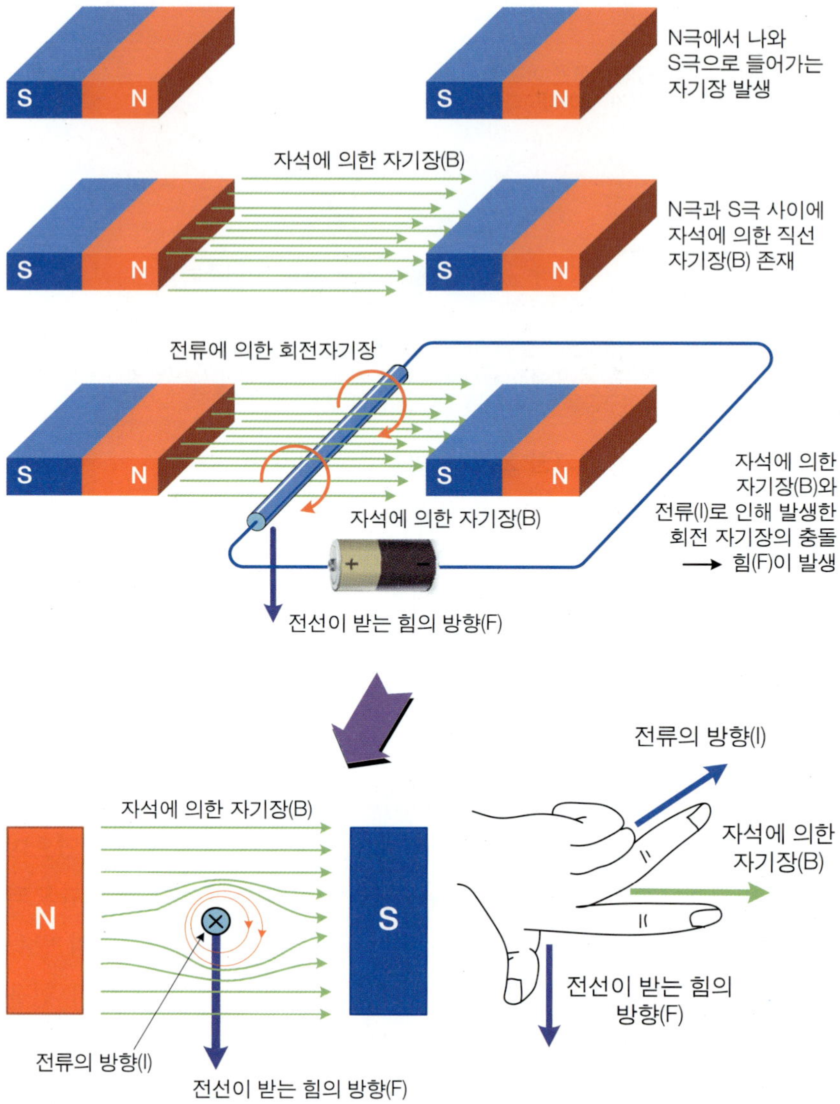

그림 2-25 직류모터의 회전원리(플레밍의 왼손법칙)

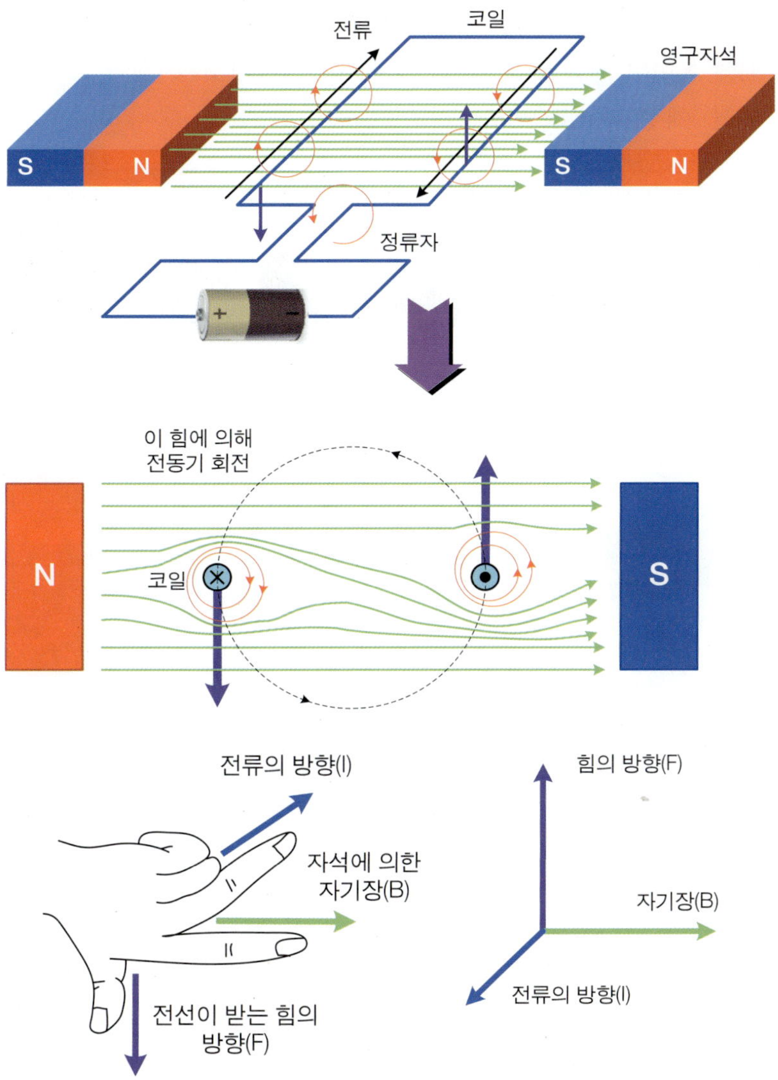

그림 2-26 모터의 회전

모터는 우리생활에 꼭 필요한 동력장치입니다. 자동차에만 보통 10개 이상의 모터가 사용되고 있습니다. 한번 세어 볼까요? 창문을 올리고 내리는데 4개, 룸미러 상하 좌우 조절하는데 4개, 창문을 닦아주는데 1개, 앞 유리에 물을 뿌려주는 펌프에 1개, 연료를 뒤 연료통에서 엔진까지 옮겨주는 펌프에 1개, 안테나를 올리고 내리는데 1개, 에어컨 바람 조절용 1개, 엔진 시동 시키는 모터 1개, 차에 따라 의자의 높이를 조절하

TIP 전기자동차 (Electric Vehicle)

자동차의 구동 에너지를 기존의 자동차와 같이 화석 연료의 연소로부터가 아닌 전기에너지로부터 얻는 자동차입니다. 자동차에서의 배기가스가 전혀 없으며, 소음이 아주 작은 장점이 있습니다. 전기자동차는 1873년 가솔린 자동차보다 먼저 제작되었으나, 배터리의 무거운 중량, 충전에 걸리는 시간 등의 문제 때문에 실용화되지 못하다가 공해문제가 최근 심각해지면서 그 중요성이 다시 강조되고 있습니다. 전기자동차의 핵심 기술은 모터와 에너지의 공급원인 배터리입니다. 배터리의 경량 · 소형화 및 짧은 충전시간은 전기자동차가 실용화되기 위한 필수적인 선결 조건이며, 최근 배터리의 고성능화로 실용화된 자동차가 속속 개발되어 판매되고 있습니다.

는데 의자 당 2개의 모터 등 많은 모터가 사용되고 있습니다. 아두이노를 사용해서 모터의 회전 속도, 회전 각도를 제어하여 로봇 제어 프로그램을 작성해볼 예정입니다.

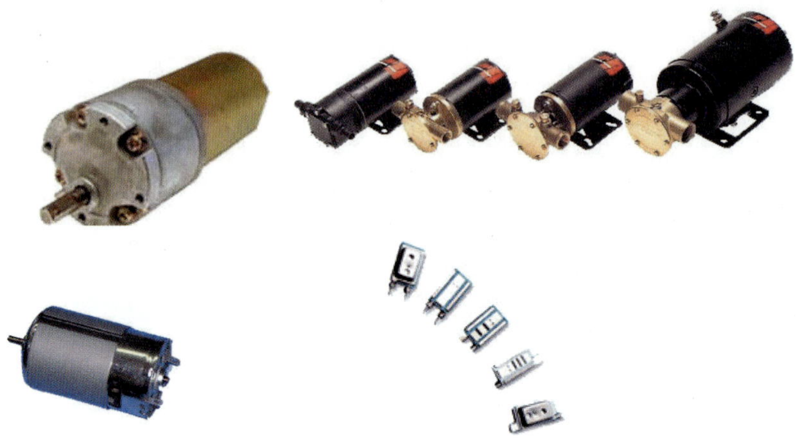

그림 2-27 다양한 모터

TIP 스피커(Speaker)

마이크로폰이 음향에너지를 전기에너지로 바꾸는 트랜스듀서인데 반해 스피커는 역으로 파워앰프에서 증폭된 전기신호를 받아 사람들이 들을 수 있는 음향에너지로 변환하는 장치입니다. 스피커는 전기신호를 진동판의 진동으로 바꾸어 공기에 소밀파를 발생시켜 음파를 복사하는 음향기기입니다. 과거 전자기형은 영구자석 끝에 설치한 코일에 음성전류를 흘려 보내어 코일 사이에 있는 철편을 진동시키고 이 진동을 레버에 의해 진동판에 전하여 소리를 방사합니다. 취급이 간단하므로 가정용 오디오 기기에 많이 사용되었으나 고역특성이 나쁘고 일그러짐이 많아 점차 사용이 줄고 있고, 반도체 압전현상을 이용한 피에조 스피커의 사용이 점차 늘고 있습니다.

스피커[TIP]와 마이크

전류의 자기작용과 스피커라니?? 사실 스피커와 마이크는 전자석을 이용한 것입니다. 소리는 공기의 진동입니다. 실제로 북을 두드리면 가죽으로 된 북의 표면이 진동하고, 북 주변의 공기도 함께 진동하게 됩니다. 공기의 진동은 주변으로 전파되어 사람의 귀에 전달됩니다. 스피커는 전자석과 영구자석의 힘을 이용해 진동을 만들어 소리를 내게 됩니다.

그림 2-28 여러 가지 스피커

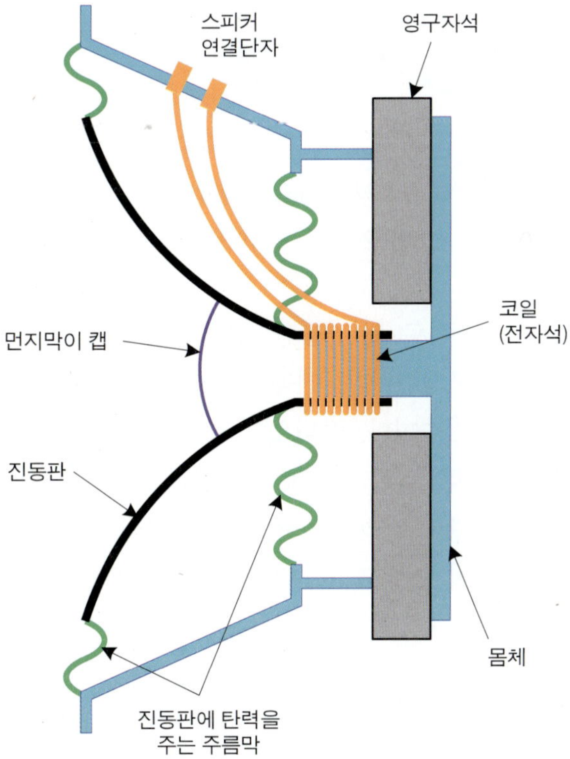

(a) 스피커의 구조

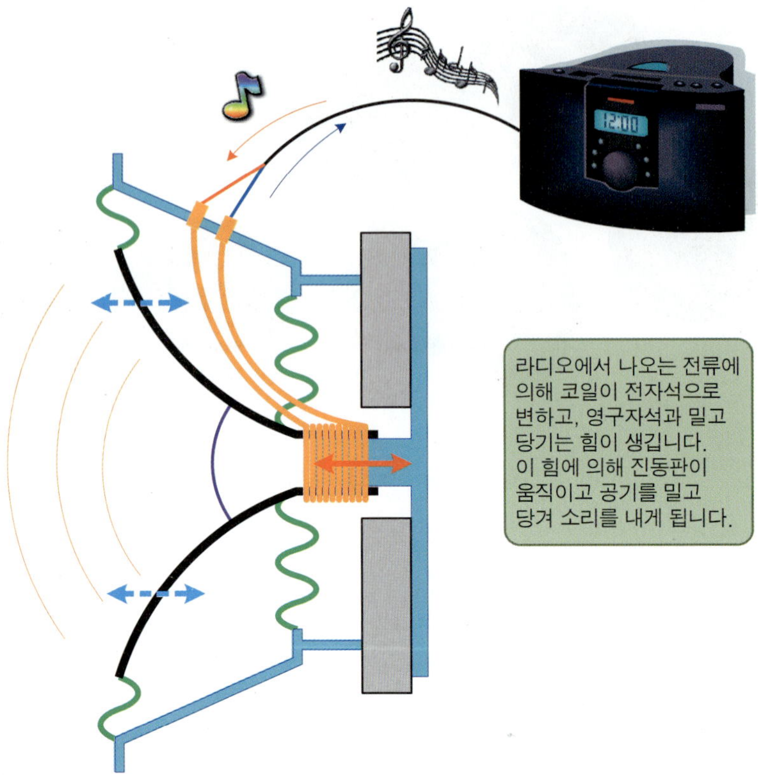

(b) 스피커의 동작

그림 2-29 스피커의 원리

스피커는 두꺼운 종이로 된 진동판, 진동판에 붙어있는 코일(전자석), 몸체, 영구자석으로 구성됩니다. 진동판은 앞뒤로 움직이며 공기를 진동시키기 위해 탄력이 있습니다. 라디오와 같은 음향기기는 사람의 소리나 음악을 전류의 변화로 스피커에 보내게 됩니다.

스피커에 전류를 흘려주면 영구자석과 전자석간에 미는 힘이 생겨 진동판을 앞으로 밀어 주게 되고, 반대방향의 전류를 흘려주면 당기는 힘이 생겨 진동판을 뒤로 당겨 주는 운동을 통해 공기가 밀고 당겨지게 됩니다. 보통의 사람 목소리를 내어주기 위해서는 스피커가 1초에 500번 정도, 바이올린의 높은 소리를 내주기 위해서는 1초에 1,000번 정도 앞뒤로 움직입니다. 이 스피커의 운동에 의해 생기는 공기의 떨림이 우리 귀 속의 고막을 떨게 해주어 우리가 듣게 됩니다.

마이크는 이와 반대로 말을 하게 되면 진동이 마이크에 전해지고 그

TIP 소리(Sound)

탄성체를 매질로 전파되는 파동을 가리키며 음(音) 또는 음파라고도 합니다. 좁은 뜻으로는 사람의 귀에 들리는 것을 가리킵니다. 사람이 아닌 동물들도 청각기관을 갖고 있으므로 이들도 소리를 감지할 수 있으나 각각의 종에 따라 사람이 듣는 소리와 주파수 영역이 다릅니다. 일반적으로 사람이 들을 수 있는 소리의 범위를 가청주파수라고 하는데 대략 진동수가 16~20,000Hz인 영역입니다.

[두산백과]

진동으로 생기는 영구자석과 코일 사이에 자기장 변화로 전기가 발생합니다.

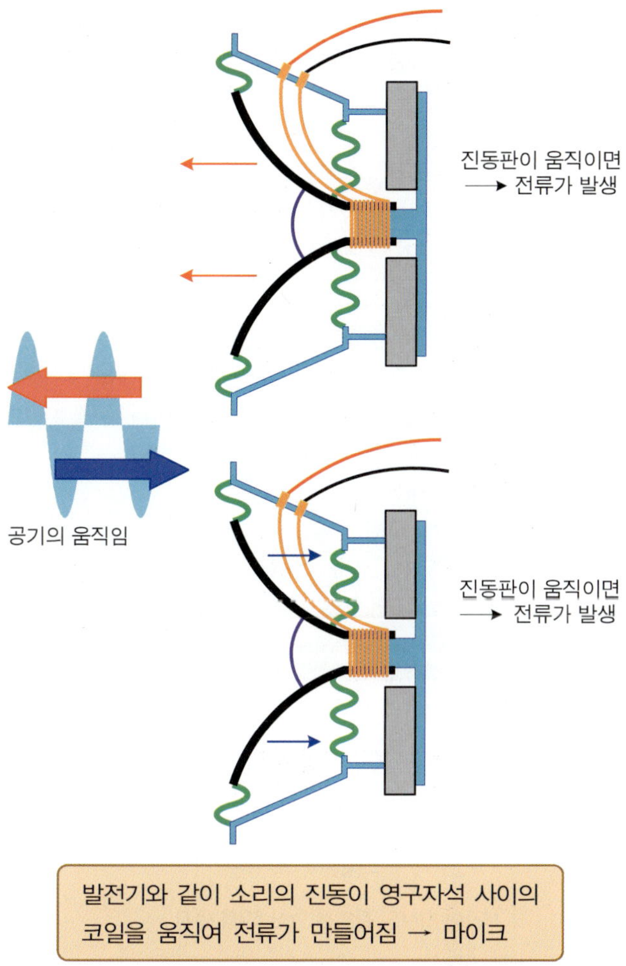

그림 2-30 마이크의 원리

직류와 교류

❶ 직류[TIP]

전자가 움직이면 전류라고 했습니다. 전자가 한쪽 방향으로만 일정하게 흐르는 전류를 직류라고 합니다. 건전지는 시간이 흘러도 1.5V로 전압이 일정합니다. 1.5V, 6V, 9V 건전지와 같이 시간이 지나도 전압의 변화가 없이 항상 전압을 유지하며 흐르는 전류를 직류라 합니다.

> **TIP 직류(Direct Current)**
>
> 전지에서의 전류에서와 같이 항상 일정한 방향으로 흐르는 전류를 가리키며 보통 DC(Direct Current)로 표기합니다. 19세기 후반 토마스 에디슨(Thomas Edison)에 의해 최초의 상업적 전력수송이 개발되었는데, 이때에는 직류를 사용하였습니다. 그러나 교류가 직류보다 송전이 용이하고, 변압기를 사용해 전압을 쉽게 바꿀 수 있다는 장점이 있어 지금은 교류를 송전용으로 사용하고 있습니다. 지금 현재 발전소에서 변전소로, 변전소에서 가정으로의 전기 공급은 교류로 송전되며, 필요에 따라 교류를 직류로 정류하여 사용하고 있습니다.

직 류
Direct Current

直 곧을 직
곧다, 바른 도(道), 또는 바른 행위, 바루다, 고치다, 펴다, 억울함을 씻다

Direct
① 똑바른, 일직선의, 최단거리의
② 직접의, 직접적인, 직통의
③ 〈전기〉 직류의

流 흐를 류{유}
흐르다, 물이 낮은 데로 흐르다, 떠내려가다, 시간이 지나가다, 흘러내리다, 흘리다, 물이나 눈물이 흐름, 흐름, 흘러가는 물, 냇물이 흐르는 방향

Current
① 흐름; 해류; 조류
② (여론 · 사상 따위의) 경향, 추세, 풍조, 사조 (tendency).
③ 전류(electric ~); 기류

건전지는 대표적인 직류 공급 장치입니다.

그림 2-31 직류의 파형

직류는 전자제품 컴퓨터, TV, 라디오, VTR 등 반도체 부품을 구동하는데 사용합니다. 건전지를 사용하지 않고 가정용 220V 전압을 사용할 때는 교류를 정류(교류를 직류로 바꾸어주는 일)하여 직류로 만들어 사

용합니다. 직류를 만들어 주는 장치는 직류 어댑터입니다. 휴대폰 충전기는 교류를 직류로 만들어 휴대폰에 공급해주는 직류 공급 장치입니다.

❷ 교류TIP

가정에서 사용하는 전원 콘센트는 직류가 아닌 교류 전압입니다. 가정에서 사용하는 TV, 냉장고, 컴퓨터는 콘센트에 연결하면 교류를 공급해 줍니다. 전자제품에는 직류를 전원으로 사용하기 때문에 컴퓨터와 같은 장치는 교류를 공급받아 직류로 변환하여 사용합니다.

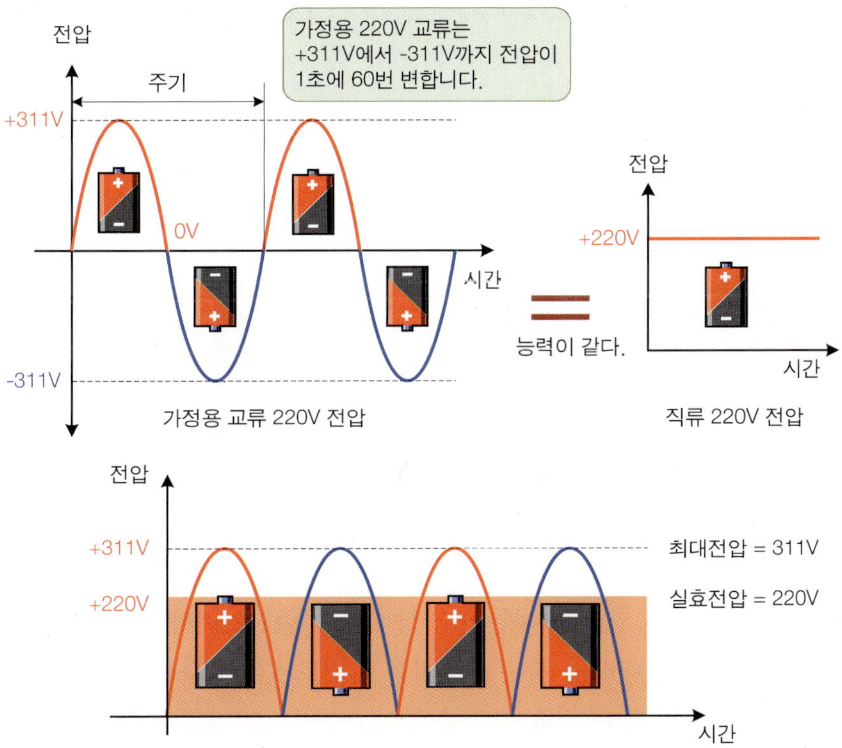

가정용 교류 220V는 실효전압 220V, 파형의 최대전압은 311V입니다.
- 최대전압 : 311V
- 실효전압 : 220V
  (실제 일을 할 수 있는 능력은 직류 220V와 같다.)

그림 2-32 교류의 파형

> **TIP 교류 (Alternating Current)**
> 시간의 경과와 함께 일정한 주기를 가지고 그 크기와 방향을 바꾸는 전류를 말합니다. AC전류라고도 하며, 기호는 AC로 표시합니다. 교류의 1회 파형변화를 1사이클이라고 하고, 1사이클을 완료하는데 필요한 시간을 주기라고 합니다. 또 1초간에 반복되는 사이클 수를 주파수라고 하고, 헤르쯔(Hz)로 표기합니다. 우리나라의 교류 주파수는 60[Hz]인데, 주파수는 나라마다 다릅니다. 우리나라, 미국, 일본의 교류주파수는 60[Hz]를, 유럽은 교류 50[Hz]를 사용합니다. 주파수와 주기의 관계는
>
> $T(\text{주기}) = \frac{1}{f(\text{주파수})}\ [s]$,
>
> $f(\text{주파수}) = \frac{1}{T(\text{주기})}\ [Hz]$
>
> 입니다.

자연에 존재하는 에너지는 직류보다는 교류형태가 더 많습니다. 교류는 물결, 파도, 소리 등 자연의 변화와 같은 모양으로 전류를 흘려주며, 발전소에서 생산하는 전기도 교류입니다.

가정 콘센트의 전압은 교류 220V입니다. 정확히 말하면 실효전압 220V입니다. 가정용 전압은 실제 최고 전압값 +311V, 최저 전압값 -311V 사이를 1초에 60번 사인파 모양으로 변화합니다. -311V는 건전지의 방향을 반대로 한 것과 같은 것이고 실제로 할 수 있는 일의 능력은 +311V와 같습니다. 그런데 왜! 최댓값이 311V인 전압을 실효전압 220V라 부르는 걸까요? 그 이유는 교류는 전압이 계속 변하기 때문에 311V라고 해도 잠깐만 311V이고 나머지는 전압이 그보다 작아서 실제로 311V보다 작은 힘을 냅니다. 최고로 높은 전압이 311V라고 해도 실제로 효과있게 하는 일의 양은 직류 전압 220V와 같다 해서 실효전압 220V라고 합니다.

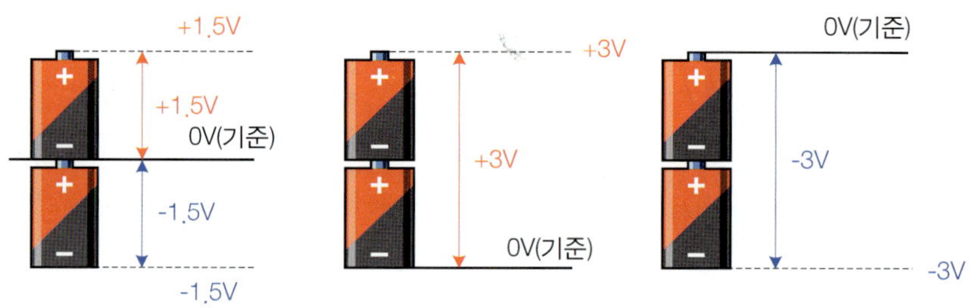

그림 2-33 기준(GND)와 전압

직류와 교류의 차이는 전압의 방향이 일정한가? 변하는가? 입니다. 전압의 방향이 반대라는 것은 건전지를 반대로 연결했다는 것이지 실제 할 수 있는 일의 양은 같습니다. 전압이 (+)이냐 (-)이냐는 일을 얼마나 할 수 있는가의 문제가 아니라 건전지를 어느 방향으로 연결했는가의 문제입니다. (-)는 어떤 기준에서 볼 때 시계 반대 방향으로 전류를 흐르게 건전지를 연결했다는 것을 의미합니다. 즉, -전기 에너지의 크기를 나타내는 것이 아니라 전류가 어느 방향으로 흐르는지 가리키는 것입니다.

교 류

Alternating Current

交 사귈 교
사귀다, 주고받고 하다

Alternating
① 번갈아하는, 교대하는
② 교류의

流 흐를 류{유}
흐르다, 물이 낮은 데로 흐르다, 떠내려가다, 시간이 지나가다, 흘러내리다, 흘리다, 물이나 눈물이 흐름, 흐름, 흘러가는 물, 냇물이 흐르는 방향

Current
① 흐름; 해류; 조류
② (여론 · 사상 따위의) 경향, 추세, 풍조, 사조 (tendency).
③ 전류(electric ~); 기류

회로에서 사용하는 주요 부품

❶ 저항

저항이란 말 그대로 회로 안에서 전류를 원하는 만큼만 흐르도록 제한하는 부품입니다. 저항은 전기회로 안에서 전류의 양을 조절하는 것입니다. 저항기의 종류는 회로 내의 기능에 따라 고정 저항기, 반 고정 저항기, 어레이(array) 저항기로 구분합니다. 고정 저항기의 경우 용도에 따라 카본 저항기, 권선 저항기, 금속피막 저항기, 칩(chip) 저항기, 삽입형(dip) 저항기 등이 있으며 용량에 따라 그 크기가 다르며 고유의 저항값을 그림 2-35과 같이 색띠나 숫자로 표시합니다.

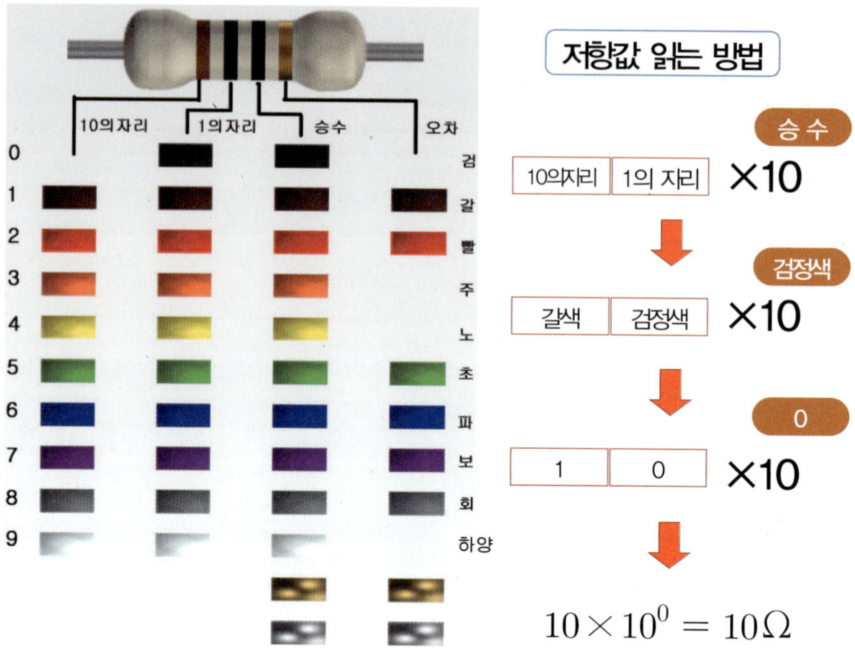

그림 2-34 저항값 읽는 법

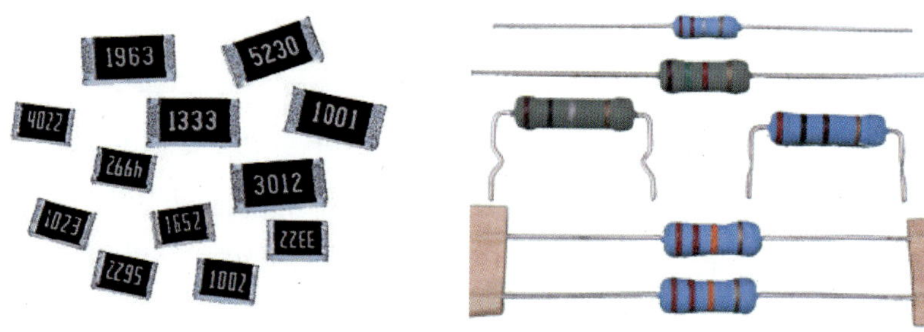

(a) 칩 저항

(b) 삽입형 저항기

그림 2-35 저항기

❷ 콘덴서

콘덴서의 용량을 나타내는 단위는 F(패럿; Farad)입니다. 사용 전압을 표기하는 정격 전압이 표시되어 있습니다. 콘덴서의 역할은 크게 두 가지입니다. 하나는 전기를 저장하는 역할이고, 다른 하나는 교류성분의 신호는 잘 흐르게 하고 직류성분은 흐르지 못하게 하는 역할을 합니다.

콘덴서를 사용하기 위해서는 정격전압과 용량을 확인해야 합니다. 콘덴서에 축적되는 전하 용량은 매우 작기 때문에, ㎌(마이크로패럿; $10^{-6}F$)이나 pF(피코패럿; $10^{-12}F$)의 단위가 사용됩니다. 최근에는 슈퍼 커패시터라는 명칭으로 패럿 단위의 용량을 가진 콘덴서도 많이 사용되고 있습니다. 용량이 작은 세라믹 콘덴서, 용량이 비교적 큰 전해 콘덴서, 탄탈 콘덴서가 있습니다. 전해 콘덴서와 탄탈콘덴서는 극성이 있으므로 사용할 때 극성에 주의해야 합니다. 모양은 칩 형태로 기판 표면에 붙이는 표면 장착형과 기판에 꽂아 납땜하여 사용하는 삽입형이 있습니다.

(a) 탄탈콘덴서 (b) 전해콘덴서 (c) 세라믹 콘덴서

그림 2-36 콘덴서

❸ 다이오드(Diode)[TIP]

다이오드는 반도체 소자로서 전류를 한쪽으로만 흐르게 하는 소자입니다. 그림 2-37의 동작 모형에서 보듯이 전류가 다이오드에 순방향으로 들어오는 전류는 잘 흘려주고 역방향으로 흐르는 전류는 막는 반도체 소자입니다. 교류를 직류로 만들 때 사용하는 반도체 소자입니다. 다이오드는 양극(A)과 음극(K), 이렇게 두 단자가 있습니다. 양극 쪽에 +전압이 가하는 것을 순방향, 음극 쪽에 +전압을 가하는 것을 역방향이라 합니다. 순방향 전압일 때 다이오드는 전류를 잘 흘려보내지만 역방향일 때 다이오드는 전류를 흐르지 못하게 합니다. 전류의 방향이 수시로 바뀌는 교류에서 한쪽 방향으로만 전류를 흐르게 합니다.

TIP 다이오드(Diode)
전류를 한 방향으로만 흐르게 하고, 그 역방향으로 흐르지 못하게 하는 성질을 가진 반도체 소자(semiconductor device)입니다. 다이오드는 전류를 한 방향만으로 흐르게 하는 작용을 정류(rectification)라 하며, 교류를 직류로 변환할 때 사용합니다.

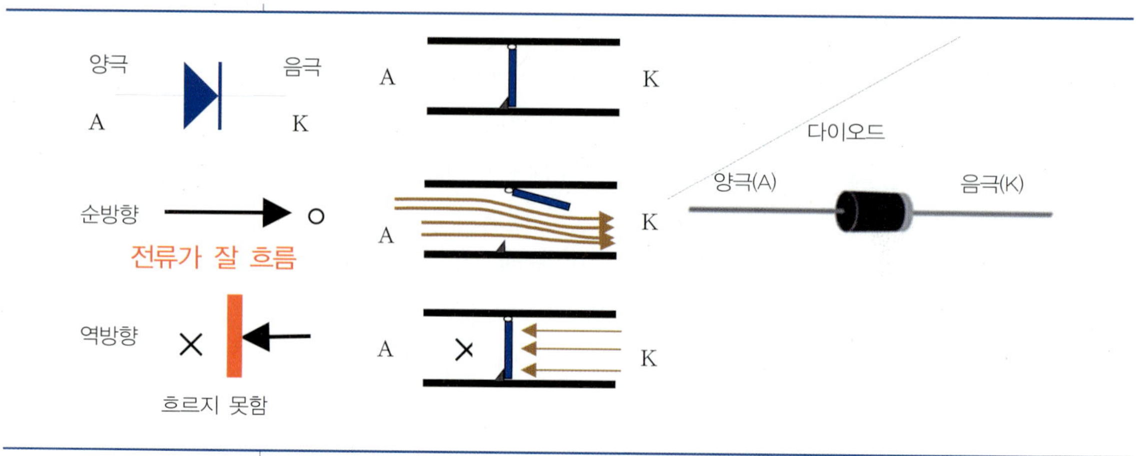

(a) 기호 (b) 다이오드의 동작 (c) 다이오드

그림 2-37 다이오드

> **TIP** LED (Light Emitting Diode)
>
> 발광다이오드(LED)란 갈륨비소 등의 반도체 화합물에 전류를 흘려 빛을 발산하는 반도체소자입니다. 전기에너지를 빛에너지로 전환하는 효율이 높기 때문에 최고 90%까지 에너지를 절감할 수 있어, 에너지 효율이 5% 정도밖에 되지 않는 백열등 · 형광등을 대체할 수 있는 차세대 광원으로 주목받고 있습니다.
>
> [naver 지식백과]

❹ 발광다이오드(LED: Light Emitting Diode)[TIP]

발광다이오드(LED)는 다이오드의 일종으로 모든 동작이 같습니다. 다만 순방향으로 전류가 흐를 때 빛이 난다는 점이 특징입니다. 역방향일 때는 다이오드와 같이 전류가 흐르지 않으므로 전류도 흐르지 못하고, 당연히 빛도 나지 않습니다. 순방향으로 전류를 흘릴 때만 빛이 나는 소자입니다. LED는 소비하는 전력이 적은 반면에 휘도가 높은 빛을 내어 조명 장치로 그 사용처가 점차 많아지고 있습니다.

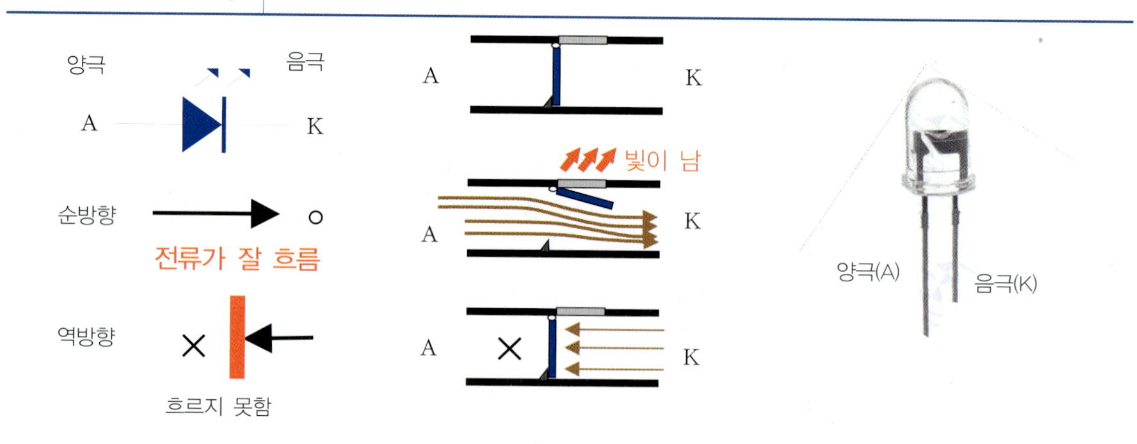

(a) LED 기호 (b) LED의 동작 (c) LED

그림 2-38 발광다이오드

❺ 트랜지스터(Transistor)TIP

전자공학은 트랜지스터가 발명되면서 비약적으로 발전하게 되었습니다. 트랜지스터는 모든 전자회로의 기본이 되는 소자입니다. 트랜지스터는 회로에서 스위치의 용도, 신호 증폭용의 용도로 사용됩니다. 디지털 회로에서는 스위치의 용도로, 아날로그 회로에서는 증폭용의 용도로 주로 사용합니다. 트랜지스터는 베이스(B; Base), 이미터(E; Emitter), 컬렉터(C; Collector)의 세 단자로 구성되었습니다. 입력은 베이스와 이미터의 경로로 주고, 출력은 컬렉터와 이미터의 경로로 얻게 됩니다.

그림 2-39(a)에서 베이스에 물을 흘려주지 않으면 스프링의 힘으로 밸브가 닫혀 이미터로 물이 흐르지 못합니다. 만약 (b)와 같이 베이스에 5 *l* 의 물을 흘리면 이 힘으로 밸브가 반쯤 열리게 되고, 컬렉터와 이미터 사이의 굵은 배관을 통해 505 *l* ($I_e = I_c + I_b = 500l + 5l$, 컬렉터를 흐르는 출력 전류 500 *l* 와 베이스를 흐르는 입력 전류 5 *l* 합)의 물이 흐르게 됩니다. 그림(c)와 같이 베이스에 10 *l* 를 흘려 밸브가 완전히 열린다면 아마도 컬렉터에는 1,000 *l* 가 이미터에는 베이스와 컬렉터에 흐르는 물이 합해진 1,010 *l* 의 물이 흐릅니다.

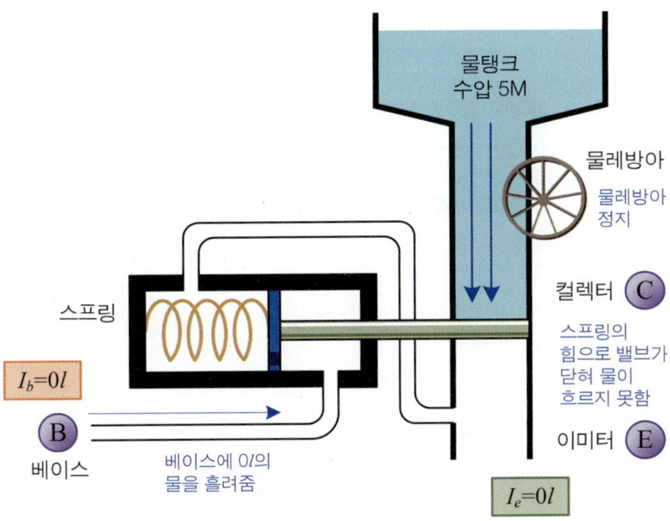

(a) 트랜지스터 닫힘

TIP 트랜지스터(Transistor)

트랜지스터는 1947년 미국 벨 연구소의 윌리엄 쇼클리(Wiliam Shockley), 존 바딘(John Bardeen), 월터 브래튼(Walter Brattain)이 처음으로 발명하였습니다. 보통 트랜지스터는 접합형 트랜지스터(Bipolar Junction Transistor : BJT)를 의미하며 전기장 효과를 이용한 전기장 효과 트랜지스터(Field Effect Transistor : FET)가 있습니다. 규소(Si)나 게르마늄(Ge)으로 만드는 트랜지스터는 반도체를 세 겹으로 접합하여 만든 전자부품으로 전류나 전압흐름을 조절하여 증폭, 스위치 역할을 합니다. 가볍고 소비전력이 적어 진공관을 대체하여 대부분의 전자회로에 사용되고 있으며 컴퓨터 CPU도 이 트랜지스터를 고밀도로 집적하여 만드는 것입니다.

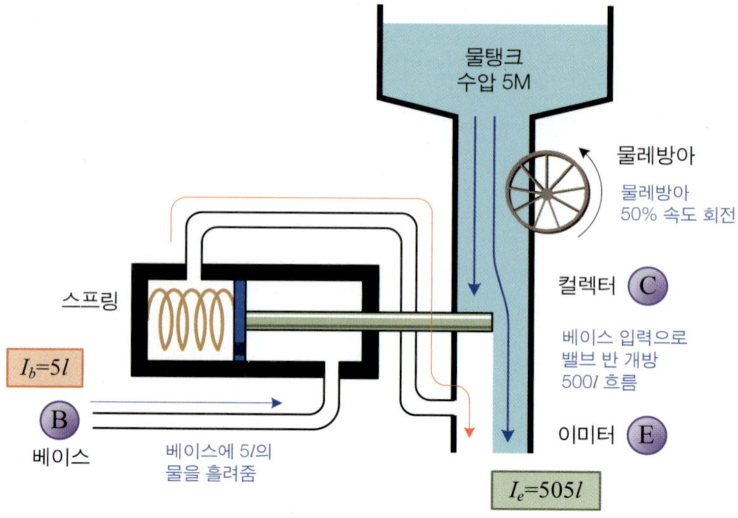

(b) 트랜지스터 50% 열림

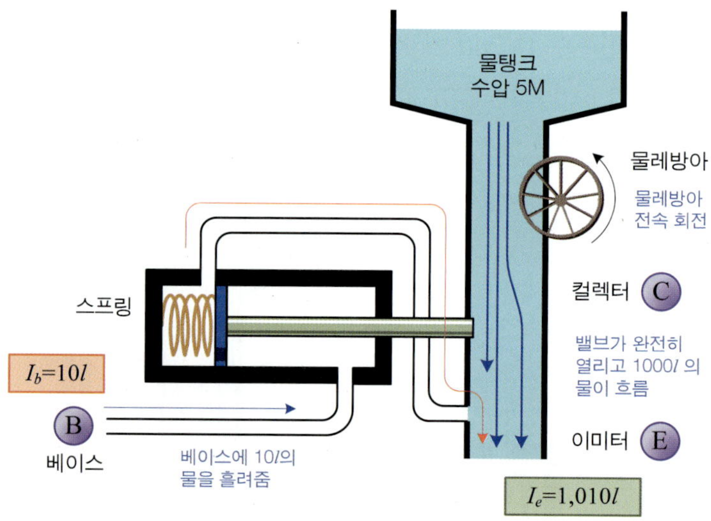

(c) 트랜지스터 100% 열림

TIP 이미터 전류(I_e)

트랜지스터의 베이스전류(Ib), 컬렉터전류(Ic), 이미터전류(Ie)를 식으로 표현하면

$I_e = I_b + I_c$

와 같습니다. 그림의 경우 $I_c = I_b \times 100$의 관계가 있습니다. 증폭률은 트랜지스터의 구조마다 다를 수 있으므로 증폭률을 β 로 표시합니다. 그러므로 컬렉터 전류와 베이스와의 관계는 $I_c = \beta I_b$로 표시합니다. 이제 정리하면

$$I_e = I_b + I_c = I_b + \beta I_b = (1+\beta)I_b$$

의 관계로 나타낼 수 있습니다.

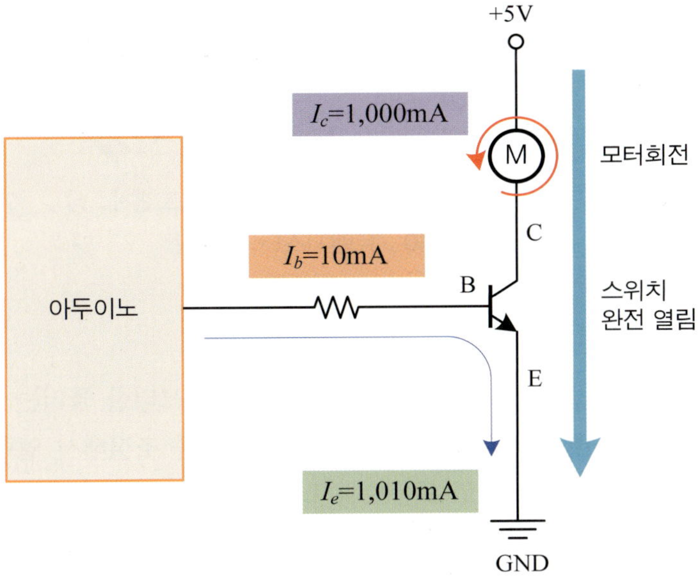

(d) 모터 구동 회로

그림 2-39 NPN형 트랜지스터의 동작

트랜지스터의 동작은 그림 2-39의 밸브로 설명할 수 있습니다. 그림과 같이 입력인 베이스와 이미터사이에 1 l 의 물을 신호로 주면 컬렉터와 이미터에 100 l 의 물이 출력으로 흐른다 가정하면, 입력이 100배 증폭된 셈입니다.

만약 베이스에 0 l 과 10 l 의 두 가지의 입력을 준다면 밸브는 닫히거나 열리거나 둘 중 하나의 동작만 하게 됩니다. 마치 스위치와 같이 동작하게 되는 것입니다. 그림(d)는 동작모형을 전자회로로 그린 것입니다. 트랜지스터는 NPN형과 PNP형으로 구분되는데 그림 2-39는 NPN형의 동작을 설명한 것입니다. 트랜지스터는 줄여서 TR(티알)이라고도 많이 부르며 밸브의 용량에 따라 다양한 형태를 갖고 있으며 1만 여개가 넘는 종류의 트랜지스터가 제조되고 있습니다. B, C, E의 세 단자는 트랜지스터마다 다리 위치가 다르니 사용 시에는 트랜지스터 단자위치를 잘 확인하고 배선하여야 합니다.

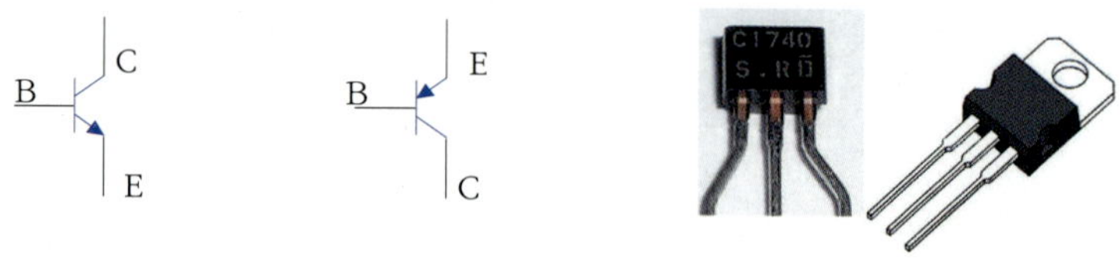

(a) NPN TR (b) PNP TR (c) 트랜지스터

그림 2-40 트랜지스터의 동작

❺ 브레드보드(Breadboard)

그림 2-41은 앞에서 배운 트랜지스터를 이용해 모터를 돌리는 간단한 회로입니다. 트랜지스터 베이스입력은 가변저항을 조절해서 입력 값을 바꾸면 컬렉터에 연결된 모터는 트랜지스터의 출력에 따라 흐르는 전류가 많으면 빨리 회전하고, 적으면 느리게 회전하는 회로입니다.

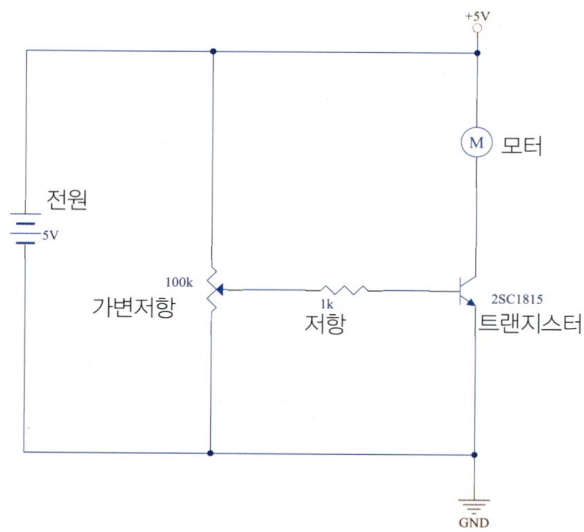

(a) 모터구동회로

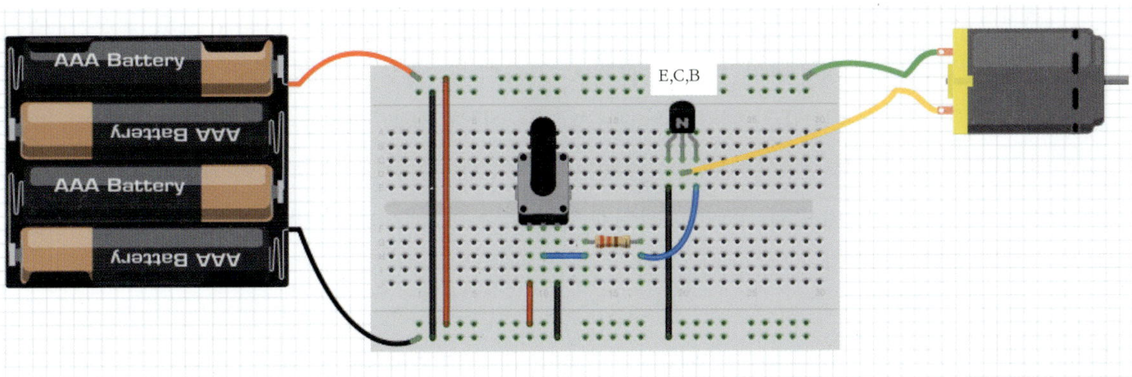

(b) 브레드보드를 이용한 회로배선(TR은 2SC1815, 단자순서는 E, C, B임)

그림 2-41 브레드보드를 이용한 회로 배선

회로도를 실제 회로로 구현한 방법은 여러 가지가 있습니다. 대표적인 방법은 만능기판에 납땜을 하는 방법과 브레드보드에 꾸며보는 방법이 있습니다. 납땜은 시제품을 제작할 때 사용하는 방법이라면, 브레드보드를 이용한 회로구성은 간단히 회로의 동작을 확인해보고자 할 때 주로 사용합니다. 배선도 쉽고, 변경도 쉬어 간단히 회로를 구성할 때 편리하게 사용할 수 있습니다.

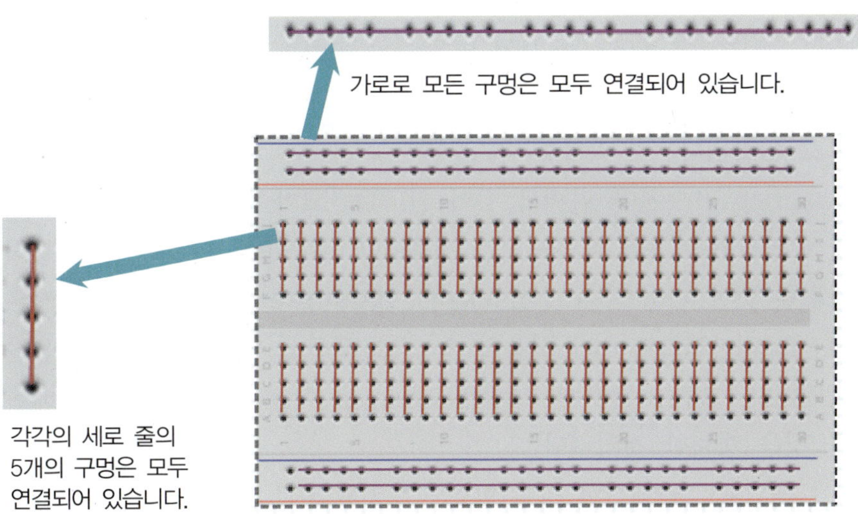

그림 2-42 브레드보드의 내부 연결도

그림 2-42와 같이 브레드보드는 브레드에 한 줄로 표시해 놓은 구멍은 내부에서 서로 연결되어 있습니다. 세로 방향의 줄로 연결한 5개의 구멍은 서로 연결되어 있습니다. 이 연결된 구멍에 부품과 배선을 꽂아 회로를 구성하는 것입니다. 이제 그림 2-41(a)의 회로와 (b)의 배선을 서로 비교해 보면 브레드보드를 사용해 배선하는 방법을 알 수 있을 것입니다.

Fritzing을 활용한 브레드보드 회로도와 배선도 그리기

Fritzing[TIP]은 한글을 지원하는 전자회로 스케치 프로그램입니다. 아두이노는 싱글보드 컴퓨터에 원하는 회로를 구성하고 동작과 명령을 프로그램 하는 작업을 합니다. 자신만의 프로젝트를 위해서는 만들고자 하는 회로를 설계하고, 사용할 부품을 정한 뒤 부품 사이를 연결하는 회로도를 그려야 합니다. 회로가 이상이 없음이 검증된 후 이 회로로를 보고 동작을 프로그래밍 하면 프로젝트가 완성됩니다.

Fritzing은 무료 툴임에도 브레드보드에 회로를 어떻게 꾸밀지 구상해 보고, 브레드보드에 구상한 부품과 배선을 회로도로 자동으로 변환해 줍니다. 이 회로도에 부품의 크기, 모양을 갖고 있는 풋프린트(Footprint) 데이터를 더해 실제 기판까지 설계하는 회로설계 툴(Tool)입니다. 전문적인 전자회로 설계 툴(회로도 작성과 인쇄회로 기판을 설계해주는 작업을 하는 툴)의 경우 수천만 원에서 수억 원대의 가격을 형성하고 있습니다.

Fritzing은 수천만 원에서 수억 원 하는 고가의 전자회로설계 툴과 같이 막강한 기능은 제공하지는 못하지만 아두이노 프로젝트는 충분히 소화할 만한 기능을 갖고 있습니다. 전자회로 설계 툴을 배우지 않은 사람도 직관적으로 쉽게 사용할 수 있고, 한글을 지원하는 매우 유용한 툴입니다. 그림 2-41(b)의 그림은 Fritzing을 이용해 브레드보드에 배선한 것을 캡처한 것입니다.

브레드보드에 배선한 것이 회로도(스키메틱)과 PCB로 자동 변환되어 사용이 매우 편리합니다.

TIP Frizing

Frizing은 자작을 하는 디자이너, 예술가, 학생 들을 위해 무료로 제공하는 회로 설계 툴입니다. 브레드보드 배선, 회로도, PCB 제작까지 해볼 수 있습니다. PCB제작과정을 알고 싶다면 'youtube'에서 'PCB 제작', 'SMD soldering', 'Make your PCB with Fritzing', 'Simple steps to make PCB at home for ARDUINO' 등의 키워드로 검색해 동영상보면 PCB와 납땜 방법을 설명하는 자세한 방법을 볼 수 있습니다.

❶ Fritzing 설치

Fritzing은 공개프로그램입니다. Fritzing은 fritzing.org/download에서 다운로드 받아 설치할 수 있습니다.

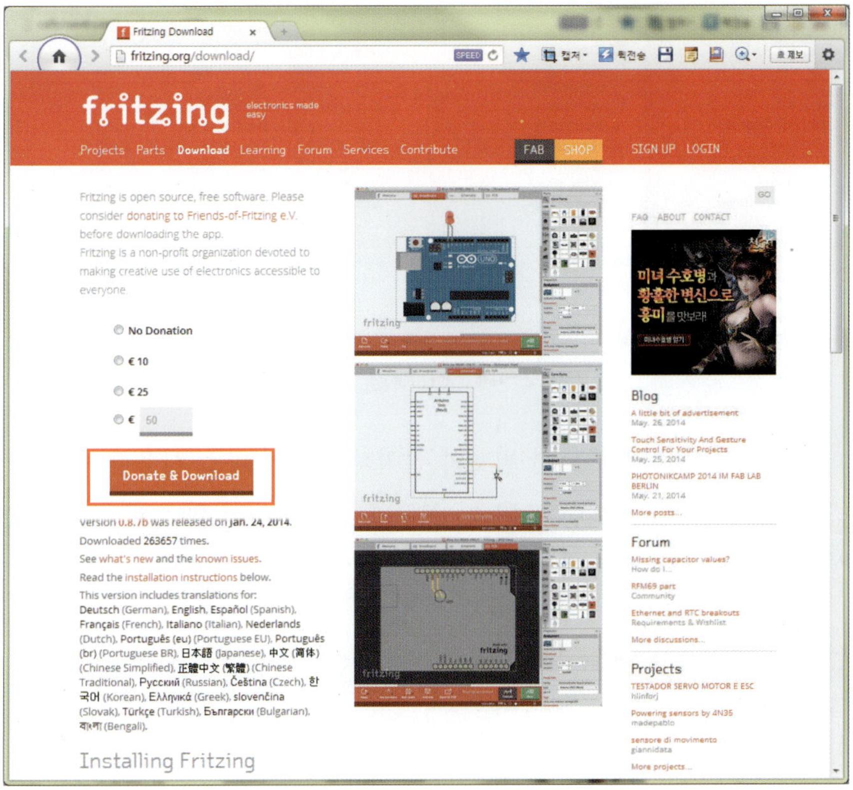

그림 2-43 Fritzing 다운로드 페이지

Fritzing 홈페이지에서 다운로드를 클릭 후 "Windows XP and Up"을 클릭하면 다운받을 수 있습니다. 파일은 압축파일인데 설치하고 싶은 드라이브에 압축을 풀어 놓으면 됩니다.

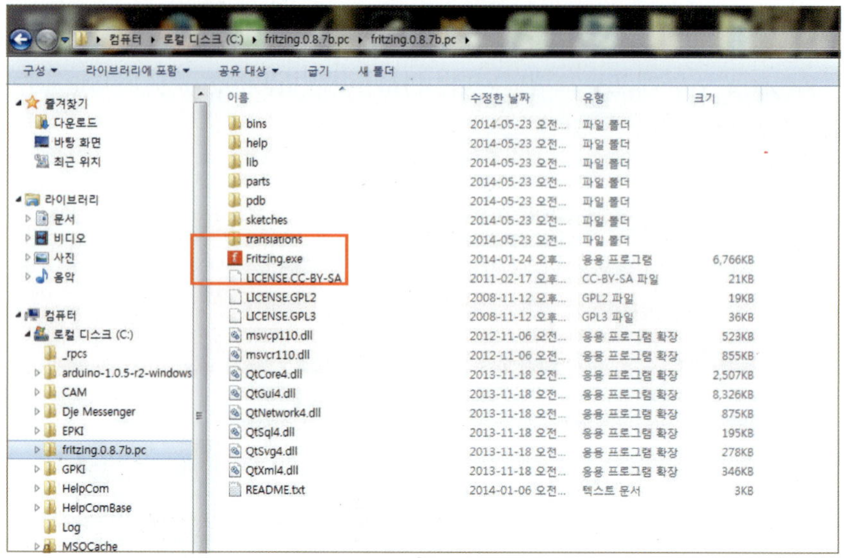

그림 2-44 Fritzing 압축풀기

Fritzing은 압축만 풀으면 별도의 설치작업 없이 바로 사용할 수 있습니다. 압축을 푼 후 해당 폴더에 있는 Fritzing.exe 을 클릭하면 바로 실행됩니다. 바탕화면에 바로가기 해놓으면 편리합니다.

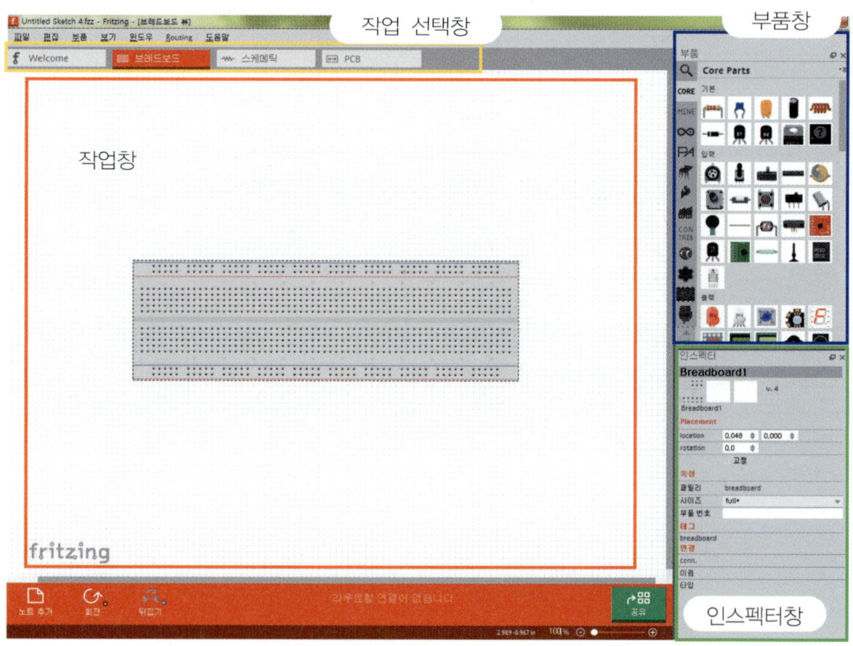

그림 2-45 Fritzing 실행화면

Fritzing을 실행하면 넓은 작업창이 보입니다. 원하는 부품을 이 작업창에 드래그해서 놓으면 됩니다. 부품 창에는 각종 부품을 직관적으로 보여줘 사용이 매우 편리합니다. 부품속성 창에는 부품을 선택하면 그 부품의 속성을 변경하는 인스펙터창이 보입니다. 만약 작업창에서 저항을 선택하면 저항 값, 저항의 오차 등의 속성을 변경하는 인스펙터창이 보입니다. 맨 위의 작업 선택 창에서 브레드보드, 스키메틱(회로도), PCB의 작업을 선택할 수 있습니다.

지금부터 앞으로 공부할 첫 번째 아두이노 프로그래밍 학습예제 디지털출력 D13 단자에 LED를 연결하여 깜박이는 회로를 배선해 보이는 것으로 사용법 설명을 진행하겠습니다.

❶ 브레드보드 회로 꾸미기

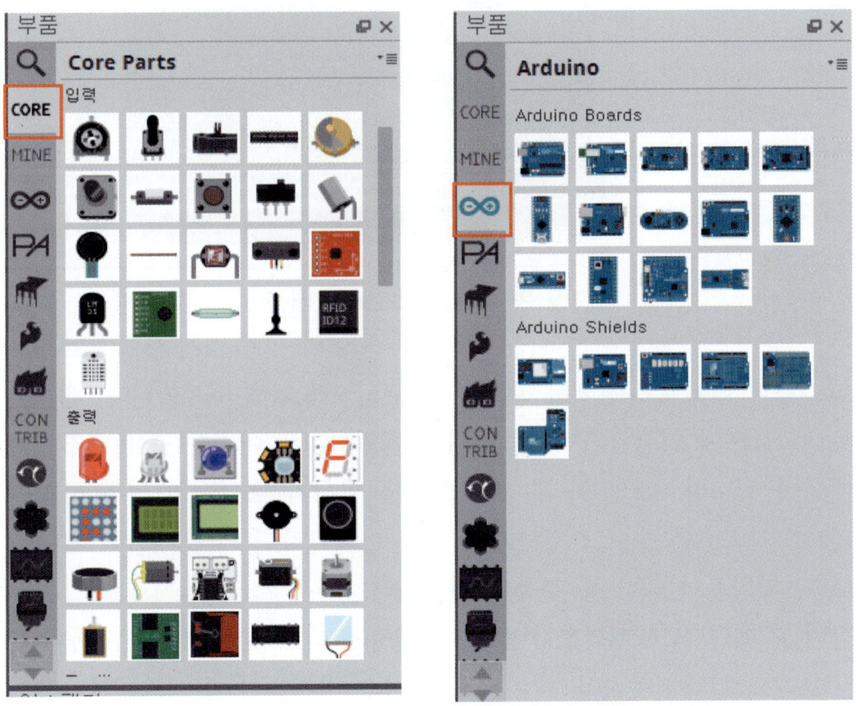

(a) CORE부품창 (b) 아두이노 부품창

그림 2-46 Fritzing 부품창

Fritzing의 부품창의 CORE에서 저항, 콘덴서, 트랜지스터, LED등의 부품, 아두이노 부품창에서 아두이노 우노를 드래그 해 사용할 수 있습니다.

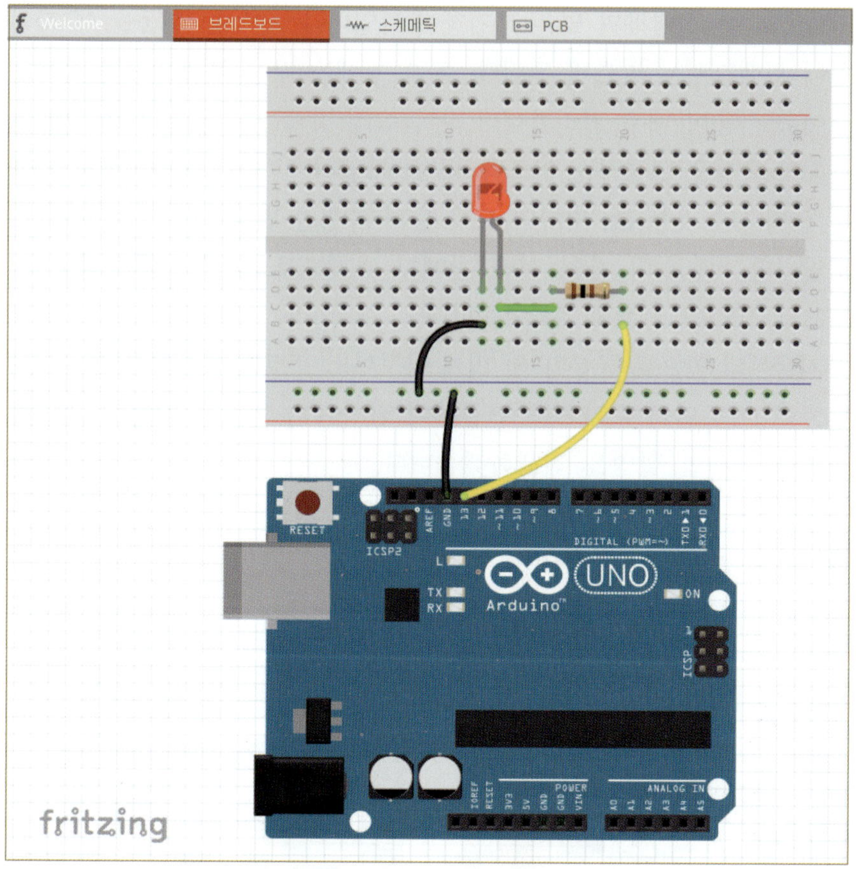

그림 2-47 브레드보드 배선

그림과 같이 부품창에서 원하는 부품을 드래그 해 배치합니다. 배선은 브래드보드에 연결된 구멍 중 하나를 클릭하고 이어지는 곳에 연결하면 배선이 됩니다. 배선 한 후 자연스럽게 휘어져 보이는 배선을 하려면 키보드의 Ctrl을 누르고 원하는 배선을 드래그하면 해당 배선이 휘어집니다. 저항을 선택한 후 부품의 인스펙터창에서 저항값을 1KΩ으로 변경합니다. 배선 색도 배선을 선택한 후 원하는 색으로 변경할 수 있습니다.

브레드보드에 부품을 배치하고 배선을 마무리한 후 작업 선택창의 스키메틱을 누르면 그림 2-48의 스키메틱 작업창이 열립니다. 회로도에서 부품을 선택하고 원하는 위치로 옮겨 놓습니다. 부품의 방향 전환은 부품을 선택한 후 마우스 오른쪽 버튼을 클릭하면 회전을 선택하면 원하는 방향과 각도를 선택하면 됩니다. 회로도에서 부품을 원하는 위치로 이동한 뒤 배선을 클릭하여 원하는 모양으로 배선을 하면 회로도가 완성됩니다.

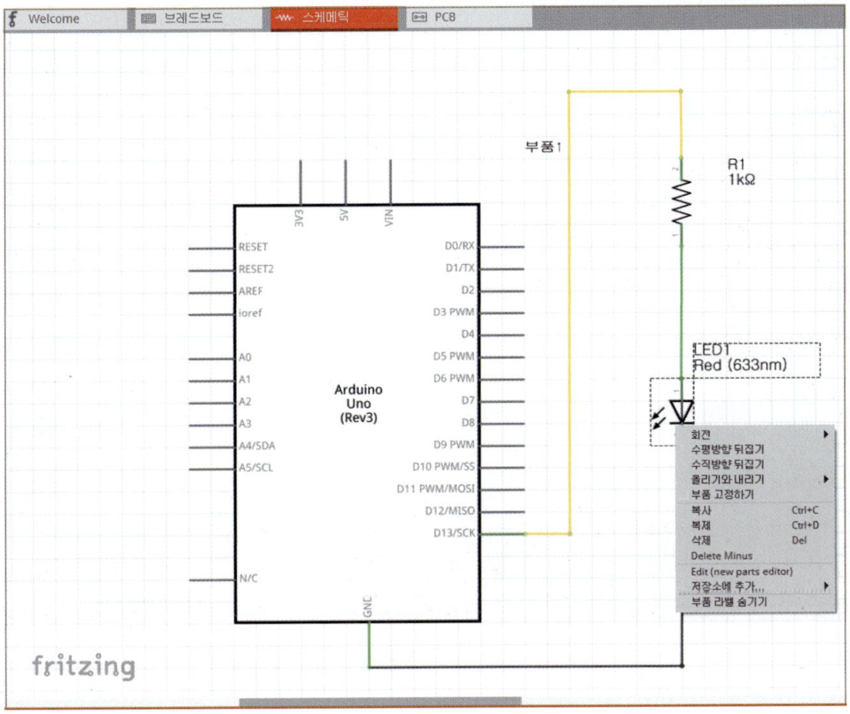

그림 2-48 스키메틱(회로도)

브레드보드는 회로 시험용 임시배선으로 볼 수 있습니다. 프로젝트 과제를 브레드보드로 구성해서 완벽하게 프로그래밍 했다면 이 회로를 제작하기 위해 만능기판에 부품을 고정하고 납땜으로 연결해서 만듭니다. PCB의 부품 배치는 손으로 하는 것이 아니라 컴퓨터를 활용하여 배선하고, 완성한 PCB는 대량으로 생산할 수 있습니다. Fritzing은 이와 같은 부품의 배치와 배선작업을 하여 나만의 개성 있는 회로를 만들 수 있는 유용한 기능을 제공하고 있습니다.

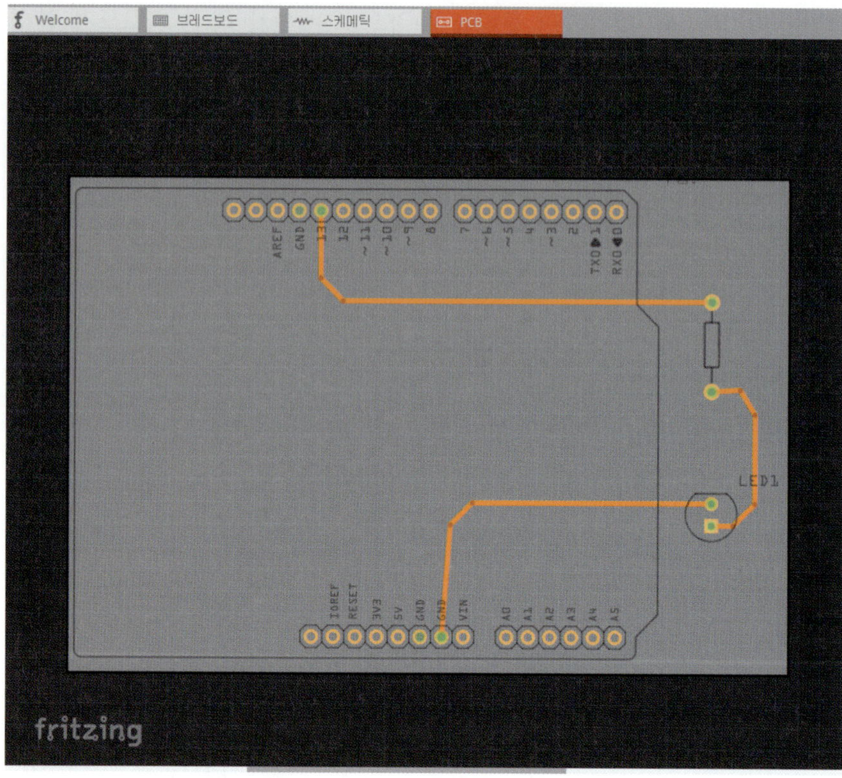

그림 2-49 PCB(인쇄회로기판)

Electrodroid 안드로이드 앱 활용하기

안드로이드 휴대폰이나 안드로이드를 운영체제로 사용하는 태블릿을 갖고 있다면 무료 앱인 "Electrodroid"를 플레이스토어(Play Store)에서 다운 받아 설치하면 회로를 설계할 때 큰 도움이 될 것입니다. 그림 3-50(a)와 같이 저항색, LED 사용할 때 얼마의 저항을 사용할 지를 도와주는 저항값 계산, IC의 데이터시트[TIP] 등 다양한 기능이 무료로 제공되어 과거 책장 가득 쌓아 놓은 두꺼운 데이터시트를 대신할 수 있습니다. 그림(b)에 저항 색 띠 읽는 메뉴를 그림(c)에는 LED를 사용하기 필요한 저항 값을 계산하는 메뉴를 예로 보였습니다. 전자회로를 만드는데 유용한 기본지식을 제공해 주는 실용적인 앱입니다.

TIP 데이터시트 (Data Sheet)
부품제조회사에서 사용자에게 제공해주며, 부품(전자 부품 등)의 크기, 핀 배치, 사용방법, 응용예 등 사용 방법, 성능, 주의점을 모아놓은 문서입니다.

(a) Electrodroid앱 전체메뉴

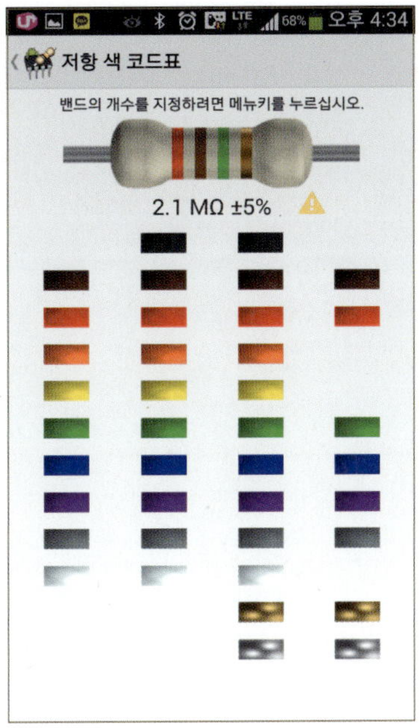

(b) 저항색 띠 판독기능

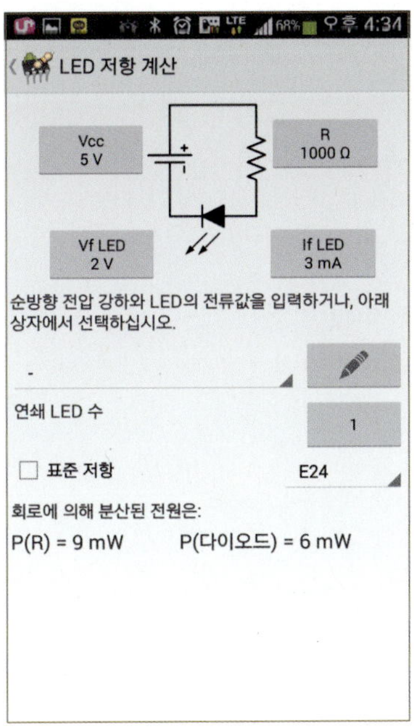

(b) LED구동 저항값 계산 기능

그림 2-50 Electrodroid 안드로이드 앱

3 아두이노와 소통하기

19세기 인류의 과학기술이 급속도로 발전하면서 1946년 미국에서 진공관식 컴퓨터 애니악TIP(ENIAC)이 만들어졌습니다. 애니악은 30톤의 거대한 크기에 150KW(40W 형광등 3,750개를 동시에 켜는데 사용되는 전기량)의 엄청난 전기를 사용했고, 무게가 30ton, 폭은 24M의 거대한 크기에, 1초에 5,000번의 더하기 연산을 할 수 있었습니다.

(a) ABC 컴퓨터(www.computerhistory.org 사진)

(b) 전선을 연결하여 프로그램 하는 애니악

그림 3-1 최초의 컴퓨터 ABC와 애니악

우리가 배울 소형 컴퓨터 아두이노는 4,000원 정도하는 손톱만한 8비트 마이크로컨트롤러로 만드는데 1초에 약 400만 번 정도 덧셈 연산하여 애니악보다 800배 이상 빠른 처리능력을 갖고 있습니다.

프로그래밍 언어는 사람과 컴퓨터가 소통하기 위해 만든 것입니다. 처음에 사람과 컴퓨터는 '0'과 '1'의 이진수로 소통했습니다. 지금도 마찬가지이지만 컴퓨터가 인식할 수 있는 건 '0'과 '1'두 수 뿐이기 때문입

TIP 애니악(ENIAC)

과거 애니악이 세계 최초의 컴퓨터로 알려져 있었습니다. 하지만 1973년 미국에서 제기된 소송을 통해 '아타나소프-베리 컴퓨터(Atanasoff-Berry Computer)' 에게 세계 최초의 컴퓨터라는 타이틀을 넘겨 주었습니다. 아타나소프-베리 컴퓨터(Atanasoff-Berry Computer), ABC컴퓨터로 더 많이 불리는 이 컴퓨터가 세계 최초의 전자식 컴퓨터입니다. 1937년부터 1942년까지 아이오와 주립대학 물리학부 지하실에서 존 빈센트 아타나소프(John Vicent Atanasoff)와 클리포드 베리(Clifford Berry)가 개발한 컴퓨터입니다. 자금이 부족하여 2년여의 시간을 보내야했지만 1939년 10월에 첫 시제품을 만들고 시연을 하였다 합니다. 아타나소프-베리 컴퓨터는 1.6 km의 전선과 280여개의 진공관, 31개의 사이러트론으로 이루어졌으며 무게는 320kg이였고 크기는 책상만했다고 합니다.
이 컴퓨터가 기여한 바는 이진수로 데이터를 표현하고, 기계를 이용하지 않는 전자 계산을 하였으며, 계산을 하는 부분과 메모리를 분리하는 아이디어를 구현하고 제시해 주었다는 점입니다. ABC컴퓨터는 1990년 11월 13일 조시 부시 미대통령으로부터 미국 기술상을 수상하여 그 공로를 인정받게 됩니다.

[출처] 세계 최초의 컴퓨터 아타나소프-베리 컴퓨터

니다. 컴퓨터는 이 '0'과 '1'로 조합된 명령어를 처리하는 장치입니다. 초기에는 키보드가 아닌 수많은 전선을 연결하는 방식으로 컴퓨터 프로그래밍을 하였습니다.

전선을 연결하여 프로그래밍 하는 시대가 지나고 노이만 컴퓨터가 등장하였습니다. 미국의 수학자 노이만[TIP](Johann Ludwig von Neumann)이 컴퓨터 중앙처리장치의 내장형 컴퓨터를 처음 고안한 이후 1949년 프로그램 내장방식 컴퓨터 에드박(EDVAC)탄생하였습니다. 이후 컴퓨터가 수행해야 될 작업들을 명령어로 작성해 컴퓨터 내부에 저장하여 실행하는 형태의 컴퓨터를 노이만 컴퓨터라 합니다.

이후 이진수로 컴퓨터에 직접 명령하는 단계에서 발전하여 원시적 프로그래밍 언어인 어셈블리어가 탄생하였는데, 0과 1의 기계명령을 단순한 영문으로 표현한 것입니다. 어셈블리어는 MOVE(데이터를 옮겨라), ADD(더해라) 이와 같이 단순한 명령어로 작성하면 어셈블러라는 번역기가 0과 1의 기계코드로 번역하여 컴퓨터에 전달하는 방식입니다.

이후 사람이 좀 더 쉽게 이해하고 처리할 수 있는 고급언어(High Level Language)가 개발되었습니다. 1954년 IBM이 항공 우주분야에 사용하기 위해 만든 포트란(FORTRAN)을 뿌리로 하여, 1958년 알골(ALGOL)언어가 만들어지고, 1964년 BASIC언어가, 1971년에는 알골을 더욱 발전시킨 C언어가 탄생하였습니다. C언어를 뿌리로 java, C++ 등 다양한 고급언어가 만들어져 지금에 이르고 있습니다.

아두이노 프로그래밍 언어는 C언어에 뿌리를 두고 있으며, 명령어와 문법이 C언어와 같습니다.

TIP 노이만(Neumann)

컴퓨터 중앙처리장치의 내장형 프로그램을 처음 고안한 미국의 수학자입니다. 1942년 8월에 '맨해튼계획'에 참여하여 '컴퓨터 프로그램 내장방식'을 〈전자계산기의 이론 설계 서론〉에 발표한 후, 1949년 마침내 에드박(EDVAC; Electronic Discrete Variable Automatic Computer)이라는 새로운 개념의 컴퓨터를 만들었습니다. 이때 고안한 방식은 오늘날에도 거의 모든 컴퓨터 설계의 기본이 되고 있습니다. 이외에도 순서도와 서브루틴, 컴퓨터를 사용해 확률적인 문제를 푸는 몬테카를로법을 처음으로 사용했습니다.

TIP 알고리즘(Algorithm)

어떤 문제를 해결하기 위한 절차이며, 명확히 정의된(well-defined) 유한개의 규칙과 절차의 집합을 가리킵니다. 알고리즘은 명확히 정의된 한정된 개수의 규제나 명령의 집합이며, 한정된 규칙을 적용함으로써 문제를 해결하는 방법을 가리킵니다. 컴퓨터로 문제를 해결하는 경우에는 알고리즘을 형식적으로 표현하는 것이 프로그램을 작성하는 데 매우 중요합니다. 이 알고리즘의 좋고 나쁨에 따라 같은 결과를 구하는 처리에서도 시간이나 조작성에 큰 차이가 날 수가 있습니다. [네이버 지식백과]

표 3-1 프로그래밍 언어 사용 순위

2014 순위	2013 순위	순위 변동	프로그래밍 언어	사용비율	전년대비
1	1		C	16.191%	−1.62%
2	2		Java	16.113%	−0.54%
3	3		Objective-C	10.934%	+0.58%
4	4		C++	6.425%	−2.39%
5	6	▲	C#	3.944%	−1.84%
6	7	▲	(Visual) Basic	3.736%	−0.61%
7	5	▼	PHP	2.848%	−3.14%
8	8		Python	2.710%	−1.47%
9	10	▲	Javascript	2.000%	+0.35%
10	12	▲	Visual Basic .NET	1.914%	+0.85%
11	13	▲	Transact-SQL	1.898%	+0.99%
12	9	▼	Perl	1.480%	−0.79%
13	11	▼	Ruby	1.392%	−0.09%
14	42	▲▲	ActionScript	1.327%	+1.13%
15	43	▲▲	F#	1.058%	+0.89%
16	14	▼	Lisp	0.843%	−0.04%
17	18	▲	Delphi/Object Pascal	0.833%	+0.23%
18	15	▼	Pascal	0.808%	+0.03%
19	20	▲	MATLAB	0.774%	+0.21%
20	23	▲	Assembly	0.771%	+0.27%

※ www.tiobe.com
(소프트웨어 품질관리업체 TIOBE가 조사한 2014년 6월 프로그래밍 언어 순위) 인용

표 3-1을 보면 정말 다양한 언어가 사용됨을 알 수 있습니다. C언어는 1971년 탄생한 이후로 프로그래밍 언어의 기본이 되고 있고, 지금도 많이 사용되고 있습니다.

컴퓨터를 사용해 문제를 해결하려면 작업의 순서를 하나하나 자세하게 지시해 주어야 합니다. 컴퓨터가 처리할 명령문을 순서대로 나열한 것을 프로그램(program)이라하고, 프로그램을 만드는 사람을 프로그래머(programmer)라 합니다.

똑같은 일이라도 프로그래머가 프로그램을 어떻게 작성하느냐에 따라서 수행 순서나 처리 과정이 달라질 수 있습니다. 프로그램은 다른 사람이 쉽게 이해할 수 있도록 간결하고, 읽기 쉽고, 쓰기 쉽게 작성하여야 합니다.

알고리즘(algorithm)은 문제해결을 위한 일련의 논리적인 절차 가리키는데, 처리하고자 하는 절차를 말로 쓸 수도 있지만 간결하고 명확하게 전달하기 위해 순서도로 처리과정을 표현합니다.

표 3-2 순서도 기호

기호	이름	동작
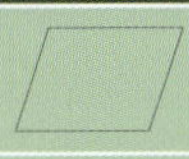	입출력	데이터의 입력과 출력 기능을 표시
	판단	주어진 조건에 따라 비교하며 해당되는 조건 판단하여 참이나 거짓의 처리 흐름으로 분기
	수행 시작, 끝	프로그램 순서도의 시작과 끝에 사용
	처리	지정된 동작, 각종 연산, 값이나 기억장소의 변화, 데이터 이동 등 모든 처리
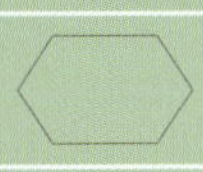	준비	기억 장소의 할당, 초기 값 설정 등 처리
	연결자	흐름이 다른 곳에서 연결됨과 다른 곳에서 연결되는 입구를 나타내며 화살표와 기호 내에 쓰인 이름의 연결 관계 표시
	흐름선	제어의 흐름과 실행 순서를 표시

순서도 작성방법

① 국제 표준화 기구(ISO)에서 정한 표준 기호를 사용하여 작성합니다.
② 시작, 끝 처리 과정의 각 기호를 흐름선으로 연결합니다.
③ 처리 순서는 위에서 아래로, 왼쪽에서 오른쪽으로 서로 교차하지 않도록 하고, 화살표로 표시합니다.
④ 간단명료하게 작성하고, 필요하면 주석문을 달아 동작을 설명합니다.
⑤ 논리적인 흐름이 복잡하고 어려울 때에는 여러 단계로 구분하여 작성합니다.
⑥ 순서도 기호 내부에 처리 순서를 기술하고, 필요한 경우 기호 외부에 주석을 답니다.
⑦ 순서도가 길거나 복잡한 경우 기능별로 분할한 후 연결 기호를 사용하여 연결합니다.
⑧ 순서도를 작성할 때 논리적인 오류가 있으면 코딩된 프로그램에도 오류가 발생할 수 있으므로 논리에 맞도록 정확하게 작성합니다.

프로그래밍 언어는 컴퓨터와 소통하기 위해 사용하는 언어로 사람들이 대화할 때 사용하는 자연 언어와는 차이가 있습니다. 프로그래머가 작성한 프로그램을 소스 프로그램(source program)이라 합니다. 아두이노 컴파일러(Compiler)는 프로그래머가 작성한 고급언어(소스 프로그램)를 아두이노가 이해하고 처리할 수 있는 기계어(목적프로그램)로 번역해 주는 일을 하는 일종의 프로그램입니다.

컴파일러가 번역해준 기계어 파일을 아두이노의 플래시 메모리에 옮겨 저장하는 과정을 업로드(Upload)라 합니다. 프로그램을 작성하고, 컴파일한 후, 업로드해 주는 이 프로그램을 아두이노는 스케치라 부릅니다. 지금부터 이 책에서는 프로그램을 스케치라 부르겠습니다.

3.1 아두이노 프로그래밍 언어 스케치

아두이노 스케치를 작성하는 문법은 프로그램언어의 기본인 C언어와 유사한 형식을 가지고 있습니다. C언어는 기본적으로 그림 3-2와 같이 한 개의 main( )함수로 구성됩니다.

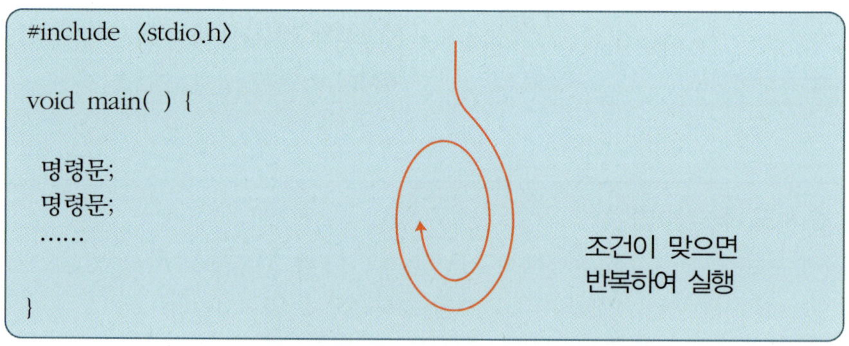

그림 3-2 C언어의 기본 구조

아두이노 스케치는 C언어의 main( )함수 대신에 setup( ), loop( )함수로 구성됩니다. 스케치에서 setup( ) 함수에 있는 명령문들은 처음 전원을 켰을 때 한 번만 실행하고, loop( )함수에 있는 명령문은 전원이 꺼질 때까지 무한 반복되어 실행됩니다.

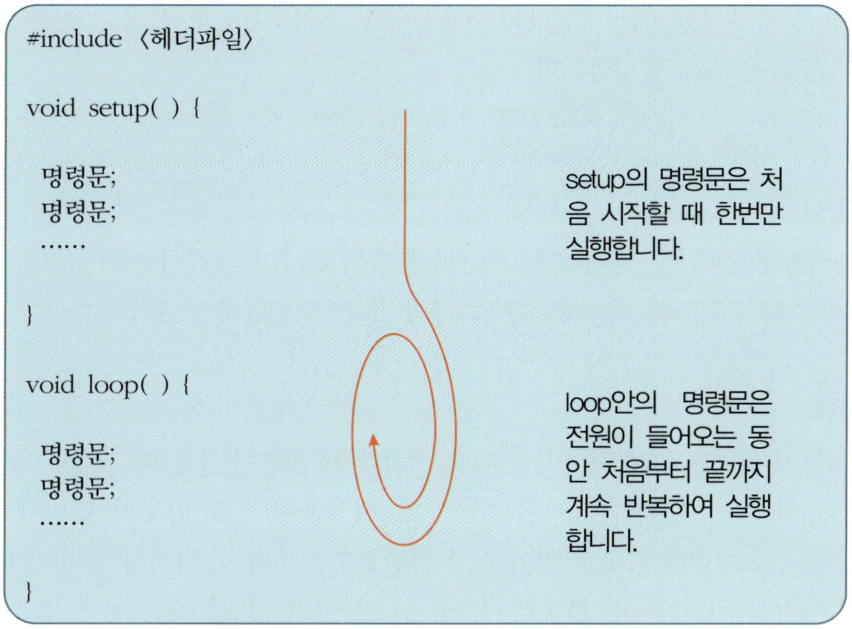

그림 3-3 아두이노 스케치의 기본 구조

1) 아누이노 스케치의 구성요소

예약어

예약어라 하면 컴파일러가 특별한 의미로 인식하는 단어로 그 의미와 용도가 미리 정해져 스케치를 작성할 때 변수로 사용할 수 없습니다. 예를 들면 setup은 아두이노 설정 등 스케치가 실행되면 처음 한 번만 실행되는 명령문을 적어놓은 함수입니다. 여기서 setup이란 명칭은 아두이노 스케치에서 사용하여 예약해놓은 명칭으로 함수명과 변수명으로 사용할 수 없습니다.

- 예약어 : setup, loop, for, while, do, if, switch, int, char, float.

식별자(Identifier)

프로그래머가 스케치를 작성하는 중에 임의로 만들어 사용하는 단어로서 변수, 배열명, 함수명 등이 있습니다.

- 식별자는 영문자, 숫자, 밑줄(_)로 구성됩니다.
  예) sensor1, namecount, cnt
- 첫 글자는 영문자이거나 밑줄(_)이어야 합니다.
  예) sw1, _chk, chk

- 대문자와 소문자는 구별하여 사용합니다. 통상적으로 C 언어 프로그램은 소문자로 작성합니다.
  예) Cnt, cnt (Cnt와 cnt는 다른 이름으로 인식)

문장

스케치를 실행하는 단위로서 하나의 문장이 끝나면 ';'(세미콜론)을 써주어야 합니다. 즉, 세미콜론은 하나의 문장이 끝났다는 뜻입니다.

블록

여러 명령문을 묶어 하나의 단위로 처리할 때 사용합니다. setup 함수나 loop함수를 비롯한 모든 함수는 '{'로 시작하여 '}'로 마무리 합니다. 스케치가 처리해야 할 작업이 길고 복잡할수록 '{'와 '}' 사이의 명령문이 많아지게 되며, loop 함수는 "{ …… }" 사이의 명령문들을 무한 반복 실행합니다.

주석문

스케치를 작성하다가 나중에 참고할 설명을 써놓고 싶을 때 사용하는 것이 주석(설명문)이며, 스케치는 주석문을 실행하지 않습니다.
주석문에는 '//'과 "/* ~~~~ ~~~~ */"가 있습니다. '//'는 한줄 주석으로 해당 줄만 주석문으로 인식합니다. '/*'와 '*/' 사이에 있는 문장은 모두 주석문으로 인식하므로 내용 설명에 여러 줄이 필요할 때 사용하는 주석문입니다.

```
#include <헤더파일>

void setup( ) {              // 주석문입니다.
                             // 줄이 바뀌면 다시 //로 시작합니다.

  명령문;
  명령문;
  ......

}

void loop( ) {

  명령문;
  명령문;
  ......
/*
    /*과 */사이의 모든 문자는 주석문으로 컴파일러가 처리하지 않습니다.

*/
  명령문;
  명령문;
}
```

그림 3-4 아두이노 스케치의 주석문 활용

2) 변수와 상수[TIP]

변수

① 프로그램에서 처리할 자료를 기억하기 위한 기억 장소이며, 프로그램의 실행 중에 그 값이 변할 수 있습니다.

② 자료의 종류에 따라 변수의 형(type)이 정의되어야 합니다.

③ 사용할 변수는 사용하기 전에 반드시 선언되어야 합니다.

④ 변수에 붙여진 이름을 명칭 또는 식별자(identifier)라고 합니다.

⑤ 식별자 명명 규칙

- 영문자, 숫자, 밑줄(_)로 구성되어야 합니다.
- 첫 글자는 반드시 영문자 또는 밑줄(_)이어야 합니다.
- 대문자와 소문자는 각각 다른 문자로 취급합니다.
- 예약어를 식별자로 사용할 수 없습니다.

TIP 변수와 상수

변수는 프로그램에서 데이터 값들이 일시적으로 저장되는 공간을 가리키며 메인 메모리에 만들어 지며 한번 값이 저장되었어도 언제든지 다시 다른 값으로 변경이 가능합니다. 상수는 값이 한번정해지면 변경할 필요가 없는 데이터이며, 프로그램이 실행되는 동안에 값이 변경되지 않습니다.

상수

상수는 값이 변하지 않는 고정된 값을 말합니다. 상수는 프로그램이 실행되는 중에 값을 변경할 수 없습니다. 상수는 예약어인 const를 사용해 정의합니다.

예) const PI = 3.1415;

3) 자료형

컴퓨터에서 숫자를 저장할 때 큰 수를 저장하려면 그만큼 많은 메모리를 사용합니다. 자료형은 컴퓨터에게 내가 사용할 숫자의 크기를 미리 알려주는 것입니다. 아두이노에서 문자로 선언한 변수는 1Byte, 정수로 선언한 변수는 2Byte, 실수형 변수에는 4Byte를 할당합니다. 정수는 쉽게 연산이 되지만 실수는 연산이 복잡하여 계산 속도가 정수 연산에 비해 매우 느립니다. 그러므로 사용하고자 하는 변수의 특성에 따라 정수를 사용할지, 실수를 사용할지 미리 정하는 것입니다.

데이터형	예약어	메모리크기	값의 범무
문자형	char	1byte	-128~127
정수형	int	2byte	-32,768~32767
실수형	float	4byte	$-3.4e^{38} \sim 3.4e^{38}$

아두이노 스케치에서 사용하는 모든 변수는 사용 전에 반드시 선언해 주어야 합니다. 두 개 이상의 변수를 선언할 때는 ','를 사용해 구분합니다.

```
int a;              // 변수 a를 정수형 변수로 선언
float b, c;         // 변수 b와 c를 실수형 변수로 선언
char c1, c2;        // 변수 c1, c2를 문자형 변수로 선언
```

4) 제어문

스케치에서 동작처리의 흐름을 조건에 따라 변경할 때 사용하는 명령문을 제어문이라 합니다. 아두이노 스케치란 어떤 정해진 순서대로 값을 입력 받고 이 값에 따라 동작을 제어하게 됩니다. 제어문을 사용하여 다양한 동작을 스케치로 구현하게 되는 것입니다. 제어문에는 선택문, 반복문, 점프문이 있습니다.

- 선택문 : if - else문, switch문
- 반복문 : while문, do - while문, for문
- 점프문 : break문, continue문, goto문, return문

if문

if문은 어떤 조건의 참, 거짓 여부를 판단하여 실행을 제어하는 명령으로 if문안에 또 다른 if문을 사용하는 중첩사용도 가능합니다. if문의 조건문은 반드시 ( )로 묶어 주어야 합니다.

간단한 if문

<table>
<tr>
<td>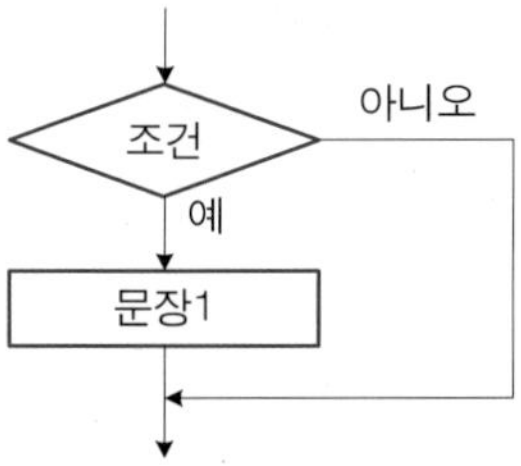
</td>
<td>if (조건문) {문장1;}</td>
<td>if(sw1==1) {
digitalWrite(LED, HIGH);
delay_ms(10);
}</td>
</tr>
</table>

그림 3-5 if문

만약 sw1에 1의 입력이 들어오면 LED에 HIGH를 출력하고 10ms을 기다리시오.

if~else문

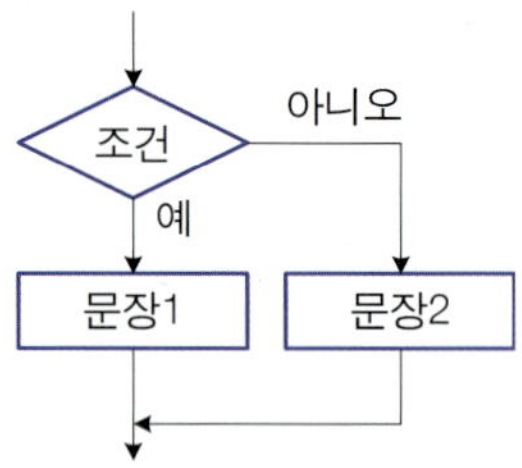	if(조건문) 문장1; else 문장2;	`if(sw1==1) digitalWrite(LED, HIGH);` `else digitalWrite(LED, LOW);`

그림 3-6 if~else문

if~else if~else문

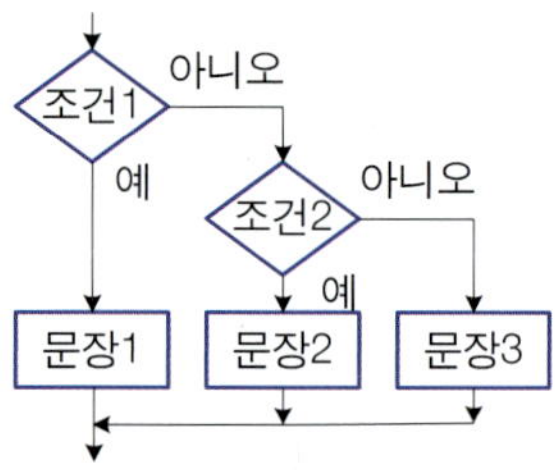	if(조건1) 문장;
	else if(조건2) 문장;
	else 문장;
		`if(sw1==1)`
		`digitalWrite(LED1, HIGH);`
		`else if(sw2==1)`
		`digitalWrite(LED1, LOW);`
		`else`
		`digitalWrite(LED2,HIGH);`

그림 3-7 if~else if~else문

그림 3-7의 스케치는 "만약 스위치 sw1에 입력1이 들어오면 LED1에 HIGH를 출력하시오. 만약 그렇지 않고 스위치 sw2에 1이 들어오면 LED1에 LOW를 출력하시오. 이 두 경우가 아니면 LED2에 HIGH를 출력하시오."라는 스케치입니다.

조건식 내부에는 〈 (작다), 〉 (크다), == (같다), != (같지 않다) 등의 관계연산자가 사용됩니다. 수식이나 대입식이 들어가며 결과가 '0'이면 거짓, '1'이면 참으로 인식하게 되고 여러 개의 조건을 논리곱(&&)이나 논리합(||)으로 결합해 사용할 수 있습니다.

```
if((sw1==1)&&(sw2==1)) digitalWrite(LED, HIGH);
// && 논리곱(AND)연산자
```

만약 스위치 sw1이 '1'이고, sw2가 '1'이면 LED에 HIGH를 출력하시오.

switch-case문

여러 조건에 따라 처리해야 할 일이 다르다면 if문보다는 switch case 문을 사용하는 것이 효율적입니다. switch문 안에는 변수나 조건식이 들어가야 하고 case문에는 반드시 상수가 들어가야 합니다. 명령처리는 switch 다음의 식(또는 변수)의 값과 case 다음의 식(혹은 상수)을 비교하여 값이 같은 곳으로 제어를 옮기게 됩니다. 만약 값이 일치하는 곳이 없으면 default 다음의 문장을 수행하고 종료합니다.

case 다음의 문장들은 여러 개의 문장을 나열할 수 있지만 블록이 아니므로 { }로 둘러싸선 안 됩니다. case 다음의 명령문을 수행한 후에도 switch 블록({ }안의 부분)을 빠져나가지 않고 그 밑의 case문부터 최종 default문까지 실행을 하므로 반드시 해당 case 명령문 끝에 break를 붙여야만 합니다. break를 만나면, switch문 블록에서 빠져나가 switch -case문을 마칩니다.

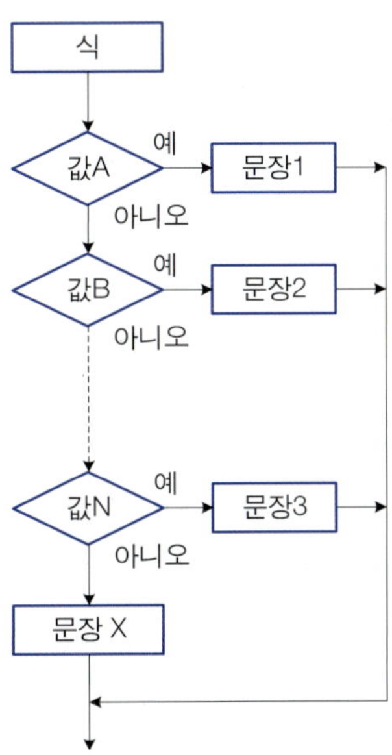


```
switch(변수나 조건식) {
    case 식1(상수):
        문장;
        문장;
        break;
    case 식2(상수):
        문장;
        문장;
        break;
......
    case 식n(상수):
        문장;
        break;
    default:
        문장;
        break;
}
```

```
switch (k) {
    case 0:
        digitalWrite(LED0,HIGH);
        break;
    case 1:
        digitalWrite(LED1,HIGH);
        break;
    case 2:
        digitalWrite(LED2,HIGH);
        break;
    case 3:
        digitalWrite(LED3,HIGH);
        break;
    default:
        digitalWrite(LED0,LOW);
        digitalWrite(LED1,LOW);
        digitalWrite(LED2,LOW);
        digitalWrite(LED3,LOW);
        break;
}
```

그림 3-8 switch ~ case문

switch문에서 변수 k값이 0이면 LED0을 HIGH로 출력하고, 1이면 LED1을 HIGH로 출력하고, 2이면 LED2을 HIGH로 출력하고, 3이면 LED3을 HIGH로 출력합니다. 만약 변수 k의 값이 0, 1, 2, 3 중 어느 것도 아니라면 default로 가서 LED0~LED3에 모두 LOW를 출력합니다.

이런 동작은 스케치하려면 몇 개의 if문을 사용해야 합니다만 switch 문을 사용하면 이처럼 한 문장으로 구현할 수 있습니다.

5) 반복문

스케치를 작성하다 보면 같은 작업을 여러 번 반복해야 할 경우가 있습니다. 반복문은 이처럼 반복 작업할 명령문을 여러 번 작업하지 않고 한번 작성한 후 이를 반복 실행할 때 사용하는 명령문입니다. 반복문에는 for문과 while문, do~while문이 있습니다.

for문

스케치 작업에서 for문은 어떤 명령문들을 반복하여 실행하고자 할 때 사용합니다. 초기식에는 루프 제어변수에 초기값을 지정해주는 대입식을 쓰고, 조건식에는 루프 제어 변수의 조건범위를 검사하는 논리식을 쓰고, 증감식에는 루프 제어 변수의 증감식이 들어갑니다.

for문의 조건식에는 시작할 초기식, 반복 조건식, 증감식을 씁니다.

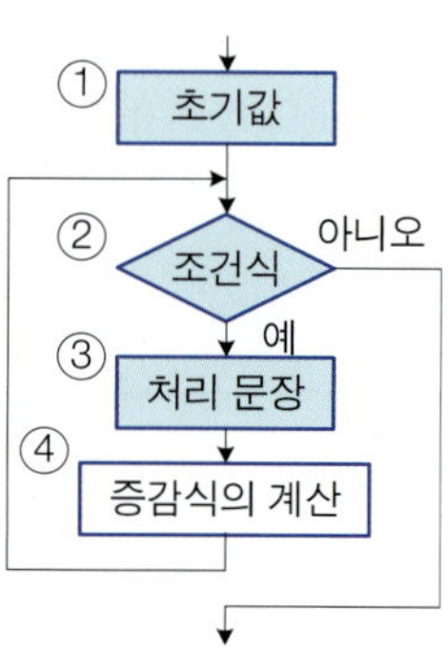

for(초기식;조건식;증감식) 문장;

```
      ①        ②      ④
for(a = 1; a <= 5; a++){
③ sum = sum + a;
}
```

① 초기식을 수행
② 조건식을 검사(조건식이 거짓이면 반복 종료)
③ 조건식이 참이면 처리문장 수행
④ 증감식 수행 후 조건식으로 ②번부터 수행

```
for(i=0;i<10;i++) {
    digitalWrite(LED,HIGH);
    delay_ms(100);
    digitalWrite(LED,LOW);
    delay_ms(100);
}
```

그림 3-9 for문 (1)

예제 프로그램은 LED에 HIGH를 출력하고 0.1초, LED에 LOW를 출력하고 0.1초 기다리는 동작을 10번 반복하라는 스케치입니다.

만약 초기식, 조건식, 증감식을 모두 안 쓰고 for(;;)로 쓰면 무한루프를 돌게 되고, 여기서 빠져나오기 위해 break문을 사용할 수도 있습니다.

```
for(;;) {
  문장;

  문장;
 }
```

```
i = 0;
for(;;) {
    digitalWrite(LED,HIGH);
    delay_ms(100);
    digitalWrite(LED,LOW);
    delay_ms(100);
    if(i〉10)  break;
        i++;
}
```

그림 3-10 for문 (2)

그림 3-10과 같이 작성하여도 같은 동작을 하게 됩니다. 다만 아래의 프로그램은 켜고 끄는 동작을 10회 반복하다 루프를 빠져나오게 됩니다.

wihle문

while문은 조건식이 참인 동안 문장을 반복해서 처리하게 되며 조건식의 값이 거짓이면 문장을 수행하지 않고 반복문을 벗어납니다. 그러므로 처리문장 안에는 while문이 종료될 수 있도록 조건식의 결과값을 변화시키는 문장이 필요합니다. 조건식의 종료조건이 없는 경우 무한루프(loop)에 빠지게 되므로 조심하여야 합니다.

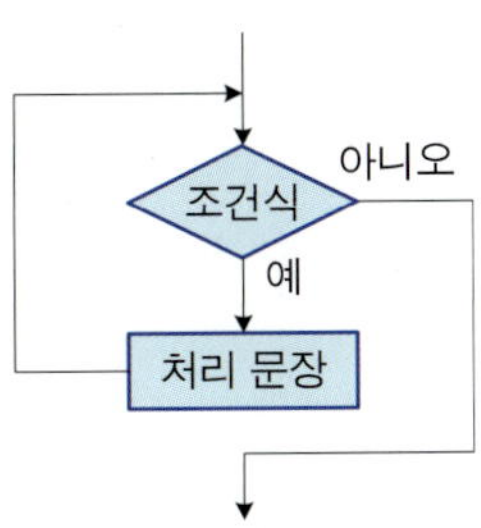


```
while (조건식) {
  문장;

  문장;
 }
```

```
i = 0;                  //초기값, 변수 초기화
while(i〉10) {          //조건식
    digitalWrite(LED, HIGH);
    delay_ms(100);
    digitalWrite(LED, LOW);
    delay_ms(100);

    i=i+1;              // 증감식
}
```

그림 3-11 while문

while문 시작 전에 조건식의 변수를 초기화 합니다. i>10조건이 만족할 때까지 반복하다 조건이 만족하면 while문을 종료합니다. while문의 조건을 확인한 뒤 조건을 만족하지 못하면(조건이 거짓이면) 처리 문장을 수행합니다. while문의 '{'에서 '}'까지 수행한 후 다시 while문의 조건을 검사해 조건을 만족하면 수행을 종료하고 만족하지 못하면 반복수행하는 명령문입니다. 그림 3-11의 예제도 LED를 10번 켜고 끄는 스케치입니다.

만약 while문의 조건식에 1을 쓰면 항상 참이므로 무한루프를 돌게 됩니다. 여기서 빠져나오기 위해서는 break문을 사용합니다.

do-while문

while문은 블록 내의 처리문장을 처리하기 전에 조건식을 검사하므로 조건이 맞으면 블록내의 처리문장을 한 번도 실행하지 않을 수 있습니다. do~while문은 먼저 블록을 한번 실행하고 조건식을 검사합니다. 그러므로 do-while문은 조건이 맞지 않아도 최소 한번은 실행합니다.

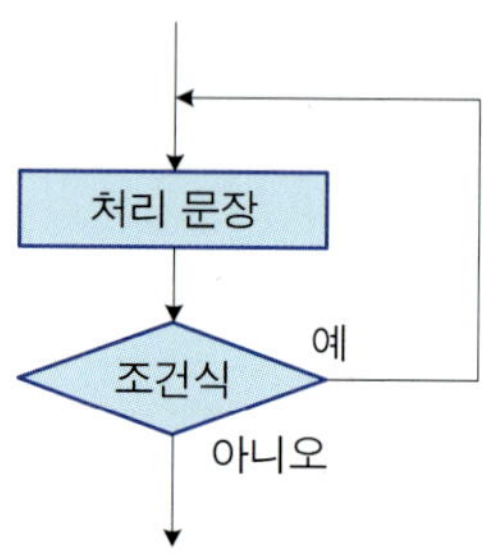


```
do {
  문장;

  문장;
}while(조건식);
```

```
do  {
    digitalWrite(LED,HIGH);
    delay_ms(100);
    digitalWrite(LED,LOW);
    delay_ms(100);
}while(sw1==0);
```

그림 3-12 do ~ while문

그림 3-12의 스케치를 보면 먼저 LED를 깜빡거리고 조건을 판단합니다. 이때 입력 스위치 sw1이 눌리지 않아 값이 0이라면 조건을 만족하여 while문을 벗어나게 됩니다. sw1의 값이 0이더라도 처리문장을 최소 한번은 무조건 수행하는 것입니다.

while문과 do ~ while문

while문의 경우 조건식을 만족하지 않는 경우 [처리 문장]을 한 번도 실행하지 않을 수도 있습니다. 그러나 do~while문의 경우 적어도 한 번은 [처리 문장]을 수행하게 됩니다.

while문	do ~ while문
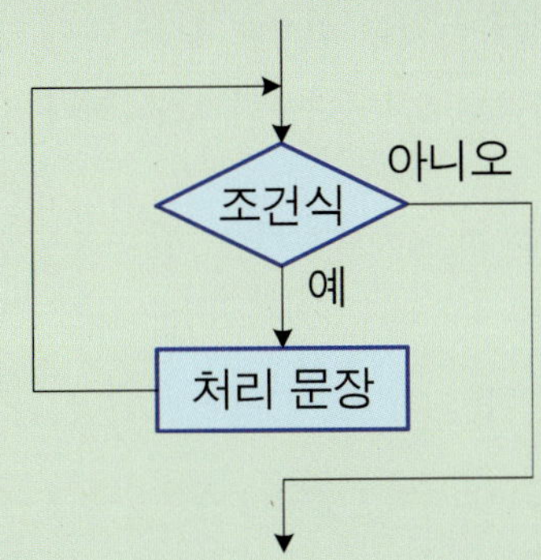	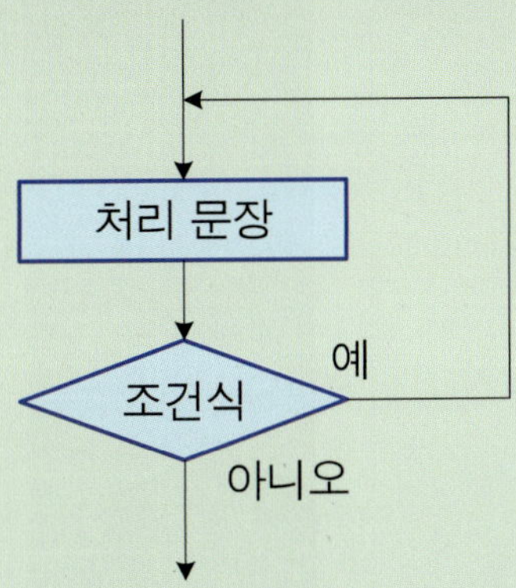
조건식을 검사하여 조건식을 만족하면 [처리 문장]을 반복 수행, 조건식을 만족하지 않으면 [처리 문장]을 수행하지 않고 벗어납니다.	먼저 처리 문장을 수행한 후, 조건식을 비교하여 조건식을 만족하면 [처리 문장]을 반복 수행하고, 만족하지 않으면 [처리 문장]을 수행하지 않고 벗어납니다.

6) 연산자

연산자란 대상 자료에 대해 어떤 조작을 하는 부호를 말하며, 이때 대상이 되는 자료들을 오퍼랜드(Operand)라 합니다.

TIP 논리연산자 (Logical Operator)

논리식을 구성하는 요소이며 논리곱(AND), 논리합(OR), 논리 부정(NOT) 등이 있습니다. 관계연산자와 같이 참과 거짓을 결과값으로 갖는 연산자입니다.

표 3-3 연산자

<table>
<tr><td rowspan="7">산술 연산자</td><td>+</td><td>더하기</td></tr>
<tr><td>-</td><td>빼기</td></tr>
<tr><td>*</td><td>곱하기</td></tr>
<tr><td>/</td><td>나누기, 정수와 정수의 연산일 때 소수점 이하는 버립니다.</td></tr>
<tr><td>%</td><td>나눈 뒤 나머지를 결과로 취합니다. (정수에서만 사용)</td></tr>
<tr><td>++</td><td>오른쪽이나 왼쪽에 있는 변수의 값을 하나 증가시킵니다.</td></tr>
<tr><td>--</td><td>오른쪽이나 왼쪽에 있는 변수의 값을 하나 감소시킵니다.</td></tr>
<tr><td rowspan="6">관계 연산자</td><td>==</td><td>같다.</td></tr>
<tr><td>!=</td><td>같지 않다.</td></tr>
<tr><td><</td><td>작다.</td></tr>
<tr><td><=</td><td>작거나 같다.</td></tr>
<tr><td>></td><td>크다</td></tr>
<tr><td>>=</td><td>크거나 같다.</td></tr>
<tr><td rowspan="3">논리 연산자</td><td>!</td><td>논리부정(NOT) 연산자</td></tr>
<tr><td>&&</td><td>논리곱(AND) 연산자</td></tr>
<tr><td>||</td><td>논리합(OR) 연산자</td></tr>
<tr><td rowspan="6">비트 연산자</td><td>~</td><td>1의 보수로 모든 비트를 반전처리 ~(1010) → 0101</td></tr>
<tr><td>&</td><td>AND연산으로 특정비트를 남기는 작업(마스크)에 사용
0xab&0x0f → 0x0b</td></tr>
<tr><td>|</td><td>OR연산으로 특정비트를 SET하기 위해 사용
00000101|11110000 → 11110101</td></tr>
<tr><td>^</td><td>XOR연산으로 특정비트를 반전시키기 위해 사용
00000101·00001111 →00001010</td></tr>
<tr><td><<</td><td>왼쪽 시프트로 우변에 있는 피연산자에서 지정한 수만큼 피연산자의 비트를 좌측으로 시프트 합니다. 이 때 오른쪽으로 밀려들어오는 것은 0이 됩니다.
a=011010000일 때 a=a<<2라 하면 a=10100000이 됩니다.</td></tr>
<tr><td>>></td><td>오른쪽 시프트로 우변에 있는 피연산자에서 지정한 수만큼 피연산자의 비트를 오른쪽으로 시프트하고, 이 때 오른쪽으로 밀려들어오는 것은 0이 됩니다.
a=011010000일 때 a=a>>2라 하면 a=000110100이 됩니다.</td></tr>
</table>

7) 함수

함수(Function)이란 특정한 작업을 수행하도록 설계된 독립적인 프로그램(코드 블록)입니다. 프로그램 내에서 동일하게 반복되는 부분을 하나의 독립된 단위 프로그램으로 만들어 두고, 필요할 때마다 호출하여 사용하면 프로그램을 구조화할 수 있습니다. 아두이노 스케치 언어에서 사용할 수 있는 함수는 아두이노 스케치에서 미리 준비되어 있는 라이브러리(library) 함수와 사용자가 직접 정의하여 사용하는 사용자 정의 함수로 구분할 수 있습니다.

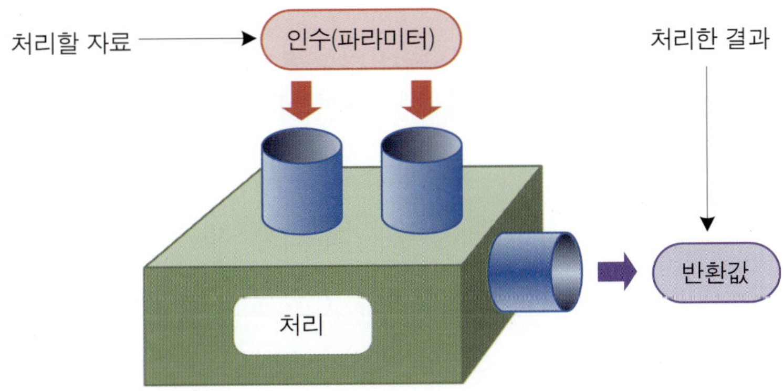

그림 3-13 함수의 개념

라이브러리 함수

라이브러리 함수[TIP]는 프로그래밍 언어가 만들어질 때 자체적으로 준비되어 있는 함수로 사용자가 만들지 않고 직접 이용할 수 있는 함수를 말합니다. setup()함수, loop( )함수는 아두이노 개발자가 만들어서 프로그래머에게 제공하는 라이브러리 함수입니다. 사용자 정의 함수는 사용자가 직접 정의하고 호출하여 사용하는 함수를 말합니다. 반복되는 동작은 프로그래머가 함수로 만들어 사용하면 스케치의 프로그램 구조를 파악하고 분석하기 쉬워지며, 나중에 동작을 수정할 때 편리해 스케치 작성의 효율성이 크게 향상됩니다. 함수는 전달받은 인수 값을 이용하여 처리 작업을 수행한 후 결과값을 반환하는 경우도 있고, 반환하지 않는 경우도 있습니다.

TIP 라이브러리 함수 (Library Function)
라이브러리 함수는 이미 정의된 함수를 가리킵니다. 우리가 소스코드를 작성하며 사용하는 모든 함수는 표준 함수로서 아두이노가 제공하는 미리 정의된 함수입니다. 라이브러리함수를 표준함수라고도 부릅니다.

스케치는 크게 setup함수와 loop함수로 구성되어 있습니다. setup함수는 전원이 들어오면 처음 한번만 실행합니다. 그러므로 setup함수에는 아두이노 하드웨어 설정값 세팅, 장비의 초기화 작업을 위한 명령문을 작성합니다.

```
// setup 라이브러리 함수
// 처음 한번만 안의 명령문을 실행합니다.
void setup() {

  명령문;
  명령문;
  ......
 /* 아두이노 하드웨어 설정, 스케치 변수 초기화,
      변수 선언 등의 스케치를 setup함수 내에 작성
 */

}

// loop 라이브러리 함수
// loop안의 명령문 무한 반복 실행

void loop() {

  명령문;
  명령문;
  ......
 /* 아두이노의 실질적인 동작을 제어하는 스케치는
    loop함수 내에 작업 (실질적인 스케치 작업 공간
      입니다.)
  */
}
```

아두이노에서 제공해주는 기본 예제를 예로 들어 프로그램의 구성을 설명하겠습니다. 그림 3-14에서 볼 수 있듯이 다양한 예제가 기본 제공되고 있습니다. 이것을 기본으로 하여 프로그램을 작성하면 쉽게 원하는 동작을 프로그램 할 수 있습니다.

표 3-4 스케치의 대표적 라이브러리 함수

함수구분	라이브러리 함수명	기타
디지털입출력 (Digital I/O)	pinMode(핀, INPUT/OUTPUT)	아두이노보드 입출력정의
	int digitalRead(핀)	디지털 입력읽기
	digitalWrite(핀, 출력값)	디지털 출력하기
아날로그입출력 (Analog I/O)	analogReference(내부/외부)	아날로그입력 기준설정
	int analogRead(핀)	아날로그 입력값 읽기
	analogWrite(핀, 출력값)	PWM 출력
시간함수	delay(ms)	ms단위 시간지연
	delayMicroseconds(us)	μs단위 시간지연
복잡 I/O	tone(pin, freqhz)	소리내기
	tone(pin, freqhz, duration ms)	소리내기
	unsigned long pulseIn(pin,Hi/Lo)	펄스폭 계산
난수	randomSeed(seed)	난수 발생

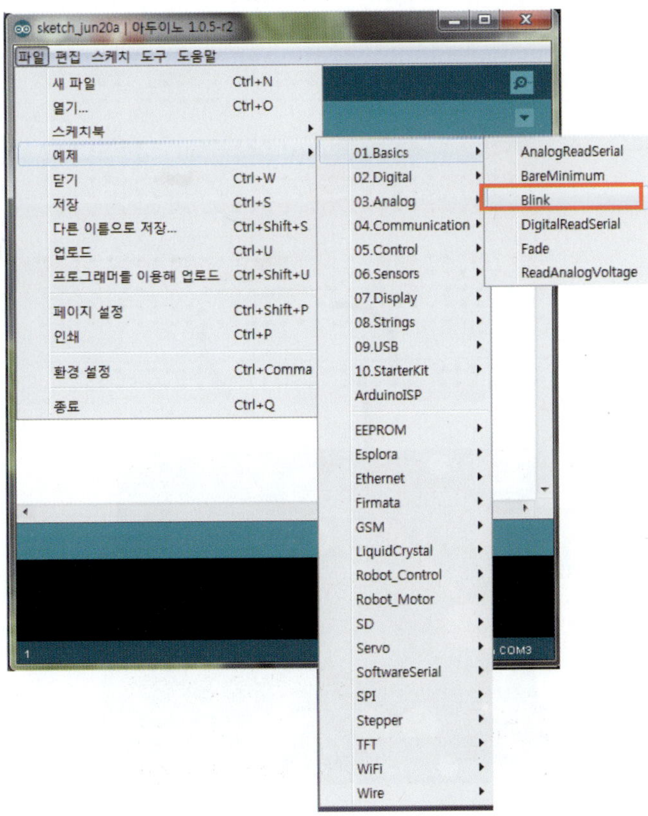

그림 3-14 아두이노 스케치 예제 열기

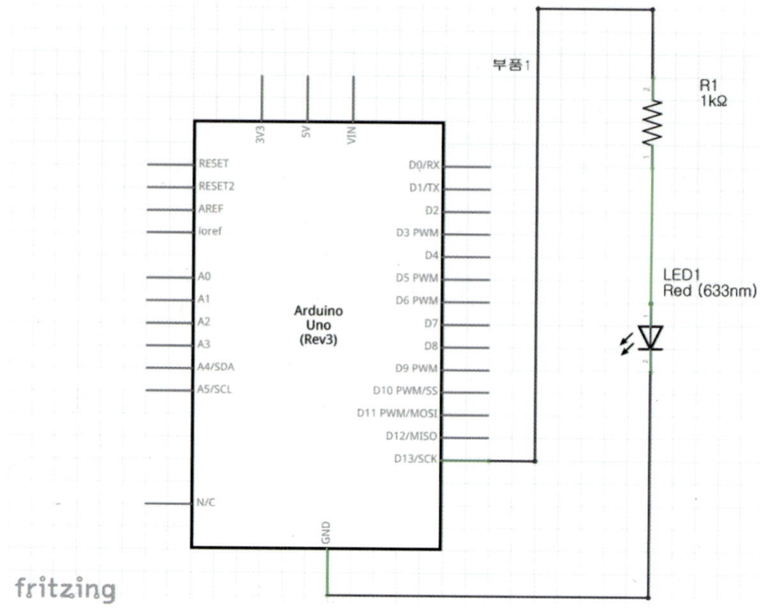

(a) LED 구동 회로도

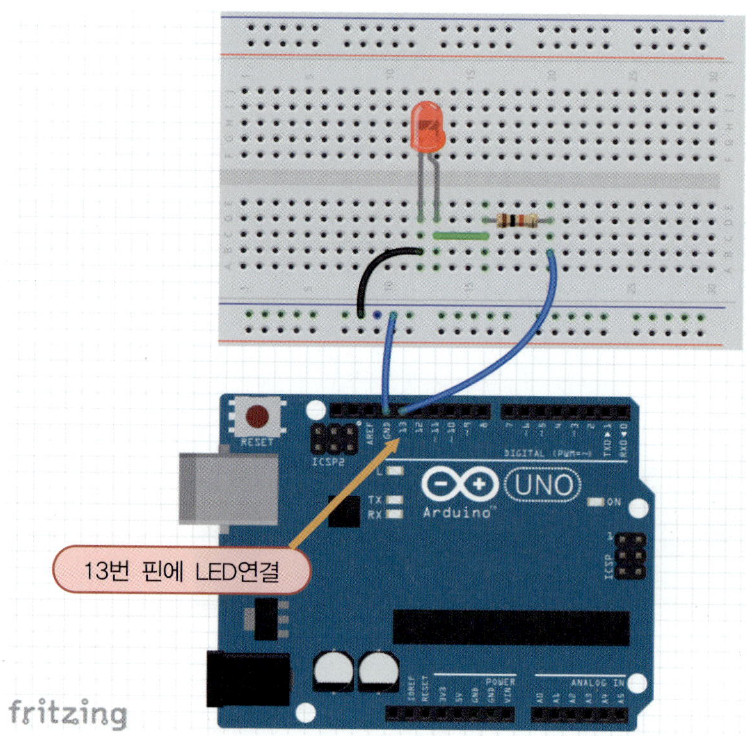

(b) 부품배선

그림 3-15 아두이노 회로도와 부품배선

그림 3-14의 메뉴를 따라 아두이노 Blink예제를 선택하면 해당 예제를 편집할 수 있습니다. 이 프로그램을 실행하기 위해서는 그림 3-15(a)의 회로도가 (b)와 같이 브레드보드에 구성되어 있어야 합니다. 아두이노는 스케치만 작성한다고 해서 동작을 확인할 수 없습니다. 그러므로 스케치 실행 이전에 브레드보드를 사용하여 LED와 저항 등의 부품을 회로도와 같이 부품을 배치하고 부품 간을 연결하는 배선을 해놓아야 합니다.

그림 3-15를 보면 13번 핀에 LED가 연결되어 있습니다. 이런 이유로 13번 핀에 5V를 출력하였을 때 LED가 켜지는 것입니다.

```
digitalWrite(13, HIGH);  //13번 핀에 HIGH(5V)출력
digitalWrite(13, LOW);   //13번 핀에 LOW(0V)출력
```

만약 아두이노보드 13번이 아닌 12번 핀에 LED를 연결하였다면 프로그램에 13대신 12를 써주면 12번 핀에 5V가 출력되어 LED가 켜지게 됩니다.

아두이노 스케치 예제 (Blink)

```
/*      아두이노에서 제공하는 깜빡임 예제 Blink
        아두이노 실행 - 파일 - 예제 - 1.Basic - Blink에 있습니다.
        LED를 1초간 켜고,1초간 끄는 동작을 무한 반복합니다.
*/

// 아두이노 보드 D13번 핀에 LED를 연결합니다. 지금부터 led는 13입니다.
int led = 13;                       // led의 값은 13입니다.

// setup함수는 보드가 시작할 때 한번만 실행합니다.
void setup() {

  // 아두이노 보드의 D13번 단자를 출력으로 사용함을 정의합니다.
   pinMode(led, OUTPUT);            // pinMode(13, OUTPUT);과 같습니다.
}
// loop함수는 무한히 반복하는
void loop() {                       // loop문 시작
  digitalWrite(led, HIGH);          // 아두이노 13번 핀(LED)에 5V 출력 -> LED 켜짐
  delay(1000);                      // 1,000ms (1초) 기다려라
  digitalWrite(led, LOW);           // 아두이노 13번 핀(LED)에 0V 출력 -> LED 꺼짐
  delay(1000);                      // 1,000ms (1초) 기다려라
}     // 다시 loop문 시작으로 가서 처음부터 반복 실행하라.
```

스케치를 보면 setup, pinMode, loop, digitalWrite, delay 등 다양한 명령문이 있습니다. 이 명령문들은 아두이노 스케치가 프로그래머에게 주는 라이브러리 함수입니다. 아두이노가 프로그래머에게 주는 선물이지요. 복잡한 시간계산을 delay(500); 이렇게 입력하면 500ms(0.5초) 동안 기다렸다가 다음 명령어를 처리하는 것입니다. LED를 켜고 얼마간 기다리는 동작을 할 때 라이브러리 함수를 이용해 쉽게 프로그램 할 수 있습니다. 아두이노의 기본명령은 모두 라이브러리함수라 할 수 있는 것입니다.

사용자 정의 함수

사용자 정의 함수는 사용자가 직접 정의하여 사용하는 함수를 말합니다. 스케치를 작성하다 반복되는 동작을 함수로 만들어 명령어처럼 사용하고 싶을 때 사용합니다. 사용자 정의 함수를 사용하기 위해서는 먼저 내가 어떤 이름의 함수를 만들어 사용하고자 하는지 선언해 주어야 합니다. 이번에는 Blink예제를 조금 변형시켜 보았습니다. "얼마의 간격으로 몇 회 깜박여라"하는 동작이 많이 사용된다면 매번 같은 코드를 스케치에 작성하는 작업이 꽤 귀찮을 것입니다.

```
#define led 13

void LED_Blink(int m,int n);  //사용자 정의함수의 프로토타입(prototype) 선언

void setup() {                // 라이브러리 함수
  pinMode(led, OUTPUT);
}

void loop() {                 // 라이브러리 함수
  LED_Blink(3,1000);          // LED_Blink함수 호출, 3회, 1초 깜빡임
  delay(5000);                // 5초 기다려라
  LED_Blink(10,100);          // LED_Blink함수 호출, 10회, 0.1초 깜빡임
  delay(5000);                // 5초 기다려라
}
```

```
//************************************
// 사용자 정의함수 정의
//************************************
void LED_Blink(int j, int k){
 int i=0;
 for(i=0;i<j ;i++){
     digitalWrite(led, HIGH);
     delay(k);
     digitalWrite(led, LOW);
     delay(k);
 }
}
```

사용자 정의함수는 반복되어 사용되는 명령집합을 하나의 명령어처럼 정의하여 사용하는 것입니다. LED를 깜빡거리는 동작이 스케치에 자주 사용된다면 이를 사용자 정의 함수로 정의하여 마치 명령어처럼 사용하는 것입니다.

위 프로그램은 아두이노의 전원이 켜지면 loop함수를 무한 반복합니다.

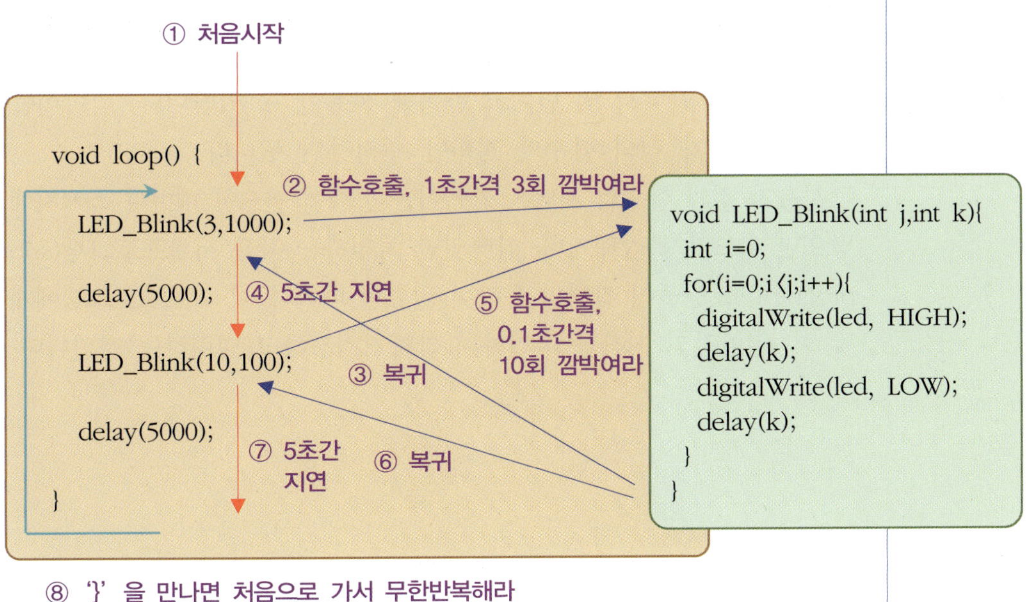

그림 3-14 사용자 정의함수의 동작

TIP delay

아두이노의 delay함수는 단위가 ms입니다. 즉 1초는 1000 ms이므로 delay(1000); 이렇게 명령문을 작성하면 1초간 지연하는 동작을 합니다.

① 전원이 켜지면 무한 반복 라이브러리함수 loop함수 실행
② LED를 깜빡이는 사용자 정의함수 LED_Blink에게 요청한다.
"LED를 1초간 켜고, 1초간 꺼지는 동작을 3회 반복하고 와라"
③ loop함수로 복귀하여 다음 명령문 실행하라
④ delay[TIP]함수를 실행해라 (5초간 대기)
⑤ LED를 깜빡이는 사용자 정의함수 LED_Blink에게 요청한다
"LED를 0.1초간 켜고, 0.1초간 꺼지는 동작을 10회 반복하고 와라"
⑥ loop함수로 복귀하여 다음 명령문 실행하라
⑦ delay함수를 실행해라 (5초간 대기)
⑧ loop함수의 끝인 '}'을 만나면 처음으로가 '{' 안 첫 명령문인 ②번부터 반복해라

위 예제에서 LED_Blink(3,1000);는 사용자 정의 함수를 호출한 것입니다.

사용자 정의함수에서 앞의 값은 반복값, 뒤의 값은 시간지연 값으로 정의하였으므로 앞의 숫자 3은 for문의 반복횟수로, 뒤의 숫자 1,000은 delay함수의 시간 지연 값으로 사용됩니다. 그렇습니다. 이 사용자 정의 함수는 일종의 명령문이 되는 것입니다. 여러분이 스케치를 작성 중 LED가 깜박이는 동작이 필요하다면 LED_Blink(동작횟수, 지연시간);을 loop함수 안에서 몇 번이고 반복해 사용할 수 있습니다. 깜박이는 동작은 사용자 정의 함수의 정의만 수정하면 됩니다.

사용자 정의 함수의 개념은 깜빡이는 동작이 필요할 때마다 스케치에 넣으면 코드가 복잡해지니, 깜빡임만 처리하는 작은 서브프로그램(sub program)을 만들어 깜빡임 동작이 필요할 때마다 이 서브프로그램에게 몇 회, 얼마간의 시간을 지연하며 깜빡거려라하고 명령하는 것입니다.

4 아두이노 프로그래밍 기초

과제1 LED 켜고 끄기

LED(Light Emitting Diode, 발광 다이오드) 빛을 낼 수 있는 다이오드입니다. LED는 칩 구성원소의 배합에 따라 다양한 파장을 만들며 이 파장이 빛의 색을 만들어 냅니다. LED 다이오드이므로 한쪽 방향으로만 전류가 흐를 수 있으며, 순방향으로 전류가 흐를 때 빛이 발광합니다. 이번 과제는 LED를 켜고 끄는 프로그래밍 과제를 해보려 합니다.

회로도

회로도를 보면 아두이노 D13, D12번 단자에 두 개의 LED가 연결되어 있습니다. 아두이노에서 HIGH를 출력하면 LED는 꺼지고, 아두이노에서 LOW를 출력하면 LED가 켜집니다. 아두이노 같은 컴퓨터를 사용하여 LED나 모터 등을 구동할 때는 LOW를 출력했을 때 LED가 켜지는 것이 일반적인 배선입니다. 아두이노에서 HIGH로 구동할 때는 전력이 아두이노를 통해 LED에 전달되고, LOW로 구동할 때는 아두이노 외부의 전력을 아두이노가 전달하는 역할을 하기 때문에 조금 더 많은 전류를 흘릴 수 있습니다.

TIP 회로배선

그림 4-1의 회로배선은 아두이노 D13번 핀에 LOW(0V)가 출력될 때 LED가 켜지는 회로입니다. 만약 D13번 핀에 HIGH(5V)가 출력될 대 LED가 켜지게 하고 싶으면 저항 R1은 D13번 핀에, 저항 R2는 D12번 핀에 연결하고, 다이오드의 음극을 모두 0V(GND)에 연결하면 됩니다. 아두이노 프로그램은 하드웨어의 연결에 따라 같은 출력을 해도 다른 동작을 합니다. 그러므로 프로그램 전에 어떤 출력을 해야 하드웨어(회로)가 원하는 동작을 하게 되는지 먼저 생각해야 합니다.^^

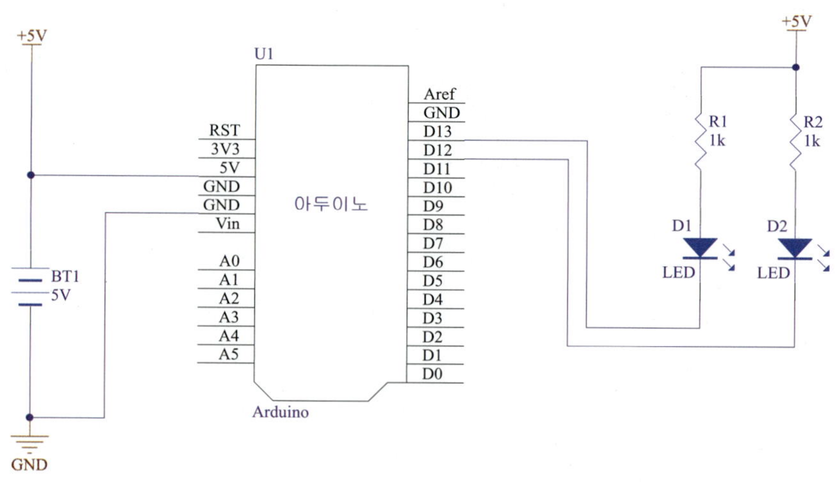

그림 4-1 과제1 회로배선

부품배치도

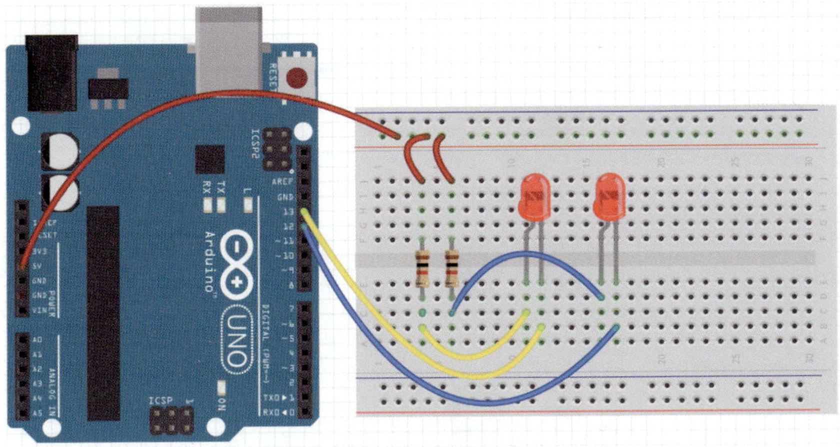

(a) 브레드보드를 이용한 회로배선

(b) 실습 장치의 회로배선

그림 4-2 과제1 회로배선

스케치

아두이노를 실행해 새 파일(Ctrl+N)을 선택해 프로그램 작업창을 실행한 뒤 스케치를 작성합니다. 다음과 같이 두 개의 LED가 10단계의 동작을 반복하는 스케치를 프로그래밍 하는 과제입니다.

TIP 실습장치

실습장치와 아하!두이노를 사용할 때 주의점을 말씀드리겠습니다. 먼저 아하!두이노를 사용할 대 가장 중요한 전원입니다. 이 책을 가지고 실습할 때 전원은 프로그램을 위해 연결한 USB에서 공급하는 USB전원을 사용할 것입니다. USB 전원(5V)의 공급 용량은 약 500mA로 이책의 실습과제 중 LED, LCD, FND, 센서 및 스위치 입출력을 수행하는 데는 부족함이 없습니다. 다만 모터와 같은 구동장치를 구동하기에는 부족합니다. 모터를 구동할 때는 반드시 실습장치의 아래쪽에 있는 모터 전원에 별도의 전원을 연결해야 합니다. 실제 제품에서도 제어 장치용 전원과 동력장치의 전원은 분리하여 공급합니다. 아하!두이노 보드의 전원 선택은 수동으로 해주어야 합니다. 만약 독립된 장치를 구동하기 위해 건전지를 전원으로 사용하게 되는 경우 아하두이노 전원선택 단자를 외부쪽으로 옮기고 전원 커넥터에 5~6V를 연결합니다.

실습목표 | 주어진 동작과 같이 스케치를 작성할 수 있습니다.

순	동작	동작설명
1	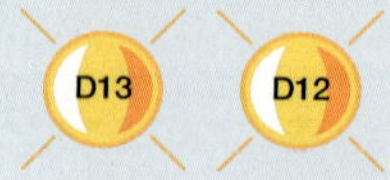	1~10번 단계의 동작을 무한히 반복하는 동작
2	2초 유지	
3		
4	1초 유지	
5		
6	1초 유지	
7		
8	1초 유지	
9		
10	0.5초 유지	

그림 4-3 과제1 동작설명

스케치 소스(JOB1)

```
/*
  아두이노에 2개의 LED를 연결하여 깜박이는 동작입니다.
  아두이노는 이 10단계의 동작을 무한 반복합니다.
*/

#define LED13 13                    // LED13은 아두이노 D13단자에 연결하였음을 선언
#define LED12 12                    // LED12은 아두이노 D12단자에 연결하였음을 선언

// setup함수는 보드가 시작할 때 한번만 실행
void setup() {
  // 아두이노 보드의 D13번, D12단자를 출력으로 사용한다고 정의
```

```
    pinMode(LED13, OUTPUT);  // pinMode(13, OUTPUT); 와 같음
    pinMode(LED12, OUTPUT);  // pinMode(12, OUTPUT); 와 같음
}

// loop함수를 무한 반복수행 함
void loop() {
  digitalWrite(LED13, LOW);      digitalWrite(LED12, LOW); // 1. LED 13 켜고,  LED12 켜고
  delay(2000);                                             // 2. 2,000ms (2초) 유지
  digitalWrite(LED13, HIGH);     digitalWrite(LED12, HIGH);  // 3. LED 13 끄고,  LED12 끄고
  delay(1000);                                             // 4. 1,000ms (1초) 유지
  digitalWrite(LED13, LOW);      digitalWrite(LED12, HIGH);  // 5. LED 13 켜고,  LED12 끄고
  delay(1000);                                             // 6. 1,000ms (1초) 유지
  digitalWrite(LED13, HIGH);     digitalWrite(LED12, LOW);  // 7. LED 13 끄고,  LED12 켜고
  delay(1000);                                             // 8. 1,000ms (1초) 유지
  digitalWrite(LED13, HIGH);     digitalWrite(LED12, HIGH); // 9. LED 13 끄고,  LED12 끄고
  delay(500);                                              // 10. 500ms (0.5초) 유지
}
```

소스 해설

• #define 문

#define은 전처리 문이라고 합니다. 컴파일러가 사람이 작성한 고급 언어를 아두이노가 실행하는 기계어로 번역할 때 컴파일러에게 미리 알려주는 문장입니다.

#define LED13 13은 프로그램 내에서 D13핀을 LED13이라 부르겠다는 선언입니다. LED13이 13보다 복잡해 보이지만 프로그래머 입장에서는 LED13은 LED임을 알고 있으니 "13을 켜라"보다는 "LED13을 켜라"라고 작성해야 나중에 프로그램을 해석하고 수정하기 편리합니다.

• setup ( )

setup은 라이브러리 함수로서 전원이 켜지고 처음 시작할 때 한번만 실행되는 함수입니다. 주로 하드웨어 입출력 정의를 아두이노 컴파일러에게 알려주는 용도로 사용됩니다.

TIP 전처리문 (Preprocessor)

실질적인 컴파일 이전에 미리 처리되는 문장을 가리키며 선행 처리기라고도 부릅니다. 컴파일러는 사용자가 작성한 코드를 컴파일하기 전에 전처리문에서 정의해 놓은 작업들을 먼저 수행합니다. C의 전처리문이 오는 줄(Line)의 첫 문자는 항상 '#'으로 시작합니다. ANSI 표준에 따른 C의 전처리문의 종류는 다음과 같습니다.

- 파일 처리를 위한 전처리문 : #include
- 형태 정의를 위한 전처리문 : #define, #undef

• pinMode(pin, [INPUT, OUTPUT]);

핀 모드는 아두이노의 디지털 입출력 핀 D0~D13의 핀 하나하나를 입력으로 사용할 것인지 출력으로 사용할 것인지 컴파일러에 알려주는 라이브러리 함수입니다. pinMode(LED13, OUTPUT);는 "LED13(D13 번핀)은 출력이다"라고 컴파일러에게 알려주는 것입니다. 만약 "pinMode(LED13, INPUT);"이라 했다면 D13번 핀에 LED가 아니라 스위치를 연결하여 입력으로 사용하겠다는 의미입니다.

• loop( ) { }

loop함수는 중괄호 '{'에서 '}' 사이의 명령어를 무한 반복하여 수행하게 해주는 라이브러리 함수입니다. 아두이노로 작성하고 싶은 동작은 loop함수 안에 하여야 합니다. '{' 안의 명령을 차례차례 실행하다 모두 실행하여 '}'을 만나면 다시 처음으로 돌아가 '{' 안의 첫 번째 명령부터 실행하는 과정이 전원이 공급되는 동안 반복됩니다.

• digitalWrite(pin, value);

디지털입출력 단자(D0~D13)가 출력으로 정의되었을 때, 각 단자에 어떤 값을 출력하라 하는 라이브러리 함수입니다. 디지털에서 출력 값은 HIGH와 LOW가 있습니다.

디지털	2진수	출력전압값
HIGH	1	5V
LOW	0	0V

출력값(value)에는 5V를 출력하고 싶을 때 "HIGH 또는 1"로 쓰고, 0V를 출력하고 싶을 때 "LOW 또는 0"이라 씁니다. 회로를 보면 D13번 단자에 LED의 음극이 연결되어 있으므로 D13번 핀에 LOW(0V)가 출력되면 켜집니다.

• delay(ms)

delay함수는 함수 내의 인수값 만큼 시간을 지연시키는 라이브러리 함수입니다. 인수 값의 단위는 ms(1/1000초)입니다. 1,000ms = 1초,

500ms = 0.5초가 되는 것입니다. delay함수가 실행되면 아두이노는 현재의 상태를 유지하며 아무 일도 하지 않고 대기합니다.

for문을 사용하여 LED 깜박이기 과제1-1

실습목표 | for문을 이용해 주어진 동작과 같이 스케치를 작성할 수 있습니다.

회로도와 부품 배치는 과제 1과 같습니다. 이때 LED깜박임 동작을 for문을 이용해 여러 동작을 반복하도록 작성해 보겠습니다.

아두이노를 실행해 새 파일(Ctrl+N)을 선택해 프로그램 작업창을 실행한 뒤 스케치를 작성합니다. 다음과 같이 두 개의 LED가 10단계의 동작을 반복하는 스케치를 프로그래밍하는 과제입니다.

순	동작	동작설명
1	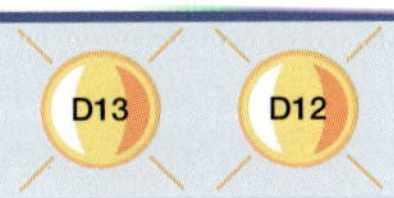	3회 반복
2	1초 유지	
3		
4	1초 유지	
5		10회 반복
6	0.5초 유지	
7		
8	0.5초 유지	
9	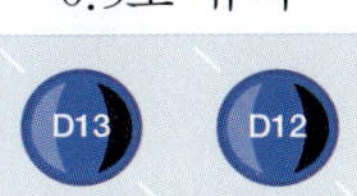	1회
10	3초 유지	

그림 4-4 과제1-1 동작설명

TIP for문

for 문은 반복문으로 조건을 만족하는 동안 같은 작업을 반복 처리할 때 사용하는 명령어입니다. 예를 들어 어떤 일을 100번 반복해서 수행하고자 할 때, 원하는 동작을 100번 반복해 코딩하는 것이 아니라, for문을 사용해 원하는 동작을 1번만 코딩함으로써 소스를 간단하고 알아보기 쉽게 작성할 수 있습니다.

스케치 소스(JOB1_1)

```
/*
  아두이노에 2개의 LED를 연결하여 깜박이는 동작입니다.
  아두이노는 이 10단계의 동작을 무한 반복합니다.
*/
int i=0;                        //
#define LED13 13                // LED13은 아두이노 D13단자에 연결하였음을 선언
#define LED12 12                // LED12은 아두이노 D12단자에 연결하였음을 선언


// setup함수는 보드가 시작할 때 한번만 실행
void setup() {
  // 아두이노 보드의 D13번, D12단자를 출력으로 사용한다고 정의
   pinMode(LED13, OUTPUT);  // pinMode(13, OUTPUT); 와 같음
   pinMode(LED12, OUTPUT);   // pinMode(12, OUTPUT); 와 같음
}

// loop함수를 무한 반복수행 함
void loop() {
  for(i=0; i<3; i++) {
    digitalWrite(LED13, LOW);     digitalWrite(LED12, LOW); // 1.  켜고,  켜고
    delay(1000);                                    // 2. 1,000ms (1초) 유지
    digitalWrite(LED13, HIGH);    digitalWrite(LED12, HIGH);  // 3. 끄고, 끄고
    delay(1000);                                    // 4. 1,000ms (1초) 유지
  }

  for(i=0; i<10; i++) {
    digitalWrite(LED13, LOW);     digitalWrite(LED12, HIGH);  // 5. 켜고,   끄고
    delay(500);                                     // 6. 500ms (0.5초) 유지
    digitalWrite(LED13, HIGH);    digitalWrite(LED12, LOW);  // 7. 끄고,  켜고
    delay(500);                                     // 8. 500ms (0.5초) 유지
  }

  digitalWrite(LED13, HIGH);    digitalWrite(LED12, HIGH);    // 9. 끄고,  끄고
  delay(30000);                                    // 10. 3000ms (3초) 유지
}
```

스케치 해설

- int i=0;

int라는 것은 "정수(integer)형 변수 i를 선언하고 변수 i에 0을 저장한다"라는 변수 선언문입니다. 대표적 변수에는 정수형, 실수형이 있습니다. 1, -1, 2, 100과 같은 정수형 값은 정수형 변수를 선언해야 합니다. 0.5, 4.78, 10.0등과 같은 실수를 사용한다면 실수형 변수로 선언해야 합니다.

실수형 변수로 선언한다면 "float i = 0;"과 같이 해야 합니다. 여기서 모든 변수를 실수로 선언하면 어떨까요. 물론 관계없습니다. 아두이노의 경우 정수형 변수를 선언하면 변수마다 2byte(16bit)의 메모리 공간을 차지합니다. 반면 실수형 변수로 선언하면 4byte(32bit)의 메모리 공간이 필요하며 실수계산에는 정수 계산보다 몇 배의 시간이 더 걸리게 됩니다. 그러므로 특별히 실수형 데이터가 필요하지 않은 곳에서는 정수형 변수를 선언하여야 합니다. 아두이노는 소형 컴퓨터라 아두이노 우노의 경우 2kbyte(2048byte)의 RAM을 갖고 있습니다. 컴퓨터에 비해서 용량이 적은 편입니다. 정수형 변수를 사용하면 처리속도도 빠르고 메모리도 절약할 수 있습니다.

- for(i=0; i<3; i++)

for문은 for문이 감싸고 있는 명령문을 반복할 때 사용하는 명령문입니다. for문의 동작을 설명하면 다음과 같습니다.

만약

```
for(i=0; i<3; I++) {
  명령문1;
  명령문2;
}
다음명령문;
```

위와 같이 for문을 사용하여 반복동작을 하는 프로그램을 작성하였다면 아두이노는 다음 단계로 for문을 처리합니다.

TIP 정수(integer)

정수(integer)는 자연수(1, 2, 3, ...)와 이들의 음수(−1, −2, −3, ...)와 0으로 이루어진 수 체계를 말합니다.

TIP 실수(real number)

실수는 크기나 시간처럼 연속으로 변하는 양을 측정하는 데 사용하며, 셈으로부터 나온 자연수 1, 2, 3,……과는 대조를 이룹니다. 전기 현상에서 발생하는 것과 같은 효과를 수학적인 해석으로 단순화시키기 위해 사용하는 $\sqrt{1}$ 즉 기호 i를 갖는 복소수와 실수는 '실'(real)이라는 용어로 구별됩니다. 실수에는 양과 음의 정수 · 분수(또는 유리수) · 무리수가 있습니다. 무리수는 소수전개에서 같은 부분이 되풀이되지 않는 반면에 유리수는 1/6=0.16666…… 또는 2/7=0.285714285714……와 같이 숫자나 수모임이 되풀이되는 소수전개식을 갖습니다.

스케치	단계	처리내용

for(i=0; i<3; I++)
{
명령문1;
명령문2;
}
다음명령문;
	1	i = 0으로 초기화 함

	2	i<3의 조건을 검사하여 참이면 단계3으로, 거짓이면 for문 실행 종료, → 단계7로 이동
	3	명령문 1실행
	4	명령문 2실행
	5	i++ (i = i + 1)
	6	단계2로 이동
	7	명령문 실행

for문에서 증감식 i++은 산술식을 간략하게 표현한 것으로

```
i++   →  i = i + 1
```

과 같은 표현입니다. 현재의 i값에 1을 더해라 하는 명령문입니다.

과제1-2 함수를 이용해 LED 깜박임 제어하기

과제 1-1에서는 여러 가지 깜박임 동작을 스케치 해보았습니다. 깜빡임 회수, 깜빡임 지연시간이 다를 때마다 해당 코드를 복사하여 작성하면 쉽게 여러 번 구현할 수 있지만, 스케치가 복잡해지고, 나중에 동작을 수정하기도 많이 번거롭습니다. 깜빡이는 동작을 반복하여 사용할 때는 사용자 정의 함수로 깜빡임 동작을 정의하고 필요할 때마다 이 함수를 사용하면 스케치도 간단해 지고 나중에 동작을 변경하기도 용이합니다.

회로도와 부품배치는 과제 1과 같습니다. 과제 1-1의 동작을 함수를 이용해 작성해 보겠습니다.

스케치 소스(JOB1_2)

```
/*
  아두이노에 2개의 LED를 연결하여 깜박이는 동작입니다.
  아두이노는 이 10단계의 동작을 무한 반복합니다.
*/
int i=0;                          //
#define LED13 13                  // LED13은 아두이노 D13단자에 연결하였음을 선언
#define LED12 12                  // LED12은 아두이노 D12단자에 연결하였음을 선언


void LED_Blink(int m, int k) {
  for(int b=0; b<m; b++) {
    digitalWrite(LED13, LOW);     digitalWrite(LED12, LOW); //   켜고,  켜고
    delay(k);                                               //  k ms (1초) 유지
    digitalWrite(LED13, HIGH);    digitalWrite(LED12, HIGH); //  끄고, 끄고
    delay(k);                                               //  k ms (1초) 유지
  }
}

// setup함수는 보드가 시작할 때 한번만 실행
void setup() {
  // 아두이노 보드의 D13번, D12단자를 출력으로 사용한다고 정의
   pinMode(LED13, OUTPUT);  // pinMode(13, OUTPUT); 와 같음
   pinMode(LED12, OUTPUT);  // pinMode(12, OUTPUT); 와 같음
}

// loop함수를 무한 반복수행 함
void loop() {
  LED_Blink(3, 1000);
  LED_Blink(10, 500);

  for(i=0; i<10; i++) {
    digitalWrite(LED13, LOW);     digitalWrite(LED12, HIGH);  // 5. 켜고,   끄고
    delay(500);                                               // 6. 500ms (0.5초) 유지
    digitalWrite(LED13, HIGH);    digitalWrite(LED12, LOW);   // 7. 끄고,  켜고
    delay(500);                                               // 8. 500ms (0.5초) 유지
  }

  digitalWrite(LED13, HIGH);     digitalWrite(LED12, HIGH);    // 9. 끄고,  끄고
  delay(30000);                                                // 10. 3000ms (3초) 유지
}
```

스케치 해설

- void LED_Blink(int m, int k)

LED_Blink(반복회수, 지연시간) 반복되는 동작을 LED_Blink라는 사용자 정의 함수로 만들 수 있습니다. 이렇게 만든 사용자 정의함수는 스케치 내에서 명령어처럼 사용할 수 있습니다.

스케치 내에

```
LED_Blink(100, 50);                    => 라고 명령하면
```

다음과 같이 동작을 하게 됩니다.

```
for(i=0; i<100; i++) {
  digitalWrite(LED13, LOW);   digitalWrite(LED12, LOW); // 켜고,  켜고
  delay(50);                                           // k ms (1초) 유지
  digitalWrite(LED13, HIGH);  digitalWrite(LED12, HIGH);  // 끄고, 끄고
  delay(50);                                           // k ms (1초) 유지
  }
```

스케치를 작성할 때 LED_Blink(반복회수, 지연시간); 이렇게 스케치 안에 넣으면 선언된 LED_Blink함수로 반복회수와 지연시간을 가지고가 실행하고 돌아오게 됩니다. 그러므로 반복동작은 이처럼 함수로 선언하면 스케치가 간결해지고 나중에 동작을 수정하기도 수월합니다.

```
void LED_Blink(int m, int k) {
  for(int b=0; b<m; b++) {
    digitalWrite(LED13, LOW);     digitalWrite(LED12, LOW);     //  켜고, 켜고
    delay(k);                                                   //  k ms (1초) 유지
    digitalWrite(LED13, HIGH);    digitalWrite(LED12, HIGH);    //  끄고, 끄고
     delay(k);                                                  //  k ms (1초) 유지
  }
}
```

반복회수 지연시간

프로토타입을 이용한 함수선언하기

과제1-3

과제 1-2에서 함수를 이용하여 동작을 작성해 보았습니다. 함수를 setup앞에 신인하다보니 loop가 뒤에 있어 스케치가 괜히 복잡해 보입니다. 그래서 스케치 전반부에는 내가 이번 스케치에서 어떠한 사용자 정의 함수를 사용할 것이라는 것을 프로토타입(prototype)을 통해 컴파일러에게 미리 알려준 뒤 실제 사용자 정의 함수는 loop함수 뒤에 정의하여 스케치의 가독성을 개선할 수 있습니다. 어떤 것이 좋은 방법이라 말할 수는 없으며, 프로그래머의 선호에 따라 프로토타입을 사용할 수도 있고, 그냥 함수를 앞머리에 정의하여 사용할 수도 있습니다.

스케치 소스(JOB1_3)

```
/*
  아두이노에 2개의 LED를 연결하여 깜박이는 동작입니다.
  아두이노는 이 10단계의 동작을 무한 반복합니다.
*/
int i=0;                          //
#define LED13 13                  // LED13은 아두이노 D13단자에 연결하였음을 선언
#define LED12 12                  // LED12은 아두이노 D12단자에 연결하였음을 선언


void LED_Blink(int m, int n);     // prototype 선언

// setup함수는 보드가 시작할 때 한번만 실행
void setup() {
  // 아두이노 보드의 D13번, D12단자를 출력으로 사용한다고 정의
   pinMode(LED13, OUTPUT);        // pinMode(13, OUTPUT); 와 같음
   pinMode(LED12, OUTPUT);        // pinMode(12, OUTPUT); 와 같음
}

// ************ loop함수
void loop() {
  LED_Blink(3, 1000);
  LED_Blink(10, 500);
  delay(1000);
```

```
  LED_Blink(100, 50);

  for(i=0; i<10; i++) {
    digitalWrite(LED13, LOW);     digitalWrite(LED12, HIGH);  // 5. 켜고,   끄고
    delay(500);                                               // 6. 500ms (0.5초) 유지
    digitalWrite(LED13, HIGH);    digitalWrite(LED12, LOW);   // 7. 끄고,  켜고
    delay(500);                                               // 8. 500ms (0.5초) 유지
  }

  digitalWrite(LED13, HIGH);    digitalWrite(LED12, HIGH);    // 9. 끄고,  끄고
  delay(30000);                                               // 10. 3000ms (3초) 유지
}

//*********사용자 정의함수
void LED_Blink(int m, int k) {
  for(int b=0; b<m; b++) {
    digitalWrite(LED13, LOW);     digitalWrite(LED12, LOW);   //  켜고, 켜고
    delay(k);                                                 //  k ms (1초) 유지
    digitalWrite(LED13, HIGH);    digitalWrite(LED12, HIGH);  //  끄고, 끄고
    delay(k);                                                 //  k ms (1초) 유지
  }
}
```

함께 생각해볼까요!!!

1 STEP

건전지에 전구를 연결하면 불이 들어옵니다. 다음과 같이 9개의 회로가 있을 때 전구에 불이 들어올 것 같은 회로에 동그라미 해봅시다.

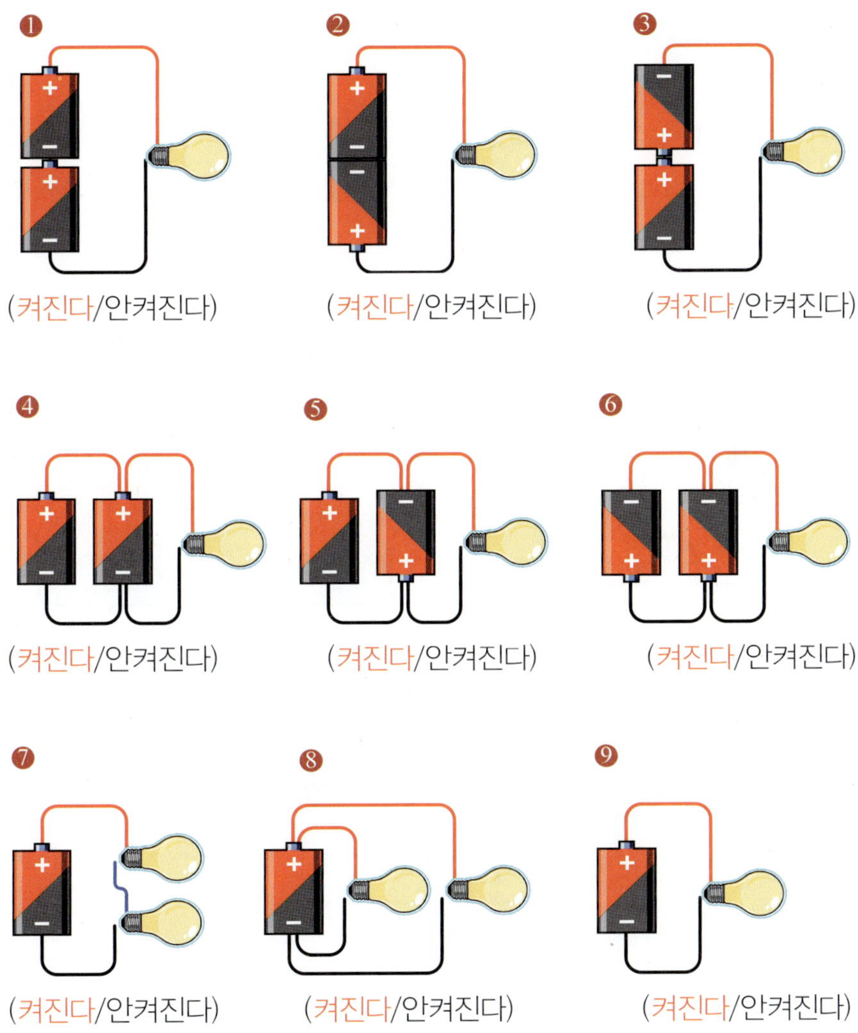

그림 4-5 꼬마전구의 동작

TIP 건전지

건전지는 전해질을 수분이 거의 없는 상태로 둔 일차 전지(전기 화학 전지)입니다. 일반적으로 건전지는 망간전지(망간건전지, zinc-carbon battery)이며 1.5 볼트 정도 전압을 냅니다.

이차 전지(secondary cell), 축전지(storage battery)는 외부의 전기 에너지를 화학 에너지의 형태로 바꾸어 저장해 두었다가 필요할 때에 전기를 만들어 내는 장치를 말합니다. 여러 번 충전할 수 있다는 뜻으로 "충전식 전지"(rechargeable battery)라는 부르기도 합니다. 흔히 쓰이는 이차전지로는 납 축전지, 니켈-카드뮴 전지(NiCd), 니켈 수소 축전지(NiMH), 리튬 이온 전지(Li-ion), 리튬 이온 폴리머 전지(Li-ion polymer)가 있습니다. 휴대폰의 전지는 모두 이차전지를 사용합니다.

이차 전지는 한 번 쓰고 버리는 일차 전지에 비해 여러 번 충전할 수 있다는 것이 장점이지만 일차 전지에 비해 더 비싸고 이러한 전지에 쓰이는 화학부나 금속의 독성이 더 강한 편입니다. 반면 일차 전지는 환경에 영향을 주는 독성 물질을 땅에 축적시키지 않습니다.

TIP 전구

전구는 높은 온도를 이용해서 빛을 내는 전기적인 조명 장치입니다. 1879년에 토머스 에디슨이 발명하였습니다. 그는 전구에 쓰일 필라멘트의 재료를 찾기 위해 수많은 실험을 하였으며, 현재는 필라멘트로 텅스텐이 사용되고 있습니다. 100여 년간 인류를 밝혀 주던 백열전구는 전력 사용량 중 5%만 빛을 내는 데 사용하고, 95%는 열에너지로 발산하는 대표적인 저효율 조명기기로 분류되고 있습니다. 이에 에너지 효율향상과 소비 절감을 위해 우리나라는 2014년부터 백열전구의 생산과 수입을 전면 금지하였습니다. 이제 백열전구는 고효율 LED 조명기기 등에 그 자리를 내주고 역사 속으로 점차 사라질 전망입니다.

자, 이제 한번 정리해 봅시다. 아래의 표에 체크해 볼까요?

1. 불이 켜지는 회로는?	❶	❷	❸	❹	❺	❻	❼	❽	❾
2. 가장 밝은 전구는?	❶	❷	❸	❹	❺	❻	❼	❽	❾
3. 가장 어두운 전구는?	❶	❷	❸	❹	❺	❻	❼	❽	❾

자, 이제 정리해 보겠습니다.

- 불이 들어오는 전구는? ❶ ❹ ❻ ❼ ❽ ❾
- 꼬마전구의 불빛이 가장 밝은 회로는? ❶
- 꼬마전구의 불빛이 가장 어두운 회로는? ❼

여기에서 불이 켜지지 않는 회로는 2번, 3번, 5번 회로입니다. 이 세 개의 회로가 켜지지 않는 이유는 무엇인가요? 물레방아에 비유해 설명해 보겠습니다.

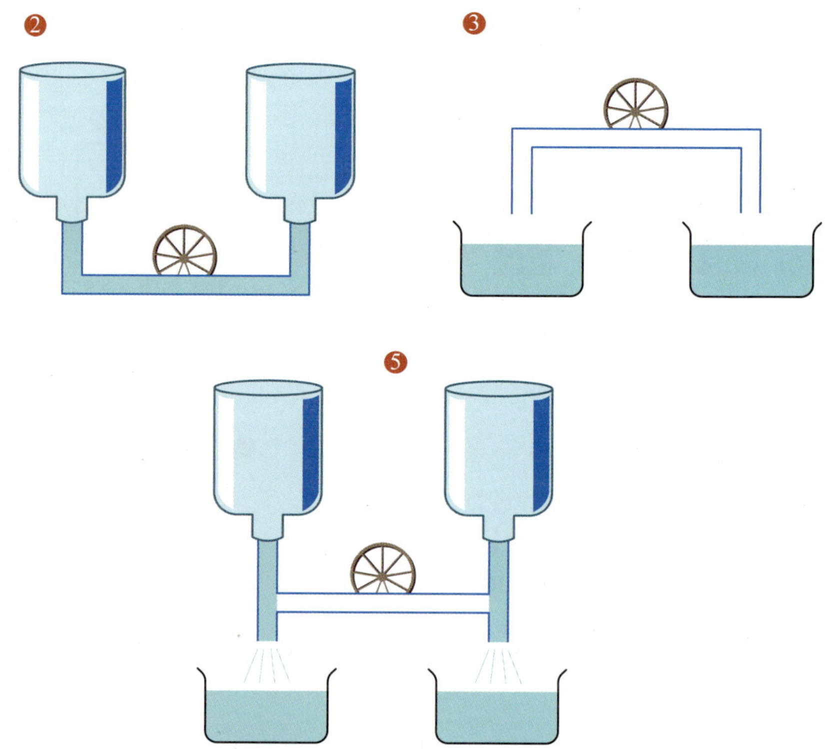

그림 4-6 전류의 흐름 비유

2번 회로를 물레방아에 비유하면 양쪽에서 물레방아에 압력이 가해져 물이 흐르지 못합니다. 3번 물레방아는 돌려주는 압력이 없기 때문에 회전하지 못합니다. 5번 물레방아는 물의 압력이 바로 아래로 빠져나가 물레방아로 흐르는 물이 없기에 물레방아는 회전하지 못합니다. 이 회로의 건전지는 매우 뜨거워지거나, 파괴될 수 있습니다. 전자가 양극에서 음극으로 순식간에 이동해 순간적으로 강한 열이 발생하여 불이 나거나 손이 데일 수도 있습니다. 이렇게 연결된 회로를 단락이라 하고 전기화재의 원인이 됩니다.

함께 생각해볼까요!!! 2 STEP

꼬마전구에 대해 한번 더 생각해볼까요? 자 꼬마전구를 그림과 같이 연결하였을 때 전구는 어떻게 동작할까요?

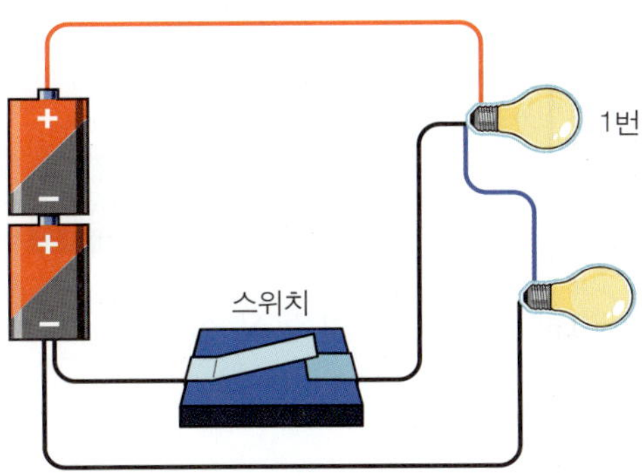

그림 4-7 스위치에 따른 전구의 동작

- 스위치를 떼고 있으면 불이 켜지는 전구는? (1번, 2번)
- 스위치를 누르고 있으면 불이 들어오는 전구는? (1번, 2번)

스위치를 누르지 않으면 1번, 2번 모두 불이 켜집니다. 이때 스위치를 누르면 1번 전구만 불이 켜집니다. 왜 그럴까요? 그 이유는 전류는 흐를

TIP 단락(Short circuit)

저로의 선간이 아주 낮은 임피던스 상태로 서로 만나는 경우를 단락이라고 합니다. 낮은 임피던스란 저항이 없다는 의미이니 실제로 건전지의 +극과 -극이 직접 연결된 상태, 가정집 220V의 두 선이 서로 접속한 상태를 의미합니다. 이 경우 순간적으로 도선에 무한대(갖고 있는 모든 전류를 의미)의 전류가 흘러 높은 열이 발생하고, 이로 인해 전선이 녹고, 화재가 발생하는 재난으로 이어질 수 있습니다. 영어로는 Short circuit을 의미하며 전기전자회로에서는 절대 발생하면 안되는 사고라는 의미로 생각하시면 될 것 같습니다.

때 물과 같이 저항이 큰 곳과 저항이 작은 곳이 있으면 저항이 작은 곳으로 흐르기 때문입니다. 스위치를 누르면 전류가 저항이 있는 전구 쪽으로 가지 않고, 저항이 없는 스위치를 통해 모든 전류가 흐르게 됩니다.

TIP 물의 흐름

만약 시내물이 흐르다 두 갈래로 갈라지게 되었습니다. 한 갈래의 물길에는 누가 높은 뚝을 쌓아놓고, 다른 물길은 평평한 물길입니다. 물은 어떻게 흐를까요? 대부분의 물은 두 갈래길 중 평평한 물길로 흐를 것입니다. 만약 뚝이 높다면 모든 물이 평평한 물길로 흐를 수도 있습니다. 물은 저항이 높은 곳과 낮은 곳이 있을 때 낮은 곳으로 흐릅니다. 이것이 자연의 섭리입니다.

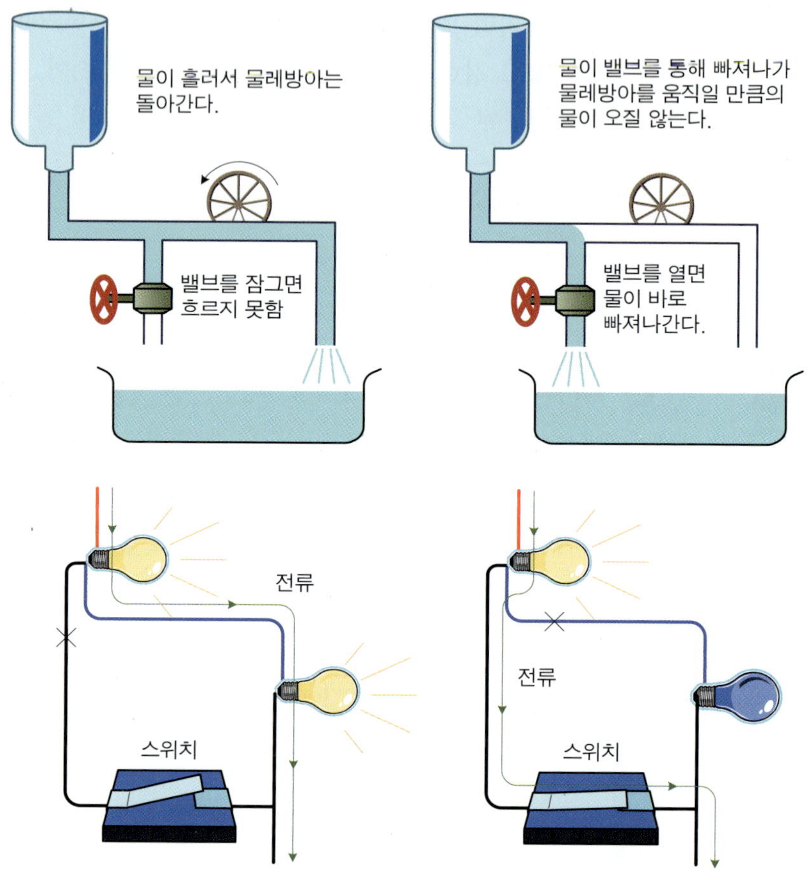

그림 4-8 전구의 동작 설명

PWM을 이용한 LED밝기 제어하기

과제1-4

아날로그 출력을 통해 빛의 밝기를 제어하는 스케치를 작성하겠습니다. 회로도가 다시 조금 바뀌었습니다. LED를 D13, D12번 핀이 아닌 D11, D10번 핀에 연결하였습니다.

> **TIP 아날로그 출력**
>
> 14개의 디지털 핀 가운데 6개만 펄스폭을 바꾸는 펄스폭변조(PWM)제어로 PWM 출력(아날로그 출력)을 할 수 있습니다. 이 아날로그 출력단자를 이용해 LED등 조명의 밝기, 모터의 회전 속도제어 쉽게 할 수 있습니다.
> 아날로그 출력핀은 Pin D3, D5, D6, D9, D1 0, D11입니다.
> 이번 과제에서 아날로그 출력 실습을 위해 D11, D10에 LED를 연결하여 실습하는 것입니다.

회로도

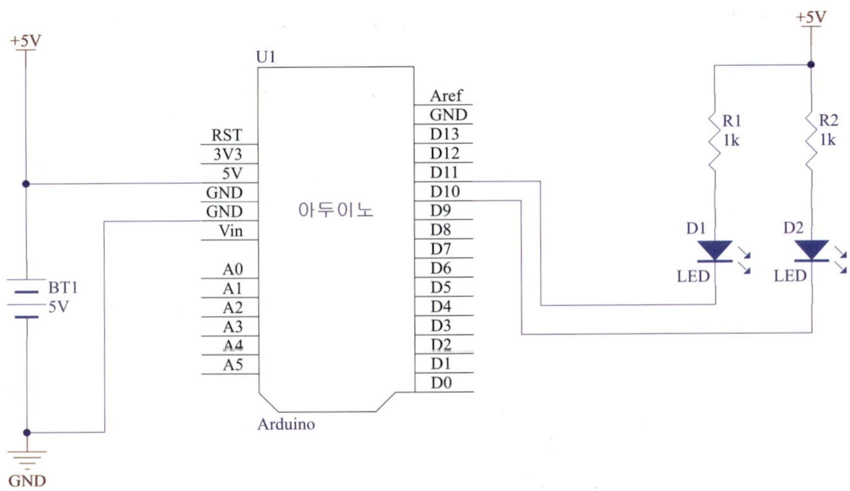

그림 4-9 과제1-4 회로도

부품배치도

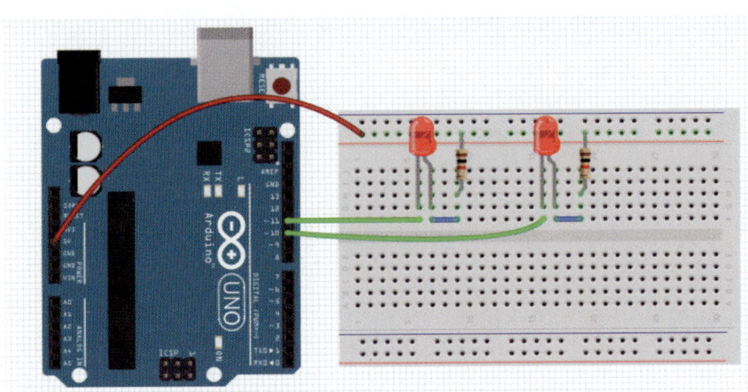

(a) 브래드보드를 사용한 부품 배치 및 회로배선

TIP 실습장치

아하두이노 실습장치에서는 두 개의 배선만 하면 회로배선은 마무리 됩니다.
D11은 장치의 L1과, D10은 장치의 L0와 연결해 주세요

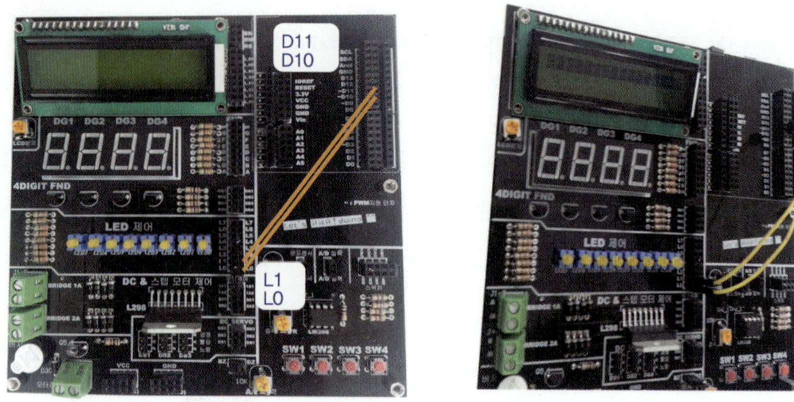

(b) 실습 장치의 회로배선

그림 4-10 과제 1-4 부품 배치

스케치

새 파일을 열어 LED밝기를 제어하는 스케치를 작성합니다.

실습목표 | 아날로그 출력문을 이용해 LED밝기를 제어할 수 있습니다.

순	동작	동작설명
1		3번 반복
2	1초 유지	
3		
4	2초 유지	
5		D10꺼져있고 D11서서히 밝게 켜기
6	D11 서서히 밝아지기	
7		D11은 켜져있고 D10는 서서히 밝아지기
8	D10 서서히 밝아지기	

9	5초 유지	5초간 유지
10		D11, D10 모두 서서히 어두워 졌다 밝아졌다 다시 어두워지기
11	D11, D10 서서히 어두워졌다 밝아졌다 다시 어두워지기	
12	5초유지	

그림 4-11 과제 1-4의 요구 동작

스케치 소스(JOB1_4)

```
#define LED11 11
#define LED10 10   // LED12은 아두이노 D12단자에 연결하였음을 선언

int i = 0;

// setup함수는 보드가 시작할 때 한번만 실행
void setup() {
  // 아두이노 보드의 D11번, D10단자를 출력으로 사용한다고 정의
   pinMode(LED11, OUTPUT);    // pinMode(11, OUTPUT);
   pinMode(LED10, OUTPUT);    // pinMode(10, OUTPUT);
}

// loop함수를 무한 반복수행 함
void loop() {
```

1		3번 반복
2	1초 유지	
3		
4	1초 유지	

```
  for(i=0; i<3; i++) {
     digitalWrite(LED11, HIGH);  digitalWrite(LED10, HIGH);
     delay(1000);
```

```
digitalWrite(LED11, LOW);    digitalWrite(LED10, LOW);
      delay(1000);
  }
```

5		D10꺼져있고 D11서서히 밝게 켜기
6	D11 서서히 밝아지기	

```
for(i=0; i<256; i=i+1) {
analogWrite(LED11, i);
delay(30);
}
```

7		D11은 켜져있고 D10는 서서히 밝아지기
8	D10 서서히 밝아지기	

```
for(i=0; i<256; i=i+1) {
analogWrite(LED10, i);
delay(30);
}

delay(5000);                         // 5초간 지연
```

10		D11, D10 모두 서서히 어두워 졌다 밝아졌다 다시 어두워지기
11	D11, D10 서서히 어두워졌다 밝아졌다 다시 어두워지기	

```
for(i=255; i>0; i=i-1) {              // 서서히 어두워 져라
  analogWrite(LED11, i);    analogWrite(LED10, i);
  delay(30);
}
for(i=0; i<256; i=i+1) {               // 서서히 밝아 져라
  analogWrite(LED11, i);    analogWrite(LED10, i);
```

```
    delay(30);
  }
  for(i=255; i>0; i=i-1) {                    // 서서히 어두워 져라
    analogWrite(LED11, i);       analogWrite(LED10, i);
    delay(30);
  }

  delay(5000);                                // 5초간 지연
}
```

스케치 해설

- analogWrite(pin, value);
  //pin은 PWM출력이 가능한 3, 5, 6, 9, 10, 11핀 번만 가능
  // value : 0 ~ 255사이 값만 가능

아날로그 출력은 D0~D13번 중 3, 5, 6, 9, 10, 11번 핀으로만 할 수 있습니다. LED밝기나 직류 모터의 속도제어 방법으로는 보통 PWM 방식이 많이 사용됩니다. 특히 컨트롤러를 사용하는 디지털 제어에서는 PWM을 사용해 모터의 속도를 제어하는 것이 일반적입니다. PWM이란 Pulse Width Modulation의 약자로 펄스의 폭을 변화시켜가며 출력의 평균값을 변화시키고 이것이 LED의 밝기나 모터의 속도를 변화시킵니다. PWM(펄스폭 변조) 방식은 LED를 주기적으로 켜고 끄면서 평균전력의 양으로 밝기를 제어하는 것입니다. 즉, LED에 전원을 계속 가하면 최고 밝고, 잠깐 동안 신호를 주었다가 끄는 과정을 되풀이하면 모터에 가해지는 전기의 양이 감소해 밝기가 어두워지게 됩니다.

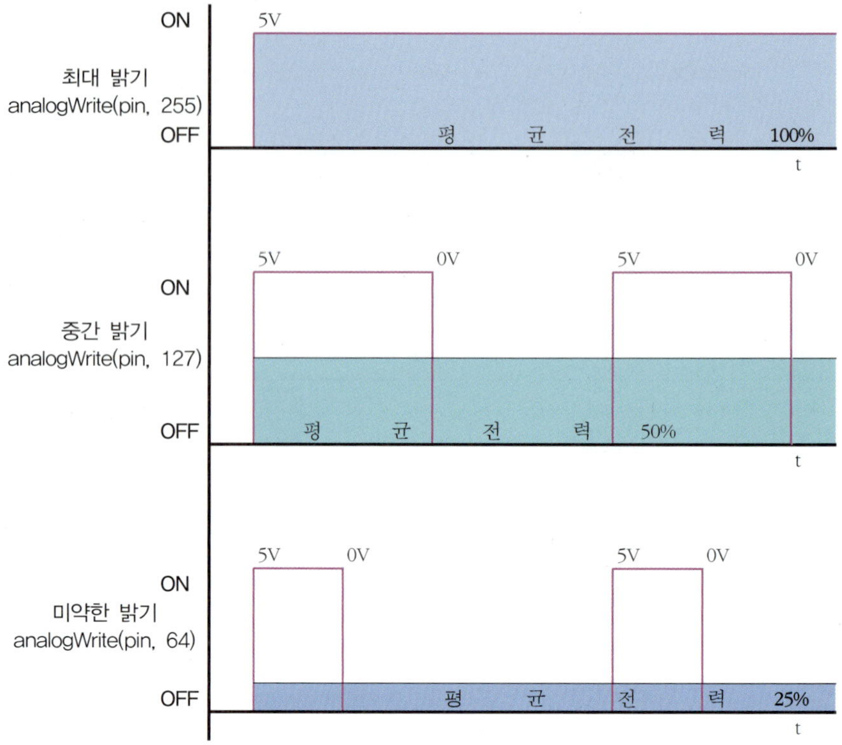

그림 4-12 PWM 출력 파형

TIP PWM (Pulse Width Modulation)

일정한 주기 내에서 펄스의 폭(Duty비)를 변화 시켜서 평균전압을 제어하는 방법입니다. 전기에서 DC모터의 속도제어나 LED등 조명제품의 광량을 조절하는데 많이 사용되는 제어방식입니다.

5V출력, 0V출력을 하는 HIGH/LOW 시간을 조절하며 LED의 밝기를 변화시키게 됩니다. 출력 펄스의 폭을 조절하여

$$V(\text{평균전압}) = \frac{5V(\text{출력전압}) \times T_{HIGH}(HIGH\text{출력시간})}{T_{Total}(\text{주기})} [\mathrm{V}]$$

와 같은 평균전력의 변화를 얻을 수 있습니다. 이와 같은 파형변화는 오실로스코프란 전압측정 장치를 통해 확인할 수 있습니다.

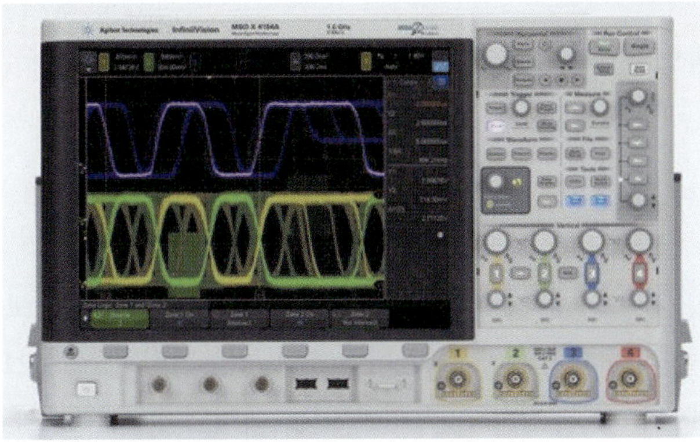

그림 4-13 오실로스코프

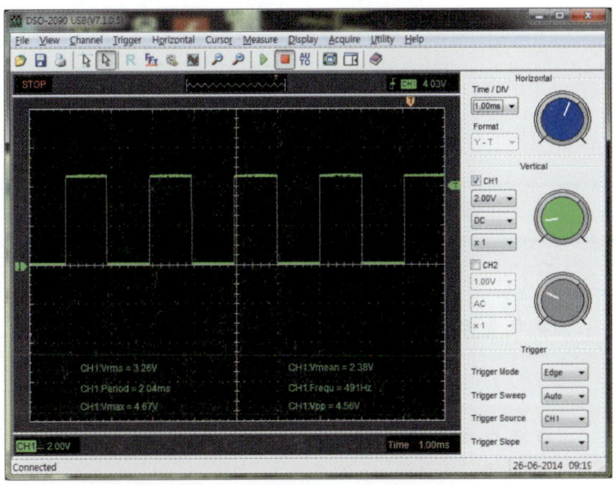

(a) analogWrite(pin, 127)의 출력파형

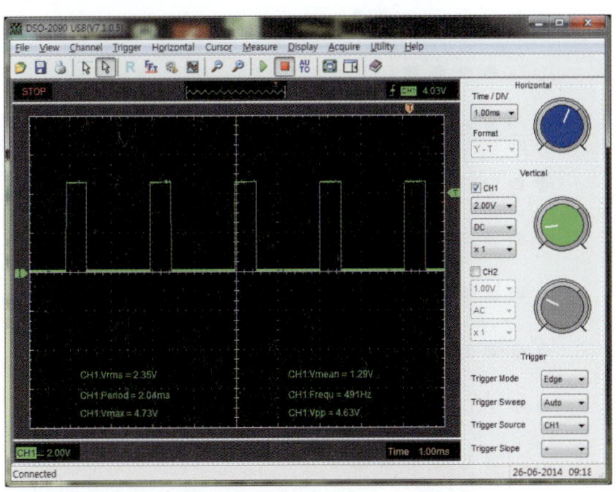

(b) analogWrite(pin, 64)의 출력파형

그림 4-14 오실로스코프 출력파형

TIP 오실로스코프 (oscilloscope)

시간에 따른 입력전압의 변화를 화면에 출력하는 장치입니다. 전기진동이나 펄스처럼 시간적 변화가 빠른 신호를 관측합니다. 보통 브라운관에 녹색점으로 영상을 나타내지만, 최근에는 액정화면을 사용하는 전자식 오실로스코프가 많이 사용됩니다.

과제1-5 8개의 LED로 라이트 바 만들기

실습목표 | 배열을 사용하여 8개의 LED를 제어하는 스케치를 작성할 수 있습니다.

8개의 LED가지고 다양한 동작을 하는 LED바를 만들어 보겠습니다. 8개의 LED를 다양한 모양으로 반복적으로 동작시키기 위해 LED 하나하나를 digitalWrite() 명령으로 작성한다면 스케치 코드가 아주 길어지고 스케치를 작성하기도 매우 귀찮습니다. 배열을 사용하여 동작을 정의하고, 8개의 LED를 켜는 사용자 정의 함수를 만들어 스케치를 작성하면 스케치도 간결한 스케치를 작성할 수 있습니다.

8개의 LED를 다음의 동작으로 스케치 하겠습니다.

TIP 배열(Array)

동일한 특성을 가지며 일정한 규칙에 따라 몇몇 요소가 나열되어 있는 데이터 집합을 가리킵니다. 배열은 차원을 가지며, 1차원의 목록 또는 벡터, 2차원의 테이블 또는 행렬 등은 컴퓨터에서는 배열로서 표현되어 처리됩니다. 배열의 종류로는 1차원, 2차원, 3차원 배열이 사용됩니다.

순	동작	
1	○○○○○○○○	1회
2	●●●●●●●●	
3	○○○○○○○○	4회 반복
4	●●●●●●●●	
5	●●●●○○○○	5회 반복
6	○○○○●●●●	
7	●●○○○○●●	5회 반복
8	○○●●●●○○	
9	○○●●●●●●	6회 반복
10	●●○○●●●●	
11	●●●●○○●●	
12	●●●●●●○○	
13	●●●●○○●●	
14	●●○○●●●●	
15	○○●●●●●●	

그림 4-15 과제 1-5 LED동작 설명

배열은 여러 개의 기억장소를 하나의 묶음으로 표현한 자료구조를 말합니다. 같은 형태의 데이터를 기억할 때 일일이 변수 명을 부여하는 대신에 이를 하나의 집단으로 보고 이 집단에 이름을 정하고, 첨자를 붙여 구분하는 것입니다.

배열은 다음과 같이 선언합니다.

자료형 배열명[요소의 수][요소의 수];

- 자료형은 int, float 등을 사용
- 대괄호[ ]는 배열을 의미
- [ ]의 개수는 차원을 의미
- [ ] 안의 숫자(요소의 수)는 기억장소의 수를 나타내며, 이 수를 첨자라 합니다.

일차원 배열을 예로 들어 보겠습니다.

int LED_pin[8];이라 하면

LED_pin[0]	LED_pin[1]	LED_pin[2]	LED_pin[3]	LED_pin[4]	LED_pin[5]	LED_pin[6]	LED_pin[7]

의 8개의 변수가 자동으로 만들어집니다.

int LED_pin[8]={6,7,8,9,10,11,12,13}; 이렇게 작성하면 변수를 8개 만들고 그 안에 미리 값도 넣어놓는 초기화 작업도 같이 수행됩니다.

배열요소	LED_pin[0]	LED_pin[1]	LED_pin[2]	LED_pin[3]	LED_pin[4]	LED_pin[5]	LED_pin[6]	LED_pin[7]
값	6	7	8	9	10	11	12	13

LED_pin[0]에는 6이, LED_pin[1]에는 7이 …… LED_pin[7]에는 13이 초기화 됩니다.

이번에는 이차원 배열을 예로 들어 보겠습니다. 만약 int LED[10][8]; 이라 선언하면 다음과 같이 80개의 변수가 자동으로 생성됩니다.

LED[0][0]~LED[9][7]까지 변수가 만들어집니다.

LED의 동작을 표로 만들어 작성한 후 이 데이터를 바탕으로 배열 LED [10]×[8]개의 구동 데이터를 초기화 합니다. 먼저 LED를 동작을 다음과 같이 표로 정의합니다.

LED[A][B]			첨자 B							
			LED0	LED1	LED2	LED3	LED4	LED5	LED6	LED7
첨자 A	○○○○○○○○○	0	0	0	0	0	0	0	0	0
	●●●●●●●●●	1	1	1	1	1	1	1	1	1
	●●●●○○○○	2	1	1	1	1	0	0	0	0
	○○○○●●●●	3	0	0	0	0	1	1	1	1
	●●○○○○●●	4	1	1	0	0	0	0	1	1
	○○●●●●○○	5	0	0	1	1	1	1	0	0
	○○●●●●●●	6	0	0	1	1	1	1	1	1
	●●○○●●●●	7	1	1	0	0	1	1	1	1
	●●●●○○●●	8	1	1	1	1	0	0	1	1
	●●●●●●○○	9	1	1	1	1	1	1	0	0

이와 같이 작성된 동작 표를 다음과 같이 배열로 선언하고 초기화 합니다.

```
int LED[10][8] = {
        {1,1,1,1,1,1,1,1},  // ●●●●●●●●● 0
        {0,0,0,0,0,0,0,0},  // ○○○○○○○○○ 1
        {1,1,1,1,0,0,0,0},  // ●●●●○○○○ 2
        {0,0,0,0,1,1,1,1},  // ○○○○●●●● 3
        {1,1,0,0,0,0,1,1},  // ●●○○○○●● 4
        {0,0,1,1,1,1,0,0},  // ○○○○○○○●● 5
        {0,0,1,1,1,1,1,1},  // ○○●●●●●● 6
        {1,1,0,0,1,1,1,1},  // ●●○○●●●● 7
        {1,1,1,1,0,0,1,1},  // ●●●●○○●● 8
        {1,1,1,1,1,1,0,0},  // ●●●●●●○○ 9
};
```

LED[3][4]의 값은 얼마일까요? 위의 테이블을 보면 LED[3][4]=1입니다. 이것을 프로그램으로 구현하여 8개의 LED를 다이내믹하게 제어하는 스케치를 작성해 보겠습니다.

회로도

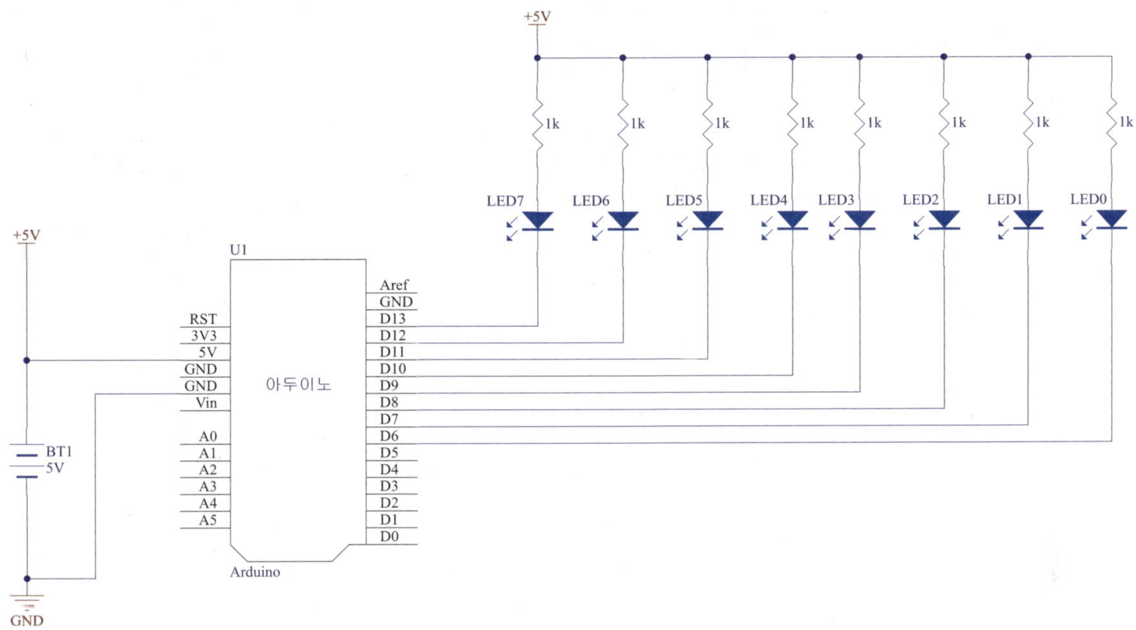

그림 4-16 과제1-5 회로도

부품배치도

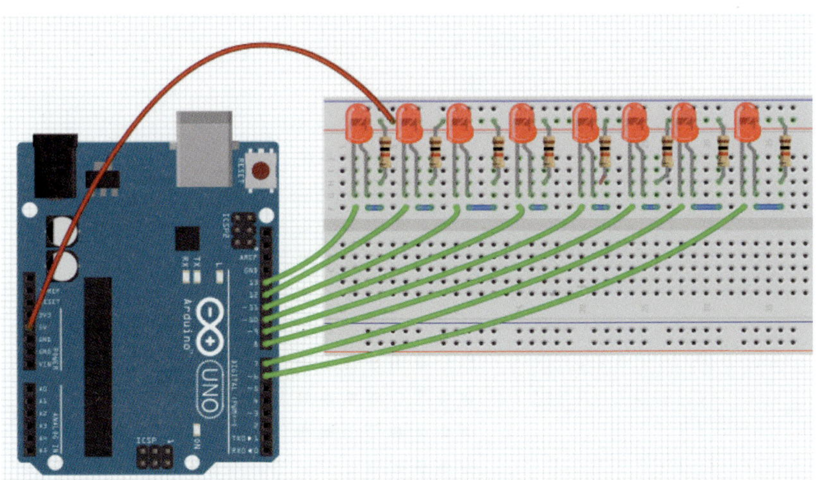

(a) 브래드보드를 사용한 부품 배치 및 회로배선

TIP 실습장치

아하두이노 실습장치로 이번 과제를 수행하기 위해 8개의 배선이 필요합니다. LED0 ~ LED7까지 8개의 LED를 실습장치와 연결해야 합니다. 아하두이노 보드의 단자 D6은 장치의 LED L0, D7은 L1에 …… 아하두이노 보드의 단자 D13은 장치의 LED L7에 연결하여야 합니다.

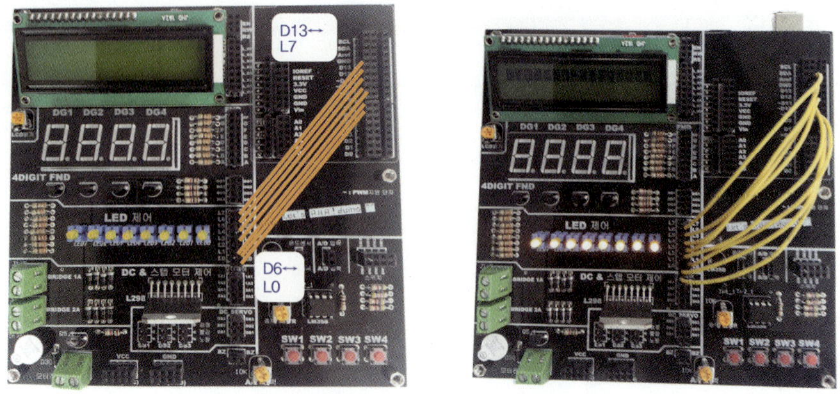

(b) 실습 장치의 회로배선

그림 4-17 과제1-5 부품 배치

스케치

새 파일을 열어 LED밝기를 제어하는 스케치를 작성합니다.

스케치 소스(JOB1_5)

```
#include <Timer.h>

int i,j;
int a,b;

int LED_pin[8]={6,7,8,9,10,11,12,13}; // 디지털 출력핀을 표시할 변수 선언

int LED[10][8] = {
        {1,1,1,1,1,1,1,1},  // ●●●●●●●● 0
        {0,0,0,0,0,0,0,0},  // ○○○○○○○○ 1
        {1,1,1,1,0,0,0,0},  // ●●●●○○○○ 2
        {0,0,0,0,1,1,1,1},  // ○○○○●●●● 3
        {1,1,0,0,0,0,1,1},  // ●●○○○○●● 4
        {0,0,1,1,1,1,0,0},  // ○○○○○○●● 5
        {0,0,1,1,1,1,1,1},  // ○○●●●●●● 6
        {1,1,0,0,1,1,1,1},  // ●●○○●●●● 7
        {1,1,1,1,0,0,1,1},  // ●●●●○○●● 8
        {1,1,1,1,1,1,0,0},  // ●●●●●●○○ 9
};
```

```
// setup함수는 보드가 시작할 때 한번만 실행
// D6 ~ D13번 핀을 for문을 사용해 출력 핀으로 설정
void setup() {
  //**** LED D6 ~ D13번 핀 출력으로 설정
  for(i = 0; i <= 7; i++) {
        pinMode( LED_pin[i], OUTPUT);
  }
}
// D6 ~ D13에 순서대로 LED[k][i]의 FND출력 값을 출력해 줍니다.
void LED_Dis(int k){
    for(i=0; i <= 7; i++) {
        digitalWrite( LED_pin[i],LED[k][i]);
    }
}

//****************************
// main loop함수
void loop() {

  for(a = 6; a <= 13; a++)
     digitalWrite( a, LOW);

  delay(500);
  for(a = 6; a <= 13; a++)
     digitalWrite( a, LOW);
  delay(500);

  j=200;
  for(a=0; a<= 3; a++){
     LED_Dis(1);
     delay(j);
     LED_Dis(0);
     delay(j+100);
  }

  j=100;
  for(a=0; a<= 4; a++){
     LED_Dis(2);
     delay(j);
     LED_Dis(3);
     delay(j);
  }
```

TIP LED_Dis 함수

코딩중에 LED_Dis함수는 배열에 저장된 LED동작을 표시하게 만든 사용자 정의 함수입니다.

```
  j=50;
  for(a=0; a<= 4; a++){
      LED_Dis(4);
      delay(j);
      LED_Dis(5);
      delay(j);
  }

   j=50;
   for(b=0; b<= 5; b++){
       for(a=6; a<= 9; a++){
           LED_Dis(a);
           delay(j);
       }
       for(a=8; a>= 6; a--){
           LED_Dis(a);
           delay(j);
       }
       j+=10;
   }
}
```

스케치 해설

- int LED_pin[8]={6,7,8,9,10,11,12,13};

디지털 출력 핀을 배열로 표현한 것입니다. 아래의 표와 같이 LED-pin[0] ~ LED_pin[7]까지 8개의 변수를 배열로 선언하고, 각각의 배열변수에 6~13의 값을 초기 값으로 넣으라는 명령입니다.

배열요소	LED_pin[0]	LED_pin[1]	LED_pin[2]	LED_pin[3]	LED_pin[4]	LED_pin[5]	LED_pin[6]	LED_pin[7]
값	6	7	8	9	10	11	12	13

```
• void LED_Dis(int k){
    for(i=0; i <= 7; i++) {
        digitalWrite( LED_pin[i],LED[k][i]);
      }
    }
```

만약 LED_Dis(0);로 LED_Dis함수를 호출하였다면,

```
digitalWrite( LED_pin[0],LED[0][0]); => digitalWrite(7, 0);
digitalWrite( LED_pin[1],LED[0][1]); => digitalWrite(8, 0);
digitalWrite( LED_pin[2],LED[0][2]); => digitalWrite(9, 0);
...
digitalWrite( LED_pin[7],LED[0][7]); => digitalWrite(13, 0);
```

for문의 동작으로 8번의 digitalWrite명령이 되며 아두이노 D7~D13번에 배열 값을 출력합니다.

스위치 입력 받아 LED 켜고 끄기 과제2

과제2는 입력처리를 배우는 과제입니다. 스위치1을 누르면 LED11이 켜지고, 스위치 2를 누르면 LED10이 켜지고 스위치 2를 누르면 꺼지는 간단한 입력처리 스케치입니다. 이때 스위치1을 눌렀다 떼어도 LED는 계속 켜져 있고, 스위치2를 눌렀을 때 꺼지는 스케치입니다.

TIP 회로도

그림 4-18의 회로도를 보면, 입력 스위치 2개가 있습니다. 이 회로에서는 스위치1(SW1)를 누르면 D0단자에 HIGH(5V)가, 스위치를 떼면 D0 단자에 LOW(0V)가 입력됩니다. 만약 스위치를 누를 때 LOW(0V)가 입력되게 회로를 만들고 싶다면 저항(4.7k)과 스위치의 위치를 서로 바꾸면 됩니다.

전자회로의 구성에 따라 입력의 특성도 바뀌며 하드웨어를 제어하는 모든 장치에서는 코딩 작업에 앞서 회로의 구성을 먼저 확인해야 합니다.

회로도

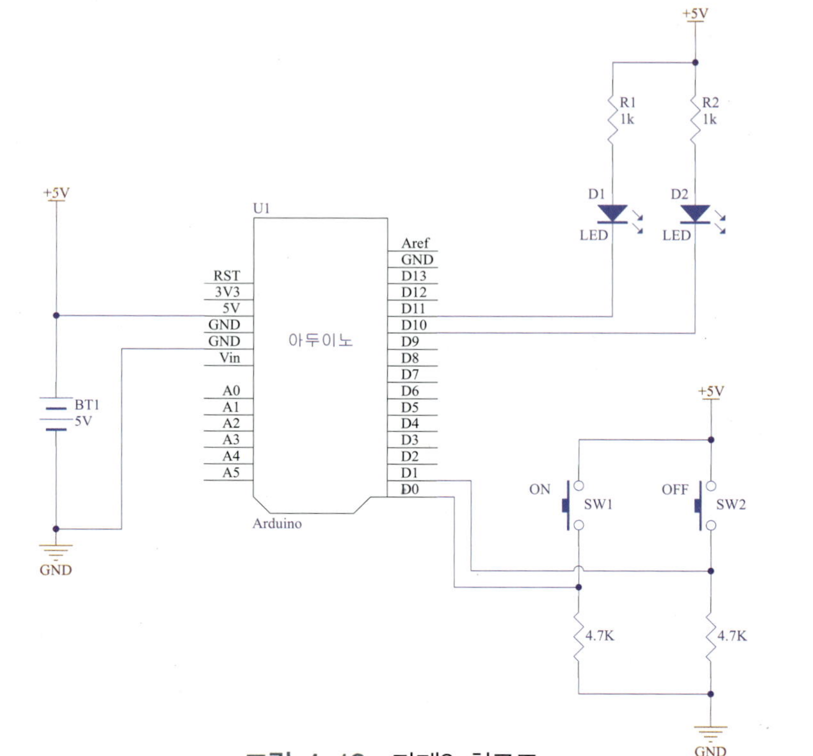

그림 4-18 과제2 회로도

부품배치도

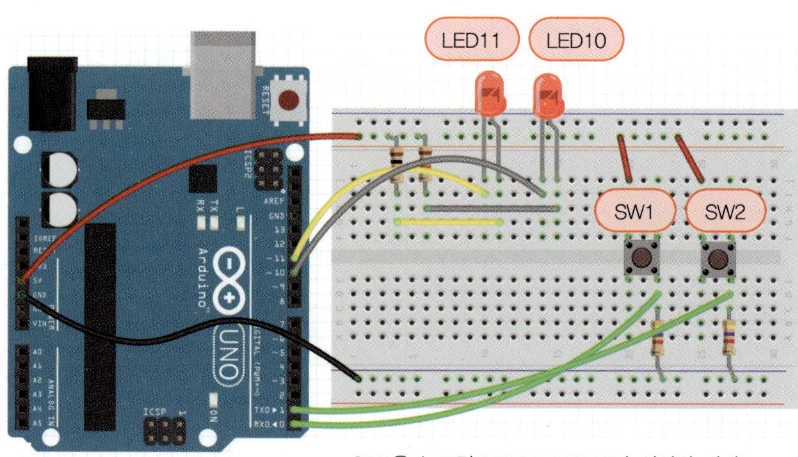

SW1을 누르면 LED11, LED10이 서서히 켜지고
SW2를 누르면 LED11, LED12가 서서히 꺼집니다.

(a) 브래드보드를 사용한 부품 배치 및 회로배선

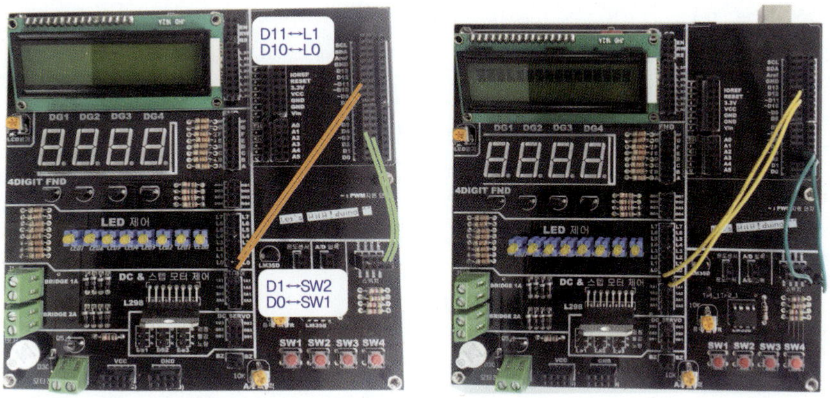

(b) 실습 장치의 회로배선

그림 4-19 과제 2 부품 배치

스케치

새 파일을 열어 LED밝기를 제어하는 스케치를 작성합니다.

실습목표 | 아날로그 출력 문을 이용해 LED밝기를 제어할 수 있습니다.

스케치 소스(JOB2)

```
#define LED11 10                    // D10 pin에 LED연결
#define LED10 11                    // D11 pin에 LED연결
#define SW2 1                       // D1  -> SW2  OFF스위치
#define SW1 0                       // D0  -> SW1  ON

// setup함수는 보드가 시작할 때 한번만 실행
void setup() {
  // 아두이노 보드의 D11번, D10단자를 출력으로 사용한다고 정의
   pinMode(LED11, OUTPUT);          // D11 pin을 출력 핀으로 사용
   pinMode(LED10, OUTPUT);          // D11 pin을 출력 핀으로 사용
   pinMode(SW2, INPUT);             // D3 pin을 입력 핀으로 사용
   pinMode(SW1, INPUT);             // D2 pin을 입력 핀으로 사용

}
```

```
// loop함수를 무한 반복수행 함
void loop() {
  boolean SW1_S = digitalRead(SW1);
  //boolean SW1_S;//논리형 변수 선언 // SW1_S = digitalRead(SW1);
  boolean SW2_S = digitalRead(SW2); //스위치2를 SW2_S에 저장

   if(SW1_S) digitalWrite(LED11, LOW);
   else digitalWrite(LED11,HIGH);

   if(SW2_S) digitalWrite(LED10, LOW);
   else digitalWrite(LED10,HIGH);
}
```

스케치 해설

- **pinMode(SW1, INPUT);**

아두이노 D2핀에 연결한 SW1을 연결하였으므로 D2핀을 입력으로 사용할 것이다 선언한 것입니다.

- **boolean SW1_S = digitalRead(SW1);**

불린(boolean)자료형은 논리 자료형이라고도 하며, 참(Treu, High, 1, 5V)과 거짓(False, Low, 0, 0V)의 값을 가지는 1bit 크기의 자료형입니다. 그러므로 불린으로 선언된 변수 SW_State는 '참/1' 아니면 '거짓/0' 둘 중 하나의 값만 가질 수 있습니다. 위 명령문은 다음의 두 명령문을 한 줄로 표현한 것입니다.

```
boolean SW1_S;
SW1_S = digitalRead(SW1);
```

- **if(SW1_S)**

위 명령문은 만약 SW1_S의 값이 '참 or 1'이면 아래의 명령문을 실행하고

```
        digitalWrite(LED11, LOW);
else
```

아니면(SW1_S 값이 '거짓 or 0'이면) 아래의 명령문을 실행하라는 조건문입니다.

```
        digitalWrite(LED11, HIGH);
```

두 개의 스위치 입력 받아 LED 켜고 끄기 과제2-1

과제2-1은 입력처리를 배우는 과제입니다. 스위치1을 누르면 LED11, LED10이 켜지고, 스위치 2를 누르면 꺼지는 입력처리 스케치입니다. 이때 스위치1을 눌렀다 떼어도 LED는 계속 켜져 있어야 하며, 스위치2를 눌렀을 때 꺼지는 동작입니다. 회로도와 배선은 과제 2와 같습니다.

부품배치도

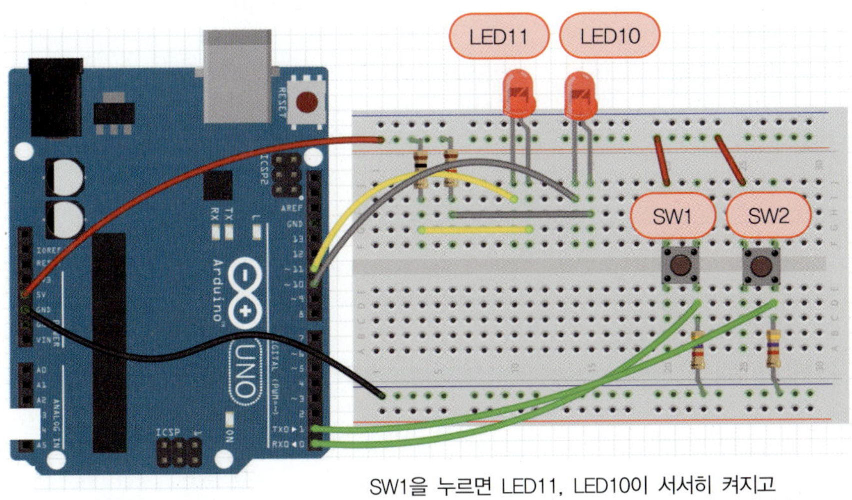

그림 4-20 과제 2-1 부품배치 및 동작 설명

스케치

스케치 소스(JO2_1)

```
#define LED11 10                    // D10 pin에 LED연결
#define LED10 11                    // D11 pin에 LED연결
#define SW2 1                       // D1  -> SW2  OFF스위치
#define SW1 0                       // D0  -> SW1  ON

// setup함수는 보드가 시작할 때 한 번만 실행
void setup() {
  // 아두이노 보드의 D11번, D10단자를 출력으로 사용한다고 정의
   pinMode(LED11, OUTPUT);          // D11 pin을 출력 핀으로 사용
   pinMode(LED10, OUTPUT);          // D11 pin을 출력 핀으로 사용
   pinMode(SW2, INPUT);             // D3 pin을 입력 핀으로 사용
   pinMode(SW1, INPUT);             // D2 pin을 입력 핀으로 사용

}

// loop함수를 무한 반복수행 함
void loop() {

  if(digitalRead(SW1)){       // SW1이 1이면 LED켜라
     digitalWrite(LED11, LOW);  digitalWrite(LED10, LOW);
  }
  if(digitalRead(SW2)) {      // SW2이 1이면 LED꺼라
     digitalWrite(LED11, HIGH);   digitalWrite(LED10, HIGH);
  }
}
```

스케치 해설

- if(digitalRead(SW1))

"if문의 조건 안에 digitalRead(SW1) 명령문을 먼저 시행한 뒤 그 값이 1이면" 명령을 수행하라는 명령문입니다. 위와 같이 if문의 조건문에 명령문을 사용하여 코드를 간략히 표현할 수 있다.

스위치를 누르면 LED 서서히 켜지고, 서서히 꺼지기 과제2-2

실습목표 | if문을 사용해 LED 동작을 제어하는 스케치를 작성할 수 있습니다.

과제2는 스위치1을 누르면 LED는 서서히 켜지고, 스위치 2를 누르면 서서히 꺼지는 과제 2의 입력처리 응용 스케치입니다. 이때 스위치1을 눌렀다 떼어도 LED는 계속 켜져 있어야 하고, 켜져 있는 상태에서 스위치1을 누를 때 동작의 변화가 없어야 합니다. 스위치2를 눌렀을 때 서서히 꺼지고, 한번 꺼진 다음에 스위치2를 누르면 변화가 없어야 합니다. 회로도와 부품배치, 배선은 과제2와 같습니다.

부품배치도

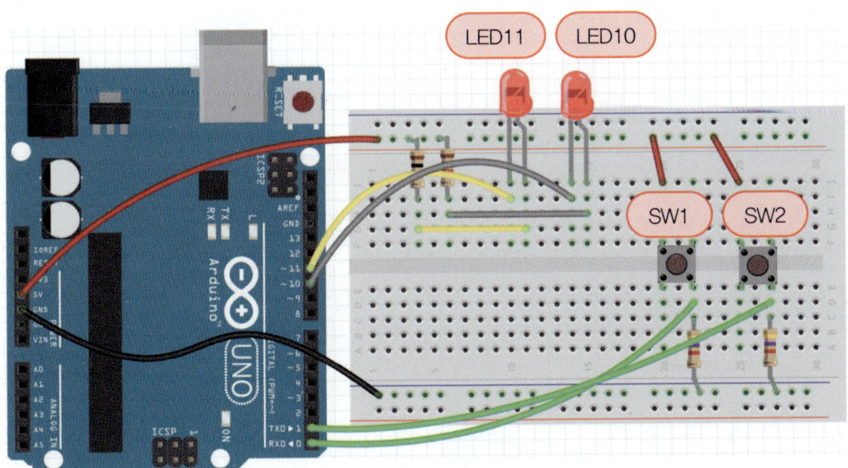

그림 4-21 과제2-2 부품배치와 동작설명

스케치

스케치 소스 (JOB2_2)

```
#define LED11 10          // D10 pin에 LED연결
#define LED10 11          // D11 pin에 LED연결
#define SW2 1             // D1  -> SW2  OFF스위치
#define SW1 0             // D0  -> SW1  ON

  int i;
  boolean LED_state = 0;

// setup함수는 보드가 시작할 때 한 번만 실행
void setup() {
    pinMode(LED11, OUTPUT);        // D11 pin을 출력 핀으로 사용
    pinMode(LED10, OUTPUT);        // D11 pin을 출력 핀으로 사용
    pinMode(SW2, INPUT);           // D3 pin을 입력 핀으로 사용
    pinMode(SW1, INPUT);           // D2 pin을 입력 핀으로 사용

}

// loop함수를 무한 반복수행 함
void loop() {

  if(digitalRead(SW1) && !LED_state){
    for(i=0; i<256; i=i+1) {               // 서서히 밝아 져라
      analogWrite(LED11, i);     analogWrite(LED10, i);
      delay(2);
    }
    LED_state = 1;
  }
  if(digitalRead(SW2) && LED_state) {
    for(i=255; i>0; i=i-1) {               // 서서히 어두워 져라
      analogWrite(LED11, i);     analogWrite(LED10, i);
      delay(3);
    }
    LED_state = 0;
  }
}
```

TIP LED_stste

변수 LED_state는 스위치1을 눌러 LED 서서히 켠 후에는 다시 SW1을 눌러도 서서히 밝아지지는 동작을 반복하지 않기 위해 내가 불을 서서히 켠 적이 있는지 기억하는 변수입니다. 동작이 한 적이 있는지 기억하기 위해 사용하는 변수를 보통 Flag(깃발)라 합니다. "불을 켰으니 깃발을 들어라, 다시 스위치가 눌렸을 때 깃발이 들려 있으면 동작을 수행하지 않는다." 라는 로직 구성에 필요한 것입니다. SW2는 서서히 꺼지게 하는 동작이니 이때 깃발을 내리면 처음과 같은 상태가 됩니다.

스케치 해설

• boolean LED_State = 0;

불린(boolean)자료 형은 논리 자료형이라 하며, 참(Treu, High, 1, 5V)과 거짓(False, Low, 0, 0V)의 값을 가지는 1bit 크기의 자료형입니다. 그러므로 불린으로 선언된 변수 LED_State는 '참/1' 아니면 '거짓/0' 둘 중 하나의 값만 가질 수 있습니다.

• if(digitalRead(SW1) && !LED_state) { }

if문을 해석하면 "만약 SW1의 입력이 1이고 LED_state값이 0이면 '{ }'을 실행하시오."라 할 수 있습니다. &&는 논리 연산자로 "AND, 그리고"의 의미입니다.

→ 만약 digitalRead(SW1)가 1이고, LED_state가 1이 아니면(0이면)

if문에 !LED_state와 논리곱으로 만들어져

• !LED_state

!는 논리 NOT을 기호로 표현한 것입니다. 즉, '!LED_state'는 'NOT(LED_state)'와 같은 의미입니다.

즉, LED_state의 NOT값을 의미하고, "LED_state값이 0이면"으로 해석할 수 있습니다.

과제3 액정표시장치(LCD)글자 표시하기

실습목표 | LCD에 글자를 출력하는 스케치를 작성할 수 있습니다.

TIP 액정표시장치(LCD)

액정을 이용한 디스플레이 장치(LCD/liquid crystal display). 특정한 온도 영역에서 액체와 고체의 중간적인 성질을 가지는 액정으로 이루어진 얇은 막이 두 장의 편광 유리 사이에 끼어 있고 전선 격자에 의하여 미세한 사각형들로 분할되어 있으며, 각 사각형이 하나의 화소를 이룹니다. 이곳에 전압을 가하게 되면 액정의 분자 배열 방향이 달라져서 빛의 통과율이 달라지는 성질을 이용하여 정보를 표시합니다. 손목시계, 전자계산기, 휴대용 컴퓨터의 화면표시장치, 각종 기계의 제어판(control panel) 등에 널리 사용됩니다. 대개 액정은 자체로 빛을 내지는 않으며 단지 뒤쪽의 반사판에 의해 빛을 반사할 때 전압이 가해진 부분은 액정이 불투명하게 되어 반사되지 않으므로 그것으로 명암을 구별합니다. 따라서 보는 방향에 따라 화면이 선명하지 않게 되며 빛이 없는 어두운 곳에서는 사용할 수 없다는 결점이 있습니다. 이를 보완하기 위해 후면에서 발광하는 물질을 넣어 화면 표시 장치를 구성하기도 하는데, 글자는 선명하지만 전력소모가 많은 것이 단점입니다.

[네이버 지식백과]

액정표시장치(LCD ; Liquid Crystal Display)는 글자나 숫자를 표시하는 표시장치입니다. 여기서 사용할 LCD는 16×2 문자 표시 LCD로 히타치 HD44780호환 제어 IC를 사용하는 LCD입니다. 한글은 표현할 수 없으며 영문자 기준 16자 씩 2줄을 표시할 수 있습니다.

(0,0)	(1,0)	(2,0)	(3,0)	(4,0)	(5,0)	(6,0)	(7,0)	(8,0)	(9,0)	(10,0)	(11,0)	(12,0)	(13,0)	(14,0)	(15,0)
(0,1)	(1,1)	(2,1)	(3,1)	(4,1)	(5,1)	(6,1)	(7,1)	(8,1)	(9,1)	(10,1)	(11,1)	(12,1)	(13,1)	(14,1)	(15,1)

그림 4-22 16×2 Character LCD와 글자 좌표

LCD를 사용해 표시하기 위해서는 복잡한 프로그램을 작성해야 합니다. 하지만 아두이노에서는 라이브러리가 제공되어 이를 쉽게 사용할 수 있습니다. LCD는 16개의 핀을 가지고 있는데 핀의 기능은 다음과 같습니다.

핀	명칭	동작	비고
1	Vss	GND	0V
2	Vcc	5V	5V
3	Vo	LCD 백라이트 밝기조절	
4	RS(Register Select)	레지스터선택	0:명령, 1:데이터
5	R/W(Read/Write)	읽기/쓰기 선택	0:쓰기, 1:읽기
6	Enable	활성화	
7	Data Bit 0 (DB0)	데이터 입출력핀	
8	Data Bit 1 (DB1)	〃	
9	Data Bit 2 (DB2)	〃	
10	Data Bit 3 (DB3)	〃	
11	Data Bit 4 (DB4)	〃	
12	Data Bit 5 (DB5)	〃	
13	Data Bit 6 (DB6)	〃	
14	Data Bit 7 (DB7)	〃	
15	LED +	LCD 백라이트 LED +전원	+5V
16	LED -	LCD 백라이트 LED -전원	0V

LCD의 배선은 회로도와 같이 LCD의 RS핀은 아두이노 12번 핀과, Enable핀은 아두이노 11번핀, R/W단자는 0V를 연결합니다. 4bit데이터 전송 방식을 사용할 예정이므로 LCD DB4는 아두이노 5번핀, LCD DB5는 아두이노 4번, LCD DB6은 아두이노 3번, LCD DB7은 아두이노 2번 핀과 연결하여야 합니다. 그 외에 전원, 백라이트 밝기 조절용 가변저항을 연결하면 사용할 수 있습니다.

데이터는 8bit전송 방식과 4bit전송 방식이 있는데 아두이노의 출력 핀을 절약하기 위해 4bit(데이터 전송을 위해 4가닥의 선만 사용) 방식을 사용하겠습니다.

아두이노에서 Character LCD를 사용하기 위해 제공하는 라이브러리 함수는 다음과 같습니다.

TIP LCD 4bit 전송방식

문자LCD에 데이터를 전송할 때 한번에 8bit를 전송하는 방식과 4bit씩 두 번 전송하는 방식이 있습니다. 8bit 전송방식은 전송을 위해 8개의 데이터선이 필요하니 단자가 작은 아두이노에는 적합하지 않고, 데이터 전송속도는 조금 늦지만 배선을 4개만 사용하는 4bit 전송방식을 많이 사용합니다. 이 과제는 4bit 전송방식을 사용하기에 데이터 전송을 위한 배선은 4개만 사용합니다.

라이브러리 함수	동작
begin(int coulumn, int row)	LCD 화면의 열, 행의 개수를 지정
clear( )	LCD 화면을 모두 지움
home( )	문자표시위치를 왼쪽상단으로
setCursor(int Column, int row)	문자표시 위치를 열과 행으로 지정
write( )	현재 커서 위치에 문자를 표시
print( )	현자 커서 위치에 문자열을 표시
cursor( )	현재 커서위치에 "_" 표시
noCursor( )	커서 문자를 숨김
blink( )	커서 문자를 깜빡임
noBlink( )	커서 문자 깜빡이지 않음
display( )	LCD display 켬
noDisplay( )	LCD display 끔
scrollDisplayLeft( )	왼쪽으로 한문자 스크롤
scrollDisplayRight( )	오른쪽으로 한문자 스크롤
autoScroll( )	문자 표시 중 디스플레이범위를 넘어서면 왼쪽에서 오른쪽으로 자동스크롤
noAutoScroll( )	문자가 넘어가도 자동스크롤 OFF
leftToRight( )	문자 표시방향을 왼쪽에서 오른쪽으로
rightToLeft( )	문자 표시 오른쪽에서 왼쪽으로

프로그램 중에 위의 라이브러리 함수를 활용하면 원하는 위치에 글자를 표시할 수 있습니다. 다만 HD44780제어 IC는 한글을 지원하지 않습니다. 한글을 표현하기 위해서는 조금 복잡한 방법을 사용하여야 합니다.

TIP HD44780

HD44780 LCD컨트롤러는 일본 히타치(Hitachi)에서 만든 가장 일반적인 "도트 매트릭스 액정 디스플레이" 컨트롤러중 하나입니다. 히타치에서 영문 및 숫자를 LCD에 출력하는 기능과 함께 간단한 인터페이스를 위해 특별히 범용 마이크로컨트롤러에 연결할 수 있는 LCD 컨트롤러입니다. 이후 많은 디스플레이 제조업체들이 히타치의 HD44780컨트롤러와 호환되는 동일한 구조의 컨트롤러를 많이 만들어 시중에서 흔히 볼 수 있습니다. HD44780 호환 컨트롤러를 사용하는Character LCD는 모두 동일한 핀배선과 입출력 명령을 사용할 수 있습니다.

회로도

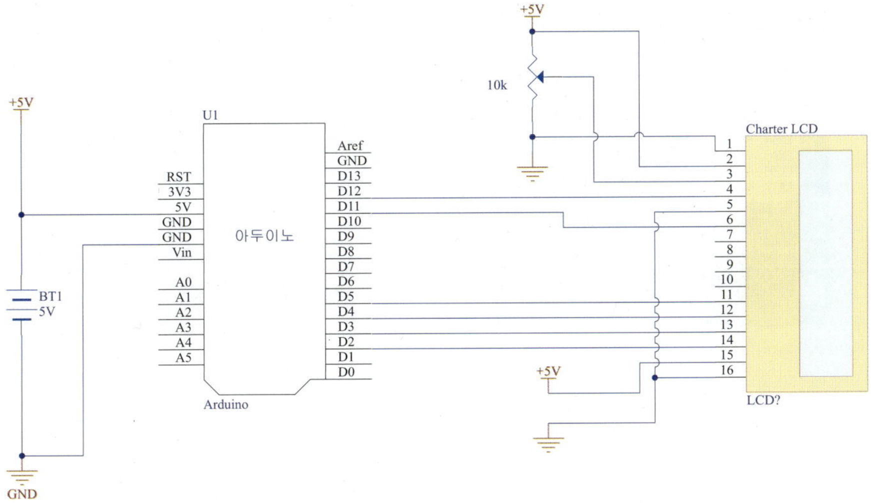

그림 4-23 과제3 회로도

부품배치도

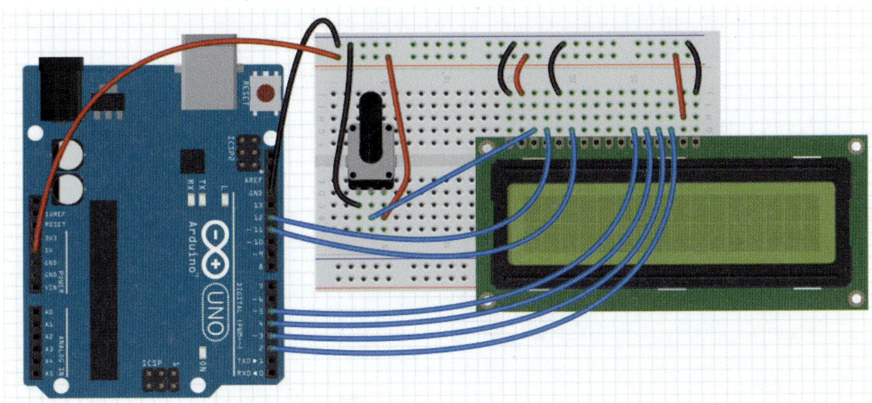

(a) 브래드보드를 사용한 부품 배치 및 회로배선

TIP 실습장치

실습장치는 문자LCD의 동작을 위해 기본적으로 연결되어야할 가변 저항, 전원이 연결된 상태입니다. 이에 제어선과 데이터만 연결하면 됩니다. 과제3에서 LCD배선을 정확히 연결하면 앞으로의 과제에서도 계속 사용할 수 있습니다.

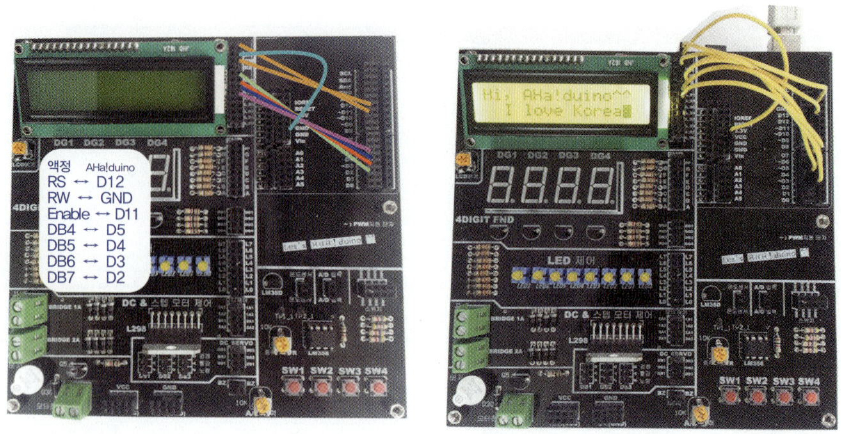

(b) 실습 장치의 회로배선

그림 4-24 과제3 부품배치

스케치

스케치 소스 (JOB3)

```
/*
  16x2 LCD에 출력하는 예제입니다.
  HD44780 드라이버를 사용한 LCD 표시 스케치입니다.

회로배선
 * LCD RS pin은 아두이노 D12
 * LCD Enable pin은 아두이노 D11
 * LCD D4 pin은 아두이노 D5
 * LCD D5 pin은 아두이노 D4
 * LCD D6 pin은 아두이노 D3
 * LCD D7 pin은 아두이노 D2와 연결
 * LCD R/W pin은 아두이노 ground와 연결
 * 10K 가변저항을 사용하여 백라이트 밝기 조정
*/

// 아두이노 라이브러리 함수사용을 선언
#include 〈LiquidCrystal.h〉

// 액정 연결단자 정의
LiquidCrystal lcd(12, 11, 5, 4, 3, 2);
```

```
void setup() {
  // LCD의 표시줄과 글자수 선언
  lcd.begin(16, 2);

}

void loop() {
  lcd.setCursor(0,0);              // 커서를 0,0으로
  lcd.print("Hi, AHa!duino··");    // 글자를 LCD에 표시해라

  lcd.setCursor(2,1);              // 커서를 두번째줄 두칸 띠우고 시작
  lcd.print("I love Korea");       // 글자를 LCD에 표시해라
  lcd.noBlink();                   // blinking cursor를 꺼라
  delay(3000);

  lcd.blink();                     // blinking cursor를 켜라
  delay(3000);
}
```

스케치 해설

- **LiquidCrystal lcd(12, 11, 5, 4, 3, 2);**

```
LiquidCrystal lcd(RS, Enable, DB4, DB5, DB6, DB7); LCD
```

의 해당 단자를

```
LiquidCrystal lcd(12, 11, 5, 4, 3, 2);
```

아두이노의 해당단자에 연결하였음을 선언하는 라이브러리함수입니다.

- **lcd.begin(16, 2);**

  16행 2줄짜리 LCD를 사용하겠다는 선언입니다.

- lcd.setCursor(0,0);　　　　// 커서를 0,0으로
  lcd.print("Hi, AHa!duino^^");　// 글자를 LCD에 표시해라

커서를 0,0에 놓고 여기서부터 "Hi, AHa!duino··"를 표시하라는 함수입니다.

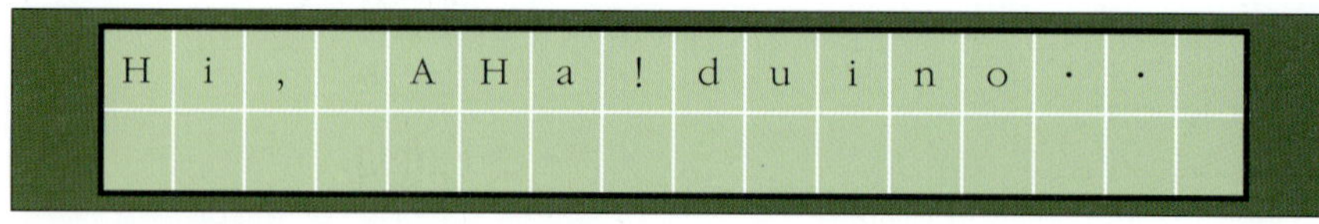

- lcd.setCursor(2,1);
  lcd.print("I love Korea");

커서를 2,1에 놓고 여기서부터 "I love Korea"를 표시하라는 함수입니다.

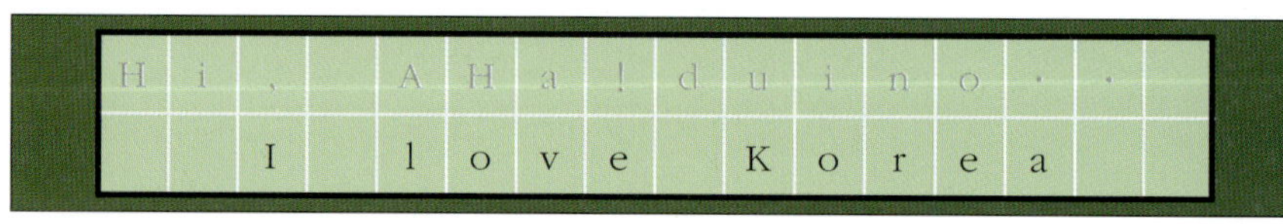

- lcd.noBlink();
  lcd.blink();

커서를 깜빡이거나 표시하지 않도록 하는 함수입니다. 아마 스케치를 실행하면 커서가 깜빡이다 사라지는 동작을 반복할 것입니다.

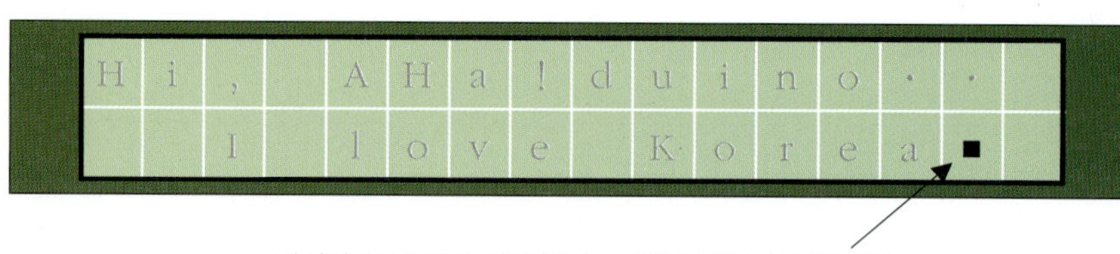

커서가 blink에서 깜빡이다. noBlink에서 사라집니다.

ASCII코드 값 LCD에 표시하기

과제3-1

실습목표 | LCD에 ASCII코드 값을 출력하는 스케치를 작성할 수 있습니다.

이번에는 LCD에 좀 더 동적인 프로그램을 작성해 보겠습니다.

A	S	C	I	I	:	6	5								
A	A	A	A	A	A	A	A	A							

이번 과제는 LCD에 ASCII 코드 값을 표시하는 스케치입니다. 재미삼아 아스키 코드 값을 함께 표현하도록 하겠습니다.

스케치는 먼저 lcd.leftToRight( )함수를 사용해 A문자가 하나씩 50ms마다 하나씩 써지고, lcd.rightToLeft( )함수를 이용해 다시 하나씩 지워지는 스케치입니다.

우리는 대문자 A라고 알고 쓰지만, 컴퓨터는 A라 알지 못하고 65란 숫자로 기억합니다. 다만 65를 숫자로 표시하면 화면에 65로 표시되고, 문자로 표시해라 하면 'A'로 표시되는 것입니다.

그러므로 A+1의 명령을 주면 컴퓨터에는 결과값 '66'이 저장되고 이것을 문자로 표시하면 'B'가 출력되는 것입니다 이번 스케치는 컴퓨터가 기억하는 숫자 값을 1열에 표시하고, 2열에 그 숫자 값을 문자로 하나씩 스크롤하며 쓰고, 지우는 스케치입니다.

회로도와 부품배치는 과제3과 같습니다.

TIP ASCII코드(American Standard Code for Information Interchange)

미국에서 표준화가 추진된 정보 교환용 7비트 부호로 PC를 중심으로 국제적으로 사용되고 있습니다. 컴퓨터에서 처리하기 용이한 8비트 데이타를 이용하기 위하여 숫자, 문자, 특수문자에 번호를 부여한 것입니다. 1963년 미국표준협회(ANSI)에 의해 결정되어 미국의 표준부호가 되었고, 미니컴퓨터나 개인용 컴퓨터(PC)와 같은 소형 컴퓨터를 중심으로 보급되어 현재 국제적으로 널리 사용되고 있습니다.

아스키는 128개의 가능한 문자 조합을 제공하는 7비트(bit) 부호로, 처음 32개의 부호는 인쇄와 전송 제어용으로 사용됩니다. 보통 기억장치는 8비트(1바이트, 256조합)이고, 아스키는 단지 128개의 문자만 사용하기 때문에 나머지 비트는 패리티 비트나 특정문자로 사용됩니다.

[두산백과]

스케치

스케치 소스 (JOB3-1)

```
#include <LiquidCrystal.h>

LiquidCrystal lcd(12, 11, 5, 4, 3, 2);

int a;
char ThisChar= 'A';
void setup() {
  lcd.begin(16, 2);

  lcd.noCursor();              //LCD에 커서를 표시하지 마라
}

void loop() {
  lcd.setCursor(0,0);          //커서를 0,0으로
  lcd.print("ASCII: ");        // LCD에 "ASCII:" 를 출력
  lcd.print(int(ThisChar));    // LCD에 현재 문자의 정수 값을 출력해라
  delay(500);

  lcd.setCursor(0,1);          // 커서를 두 번째 열, 첫째 칸으로 이동
  for(a=0 ; a<=15; a++) {      // 15번 {   }사이의 명령문 반복하라
     lcd.write(ThisChar);      // 현 문자를 LCD에 출력해라
     lcd.leftToRight();        // 커서위치를 오른쪽으로 한 칸 이동
     delay(20);

   }
   delay(300);

   lcd.setCursor(15,1);        // 커서를 두 번째열, 15번째 칸으로 이동
   for(a=0 ; a<=15; a++){      // {과 }사이의 명령문을 15번 반복
     lcd.write(" ");           // 아무것도 없는 빈칸을 출력
     lcd.rightToLeft();        // 커서위치를 왼쪽으로 한 칸 이동해라
     delay(10);
   }
   ThisChar++;
   lcd.clear();
   delay(500);
}
```

스케치 해설

- lcd.noCursor();

LCD에 커서가 표시되지 않도록 하는 함수입니다. 이 함수를 실행했으므로 LCD에는 커서가 표시되지 않습니다.

- ```
  lcd.setCursor(0,0);
  lcd.print("ASCII: ");
  lcd.print( int(ThisChar) );
  delay(500);
  ```

커서를 0,0에 위치시킨 뒤 "ASCII:"를 출력합니다.

여기서 lcd.print(int(ThisChar)); 의 동작을 한번 보겠습니다. 처음 시작하면 ThisChar = 65가 저장되어 있습니다. 이 값을 출력하면 LCD는 ThisChar가 문자형으로 선언되어 65를 문자 A로 LCD에 출력합니다.

이때 int(ThisChar)라고 하면 ThisChar라는 문자형 변수 값을 정수형 숫자로 표시하라는 형 변환 명령문입니다. 즉, ThisChar라는 문자형 변수에 저장된 문자 'A'의 숫자 값을 LCD에 출력하라는 명령문입니다.

LCD로 전압계 만들기 과제3-2

실습목표 | LCD에 입력전압을 표시하는 전압계를 스케치할 수 있습니다.

이번에는 0~5V의 아날로그 전압을 입력받아 Analog To Digital 변환기(A/D변환기)를 통해 0~1,024의 값으로 변환하여 표시하는 스케치를 작성해 보겠습니다.

아두이노는 6개의 아날로그 입력단자를 갖고 있습니다. 아날로그는 변화하는 값입니다. 0V와 5V를 입력으로 받는 디지털 입력단자와 달리 아날로그 단자는 0V~5V 사이 값을 입력받아 표시합니다.

> **TIP 아날로그(Analog)**
> 연속적으로 변화하는 물리량을 표현하는 데 용어입니다. 예를 들어, 전압 · 전류의 변화 또는 크기, 사람의 목소리는 연속적으로 변하는 아날로그 신호입니다. 우리가 즐겨듣는 음악은 연속적으로 변화하는 아날로그양이지만 이를 MP3파일은 이 아날로그 신호를 디지털 신호로 변환하여 처리하는 것입니다. 아날로그는 디지털에 대응되는 용어입니다.
  ```

아날로그 입력 값	디지털 변환값 (10bit)
5V	1023
4.99V	1022
~~	
2.5V	512
~~	
14.648mV	3
9.766mV	2
4.883mV	1
0V	0

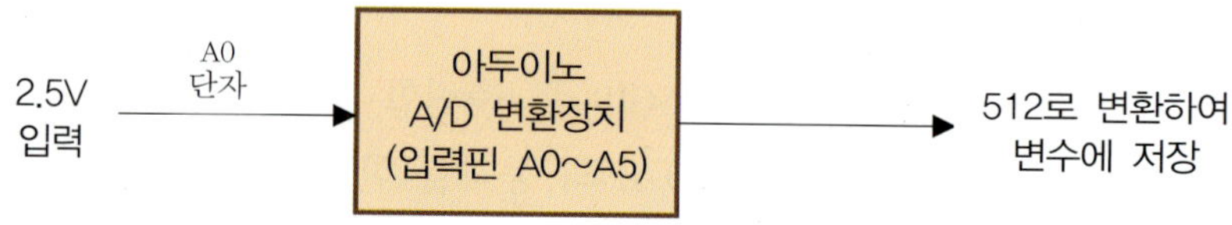

그림 4-25 아두이노의 아날로그 To 디지털(A/D) 변환

만약 아두이노 A0단자에 가변저항을 통해 2.5V가 입력되었다면 아두이노의 아날로그 입력단자에 연결된 아날로드-디지털 변환장치가 0~5V 사이의 입력 값을 0~1023의 숫자 값으로 변환하여 지정한 변수에 저장합니다.

온도나 밝기 등을 감지하는 감지기는 0~5V의 아날로그값으로 내보내며 이것을 아두이노가 입력받아 0~1023 사이의 값으로 변환해 처리합니다. 아날로그 신호를 디지털 값으로 변환 것을 A/D변환(Analog-to-Digital conversion)이라 합니다.

처리된 디지털 값을 아날로그 신호로 출력되도록 하려면 반대로 디지털 데이터를 아날로그로 변환하는 작업(D/A ; Digital-to-analog conversion)을 해야 합니다. 이 디지털을 아날로그로 변환하는 작업은 LED밝기를 제어할 때 사용한 analogWrite( )함수를 사용합니다.

실제 이와 같은 A/D 변환이나 D/A 변환은 매우 복잡한 회로이며, 고성능 A/D나 D/A용 IC칩은 별도로 만들어져 고가에 판매 됩니다. 아두이노는 매우 쓸만한 10비트의 A/D 컨버터를 내장하고 있어 아날로그 값을 편리하게 입력받아 사용할 수 있습니다. 다양한 응용제품을 만들려면 전류, 온도, 습도, 압력, 유량, 속도, 가속도 등과 같은 아날로그 물리량의 입력을 처리해야 하며 이때 아날로그 값을 처리하는 것이 매우

TIP A/D 변환기 (A/D Converter)

아날로그 전압을 읽어 컴퓨터가 다룰 수 있는 디지털 값으로 변환하는 집적회로(IC)입니다.
A/D 변환기의 성능을 나타내는 지표로서 분해능이나 응답속도가 있습니다. 예컨대 10bit의 분해능을 가진 A/D 변환기는 측정전압을 $10bit = 2^{10} = 1,024$로 분해할 수 있는 성능을 나타냅니다. 0~5V의 전압을 측정하는 것이라면 약 0.005V(5/1,024) 정밀도로 읽어들 일 수 있습니다.

중요합니다.

A/D컨버터의 성능을 나타낼 때는 "몇 bit A/D컨버터이냐?"로 표시합니다. 이는 분해능이라는 성능지표로 나타내는데, 분해능(resolution)이란 아날로그 값을 얼마나 촘촘하게 표현할 수 있는가?를 설명하는 성능지표입니다. 만약, n 비트 A/D 컨버터의 경우 얻을 수 있는 데이터 범위는 $0 \sim 2^{10} - 1$이 됩니다. 이는 0V에서 5V 사이의 입력을 8bit A/D 변환할 경우 0V~5V의 아나로그값을 0~255의 값으로 변환하게 됩니다. 10bit의 A/D변환기는 0~1023의 사이의 디지털 값으로 변환하니 입력 값의 차이를 더 자세히 구분할 수 있습니다. 이처럼 Bit수가 커지면 "분해능이 좋다(높다)"라고 표현합니다.

그럼 지금부터 0~5V 사이의 아날로그 입력 값을 받아 1열에는 A/D한 값을 표시하고, 2열에는 이것을 다시 소수점 둘째 자리의 아날로그 전압으로 표시하는 전자전압계를 만들어 보겠습니다.

TIP 분해능(Resolution)

A/D 컨버터의 분해능은 0~5V의 신호를 8비트, 10비트, 12비트의 신호로 변환하는 것을 말합니다. 아날로그 입력값을 8비트는 0~255의 사이 값으로, 10비트라면 0~1023의 사이 값으로 변환하는 데이터 표현의 정밀도를 말합니다. 0~5V를 0~255으로 나누어 표시하는 것과 0~1023으로 나누어 표시하면 미세한 변화를 감지하고 표시하는 것에 많은 차이가 있습니다. 아날로그 신호를 얼마나 많은 간극으로 표현할 수 있는지를 분해능이라 합니다.

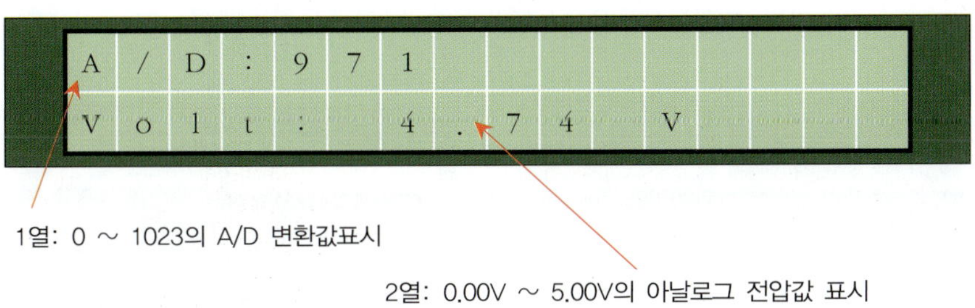

회로도

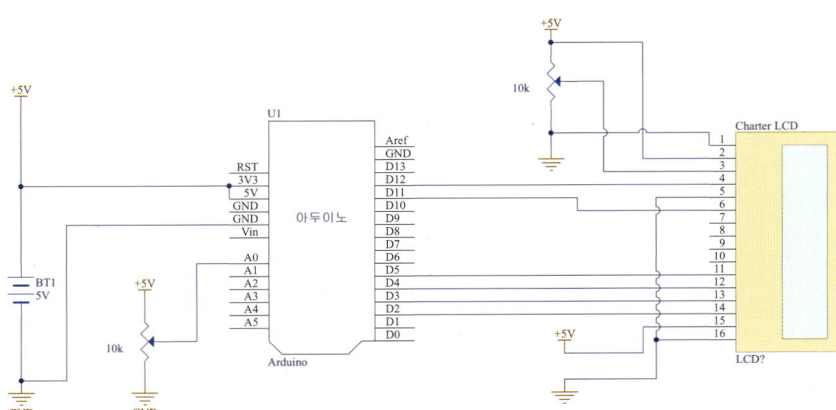

그림 4-26 과제3-2 회로도

부품배치도

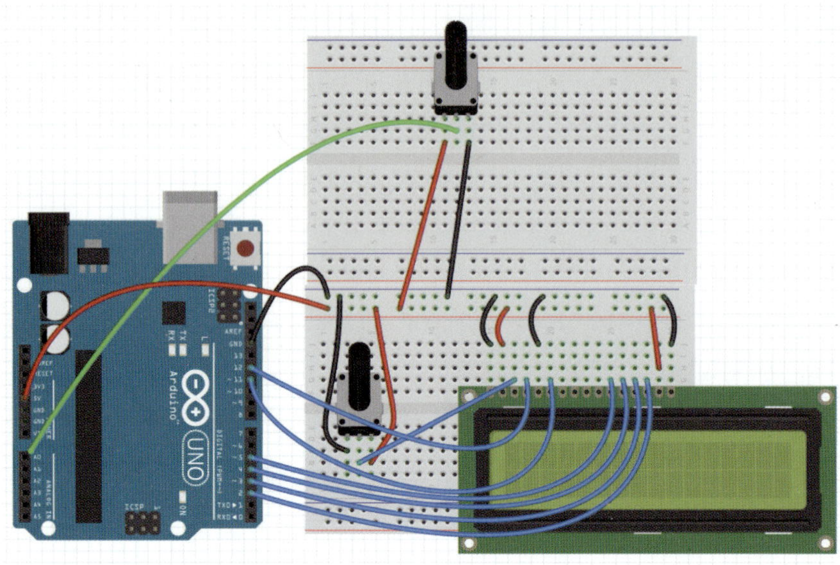

(a) 브래드보드를 사용한 부품 배치 및 회로배선

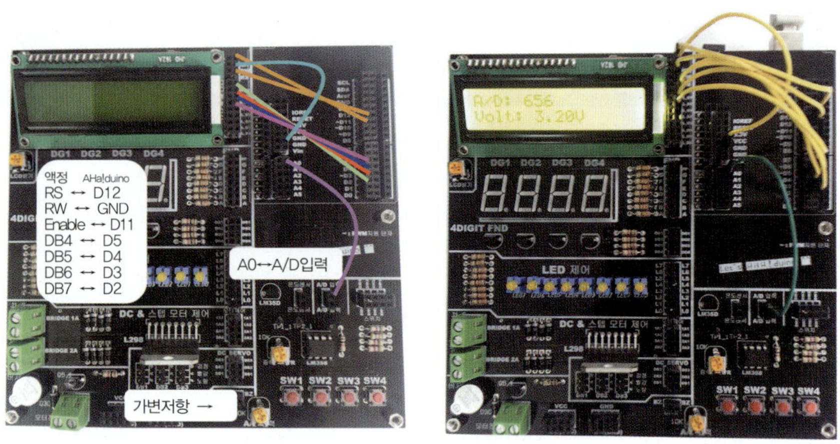

(b) 실습 장치의 회로배선

그림 4-27 과제3-2 부품배치

스케치

스케치 소스 (JOB3_2)

```
#include <LiquidCrystal.h>
int AD_Volt;
int AD_value=0;
int AD_value1;

LiquidCrystal lcd(12, 11, 5, 4, 3, 2);

void setup() {
  lcd.begin(16, 2);
}

void loop() {
  AD_value = analogRead(0);  // A0 아날로그 입력-> AD_value에 저장
  if(abs(AD_value1 - AD_value ) >=2) {
                              // 이전 입력 값과 차이가 있을 때만 실행
      lcd.clear();                  // LCD 깨끗이
      lcd.setCursor(0,0);           // 커서 위치 0,0으로

      lcd.print("A/D: ");           // "A/D: " LCD에 출력
      lcd.print(AD_value);          // A/D:옆에 A/D변환값 출력

      lcd.setCursor(0,1);           // 커서위치 2열 첫째 칸으로
       AD_Volt=map(AD_value,0,1023,0,500);
                                    // ·· 정말 편리한 함수~~~
      lcd.print("Volt: ");          // "Volt: " LCD에 출력

      lcd.print( AD_Volt / 100);
      lcd.write('.');
      lcd.print( AD_Volt % 100);

       // lcd.print(AD_Volt / 100.0);
              // 이렇게 작성하면 명령문 3줄이 줄어듭니다.

      lcd.write('V');
      AD_value1=AD_value;
  }
  delay(200);
}
```

TIP if(abs(AD_value1 – AD_valur) >= 2)

아날로그 값을 표현하는 경계값에서는 감지값이 미세하게 계속 변화하여 표시됩니다. 체중은 예로 들어 70.2Kg인지 70.3K 경계선상에 있을 때 감지한 값이 70.2, 70.3이 계속 변화하게 됩니다. 이럴 때는 먼저 읽은 값 A/D 값에서 적어도 2이상의 변화가 있을 때만 처리하겠다는 것입니다. >=2는 특별한 의미는 없습니다. 이 정도 차이가 있는 것만 표시하겠다는 프로그래머의 판단이니 여러분이 값을 변경하여도 무방합니다. ^^

스케치 해설

스케치를 실행하면 첫 줄에 A/D변환 값이, 둘째 줄에 아날로그 전압 값이 표시됩니다. 지금부터 스케치의 프로그램 살펴보겠습니다.

- AD_value = analogRead(0);

아날로그 입력 단자인 A0단자의 값을 입력받아, 변수 AD_value에 저장하라는 함수입니다. 이때 입력 값은 0~5V이며 이를 디지털 값으로 변환한 0에서 1023 사이의 값이 변수 AD_value에 저장됩니다.

- if(abs(AD_value1 – AD_value) >=2) { ~~~~ }

이것은 가변저항을 조절하지 않아 입력 값의 변화가 없을 땐 LCD의 표시 값도 변화가 없습니다. 이런 동작을 위해 지금의 입력 값과 조금 전의 입력 값의 차이가 1 이하라면 값을 변환해서 LCD에 표시하는 동작을 하지 말고, 2 이상의 차이가 있을 때만 입력 값을 변환하여 LCD에 출력하는 동작을 하자는 함수입니다.

이 명령을 생략하면 입력의 변화가 없을 때에도 반복적으로 값을 변환하여 출력하는 과정을 무한히 되풀이 하므로 LCD에 표시된 글이 깜빡이는 느낌을 받게 됩니다.

- lcd.print("A/D: ");
  lcd.print(AD_value);

0,0에 문자 "A/D:"를 출력하고 바로 옆 칸에 아두이노 A/D컨버터가 변환하여 읽어드린 변수 AD_value값을 출력합니다.

- AD_Volt=map(AD_value,0,1023,0,500);

map( )함수는 아날로그 입력을 처리할 때 참 편리한 함수입니다. map(처리할 변수값, 변수 시작값, 변수 끝값, 매핑할 시작값, 매핑할 끝값)

즉, 변수 AD_value에 있는 0~1023값을 0~500 사이의 값으로 변환하여 변수 AD_Volt에 저장하라는 함수입니다. 만약 AD_value에 1023이 있다면, AD_Volt에 500을 저장하게 됩니다.

```
• ① lcd.print("Volt: ");          // "Volt: " LCD에 출력
  ② lcd.print( AD_Volt / 100);
  ③ lcd.write('.');
  ④ lcd.print( AD_Volt % 100);
  ⑤ lcd.write('V');
```

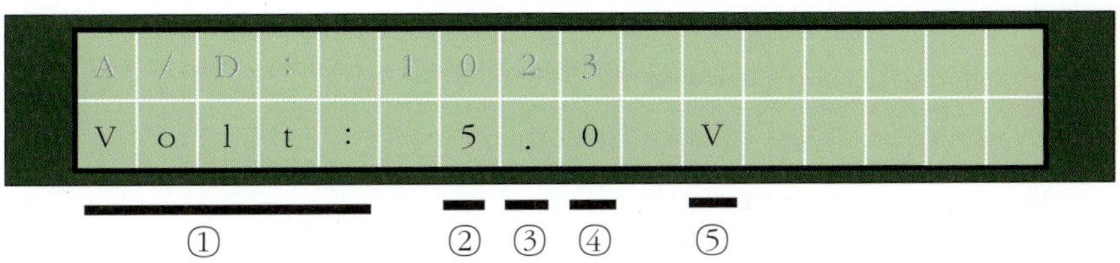

① Volt:를 LCD에 출력합니다.

② 만약 AD_Volt = 500이라면 lcd.print(AD_Volt / 100);를 통해 '5'가 LCD에 출력됩니다. 즉, 500을 100으로 나눈 몫 '5'가 출력되게 됩니다.

③ '.'을 LCD에 출력합니다.

④ 만약 AD_Volt = 500이라면 lcd.print(AD_Volt % 100);를 실행해 500을 100으로 나눈 나머지 '0'을 LCD에 출력합니다. '%'는 나머지를 구하는 연산자입니다.
만약 AD_Volt = 499라면 499 % 100 --> 499를 100으로 나눈 몫은 4이고 나머지는 99입니다. '%' 나머지 연산자는 나머지인 99를 반환하는 함수입니다.

⑤ 마지막으로 'V'를 출력합니다.

여기서 lcd.write( )함수와 lcd.print( )함수의 차이는 "한문자를 출력하는가!", "여러 문자를 출력하는가!"입니다. 한문자는 외따옴표 ' '로 묶어 lcd.write함수로, 여러 문자는 쌍따옴표 " "로 묶어 lcd.print( )함수를 사용합니다.

- **lcd.print(AD_Volt / 100.0);**

앞에서 설명한

```
② lcd.print( AD_Volt / 100);
③ lcd.write('.');
④ lcd.print( AD_Volt % 100);
```

위 석 줄의 명령문을 lcd.print(AD_Volt / 100.0); 으로 대체해도 같은 출력을 얻을 수 있습니다.

AD_Volt / 100.0의 연산에서 정수형인 AD_Volt의 값을 실수형(100은 정수형, 100.0은 실수형 값으로 저장됩니다.)으로 나누면 정수형의 값이 실수형 변수값으로 저장됩니다.

```
// lcd.print( AD_Volt / 100);
// lcd.write('.');
// lcd.print( AD_Volt % 100);

 lcd.print(AD_Volt / 100.0);
```

코드를 이렇게 바꾸면 위의 3개의 명령문은 설명문이라 실행되지 않으므로 lcd.print(AD_Volt / 100.0); 명령문만 실행합니다. 같은 결과를 얻을 수 있음을 확인할 수 있습니다. 컴퓨터에서 자료형은 이렇게 중요합니다.

lcd.print(AD_Volt / 100); 스케치를 이렇게 변화시켜 실행해 보면 소수점이 있고 없고가 어떤 차이가 있는지 확인할 수 있습니다.

- **AD_value1=AD_value;**

입력을 처리하여 출력하였으니 처리한 값을 AD_value1으로 저장해 놓습니다.

LCD에 한글 쓰기

과제3-3

실습목표 | HD44780의 CG기능을 사용하여 LCD에 한글을 쓸 수 있습니다.

문자 LCD 모듈은 한번 데이터를 전송하면 그 데이터를 계속 표시해 주어 아두이노는 더 이상 표시한 문자에 신경을 쓰지 않아도 됩니다. (나중에 FND 다이내믹 구동을 하면 문자를 지속적으로 표시해주는 것이 아주 번거로운 작업임을 알 수 있을 것입니다.) 아울러 널리 사용되고 있는 HD44780 제어기와 그 호환 제품을 쓰기 때문에 사용법도 거의 같습니다. 불편한 점이 있다면 제어기에 영문과, 숫자, 일본어 폰트만 있다는 점입니다. 그러기에 한글을 표현하기 위해선 문자LCD가 아닌 그래픽 LCD를 사용하여야 합니다. 그래픽 LCD는 가격도 비싸고 사용법도 조금 어렵습니다.

이번 과제는 조금 어설프긴 하지만 문자LCD의 CG(Character Generator)를 이용하여 한글을 써보려고 합니다. CG는 사용자가 자유롭게 폰트를 만들어 회사 로고나 특별한 기호 등을 표시할 때 사용하는 사용자가 정의 문자입니다.

문자LCD는 문자데이터 어드레스 0~7번에 사용자가 정의하여 사용할 수 있는 영역을 제공하고 있습니다. 이 8자의 문자를 기억하는 이 영역에 5×8개의 점을 문자를 정의하여 사용합니다.

여기서 잠깐 2진수와 16진수에 대해 간단히 설명하고 문자를 정의하겠습니다.

우리는 일상생활에서 사용하는 단위는 일, 십, 백, 천, 만 등의 10진법입니다. 단지 이렇게 수를 세는 것뿐 아니라 '10mm=1cm'하는 식으로 10이 되면 단위가 바뀌는 것 모두가 10진법에 따른 것입니다. 10진법이 손가락이 열 개여서 예부터 주로 사용하였습니다. 그렇다고 10진법만 존재한 것은 아닙니다. 연필 한 다스가 12자루이고, 영국의 옛 화폐 단위에서 1실링은 12펜스입니다. 지금도 쓰이는 길이의 단위 1피트는 12인치, 이는 1년이 12달이라는 것 등은 12진법도 널리 사용했다는 걸 보여줍니다.

TIP 그래픽 LCD (Graph LCD)

그래픽 LCD는 그래픽 표현이 가능한 것으로 문자 LCD에 표현하는 픽셀 수가 많아 자연스러운 표현이 가능하다는 장점이 있습니다. 문자 LCD에 문자를 표시할 때와 같이 먼저 명령어를 전송하고 그래픽 데이터를 보내주어 그림이나 글자를 표시합니다. 16비트 컬러 LCD의 경우 한 픽셀의 색을 2^{16}가지의 색을 표현할 수 있습니다. 만약 320×240의 픽셀을 가진 컬러 LCD를 표현하기 위해서는 16bit= 2byte이므로, 320×240×2byte=153,600byte=153kbyte의 많은 데이터가 필요합니다.

아두이노를 비롯해 모든 디지털기기는 2진법을 사용합니다. 참과 거짓의 두 가지 논리를 컴퓨터를 구성하는 트랜지스터의 ON, OFF 동작만으로 구현하기 때문입니다. 컴퓨터는 아주 복잡한 계산을 순식간에 처리하는 능력이 있기 때문에 그 내부의 데이터가 매우 복잡할 것이라 생각하기 쉽지만 실제로는 '1'과 '0'의 두 숫자 밖에 구분하지 못하는 단순한 기계입니다. 컴퓨터는 5V를 '1'로, 0V를 '0'으로, 5V를 HIGH, 0V를 LOW라 판단합니다. 스위치가 눌러진 상태를 '1'로 보면 스위치가 떼어진 상태는 '0'입니다.

살아가다 보면 아무리 복잡한 일도 YES 혹은 NO로 풀어가다 보면 하나의 결론으로 마무리 됩니다. 예능프로에서 흔히 하는 사랑이냐 우정이냐를 판단하는 퀴즈를 예로 들어보겠습니다. "당신은 그 사람을 보면 가슴이 떨립니까?"라고 묻는 질문에 답은 "그렇다", "아니다"로 대답을 선택하고, "공부할 때 그 사람이 머리에 떠오를 때가 많습니까?"라는 그 다음 질문에 다시 "그렇다"나 "아니다"로 선택하다 보면, "당신은 그 사람을 사랑하는 연인으로 생각하고 있습니다."라든지 "그 사람과 당신은 친구사이에 가깝군요."라는 결론으로 귀결됨을 볼 수 있습니다. 컴퓨터는 복잡한 문제를 이렇게 단순한 문제로 나누어 반복적으로 판단합니다.

즉, 어떤 복잡한 문제도 작은 요소로 하나하나 구분해서 생각하면 단순한 1과 0의 2분법적인 판단이 가능하고, 프로그램이란 복잡한 문제를 풀기 위해 이와 같은 2분법적인 질문을 컴퓨터에 해서 그 해답을 구하는 것입니다.

5V	HIGH	'1'	ON	참
0V	LOW	'0'	OFF	거짓

우리가 일상에 사용하는 수는 0~9의 10진수이지만 컴퓨터에서는 2진수를 사용하여 복잡한 계산이나 상황을 판단하고 2분법적인 방법으로 문제를 해결합니다.

2진법에서 사용하는 용어는 다음과 같습니다.

비트(BIT)	2진수의 1자릿수를 의미합니다. 예를 들어 0001은 4비트로 구성된 2진수입니다.
니블(NIBBLE)	2진수의 4자릿수를 의미합니다. 예를 들어 00010100은 2니블로 구성된 2진수입니다.
바이트(BYTE)	2진수의 8자릿수를 의미합니다. 예를 들어 10101111은 1바이트의 2진수입니다.
워드(WORD)	컴퓨터가 내부에서 한 번에 처리할 수 있는 자릿수를 의미합니다. 16bit 컴퓨터의 경우 1word는 16bit이고, 8bit마이컴의 1word는 8bit입니다.

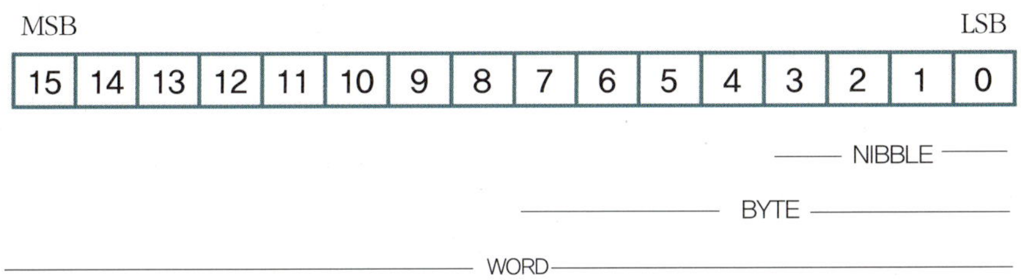

최상위 비트는 MSB(Most Significant Bit), 최하위 비트는 LSB(Least Significant Bit)라고 부릅니다.

컴퓨터가 실제 사용하는 숫자는 2진수로 숫자가 많고 길어 읽거나 기억하기가 어렵습니다. 그래서 2진수를 16진수로 표현하는 경우가 많습니다. 그렇다고 실제로 16진수가 컴퓨터에서 사용된다는 의미가 아니고, 2진수를 16진수로 보여주는 것입니다. 2진수와 16진수는 4대 1로(2진수 4bit는 한 자릿수의 16진수) 상호 변환하여 표시되기 때문입니다.

TIP 바이트(byte)

8bit = 1byte

2^{10}byte = 1kbyte

2^{20}byte = 1Mbyte

2^{30}byte = 1Gbyte

2^{40}byte = 1Tbyte

그래픽 dot				2진수	16진수	10진수
				0000	0	0
			■	0001	1	1
		■		0010	2	2
		■	■	0011	3	3
	■			0100	4	4
	■		■	0101	5	5
	■	■		0110	6	6
	■	■	■	0111	7	7
■				1000	8	8
■			■	1001	9	9
■		■		1010	A	10
■		■	■	1011	B	11
■	■			1100	C	12
■	■		■	1101	D	13
■	■	■		1110	E	14
■	■	■	■	1111	F	15

그림 4-28 2진수와 16진수의 관계

16진수는 0부터 15까지의 16개 숫자로 이루어져 있으며 10, 11, 12, 13, 14, 15는 각각 A, B, C, D, E, F로 표기합니다. 프로그램에서는 2진수, 16진수를 구분하기 위해 16진수 앞에는 "0x"를, 2진수 앞에는 "0b"를 붙입니다.

2진수 표기법																16진수 표기법			
0	0	0	0	0	1	0	1	1	1	1	1	0	0	0	0	0	5	F	0
0	0	0	0	1	0	0	0	1	0	1	0	0	1	1	0	0	8	A	6
0	0	0	1	1	1	1	1	1	1	1	0	0	0	1	1	1	F	E	3

그림 4-29 2진수와 16진수의 표기 변환

문자LCD에서 CG는 5×8개의 점으로 표현합니다. "대한민국"을 CG로 정의하여 출력하려면 먼저 각각의 글자를 정의하여야 합니다.

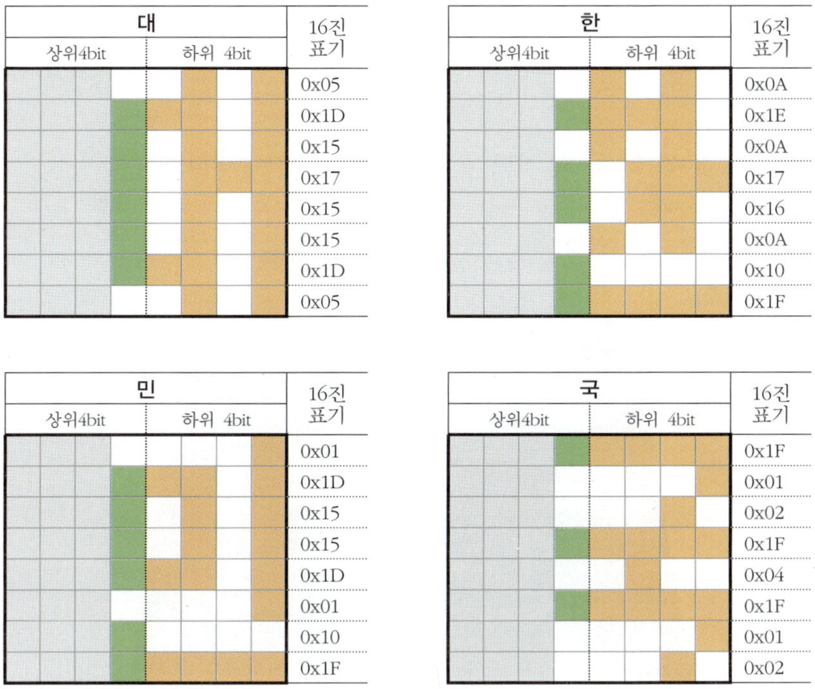

그림 4-30 문자 LCD의 한글 표현을 위한 문자 데이터 정의

위 표와 같이 CG에 8개의 데이터를 정의하여 사용할 수 있습니다. 자, 그럼 회로를 구성하고 스케치를 작성해 보겠습니다. 회로도는 앞의 3-2과제와 동일합니다.

스케치는 다음의 동작을 하도록 작성하겠습니다.

- LCD 문자 출력

- 3초간 유지
- LCD 초기화(글자 모두 지우기)
- LCD 문자 출력

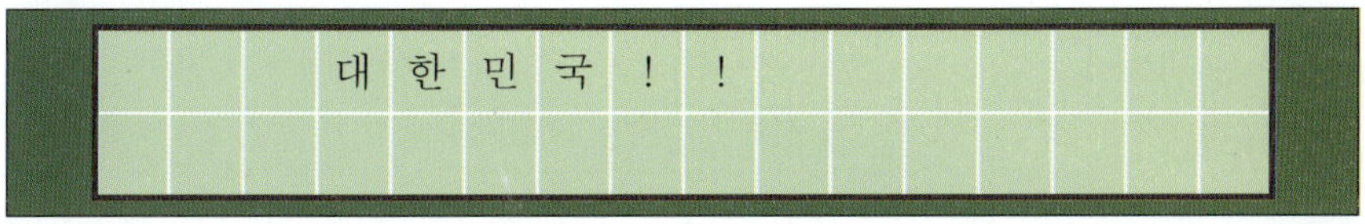

- 3초간 유지
- LCD 초기화

회로와 부품 배치 및 배선은 과제 3-2와 같습니다.

그림 4-31 2진수와 16진수의 관계

스케치

스케치 소스 (JOB3_3)

TIP unit8_t U_1[8] = { };

unit8_t는 unsigned Char 자료형으로 8bit (0~255)의 값을 표현하는 자료형입니다. 문자를 저장하는 8bit자료형입니다.

```
#include <LiquidCrystal.h>

LiquidCrystal lcd(12,11, 5,4,3,2);
uint8_t U_1[8] = {0x05,0x1D,0x15,0x17,0x15,0x15,0x1D,0x05}; // 대
uint8_t U_2[8] = {0x0A,0x1E,0x0A,0x17,0x16,0x0A,0x10,0x1F}; // 한
uint8_t U_3[8] = {0x01,0x1D,0x15,0x15,0x1D,0x01,0x10,0x1F}; // 민
uint8_t U_4[8] = {0x1F,0x01,0x02,0x1F,0x04,0x1F,0x01,0x02}; // 국
uint8_t U_5[8] = {0x05,0x1D,0x15,0x17,0x15,0x15,0x1D,0x05}; // 대
uint8_t U_6[8] = {0x0A,0x1E,0x0A,0x17,0x16,0x0A,0x10,0x1F}; // 한
uint8_t U_7[8] = {0x01,0x1D,0x15,0x15,0x1D,0x01,0x10,0x1F}; // 민
uint8_t U_8[8] = {0x1F,0x01,0x02,0x1F,0x04,0x1F,0x01,0x02}; // 국

void setup() {
    // LCD의 행과 열값을 설정해줍니다.
```

```
  lcd.begin(16, 2);
  lcd.home();
  lcd.createChar(1, U_1);            // 대
  lcd.createChar(2, U_2);            // 한
  lcd.createChar(3, U_3);            // 민
  lcd.createChar(4, U_4);            // 국
  lcd.createChar(5, U_5);            // 대
  lcd.createChar(6, U_6);            // 한
  lcd.createChar(7, U_7);            // 민
  lcd.createChar(8, U_8);            // 국
}

void loop() {

  lcd.setCursor(0,0);
  lcd.write(1); lcd.write(2);  lcd.write(3); lcd.write(4);  //대한민국 출력
  lcd.print("!!");
  lcd.setCursor(9,0);
  lcd.write(5);  lcd.write(6); lcd.write(7); lcd.write(8); //대한민국 출력
  lcd.print("^^");

  lcd.setCursor(0, 1);
  lcd.print("I LOVE KOREA ^^");

  delay(3000);
  lcd.clear();                       // LCD 모두 지우기
  lcd.setCursor(4,0);
  lcd.write(1); lcd.write(2);  lcd.write(3); lcd.write(4);//대한민국 출력
  lcd.print("!!");

  delay(3000);
  lcd.clear();
 }
```

스케치 해설

- uint8_t U_1[8] = {0x05,0x1D,0x15,0x17,0x15,0x15,0x1D,0x05}; // 대

uint8_t는 "8bit 문자형으로 배열을 선언한다!" 정의하는 것입니다. 이렇게 되면 8bit 문자형의 자료를 갖는 U_1[0]~U_1[7]을 선언하여 자료를 초기화하는 스케치입니다.

배열명	U_1[0]	U_1[1]	U_1[2]	U_1[3]	U_1[4]	U_1[5]	U_1[6]	U_1[7]
데이터	0x05	0x1D	0x15	0x17	0x15	0x15	0x1D	0x05

- lcd.createChar(1, U_1);   //대

배열 U_1에 있는 8개의 데이터를 문자 LCD의 CG 램 1번지에 써넣어라 하는 함수입니다. 이 명령을 통해 배열의 데이터가 LCD의 CG램 1번지에 폰트로 저장됩니다.

- lcd.write(1)

CG RAM 1번지의 데이터를 문자LCD에 표시하라는 명령입니다.

TIP 램(RAM)

RAM(Random Access Memory)은 기억된 정보를 읽어내기도 하고 다른 정보를 기억시킬 수도 있는 메모리로서 데이터의 일시적 저장 등에 사용됩니다. 대표적인 RAM의 종류에는 DRAM, SRAM이 있습니다. D(Dynamic) 램은 전원이 차단될 경우 저장되어 있는 자료가 소멸되는 특성이 있는 휘발성 기억소자이며, 시간이 지나가면 축적된 전하가 감소되기 때문에 전원이 차단되지 않더라도 저장된 자료가 자연히 소멸되는 단점이 있습니다. 따라서 지속적으로 재기록할 수 있고 저장용량이 커서 PC의 메모리로 많이 사용됩니다.

S(Static)램은 전원이 공급되는 한 기억된 데이터가 지워지지 않습니다. 플립플롭 방식의 메모리 셀을 가진 임의 접근 기억장치로서 전원 공급이 계속되는 한 저장된 내용을 계속 기억하며, 복잡한 재생 클록(refresh clock)이 필요 없기 때문에 고속 처리가 필요한 서버의 메모리나 CPU내 캐시메모리에 주로 사용됩니다. 소비전력이 적고 D램에 비해 정보처리속도가 매우 빠릅니다. 아두이노의 램은 SRAM입니다.

과제3-4 아두이노로 온도계 만들기

실습목표 | 온도센서를 이용해 온도계 스케치를 만들 수 있습니다.

온도센서를 이용해 온도를 표시하는 디지털 온도계를 만들어 보겠습니다. 실습용 보드에 있는 LM35D 온도센서는 일상에서 많이 사용되고 있는 온도 감지기입니다. 구하기도 쉽고 400원 정도로 저렴하고 0~100℃의 온도 측정범위를 갖고 있습니다. 온도센서의 출력이 약해 OP 앰프라는 증폭소자를 사용해 0~5V의 전압 값으로 증폭하고 아두이노 아날로그 입력 단자로 입력받아 온도로 표시합니다. 모든 감지기는 감지기 출력 값과 현재 값을 일치시키는 보정작업을 하여야 합니다. 이 보정작업은 실습보드의 증폭조정 VR을 사용해 온도 표시 값을 보정합니다.

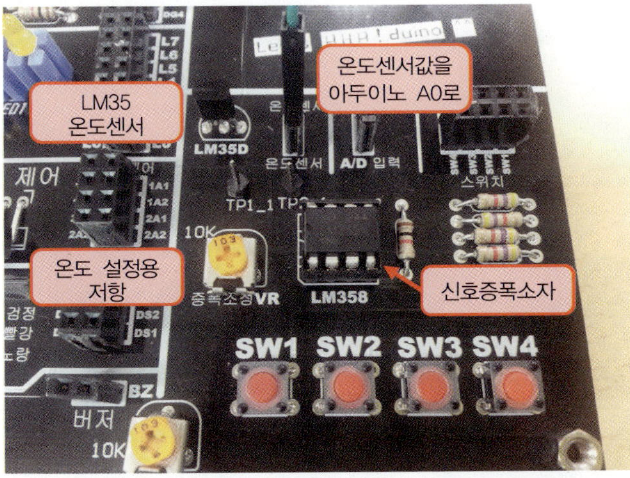

그림 4-32 실습보드 온도센서 구성

회로도

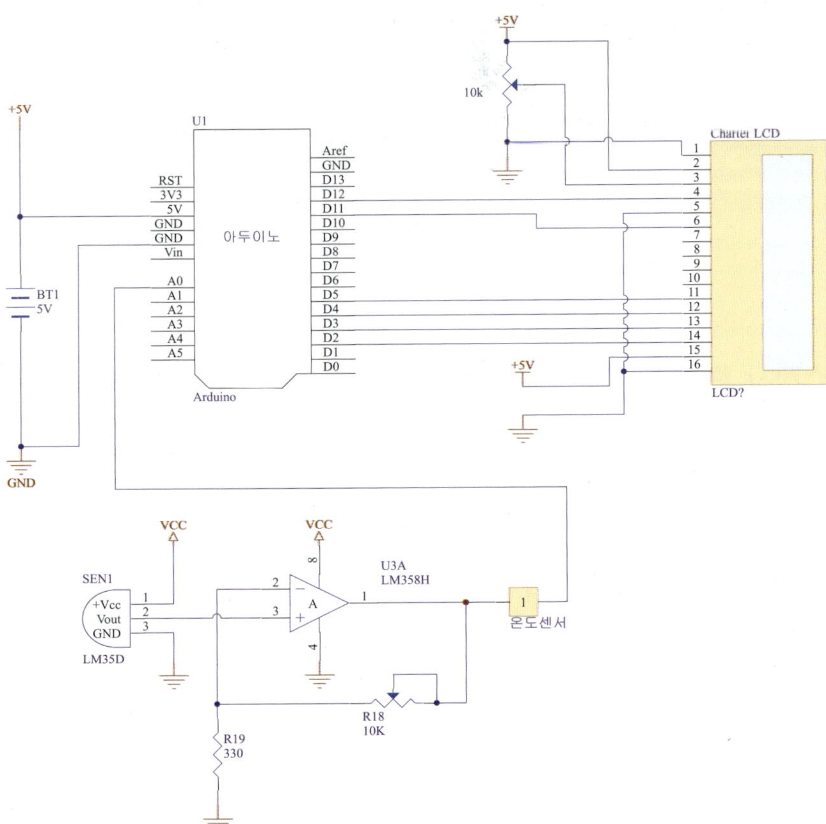

그림 4-33 과제3-4 회로도

부품배치도

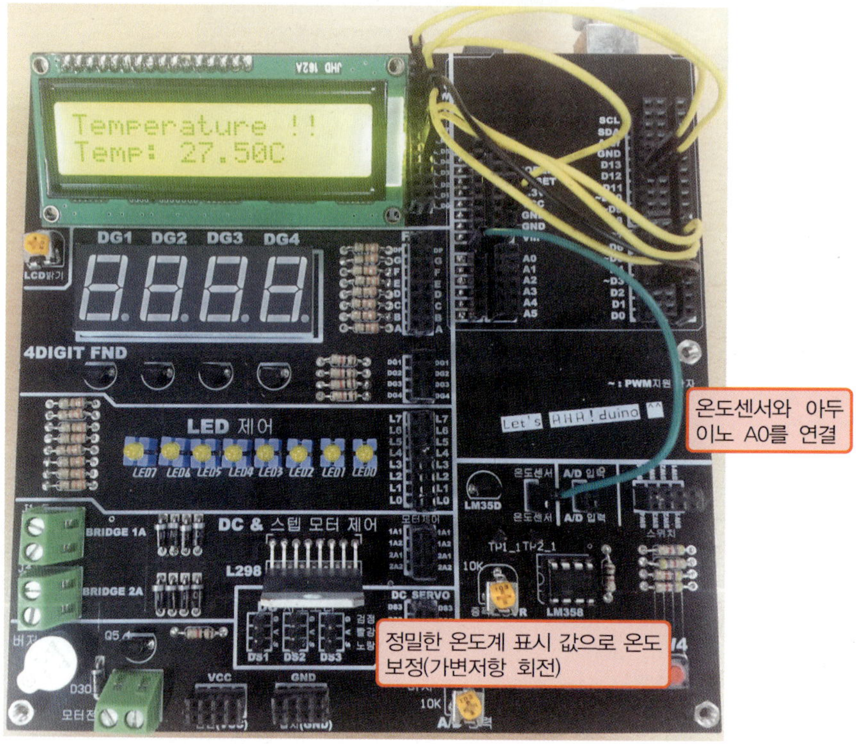

그림 4-34 과제3-4 부품배치 및 동작 사진

스케치

스케치 코드는 온도의 변화를 전압으로 인식하기 때문에 전압계 스케치와 거의 같습니다. 온도, 바람세기, 산도, 속도 등 모든 감지기는 감지한 양을 전압의 변화로 출력합니다. 그러므로 온도계만 잘 만들면 어떤 감지장치라도 쉽게 스케치 할 수 있습니다.

스케치 소스 (JOB3-4)

```
#include <LiquidCrystal.h>
int AD_value=0;
int AD_value1;

LiquidCrystal lcd(12, 11, 5, 4, 3, 2);

void setup() {
  lcd.begin(16, 2);
}

void loop() {
  AD_value = analogRead(0);   // A0 아날로그 입력-> AD_value에 저장
  if(abs(AD_value1 - AD_value ) >=10) {
                              // 이전 입력값과 차이가 있을 때만 실행
      lcd.clear();                   // LCD 깨끗이
      lcd.setCursor(0,0);            // 커서 위치 0,0으로
      lcd.print("Temperature !! ");  // "Temperature !! " 출력


      lcd.setCursor(0,1);            // 커서위치 2월 첫째 칸으로
      AD_value=map(AD_value,0,1023,0,1000);
                                     // A/D 값을 0~1000으로 치환
      lcd.print("Temp: ");           // "Temp: " LCD에 출력

      lcd.print(AD_value / 10.0);
                              // 0~1000값을 1~100.00으로 변환하여 표시

      lcd.write('C');                // 온도 뒤에 단위 표시
      AD_value1=AD_value;   // 작은 변화에는 값이 변동되지 않도록~~
  }
  delay(400);                        // 표시주기는 0.4초로
}
```

스케치 해설

- AD_value=map(AD_value,0,1023,0,1000);

아날로그 입력 값을 0~1000의 값으로 변환하는 작업입니다

- lcd.print(AD_value / 10.0);

0~1000으로 변환한 온도 값을 0~100.00℃로 표시하기 위해 10으로 나눈 것입니다. 10이 아닌 10.0으로 나눈 이유는 온도 표시를 실수형으로 표시하기 위해서입니다. 정수 값인 변수 AD_value값을 실수인 10.0으로 나누면 실수형 자료로 변화되고 이것을 문자LCD에 표시하면 실수값으로 표시됩니다.

나머지 스케치 코드는 과제 3-2 전압계와 유사합니다.

과제4 컴퓨터와 통신하며 알고리즘 배우기

실습목표 | 아두이노에서 입력받은 데이터를 컴퓨터에 전송하는 스케치를 작성할 수 있습니다.

TIP UART

UART(범용 비동기화 송수신기: Universal asynchronous receiver /transmitter)는 병렬 및 직렬 방식으로 데이터를 전송하는 컴퓨터 통식방식의 하나입니다. 보통 마이크로컨트로러 통신에 사용하며 RS-232C DTE 인터페이스를 제공하여, 모뎀이나 다른 직렬 장치들과 통신하거나 데이터를 주고받을 수 있습니다.

아두이노는 아주 간단하게 컴퓨터와의 통신을 할 수 있습니다. 아두이노가 컴퓨터와 통신하는 방식은 UART(Universal asynchronous receiver and transmitter)방식을 사용합니다. 아두이노는 D0과 D1번 핀을 시리얼 통신에 사용합니다. 아두이노 D0, D1핀은 내부적으로 USB 통신을 담당하는 IC와 연결되어 있어 이 선을 통해 아두이노 내부의 데이터가 컴퓨터로 전송됩니다. 컴퓨터에서 전송되어 오는 데이터도 이 두 핀을 이용해 아두이노로 전송됩니다. 그러므로 컴퓨터와 데이터를 주고받을 때는 아두이노 D0, D1핀을 사용할 수 없습니다.

아두이노의 RX(데이터를 받을 때 불이 들어옵니다), TX(데이터를 보낼 때 불이 들어옵니다) LED는 데이터가 송수신되는 동안 계속 깜빡입니다.

컴퓨터에서 작성한 스케치를 아두이노에 업로드 하기 위해 USB케이블이 아두이노에 연결되어 있다면 통신 준비는 끝난 것입니다.

컴퓨터와의 시리얼 통신 데이터를 저장하도록 아두이노 내부에 임시 저장장치(버퍼; buffer)가 있습니다. 이 버퍼에 전송된 데이터가 전송된 순서대로 저장됩니다. 아두이노의 버퍼는 64바이트(영문자 기준 64자

저장가능)입니다. 전송되어 저장된 데이터를 사용하려면 내부 버퍼의 데이터를 읽어야 하는데 이때 사용되는 함수가 Serial.read()함수입니다. 가장 먼저 전송된 데이터 하나를 읽은 후 그 데이터는 버퍼에서 삭제되며, 만약 버퍼가 비어있다면 '-1'을 반환합니다. 따라서 버퍼에서 읽어낼 데이터가 있는지 먼저 검사하여야 하는데 이때 사용하는 함수가 Serial.available()입니다. 이 함수는 버퍼에 저장된 데이터의 개수를 반환하며 버퍼가 비어있을 때 '0'을 반환합니다.

통신함수명	기능
Serial.begin(bps)함수	● 통신속도(bps)sms 9600, 19200, 57600,115200 등의 통신속도를 지원합니다. 보통 9600을 사용합니다.
Serial.print(val, format) 함수	● 아두이노의 변수값을 ASCII값으로 변환하여 PC쪽으로 전송합니다. - Serial(78); 값만 쓰면 기본 10진수로 전송 - Serial(78, HEX); 78의 16진수값 "4E" 전송 - Serial(78, OCT); 78의 8진수값 "116" 전송 - Serial(1,2345, 2); 소수점 2자리 "1.23" 전송
Serial.println( )함수	● 출력 문자열의 끝에 줄 바꿈 기호 '\r\n' 이 자동으로 붙는 것 이외에 Serial.print() 함수와 같은 동작을 합니다.
Serial.read() 함수	● 전송되어 내부 버퍼(64바이트)에 저장된 데이터 중 첫 번째 데이터(ASCII 코드)을 읽어 반환하는 함수
Serial.available() 함수	● 내부버퍼(64byte)에 저장된 데이터의 개수 반환

이번과제의 동작은 다음과 같습니다.

순	동작	비고
1	아날로그 입력(A0)	아두이노에서 입력받은 가변저항의 전압을 변환하여 컴퓨터로 전송하고, 문자 LCD에 표시하는 동작 반복
2	컴퓨터로 입력받은 값 전송	
3	아두이노 문자LCD에 입력 값 전송	
4	1초 대기	

스케치를 모두 작성하고 업로드를 완료하면 아두이노 우측에 있는 시리얼 모니터 실행 아이콘을 클릭하여 시리얼 모니터를 띄우면 아두이노와 통신할 수 있습니다.

TIP bps

통신 속도를 나타내는 말로 "데이터 전송 속도"라고 하는 bps(bit per second)와 "변조 속도"라고 하는 baud rate가 있습니다. bps는 초당 전송되는 비트 수를, baud rate는 초당 전송되는 단위 신호의 수를 가리킵니다.

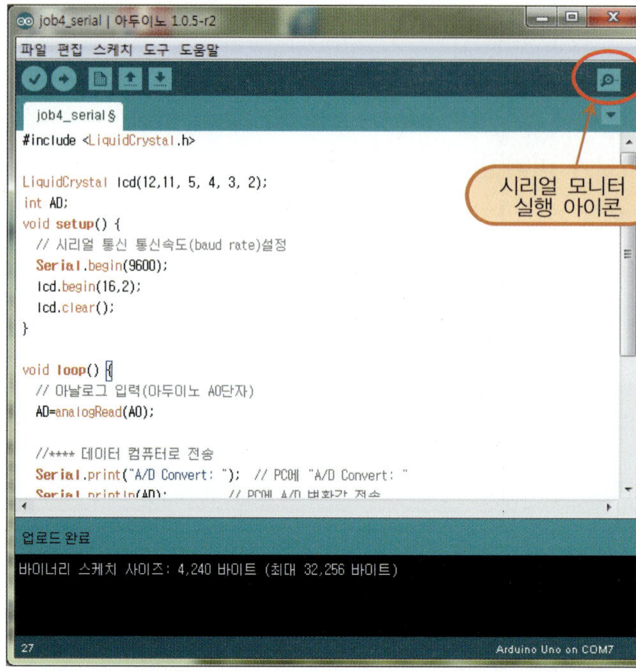

(a) 시리얼 모니터 아이콘

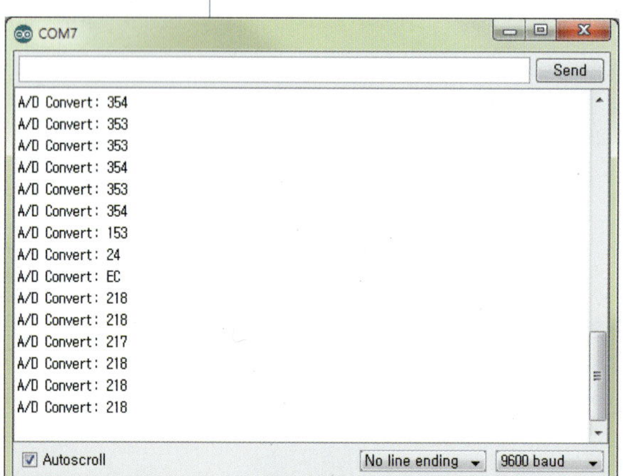

(b) 아두이노 시리얼모니터 실행화면

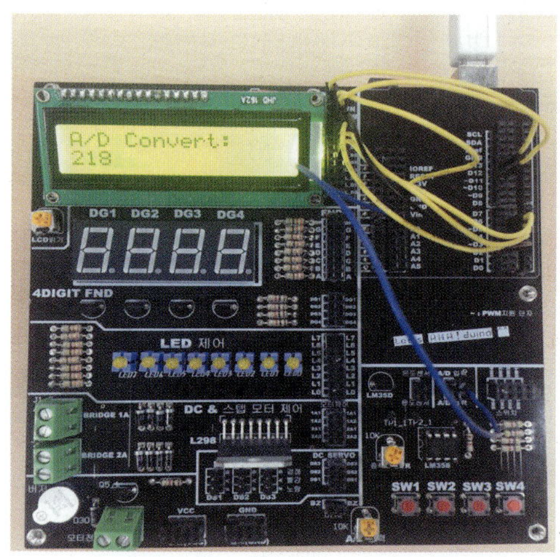

(c) 실습보드로 실행한 화면

그림 4-35 아두이노 통신 스케치 실행 장면

회로도

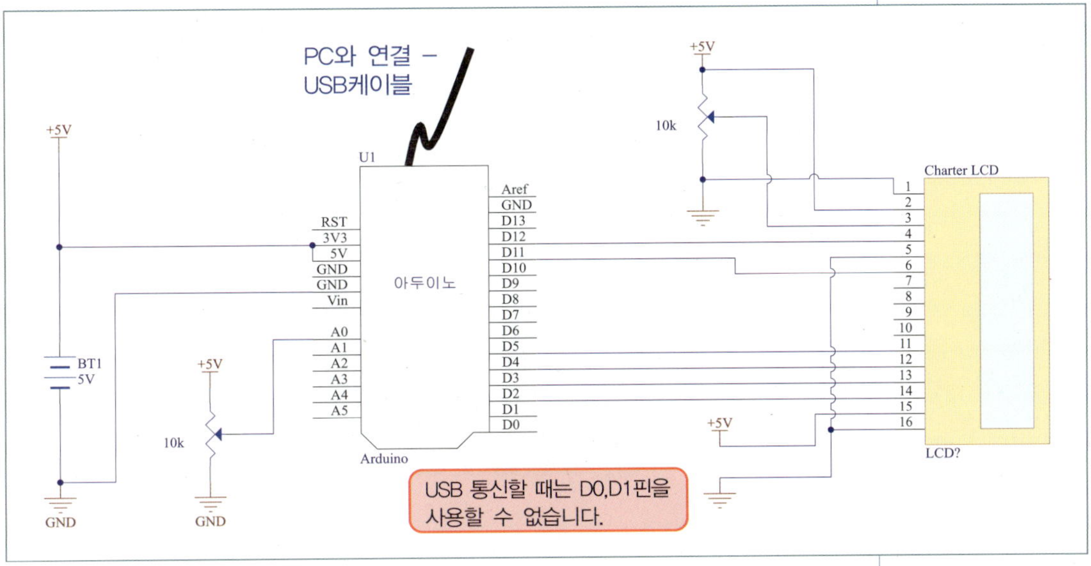

그림 4-36 과제4 회로도

부품배치도

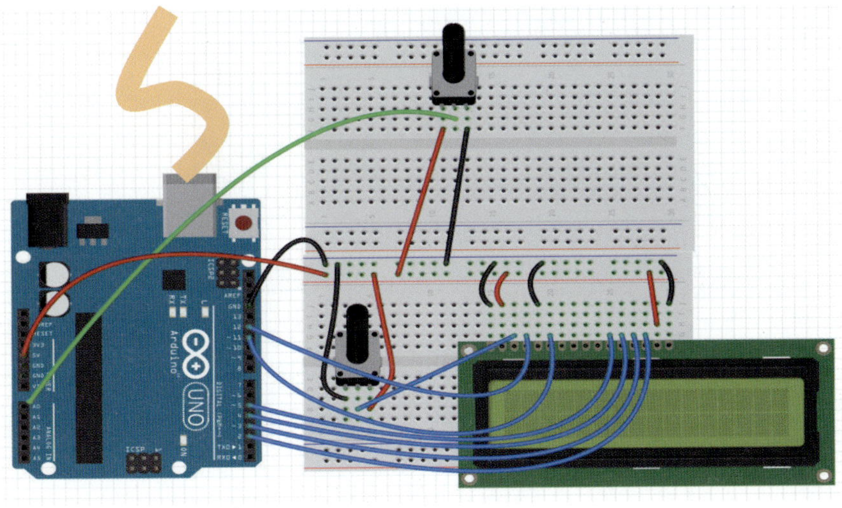

(a) 브레드보드에 구성한 회로

TIP 컴퓨터와의 데이터 통신 핀(D0, D1)

아두이노 D0, D1비트는 데이터 입출력과 함께, 컴퓨터와의 통신 기능을 갖고 있는 입출력 단자입니다. 컴퓨터와 통신을 수행 할 때 이 두 단자를 사용하므로 컴퓨터와 통신이 필요한 프로그램을 작성 할 때는 D0, D1 단자 대신 다른 입출력 단자를 사용해야 합니다.

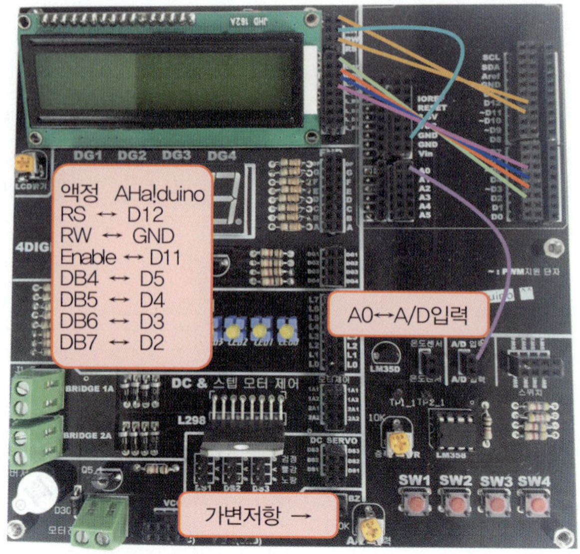

(b) 실습 장치로 구성한 회로

그림 4-37 과제4 시리얼 통신을 위한 부품 배치와 동작 사진

스케치

스케치 소스 (JOB4)

```
#include <LiquidCrystal.h>

LiquidCrystal lcd(12,11, 5, 4, 3, 2);
int AD;
void setup() {
  // 시리얼 통신 통신속도(bps)설정
  Serial.begin(9600);
  lcd.begin(16,2);
  lcd.clear();
}

void loop() {
  // 아날로그 입력(아두이노 A0단자)
  AD=analogRead(A0);

  //**** 데이터 컴퓨터로 전송
  Serial.print("A/D Convert: ");  // PC에 "A/D Convert: "
  Serial.println(AD);              // PC에 A/D 변환값 전송

  //***** 문자LCD에 데이터 전송
  lcd.clear();
  lcd.setCursor(0,0);
  lcd.print("A/D Convert: ");
  lcd.setCursor(0,1);
  lcd.print(AD);
  delay(1000);
}
```

스케치 해설

- **Serial.begin(9600);**

컴퓨터 통신 9600 bps로 설정합니다. 1초에 1,200자를 전달하는 전송 속도입니다.

- Serial.print("A/D Convert: "); // PC에 "A/D Convert: ", 줄 바꿈 없음
  Serial.println(AD); // PC에 A/D 변환값 전송, 줄 바꿔라

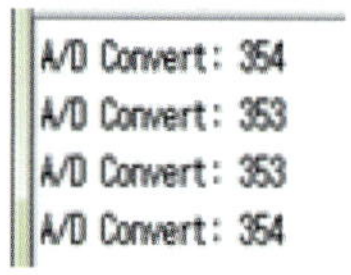

컴퓨터 모니터링 화면을 보면 A/D convert:를 출력하고 줄 바꿈을 하지 않고 값 354를 출력하고 줄 바꿈 하였습니다.

println()함수는 데이터를 출력하고 줄을 바꾸는 출력함수입니다. 줄 바꾸는 기능 이외에는 print 함수와 println 함수의 기능은 같습니다.

과제4-1 시험점수 순위 매기기 알고리즘

실습목표 | 간단한 시험점수 순위 매기기 알고리즘을 이해하고 스케치로 작성할 수 있습니다.

시험점수의 순위를 매기는 스케치를 작성해 보겠습니다. 아두이노는 그 특성상 동작을 무한 반복하는 특성이 있습니다. 물론 한 번만 하고 그만두게 할 수도 있지만 스케치의 코드가 복잡해 보여 생략하였습니다.

알고리즘(Algorithm)은 문제를 해결하기 위한 여러 동작들을 구현하기 위한 방법을 말합니다. 알고리즘은 실질적인 문제해결 방법이므로 다음의 조건을 만족해야 합니다.

알고리즘의 조건

입력 : 외부에서 제공되는 자료가 0개 이상 존재한다.
출력 : 적어도 1개 이상의 결과를 내어야 한다.
명확성(종결성) : 한정된 횟수 번의 명령을 수행 후(한정된 시간 내) 종료 한다.
효율성 : 모든 과정은 명백하게 실행 가능한 것이어야 한다.

이제 조건에 따라 알고리즘을 명확하게 정의하면 보면 "어떤 문제의 해결을 위하여, 입력된 자료를 토대로 하여 원하는 출력을 유도하여 내는 규칙의 집합. 여러 단계의 유한 집합으로 구성되는데, 각 단계는 하나 또는 그 이상의 연산을 필요로 한다."라고 정의할 수 있습니다.

10명분의 점수가 있다고 할 때 각각의 점수가 몇 등인지 계산해보겠습니다.

데이터저장	a[0]	a[1]	a[2]	a[3]	a[4]	a[5]	a[6]	a[7]	a[8]	a[9]
데이터	45	66	34	95	86	76	98	48	66	39
등수저장	b[0]	b[1]	b[2]	b[3]	b[4]	b[5]	b[6]	b[7]	b[8]	b[9]
데이터	8	5	10	2						
'45'의 등수	1	+1		+1	+1	+1	+1	+1	+1	
'66'의 등수		1		+1	+1	+1	+1			
'34'의 등수	+1	+1	1	+1	+1	+1	+1	+1	+1	+1
'95'의 등수				1			+1			

… … …

여러 가지 방법이 있지만 간단하게 등수를 매겨보겠습니다. 변수 a[0]에 저장된 45는 몇 등인가를 계산하기위해 먼저 숫자 '45'의 등수를 저장할 변수인 b[0]에 1을 초기 값으로 넣고, 데이터를 처음부터 끝까지(j=0~9) 비교하여 내 점수 '45'보다 큰 수가 있을 때마다 내 등수 데이터 b[0]에 1을 더합니다. 이와 같은 방법으로 점수 데이터가 있는 변수 a[0]~a[9]까지 반복하여 계산하고 계산한 등수를 변수 b[0]~b[9]에 차례로 저장하면 등수 계산이 마무리 됩니다. 계산한 결과를 화면에 출력하면 등수 계산을 마무리하게 됩니다.

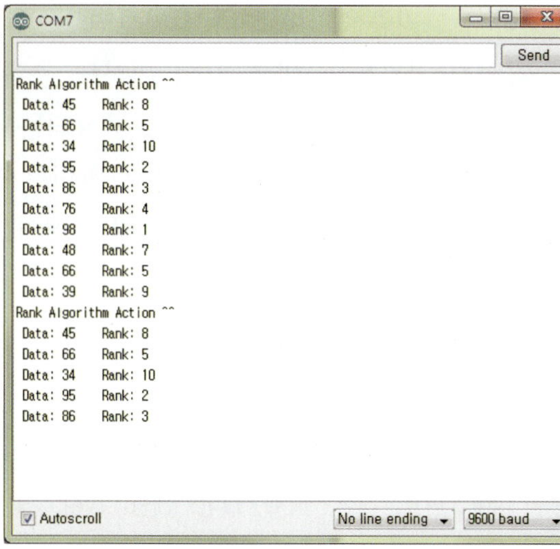

그림 4-38 Rank 과제 시리얼모니터

아두이노 회로와 배선은 과제 4와 같습니다.

스케치

스케치 소스 (JOB4-1)

```
#include <LiquidCrystal.h>
#define Num 10                // 데이터 총 개수 선언 10개 데이터 사용
LiquidCrystal lcd(12,11, 5, 4, 3, 2);

void setup() {
  Serial.begin(9600);         // 컴퓨터와 통신을 위하 보레이트 설정
  lcd.begin(16,2);            // LCD에 문자 표시
  lcd.setCursor(0,0);
  lcd.print("Rank Algorithm");
}

//*** 등수를 정하는 알고리즘
void loop() {
  int a[]={45,66,34,95,86,76,98,48,66,39}; // 데이터 배열 선언 및 초기화
  int b[Num]={0,};                         // 등수 저장용 배열선언 0
  int i, j;                                // 연산을 위한 index 변수선언
```

```
    for(i=0; i<Num ;i++){                    // a[0] ~ a[9]까지 10번 반복
        b[i] = 1;                            // 등수 값에 1을 초기화

    for(j=0; j<Num ; j++)                    // 각각의 값을 10번 비교
        if(a[j] > a[i])                      // 나보다 큰 수가 있다면
            b[i]++;                          // 나의 등수에 +1
    }

//*** 등수를 정한 후 시리얼 모니터에 결과값 전송
    Serial.println("Rank Algorithm Action ··");
    for(i=0; i<Num ;i++){
      //**** 컴퓨터로 데이터와 등수 전송
        Serial.print(" Data: ");  Serial.print(a[i]);// 점수를 컴퓨터로 전송
        Serial.print("      Rank: ");  Serial.println(b[i]);
                                                //등수를 컴퓨터로 전송

      //**** 문자LCD에 데이터와 등수 표시
        lcd.clear();
        lcd.setCursor(0,0);
        lcd.print("Rank Algorithm");
        lcd.setCursor(0,1);
        lcd.print("Data:"); lcd.print(a[i]);
        lcd.print(" Rank:"); lcd.print(b[i]);

        delay(2000); //화면에 숫자가 빠르게 표시되므로 2초에 하나씩 표시
    }
}
```

스케치 해설

- **#define Num 10**

자료처리 개수는 10개임을 선언합니다.

- **int a[]={45,66,34,95,86,76,98,48,66,39};**
  int b[Num]={0,};

점수를 저장할 배열 a와 등수를 저장할 배열 b를 선언하고 초기화 합니다. 배열 a에는 각각의 점수로, 배열b는 0으로 초기화 됩니다.

```
for(i=0; i<Num ;i++){                    // a[0] ~ a[9]까지 10번 반복
    b[i] = 1;                            // 등수 값에 1을 초기화

for(j=0; j<Num ; j++)                    // 각각의 값을 10번 비교
    if(a[j] > a[i])                      // 나보다 큰 수가 있다면
        b[i]++;                          // 나의 등수에 +1
}
```

이 짧은 코드가 10개 데이터의 등수를 정하는 스케치입니다. 데이터가 10,000개라면 Num값만 10,000으로 바꿔주면 됩니다. for문을 2개 사용하여 100번의 루프를 돌며 등수를 계산합니다. 스케치 코드와 데이터 테이블의 변화를 하나하나 따라가며 잘 살펴 보아주시기 바랍니다.

데이터저장	a[0]	a[1]	a[2]	a[3]	a[4]	a[5]	a[6]	a[7]	a[8]	a[9]
데이터	45	66	34	95	86	76	98	48	66	39
등수저장	b[0]	b[1]	b[2]	b[3]	b[4]	b[5]	b[6]	b[7]	b[8]	b[9]
데이터	8	5	10	2						
'45'의 등수	1	+1		+1	+1	+1	+1	+1	+1	
'66'의 등수		1		+1	+1	+1	+1			
'34'의 등수	+1	+1	1	+1	+1	+1	+1	+1	+1	+1
'95'의 등수				1			+1			

… … …

등수를 정하는 이 스케치는 10개의 점수를 계산하기 위해 무조건 100번을 반복합니다. 만약 데이터가 10,000개라면 등수를 계산하기 위해 10,000×10,000 = 100,000,000번 루프를 돌며 계산하게 됩니다. 이 반복회수를 줄이면 컴퓨터에서의 처리 시간이 많이 줄어들게 됩니다. 그래서 많은 프로그래머가 반복회수를 줄여 처리 속도를 높이도록 다양한 알고리즘을 사용하고 있습니다.

```
Serial.println("Rank Algorithm Action ··");
for(i=0; i<Num ;i++){
//**** 컴퓨터로 데이터와 등수 전송
    Serial.print(" Data: ");  Serial.print(a[i]);
                                        // 점수를 컴퓨터로 전송
    Serial.print("      Rank: ");  Serial.println(b[i]);
                                        //등수를 컴퓨터로 전송
//**** 문자LCD에 데이터와 등수 표시
    lcd.setCursor(0,1);
    lcd.print("Data:"); lcd.print(a[i]);
    lcd.print(" Rank:"); lcd.print(b[i]);

    delay(2000);
      //화면에 숫자가 빠르게 표시되므로 2초에 하나씩 표시
}
```

등수를 정하는 알고리즘과 별도로 연산한 결과를 컴퓨터와 실습장치의 문자 LCD에 데이터를 전송하는 스케치입니다. for문을 사용하여 a[0]~a[9]까지 데이터와 등수를 표시하는 스케치입니다.

유클리드의 호제법을 이용한 최대공약수 구하기 과제4-2

실습목표 | 호제법을 이용해 최대공약수를 구하는 알고리즘을 스케치할 수 있습니다.

유클리드 호제법(Euclidean algorithm)은 최대공약수를 구하는 방법입니다. 보통 최대공약수(G.C.D; The Greatest Common Denominator)는 방법은 소인수 분해로 구합니다. 컴퓨터에서는 소인수 분해 대신 유클리드 호제법을 이용하면 큰 수의 최대공약수도 쉽게 구할 수 있습니다.

호제법은 "두 정수 a, b(a>b)가 있을 때, a와 b의 최대공약수는 a-b와 b의 최대 공약수와 같다"라는 명제를 기초로 합니다. 숫자 a와 b의 문제를 a-b와 b라는 더 작은 수를 다루는 문제로 바꿔, 숫자 a-b와 숫자

TIP 유클리드(Euclid)

BC 300년경에 활약한 그리스의 수학자입니다. 그리스기하학, 즉 '유클리드기하학'의 대성자입니다. 그의 저서 《기하학원본》은 기하학에 있어서 독보적 지위를 확보함으로써 유클리드라 하면 기하학과 동의어로 통용되는 정도입니다.

b도 같은 식으로 반복합니다. 이 과정을 반복하여 a=b가 될 때의 a(또는 b)를 구하는 것입니다. 이때 구한 a가 바로 최대공약수입니다.

유클리드 호제법 정리

단계1: a와 b가 같지 않으면 다음과정을 반복합니다.
단계2: a 〉 b이면 a=a-b, 그렇지 않으면 b=b-a 합니다.
단계3: a와 b가 같지 않으면 단계1로 갑니다.
a=b이면 이때 a가 최대공약수입니다.

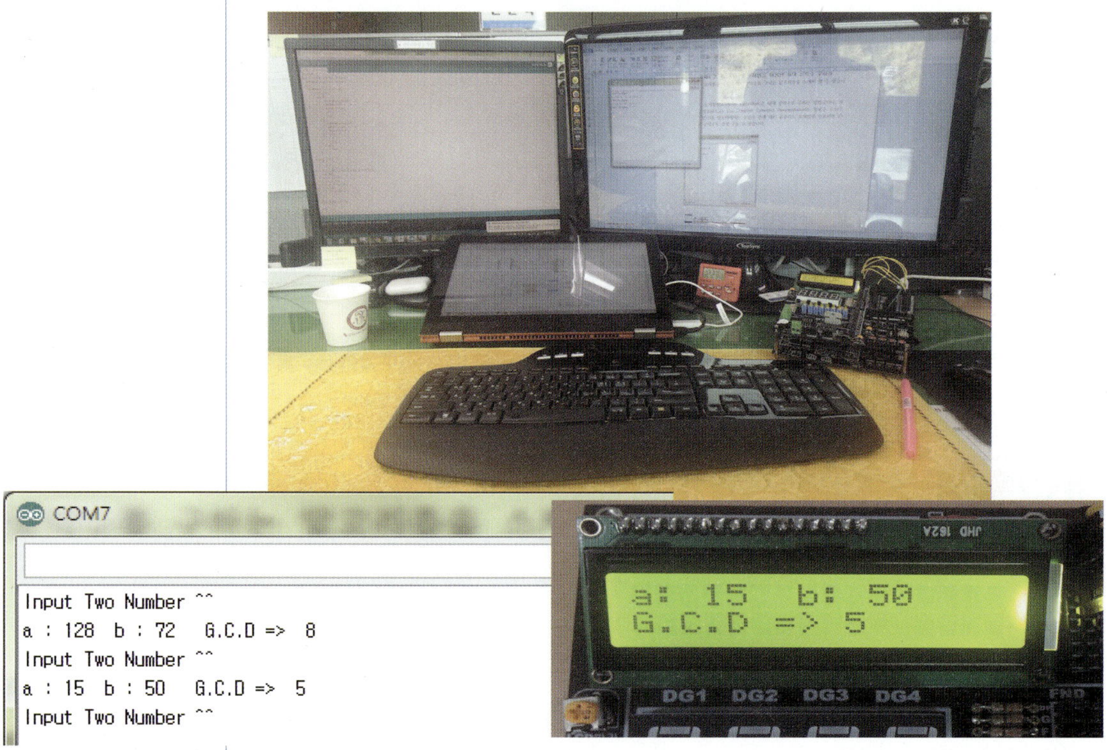

그림 4-39 유클리드 호제법 실행 화면

스케치

스케치 소스 (JOB4-2)

```
#include <LiquidCrystal.h>

LiquidCrystal lcd(12,11, 5, 4, 3, 2);
int Input[2]={0,0};
int a ,b ,c,d;
int y=0;
int cnt =0;

void setup() {
  // initialize the serial communication:
  Serial.begin(9600);
  lcd.begin(16,2);
  lcd.clear();
}

void loop() {
//******* 두수를 입력 받는 루틴입니다.
   Serial.println("Input Two Number ..");
  do{
   if( Serial.available() > 0) {
                  // 컴퓨터의 시리얼모니터에서 입력한 값이 있으면 처리
         switch(cnt) {
          case 0:
                  a=Serial.parseInt();
                  // 첫 번째 값을 정수형으로 입력 받아 변수 a에 저장
                  Serial.print("a : ");
                  Serial.print(a);
                  cnt=1;// 변수 a를 입력받았으니 다음 문자는 스위치 문이
                           // case 1을 처리하여 변수b에서 입력 받도록
                  break;
          case 1:
                  b=Serial.parseInt();
                  Serial.print("   b : ");
                  Serial.print(b);
                  cnt=0; // 변수 b를 입력했으니 다음 문자는 스위치 문이
                        // case 0을 처리하여 변수a 를 입력 받도록
                  y =2;
                // 두 수를 입력 받았으니 do~while을 끝내고 알고리즘
```

```
                    break;
                default:
                    break;
            }
        }
    }while(y != 2);
//*** 여기서 부터가 유클리드 호제법 알고리즘입니다
        c=a; d=b;
        while( c != d) {
            if(c > d)
                c = c - d;
            else
                d = d - c;
        }

//***** 호제법 끝

    y=0;

// ** 연산결과 출력
// 연산결과 컴퓨터로 전송
  Serial.print("    G. C. D =>   "); Serial.println(c);

// 연산결과 문자LCD로 전성
  lcd.clear();
  lcd.setCursor(0,0);
  lcd.print("a: "); lcd.print(a); lcd.print("   b: "); lcd.print(b);
  lcd.setCursor(0,1);
  lcd.print("G. C. D => "); lcd.print(c);
}
```

스케치 해설

- do{

```
  if( Serial.available() > 0) {
        switch(cnt) {
         case 0:
                a=Serial.parseInt();
              ~~~~
```

```
        case 1:
                b=Serial.parseInt();
                Serial.print("  b : ");
              ~~~~
  }
}while(y != 2);
```

이 부분은 컴퓨터 시리얼모니터에서 두수를 입력 받아 변수 a와 b에 각각 저장하는 스케치입니다. while(y !=2)을 통해 두수를 입력받을 때까지 계속 대기하며 두수를 입력 받습니다.

Serial.available()은 컴퓨터에서 숫자를 전송하여 아두이노의 임시저장장치 버퍼에 숫자가 저장되어 있다면 스위치 케이스 문을 처리하라는 명령입니다.

- a=Serial.parseInt();

컴퓨터에서 문자를 전송하면 ASCII코드값으로 받아 컴퓨터에서 입력한 수를 제대로 반을 수 없습니다. parseInt()함수는 컴퓨터의 전송값을 정수값으로 받아 변수 a에 저장하라는 명령입니다.

-
```
c=a; d=b;
 while( c != d) {
      if(c > d)
           c = c - d;
      else
           d = d - c;
 }
```

호제법의 알고리즘을 구현한 것입니다.

최대공약수를 구하는 방법은 다양하게 있습니다. 나머지 연산자를 이용해 구현하면 매우 효율적으로 처리할 수 있으며 처리속도도 빠릅니다.

나머지 연산자를 이용한 최대공약수 구하는 알고리즘

```
// 처음에 변수 k를 추가선언합니다
int k;

//** 나머지 연산자를 이용한 최대공약수 구하는 알고리즘
        c=a; d=b;
        do{
            k=c % d;
            c=d, d=k;
        }while( k != 0);
```

• **y=0;**

변수 y는 컴퓨터에서 입력한 숫자가 2개인지를 확인하기 위해 사용한 것입니다. 이제 최대공약수를 구했으니 다시 두 수를 입력 받을 수 있도록 변수를 초기화 합니다.

과제4-3 버블정렬을 사용하여 숫자를 크기순으로~

TIP 버블정렬(bubblesort)
일반적으로 사용되는 분류 알고리즘(sorting algorithm)이지만, 알고리즘이 물속의 「거품」과 움직임이 유사하기 때문에 이러한 이름이 붙여졌습니다.

실습목표 | 버블 정렬 방법을 사용하여 주어진 숫자를 크기순으로 정렬할 수 있습니다.

정렬(sort)은 순서 없이 나열된 자료를 일정한 기준에 따라 순서에 맞게 나열하는 것입니다. 정렬은 오름차순과 내림차순이 있는데 오름차순 정렬이란 '1, 2, 3, 4, 5'와 같이 자료들을 작은 것부터 큰 것의 순으로 배열하는 방법을, 내림차순 정렬은 자료들을 '5, 4, 3, 2, 1'과 같이 큰 것에서부터 작은 것의 순으로 배열하는 방법을 의미합니다. 정렬은 우리일상 생활에서의 수많은 자료를 쉽게 찾아서 효율적으로 업무를 처리하기 위한 방법입니다. 정렬은 프로그램에서 가장 기본적인 알고리즘이라 할 수 있을 정도로 정렬이 실제 코딩작업에 많이 사용됩니다. 정렬의 대표적인 알고리즘으로는 버블정렬, 선택정렬, 삽입정렬 등이

있는데 버블정렬을 사용해 주어진 숫자를 순서대로 배열해 보겠습니다.

버블정렬은 정렬을 진행하는 모양이 비누 거품(bubble)과 같다하여 버블 정렬이라 합니다. 효율성은 다른 정렬방식에 비해 떨어지지만 구현이 간단하여 속도가 중요하지 않은 간단한 정렬에 많이 사용합니다. 버블정렬 과정을 살펴보면 다음과 같습니다.

오름차순의 버블정렬

- 단계1: 첫 번째와 두 번째의 값을 비교해서 첫 번째 값이 크면 두 값의 위치를 바꿉니다.
- 단계2: 두 번째와 세 번째, 세 번째와 네 번째 등 계속해서 끝까지 비교해 가면서 바꿉니다. 끝까지 두 수를 비교해 바꾸면 맨 끝자리의 값이 가장 큰 값이 됩니다.
- 단계3: 이제 단계 1로 가서 반복합니다. 정렬하고자 하는 (수의 개수 -1)번을 반복합니다.

> **TIP 오름차순 (ascending power)**
> 어떤 문자에 관하여 각 항의 차수를 낮은 것부터 높은 것으로 나열하는 것을 말합니다.

버블정렬 과정을 그림으로 표현하면 다음과 같습니다.

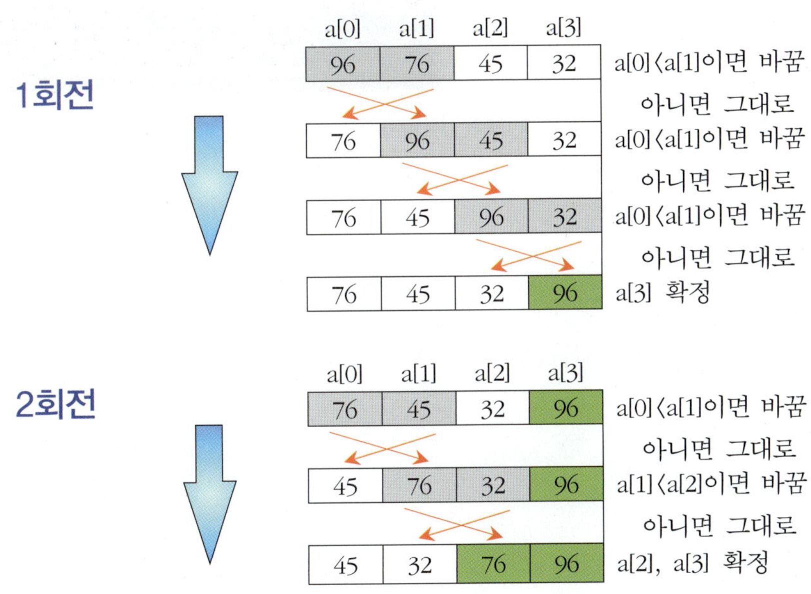

3회전

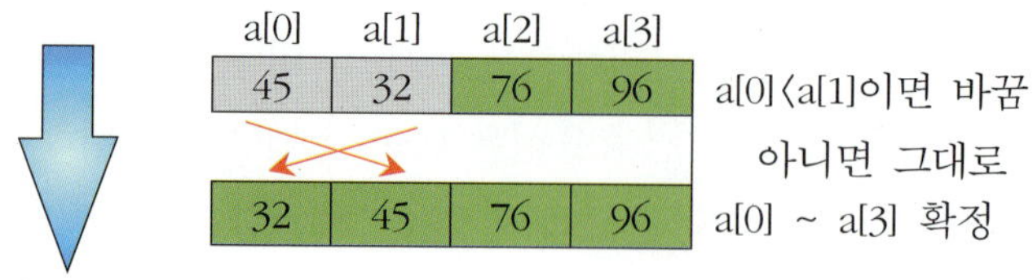

아두이노 회로와 배선은 과제 4와 같습니다. 회로배선은 그대로 두고 스케치를 작성한 후 업로드하면 됩니다. 스케치는 버블소트를 1회할 때마다 현재값을 컴퓨터 시리얼 모니터와 보드의 문자LCD에 표시하게 작성하고자 합니다. 한번 실행한 후 5초 뒤에 처음부터 다시 실행합니다.

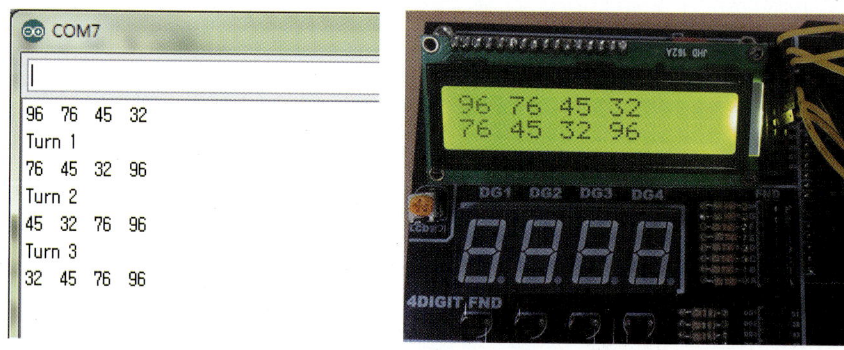

그림 4-40 버블정렬 실행 화면

스케치 소스 (JOB4_3)

```
#include <LiquidCrystal.h>

LiquidCrystal lcd(12,11, 5, 4, 3, 2);

int m, n, temp;

void setup() {
  Serial.begin(9600);                // 통신 보레이트 설정
  lcd.begin(16,2);                   // LCD초기화
  lcd.clear();
}

  lcd.clear();
```

```
  int a[]={96, 76, 45, 32}; // 데이터저장 변수 선언 및 초기화
void loop() {

  lcd.setCursor(0,0);
   for(n=0; n <= 3; n++){ //  컴퓨터와 LCD에 문자 표시
      Serial.print(a[n]); Serial.print("   ");
      lcd.print(a[n]); lcd.print(" ");
      delay(2000);           // 눈에 보이도록 숫자를 2초 간격으로 표시
   }
  Serial.println();           // 원래 데이터를 표시하고 줄바꿈

//****** 여기서부터 버블 정렬
  for(m=0; m<=2; m++) { //버블 정렬 전체적으로 3회 반복합니다.
    for(n=0; n<=2-m; n++)
     // 정렬을 1회 반복할 때마다 맨 뒤는 최댓값으로 비교 생략합니다.
      if(a[n] > a[n+1]){ //a[n]값과 그 옆자리 a[n+1]값을 비교하여 크면 교환
        temp=a[n];
         a[n]=a[n+1];
         a[n+1]=temp;
     }
     Serial.print("Turn "); Serial.println(m+1); // 몇 회전 째인지 표시
     delay(2000);           // 결과를 눈으로 확인할 수 있도록 2초 지연

    //** 버블 정렬 과정을 컴퓨터와 LCD에 표시하기 위한 출력문
     lcd.setCursor(0,1);
     for(n=0; n <= 3; n++){
        Serial.print(a[n]); Serial.print("   ");   // 컴퓨터에 현재값 표시
        lcd.print(a[n]); lcd.print(" ");    // 보드 문자LCD에 문자 표시
        delay(2000);
     }
       Serial.println();     // 컴퓨터 시리얼 모니터 줄 바꿈
   }
//**** 버블 정렬 끝
  delay(5000);    // 정렬을 모두 마친 후 5초 후에 처음부터 다시 시작
}
```

전체적인 코드의 명령은 이전 과제와 거의 같으므로 스케치에 대한 설명은 생략하겠습니다. 앞의 그림과 코드의 진행을 비교하면 쉽게 코드 진행이 해석될 것입니다.

과제4-4 배열을 이용해 삼각형 모양으로 별표 그리기

실습목표 | 삼각형 모양으로 별표를 출력하는 스케치를 작성할 수 있습니다.

이번 과제는 배열을 이용해 삼각형을 모양으로 별을 출력하는 스케치입니다. 4×7의 배열을 만들고 그 안에 별표를 삼각형 모양으로 배치하고 이를 출력하는 스케치입니다.

	0	1	2	3	4	5	6
0				*			
1			*	*	*		
2		*	*	*	*	*	
3	*	*	*	*	*	*	*

그림 4-41 배열의 데이터

배열은 str[4][7]으로 선언하여 모두 28개의 방을 만들고 빈칸 ' '과 '*'을 그림과 같이 저장한 후 이를 출력하는 스케치를 작성합니다. 출력은 컴퓨터에 시리얼모니터 화면과 보드의 문자 LCD에 출력하는데 문자 LCD는 2줄 표시할수 있기 때문에 1, 2열과 3, 4열을 짝으로 두 줄씩 보이도록 스케치하여야 합니다. 모두 표시하면 5초가 유지하고 처음부터 다시 실행합니다.

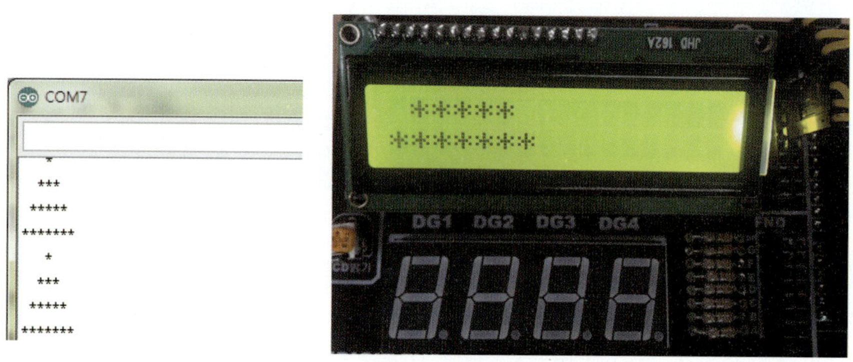

그림 4-42 삼각형 출력하기 실행 화면

스케치 소스 (JOB4-4)

```
#include <LiquidCrystal.h>
LiquidCrystal lcd(12,11, 5, 4, 3, 2);

void setup() {
  Serial.begin(9600);        // 컴퓨터와 통신을 위하 보레이트 설정
  lcd.begin(16,2);           // LCD에 문자 표시
}

//*** 등수를 정하는 알고리즘
void loop() {
    int a, b;
    char str[4][7];
//***** 배열에 *를 저장하는 루틴
    for(a=0; a<=3; a++)   // 4×7배열 27칸에 모두 블랭크를 저장합니다.
        for(b=0; b<=6; b++)
          str[a][b]=' ';

    for(a=0; a<=3; a++) // 코드 조건에 맞는 배열에만 '*' 를 저장합니다.
        for(b=3-a; b<=3+a; b++)
          str[a][b]='*';

//*** 저장된 데이터를 출력하는 루틴
    for(a=0; a<=3; a++){  // 28개 배열요소를 7칸씩 4줄을 출력합니다.
        lcd.setCursor(0, a%2);
                             // 2줄씩 표시하도록 문자LCD커서 위치설정
        for(b=0; b<=6; b++){
            Serial.print(str[a][b]);
            lcd.print(str[a][b]);
            delay(1000);
        }
        Serial.println();
    }
  delay(5000);
}
```

스케치 해설

• lcd.setCursor(0, a%2);

변수a의 값은 0, 1, 2, 3의 순으로 변합니다. a%2는 변수의 값을 2로 나눈 나머지를 반환하므로 0%2 =〉0, 1%2=〉1, 2%2=〉0, 3%2=〉1을 반환합니다. 그러므로 변수a의 값이

```
0, 2일 때는 lcd.setCursor(0, 0);
1, 3일 때는 lcd.setCursor(0, 1);
```

을 실행하여 문자LCD에 별이 한 줄씩 표시

과제5 파헬벨의 캐논 멜로디 연주하기

TIP 파헬벨 (Johann Pachelbel)

파헬벨은 바로크시대 독일의 작곡가입니다. 캐논은 그의 대표곡입니다.

실습목표 | 피에조 스피커로 파헬벨의 캐논 멜로디를 연주할 수 있습니다.

과제4는 피에조 스피커를 이용해 파헬벨의 캐논 멜로디를 연주하려 합니다. 소리는 공기의 떨림으로 표현하는데 각 음계마다 고유의 떨림 주파수를 갖고 있습니다. 라(A)음의 경우 440Hz의 고유 진동수를 갖고 있어 피에조 스피커를 1초에 440번 진동시키면 '라' 음의 소리가 발생합니다.

아두이노는 비프 음을 내기위한 라이브러리 함수를 갖고 있으며 http://arduino.cc/en/Tutorial/Tone에서 관련 pitches.h 헤더파일을 다운받아 사용하면 됩니다.

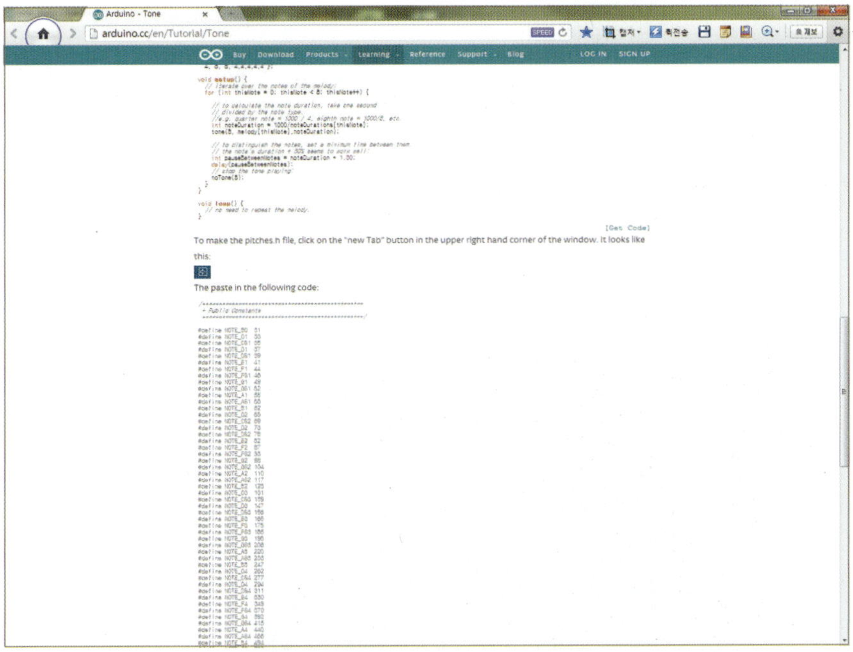

그림 4-43 아두이노 홈페이지에서 pitches.h 파일다운 받기

계명 라(A) 고유 주파수가 440Hz입니다. 이는 1초에 440번 ON/OFF를 반복하면 계명 라(A)가 소리 납니다. 그럼 440Hz의 소리를 아두이노는 어떤 형태로 출력하는 걸까요?

$\text{주파수} = \frac{1}{\text{주기}}[\text{Hz}]$, $\text{주기} = \frac{1}{\text{주파수}}[\text{s}]$의 관계가 있습니다.

$$\therefore \text{주기} = \frac{1}{\text{주파수}} = \frac{1}{440} = 2.2\text{ms}$$

440Hz의 주기가 2.2ms이므로 반주기인 1.1ms동안 켰다, 반주기인 1.1ms 동안 끄는 동작을 반복하면 1초에 440번 켜고 끄는 것을 반복하게 됩니다. tone함수는 이처럼 주기를 계산하여 주파수에 맞게 켜고 끄는 동작을 해주는 함수입니다.

TIP 주기와 주파수

주기와 주파수는 반비례관계입니다. 주기는 파장의 골에서 다음 골 혹은 마루에서 다음 마루까지 도달하는데 시간이 얼마나 걸리는가를 나타내며 단위는 초(second)입니다. 주파수는 파장이 1초동안 주기가 몇 번 반복되는가를 나타내며 단위는 헤르츠(Hz)입니다.

주기가 길어진다는 것은 마루에서 다음 마루까지 도달하는데 걸리는 시간이 오래 걸린다는 것입니다. 파장의 한 주기에 도달하는데 시간이 오래 걸린다는 것은 같은 시간동안 주기가 반복되는 횟수가 줄어든다는 것을 의미하는 것입니다. 이와 같이 주기와 주파수는 반비례 관계에 있습니다.

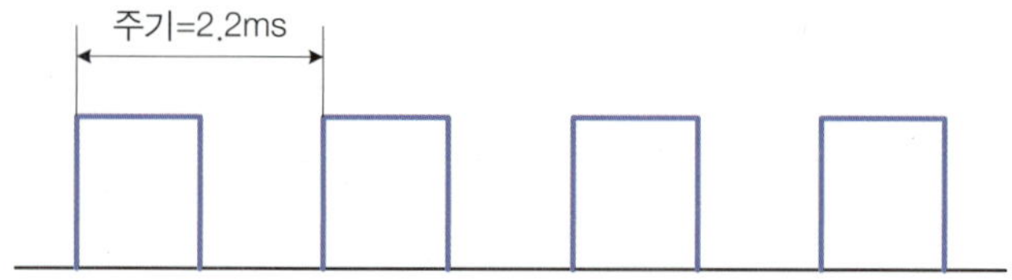

음계 라(A)의 파형

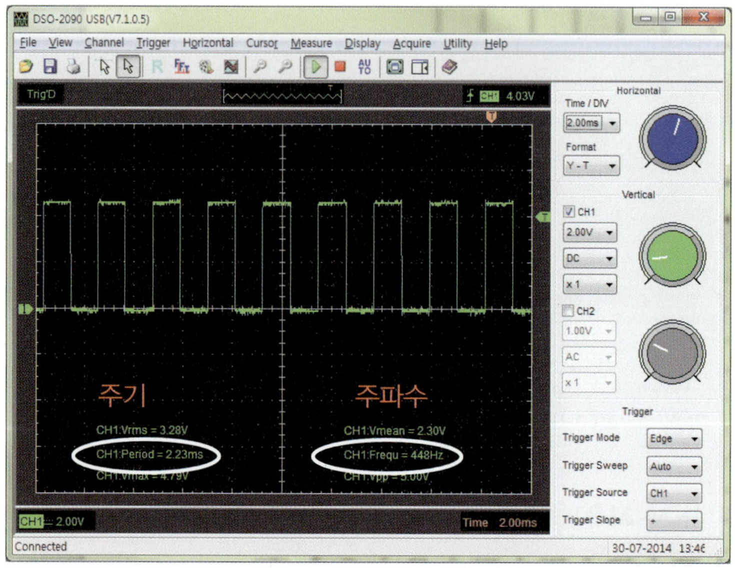

그림 4-44 음정 라(A; NOTE_A4음) 실제 출력 파형

음정과 해당 주파수는 다음과 같습니다.

옥타브 / 음정	0	1	2	3	4	5	6	7	8
도(C)	16	33	65	131	262	523	1047	2093	4186
도#(C#)	17	35	69	139	278	554	1109	2218	4435
레(D)	18	37	73	147	294	587	1175	2349	4699
레#(D#)	20	39	78	156	311	622	1245	2489	4978
미(E)	21	41	82	165	330	659	1319	2637	5274
파(F)	22	44	87	175	349	699	1397	2794	5588
파#(F#)	23	46	93	185	370	740	1475	2960	5920
솔(G)	25	49	98	196	392	784	1568	3136	6272
솔#(G#)	26	52	104	208	415	831	1661	3322	6645
라(A)	28	55	110	220	440	880	1760	3520	7040
라#(A#)	29	58	117	233	466	932	1865	3729	7459
시(B)	31	62	124	247	494	988	1976	3951	7902

헤더 파일은 내가 반복해서 자주 선언하는 것을 한번 작성하여 저장한 후 모든 스케치에 #include를 통해 포함시키면 별도로 작성하지 않아도 변수선언과 같은 준비 작업을 다시 하지 않아도 되어 편리합니다. 실제로 pitches.h에는 계음이 몇 Hz의 주파수인지를 정의하고 계음에 대응하는 주파수가 저장되어 있습니다.

pitches.h 파일의 내용

```
#define NOTE_B0   31
#define NOTE_C1   33
#define NOTE_CS1  35
#define NOTE_D1   37
#define NOTE_DS1  39
#define NOTE_E1   41
#define NOTE_F1   44
#define NOTE_FS1  46
#define NOTE_G1   49
#define NOTE_GS1  52
#define NOTE_A1   55
#define NOTE_AS1  58
#define NOTE_B1   62
#define NOTE_C2   65
#define NOTE_CS2  69
#define NOTE_D2   73
#define NOTE_DS2  78
#define NOTE_E2   82
#define NOTE_F2   87
#define NOTE_FS2  93
#define NOTE_G2   98
#define NOTE_GS2  104
#define NOTE_A2   110
#define NOTE_AS2  117
#define NOTE_B2   123
#define NOTE_C3   131
#define NOTE_CS3  139
#define NOTE_D3   147
#define NOTE_DS3  156
#define NOTE_E3   165
#define NOTE_F3   175
#define NOTE_FS3  185
#define NOTE_G3   196
#define NOTE_GS3  208
#define NOTE_A3   220
#define NOTE_AS3  233
#define NOTE_B3   247
#define NOTE_C4   262
#define NOTE_CS4  277
#define NOTE_D4   294
#define NOTE_DS4  311
#define NOTE_E4   330
#define NOTE_F4   349
#define NOTE_FS4  370
#define NOTE_G4   392
#define NOTE_GS4  415
#define NOTE_A4   440
#define NOTE_AS4  466
#define NOTE_B4   494
#define NOTE_C5   523
#define NOTE_CS5  554
#define NOTE_D5   587
#define NOTE_DS5  622
#define NOTE_E5   659
#define NOTE_F5   698
#define NOTE_FS5  740
#define NOTE_G5   784
#define NOTE_GS5  831
#define NOTE_A5   880
#define NOTE_AS5  932
#define NOTE_B5   988
#define NOTE_C6   1047
#define NOTE_CS6  1109
#define NOTE_D6   1175
#define NOTE_DS6  1245
#define NOTE_E6   1319
#define NOTE_F6   1397
#define NOTE_FS6  1480
#define NOTE_G6   1568
#define NOTE_GS6  1661
#define NOTE_A6   1760
#define NOTE_AS6  1865
#define NOTE_B6   1976
#define NOTE_C7   2093
#define NOTE_CS7  2217
#define NOTE_D7   2349
#define NOTE_DS7  2489
#define NOTE_E7   2637
#define NOTE_F7   2794
#define NOTE_FS7  2960
#define NOTE_G7   3136
#define NOTE_GS7  3322
#define NOTE_A7   3520
#define NOTE_AS7  3729
#define NOTE_B7   3951
#define NOTE_C8   4186
#define NOTE_CS8  4435
#define NOTE_D8   4699
#define NOTE_DS8  4978
```

pitches.h를 보면 NOTE_A4 = 440으로 정의되어 있습니다.

#include ⟨pitches.h⟩를 통해 헤더파일을 스케치에 포함한 순간부터 스케치 내에서 "NOTE_A4"라 하면 주파수 440으로 치환하여 계산합니다.

그럼 파헬벨의 캐논 악보의 일부입니다. 이중 20음만 멜로디로 스케치해 보겠습니다.

음계	C4	C5	B4	A4	B4	E5	G5	A5	F5	E5	D5	F5	E5	D5	C5	B4	A4	G4	F4	E4
길이	4	4	4	4	4	4	4	4	4	4	4	4	4	4	4	4	4	4	4	4

그림 4-45 파헬벨의 캐논 악보의 일부

회로도

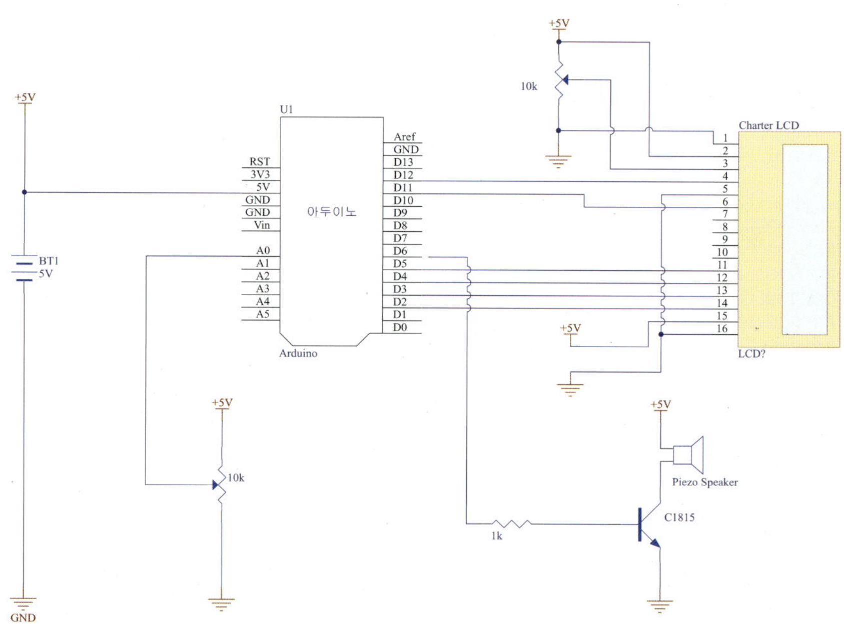

그림 4-46 과제5 회로도

부품배치도

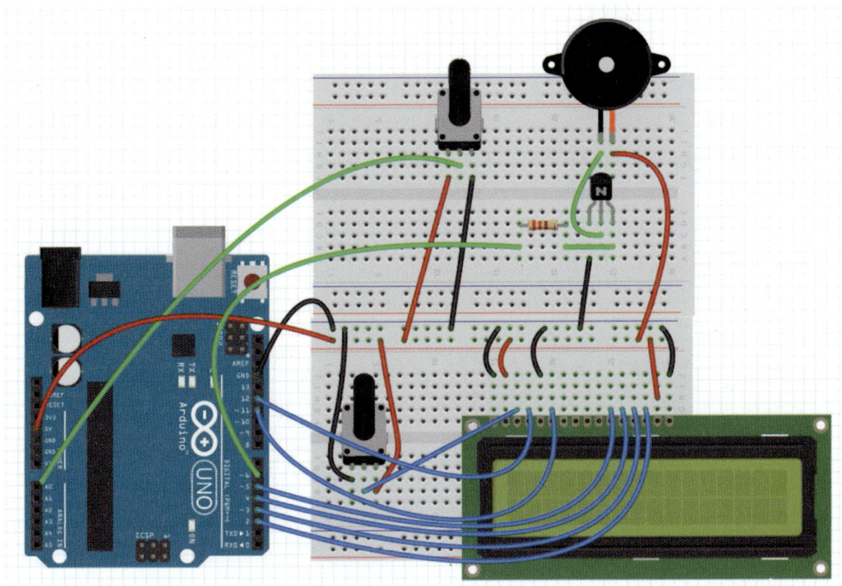

(a) 브레드보드에 구성한 회로

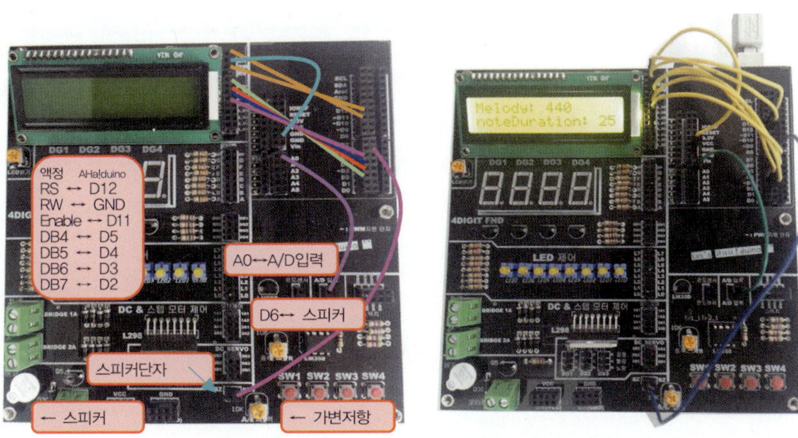

(b) 실습 장치로 구성한 회로

그림 4-47 과제5 회로부품 배치

스케치

스케치 소스 (JOB5)

```
#include <pitches.h>

#include <LiquidCrystal.h>

int SP_pin=6;
LiquidCrystal lcd(12,11, 5,4,3,2);

int melody[] = {
 NOTE_C4, NOTE_C5,NOTE_B4, NOTE_A4, //도도시라
 NOTE_B4, NOTE_E5, NOTE_G5, NOTE_A5,//시미솔라
 NOTE_F5, NOTE_E5, NOTE_D5, NOTE_F5, //파미레파
 NOTE_E5, NOTE_D5, NOTE_C5, NOTE_B4,//미솔파미
 NOTE_A4, NOTE_G4, NOTE_F4, NOTE_E4};//라솔파미
// 박자(note durations): 2 = 2분 음표, 4 = 4분 음표, 8 = 8분 음표
int noteDurations[] = {                //모두 4분 음표
        4,4,4,4,
        4,4,4,4,
        4,4,4,4,
        4,4,4,4,
        4,4,4,4};

void setup() {
   // LCD의 행과 열값을 설정해줍니다.
  lcd.begin(16, 2);
  lcd.clear();
  }

void loop() {

  lcd.setCursor(0, 0);
   // 24개의 음표를 반복 재생
  for (int thisNote = 0; thisNote < 20; thisNote++) {

    // 박자계산  박자(noteDuration = 1초/음표
    // 예, 4분 음표 = 1000/4, 8분 음표 = 1000/8

    int noteDuration = 1000/noteDurations[thisNote];
    tone(6, melody[thisNote],noteDuration);
```

```
    lcd.setCursor(0, 0);
    lcd.print("Melody: ");
    lcd.print(melody[thisNote]);
    lcd.setCursor(0, 1);
    lcd.print("noteDuration: ");
    lcd.print(noteDuration);

    // 음과 음사이의 구분
    // 음과 음사이는 대략 박자값 + 30% 정도의 시간을 추가 지연(임의값)
    int pauseBetweenNotes = noteDuration * 1.30;
    delay(pauseBetweenNotes);

  noTone(6);
  }
}
```

스케치 해설

- **tone(6, melody[thisNote],noteDuration);**

```
tone( 출력핀, 출력 주파수);
tone( 출력핀, 출력 주파수, 주기_ms );
```

이와 같은 tone함수는 두 개 또는 세 개의 인수를 갖는 함수입니다. 처음에 출력할 아두이노 핀을 쓰고, 소리 낼 주파수를 쓰고, 얼마나 오랫동안 지속할지를 써주면 해당 핀에 연결된 스피커에서 소리가 나게 됩니다.

- **delay(noteDuration);**

이 스케치는 음과 음 사이에 얼마간의 시간 지연을 넣어주는 스케치입니다. 음과 음 사이에 구분을 위해 삽입한 시간 지연입니다.

과제5-1 가변저항으로 연주하는 나만의 악기 만들기

실습목표 | 가변저항으로 나만의 악기를 만들 수 있습니다.

과제5-1은 0~5V의 아날로그 입력을 16~7902Hz의 음으로 변화시켜 가변저항을 변화시킬 때마다 저항값에 해당하는 음을 소리내는 스케치를 작성해 보겠습니다. 가변저항을 바뀔 때마다 다른 소리가 나는 스케치입니다. pitches.h와 tone명령 그리고 아날로그 입력 명령을 사용하여 스케치를 작성해보겠습니다.

pitches.h를 보면 NOTE_A4 = 440으로 정의되어 있습니다.

#include 〈pitches.h〉로 헤더파일을 스케치에 포함한 순간부터 스케치 내에서 "NOTE_A4"라 하면 주파수 440으로 치환하여 계산합니다.

회로도와 부품 배치는 과제5와 같습니다.

스케치

스케치 소스 (JOB5_1)

```
#include 〈pitches.h〉
#include 〈LiquidCrystal.h〉

LiquidCrystal lcd(12,11, 5,4,3,2);
int freq, freq1;
void setup() {
   // LCD의 행과 열값을 설정해줍니다.
  lcd.begin(16, 2);
  lcd.clear();
  }

void loop() {

  lcd.setCursor(0, 0);
  freq = analogRead(0);
                    //아날로그 입력단자(A0) 0~5V 값을 0~1023의 값으로
```

```
    freq=map(freq,0,1023, 16,7902);
                                // freq의 0~1023값을 16~7902값으로 대체

    if(abs(freq1-freq) > 20) { // 이전의 입력값과 20이상 차이 날 때만 실행
    lcd.clear();
    lcd.print("Freq: ");
    lcd.print(freq);
    lcd.print("Hz");

    tone(6, freq);  // 0 ~ 5V입력이 16 ~ 7902로 대치된 주파수를 출력

    freq1=freq;
    }

    delay(10);
}
```

스케치 해설

- **freq = analogRead(0);   // 0~5V 값을 0~1023의 값으로 freq=map(freq,0,1023, 16,7902);**

freq = analogRead(0); 명령문이 실행되면 아날로그 입력 A0에 입력되는 0~5V의 입력이 0~1023 사이의 정수 값으로 변환되어 변수 freq에 저장됩니다.

freq=map(freq,0,1023, 16,7902); 명령문이 실행되면 아날로그 값을 변환하여 저장해 놓은 변수 freq의 0~1023의 값을 16~7902 사이의 값으로 확대 치환하여 다시 변수 freq에 저장합니다

만약 이 명령문 실행 전에 freq = 1023이라면 명령문을 실행한 후에는 freq = 7902가 저장됩니다.

- **tone(6, freq); // 0~5V입력이 16~7902로 대치된 주파수를 출력**

이 명령을 통해 0~5V의 아날로그 입력 전압값이 16Hz~7902Hz로 변환되어 출력됩니다.

TIP freq

frequency: 주파수, 빈도, 진도
tone: 어조, 소리, 톤, 음, 신호

그림은 실제 출력을 오실로스코프로 확인한 것입니다. 액정에 93Hz라 표시되고 실제로 93Hz의 비프 음이 소리나고 있습니다. 이때 오실로스코프는 94Hz로 측정되었습니다. 거의 정확하게 주파수가 출력되고 있음을 확인할 수 있습니다.

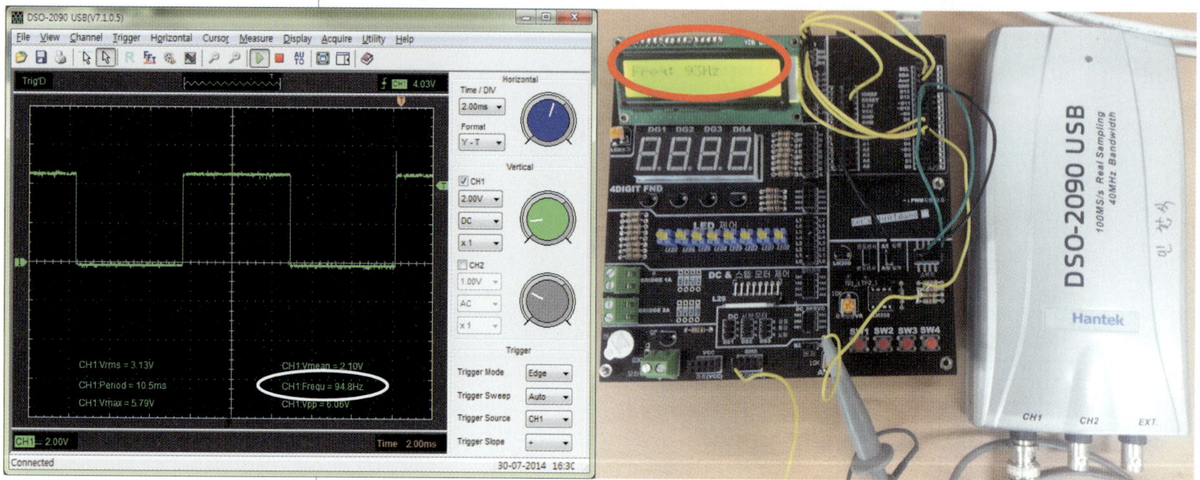

그림 4-48 과제5-1 오실로스코프 출력 및 실제 출력 사진

과제6 FND로 숫자 표시해보기

실습목표 | FND에 숫자를 표시하는 스케치를 작성할 수 있습니다.

과제2에서는 LED를 켜고 끄는 실습을 해보았습니다. 이번 과제6 에서는 LED 8개를 숫자 모양으로 배치하고 LED를 켜고 끔으로서 숫자를 표시하는 장치인 FND를 사용하는 과제입니다. FND는 택시 요금을 표시하는 등 숫자를 표시하는 저렴한 표시장치입니다. 그림 5-의 FND와 같이 8개의 LED중 7개의 LED로 숫자를 표시하고, 한 개의 LED로 점을 표시합니다.

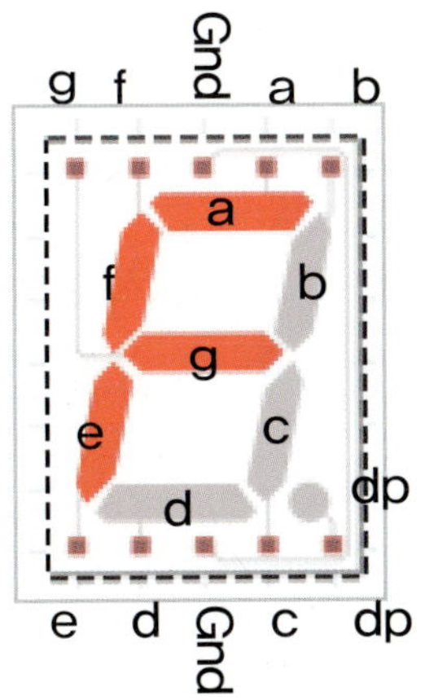

그림 4-49 FND의 구조

그림에서 a, e, f, g로 번호 붙여진 LED에 5V를 출력하면 영문자 'F'로 우리 눈에 보입니다. 만약 1을 표시한다면 LED b, c 이렇게 두 개만 켜면 1자로 보입니다. 그러므로 FND로 0~9의 숫자를 표시하려면 어떤 LED를 켜고, 꺼야하는지 미리 생각해 보아야 합니다. 그림의 FND는 음극을 공통으로 묶어 만든 음극 공통 형대의 LED로 공통단자를 0V(GND)에 연결하고, 켜고 싶은 LED 연결 단자에 'HIGH'를 출력하면 해당 LED가 켜지면서 숫자를 표현합니다.

FND \ 숫자	FND 표시값							
	a	b	c	d	e	f	g	dp
0	1	1	1	1	1	1	0	0
1	0	1	1	0	0	0	0	0
2	1	1	0	1	1	0	1	0
3	1	1	1	1	0	0	1	0
4	0	1	1	0	0	1	1	0
5	1	0	1	1	0	1	1	0
6	0	0	1	1	1	1	1	0
7	1	1	1	0	0	0	0	0
8	1	1	1	1	1	1	1	0
9	1	1	1	0	0	1	1	0

회로도

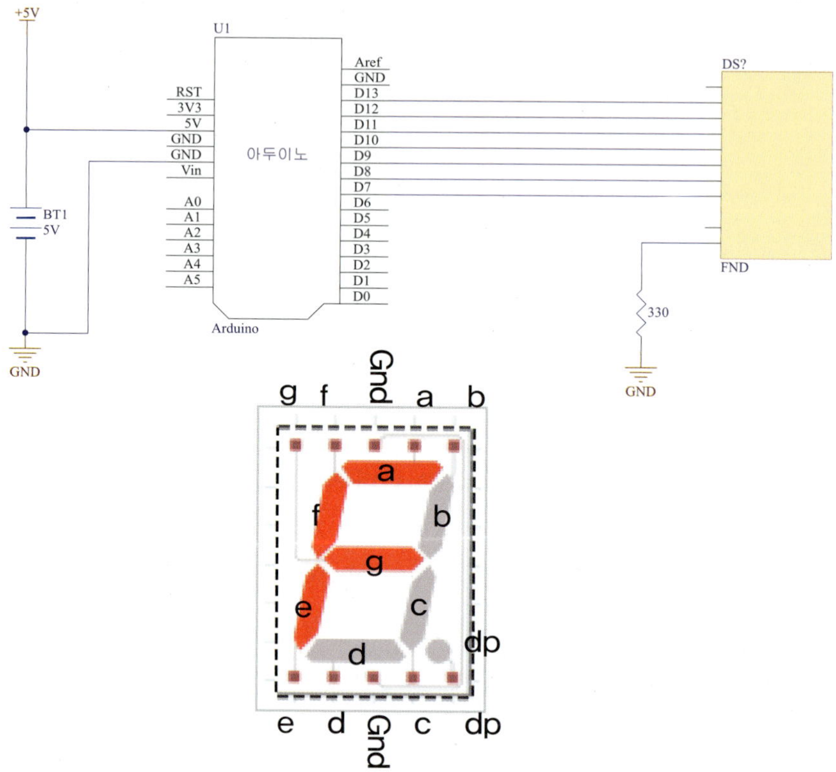

그림 4-50 과제6 회로도

부품배치도

아두이노 D7~D13번 핀을 FND a~g까지 연결하였습니다. 음극 공통 FND를 사용하였으므로 FND의 Gnd 단자는 둘중 하나만 GND에 연결하면 됩니다.

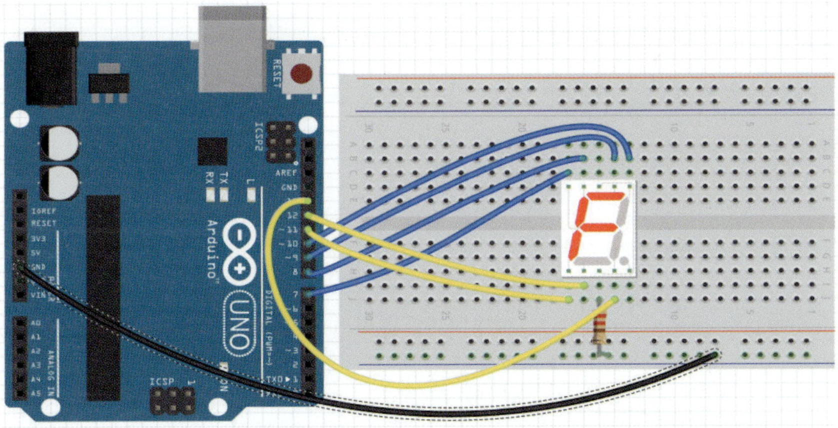

FND에 a ~ g에 HIGH를 출력해 8자를 1초 보이고, 1초간 끄는 동작을 반복하도록 스케치 해봅시다.

(a) 브레드보드에 구성한 회로

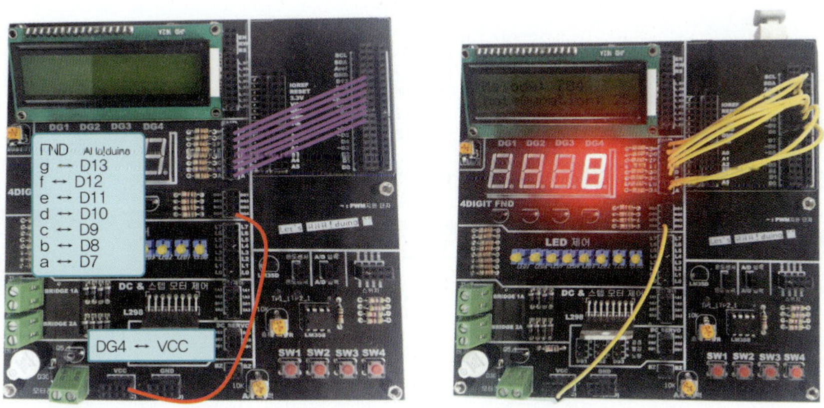

(b) 실습 장치로 구성한 회로 (DG1 ↔ VCC로 연결해야 합니다.)

그림 4-51 과제6 부품 배치도

스케치

FND 동작을 확인하기 위해 숫자 8을 1초간 보이다 1초간 꺼지는 동작을 반복하는 동작을 스케치합니다.

스케치 소스 (JOB6)

```
int Digital_pin;             // 디지털 출력핀을 표시할 변수 선언

// setup함수는 보드가 시작할 때 한번만 실행
// D7 ~ D13번 핀을 for문을 사용해 출력핀으로 설정
void setup() {
  for(Digital_pin = 7; Digital_pin<=13; Digital_pin++) {
   pinMode( Digital_pin, OUTPUT);
  }
}
// loop함수를 무한 반복수행 함
void loop() {
//************** D7 ~ D13번 핀을 HIGH로 출력
   for(Digital_pin=7; Digital_pin<=13; Digital_pin++) {
     digitalWrite( Digital_pin, HIGH);
   }
//************** D7 ~ D13번 핀을 HIGH로 출력 후 1초간 지연
   delay(1000);

//************** D7 ~ D13번 핀을 LOW로 출력
   for(Digital_pin=7; Digital_pin<=13; Digital_pin++) {
     digitalWrite( Digital_pin, LOW);
   }

//************** D7 ~ D13번 핀을 LOW로 출력 후 1초간 지연
   delay(1000);
}
```

스케치 해설

- for(Digital_pin = 7; Digital_pin<=13; Digital_pin++) {
  pinMode(Digital_pin, OUTPUT);
  }

for문을 사용하여 아두이노의 디지털 입출력핀 7~13을 출력으로 사용한다고 선언한 것입니다. pinMode(7, OUTPUT); 이렇게 하는 대신에 for문을 사용하여 pinMode(7, OUTPUT);에서 pinMode(13, OUTPUT); 까지 7줄의 명령문을 한 명령문으로 스케치한 것입니다.

for문 사용한 스케치	for(Digital_pin = 7; Digital_pin <=13; Digital_pin++) {
	pinMode(Digital_pin, OUTPUT);
	}

for문을 사용하지 않은 스케치	pinMode(7, OUTPUT);
	pinMode(8, OUTPUT);
	pinMode(9, OUTPUT);
	pinMode(10, OUTPUT);
	pinMode(11, OUTPUT);
	pinMode(12, OUTPUT);
	pinMode(13, OUTPUT);

스케치는 간략하게 작성하는 것이 좋습니다. pinMode를 7번 반복하는 것보다 for문을 사용하는 것이 나중에 분석하여 수정할 때 편리합니다.

다이내믹 구동으로 4자리 FND에 숫자 표시하기

과제6-1

난이도 | 최상 (난이도가 높으니 우선 통과해도 좋습니다.)

실습목표 | 배열을 사용해 4자리 FND에 0~9의 숫자를 표시할 수 있습니다.

FND를 사용해 숫자를 표시할 때는 배열을 사용하면 편리합니다. 배열은 여러 개의 기억장소를 하나의 묶음으로 표현한 자료구조를 말합니다.

TIP 다이내믹 구동 (dynamic display)

LED나 LCD, FND 등에서 여러 세그먼트, 여러 자리의 표시를 할 때 하나의 드라이버로 복수개의 세그먼트를 시분할(켜는 시간을 쪼개어)로 구동하는 방식을 말합니다.

같은 형태의 데이터를 기억할 때 일일이 변수 명을 부여하는 대신에 이를 하나의 집단으로 보고 이 집단에 이름을 정하고, 첨자를 붙여 구분하는 것입니다.

배열은 다음과 같이 선언합니다.

자료형 배열명[요소의 수][요소의 수];

- 자료형은 int, float 등을 사용
- 대괄호[ ]는 배열을 의미
- [ ]의 개수는 차원을 의미
- [ ] 안의 숫자(요소의 수)는 기억장소의 수를 나타내며, 이 수를 첨자라 합니다.

일차원 배열을 예로 들어 보겠습니다.

int FND[7]; 이라 하면

FND[0]	FND[1]	FND[2]	FND[3]	FND[4]	FND[5]	FND[6]

의 7개의 변수가 자동으로 만들어집니다.

int FND[7]={0,1,1,1,1,1,1}; 이렇게 작성하면 변수를 7개 만들어서 그 안에 미리 값도 넣어놓는 초기화 작업도 같이 수행됩니다.

배열요소	FND[0]	FND[1]	FND[2]	FND[3]	FND[4]	FND[5]	FND[6]
값	0	1	1	1	1	1	1

FND[0]에는 0이, FND[1]에는 1이 …… FND[13]에는 1이 초기화됩니다.

이번에는 이차원 배열을 예로 들어보겠습니다.

만약 int FND[10][8]; 이라 선언하면 다음과 같이 80개의 변수가 자동으로 생성됩니다.

FND[0][0]~FND[9][7]까지 변수가 생성되고 그 저장 공간이 만들어집니다.

과제 4에서 FND로 숫자를 표시하는 데이터를 만들었습니다.

숫자 \ FND	FND 표시값							
	a	b	c	d	e	f	g	dp
0	1	1	1	1	1	1	0	0
1	0	1	1	0	0	0	0	0
2	1	1	0	1	1	0	1	0
3	1	1	1	1	0	0	1	0
4	0	1	1	0	0	1	1	0
5	1	0	1	1	0	1	1	0
6	0	0	1	1	1	1	1	0
7	1	1	1	0	0	0	0	0
8	1	1	1	1	1	1	1	0
9	1	1	1	0	0	1	1	0

```
int FND[10][8]= {
        {1,1,1,1,1,1,0,0},  // 숫자 0의 데이터
        {0,1,1,1,0,0,1,0},  // 숫자 1의 데이터
        {1,1,0,1,1,0,1,0},  // 숫자 2의 데이터
        {1,1,1,1,0,0,1,0},  // 숫자 3의 데이터
        {0,1,1,0,0,1,1,0},  // 숫자 4의 데이터
        {1,0,1,1,0,1,1,0},  // 숫자 5의 데이터
        {0,0,1,1,1,1,1,0},  // 숫자 6의 데이터
        {1,1,1,0,0,0,0,0},  // 숫자 7의 데이터
        {1,1,1,1,1,1,1,0},  // 숫자 8의 데이터
        {1,1,1,0,0,1,1,0},  // 숫자 9의 데이터
};
```

FND 동작을 위해 이렇게 [10]×[8]개의 구동 데이터를 초기화하면 됩니다.

FND[A][B]		첨자 B							
		0	1	2	3	4	5	6	7
첨자 A	0	0	1	1	1	1	1	1	0
	1	0	0	0	1	0	0	1	0
	2	1	0	1	1	1	1	0	0
	3	1	0	1	1	0	1	1	0
	4	1	1	0	1	0	0	1	0
	5	1	1	1	0	0	1	1	0
	6	1	1	0	0	1	1	1	0
	7	0	0	1	1	0	0	1	0
	8	1	1	1	1	1	1	1	0
	9	1	1	1	1	0	1	1	0

만약 FND[3][4]의 값은 얼마일까요? 위의 테이블을 보면 FND[3][4]=0입니다. 이것을 프로그램으로 구현하여 FND로 0~9까지의 숫자를 표시하는 스케치를 작성해 보겠습니다.

회로도

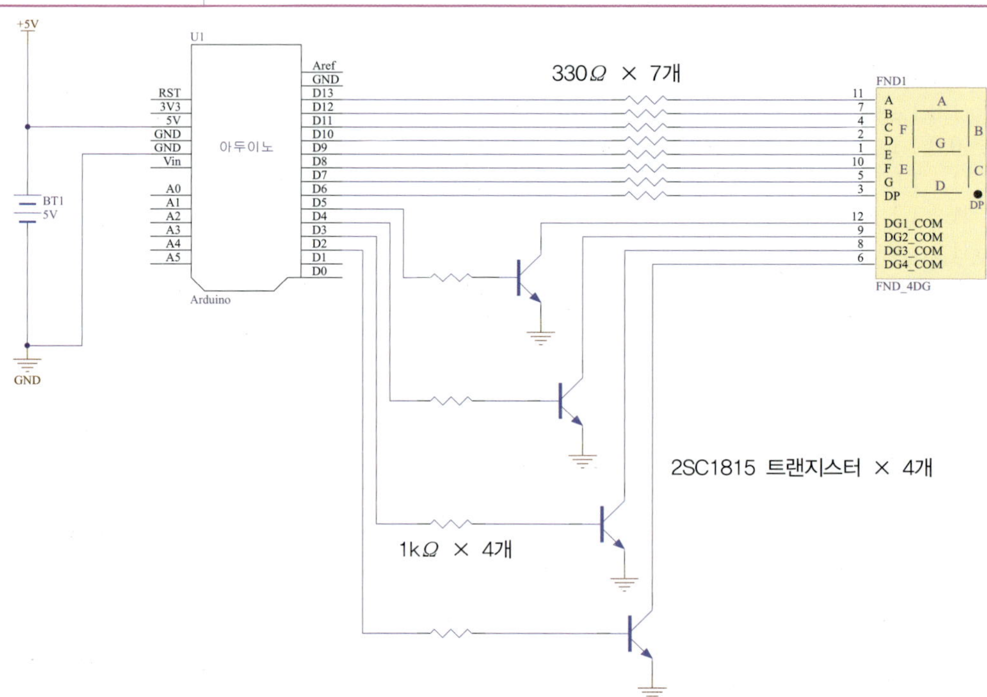

그림 4-52 과제 6-1 회로도

부품배치도

4자리 FND(SR-4156K)는 FND4개를 병렬로 연결해 놓은 음극공통 FND입니다. 아두이노 D7~D13번 핀을 FND a~g에 연결하고, D2~D5를 FND 음극에 연결하였습니다.

(a) 4digit FND SR-4156K

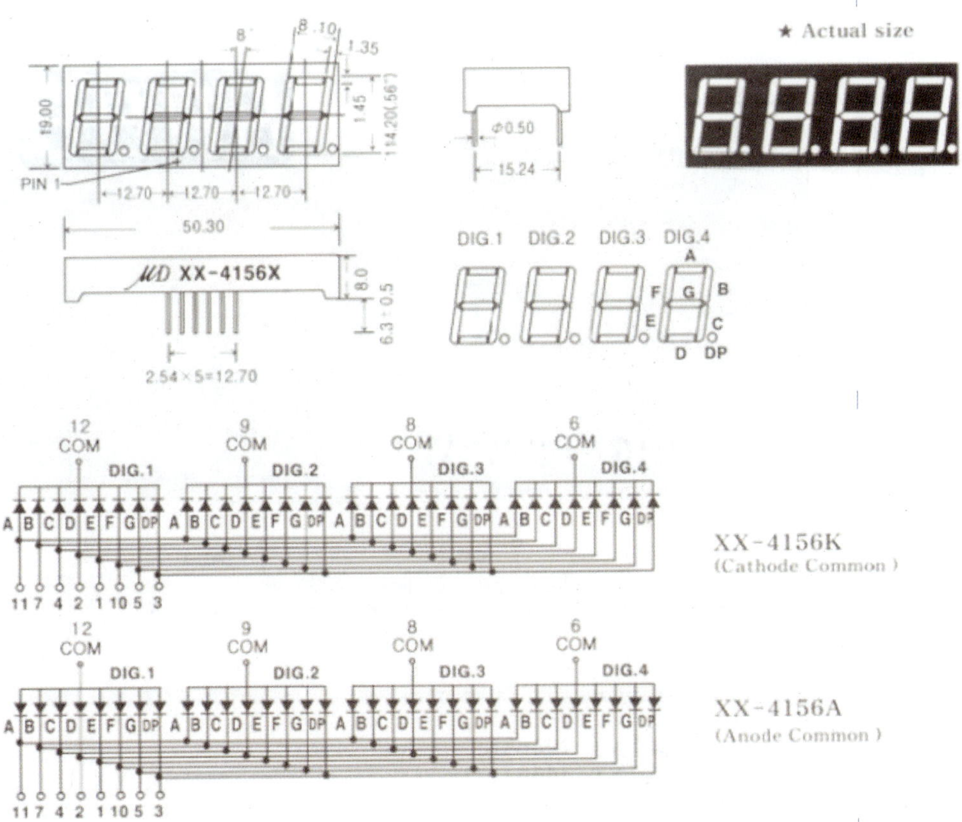

(b) 4digit FND SR-4156K 핀 배치도

그림 4-53 4digit FND 데이터 시트

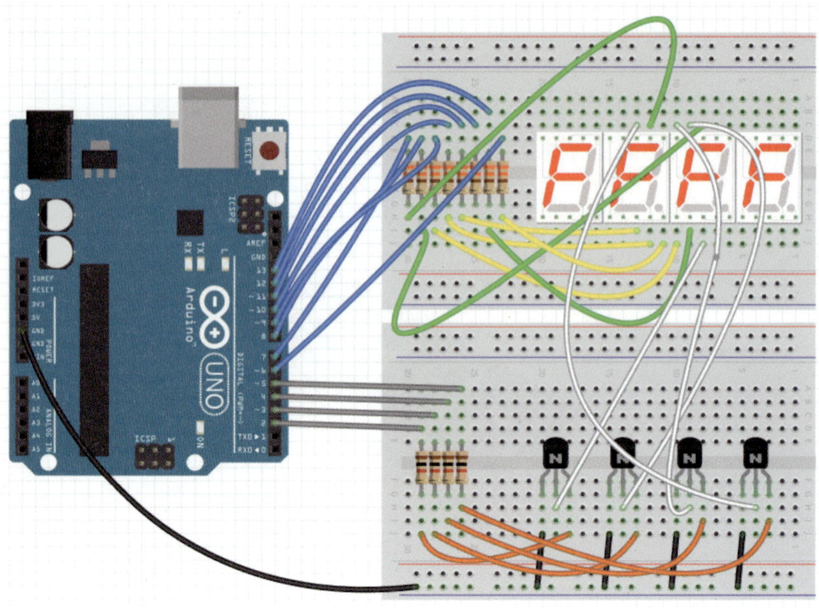

(a) 브레드보드에 구성한 회로

(b) 실습 장치로 구성한 회로

그림 4-54 과제6-1 부품 배치도

스케치

FND 동작을 확인하기 위해 숫자 8을 1초간 보이다. 1초간 꺼지는 동작을 반복하는 동작을 스케치 합니다.

스케치 소스 (JOB6_1)

```
int i;
int num;
int a;
int b=1;
int cnt=0;
long data=0;
int digit[4]={0, };

int FND_pin[7]={7,8,9,10,11,12,13};   // 디지털 출력핀을 표시할 변수 선언

int FND[10][8]= {
        {1,1,1,1,1,1,0,0},   // 숫자 0의 데이터
        {0,1,1,0,0,0,0,0},   // 숫자 1의 데이터
        {1,1,0,1,1,0,1,0},   // 숫자 2의 데이터
        {1,1,1,1,0,0,1,0},   // 숫자 3의 데이터
        {0,1,1,0,0,1,1,0},   // 숫자 4의 데이터
        {1,0,1,1,0,1,1,0},   // 숫자 5의 데이터
        {0,0,1,1,1,1,1,0},   // 숫자 6의 데이터
        {1,1,1,0,0,0,0,0},   // 숫자 7의 데이터
        {1,1,1,1,1,1,1,0},   // 숫자 8의 데이터
        {1,1,1,0,0,1,1,0},   // 숫자 9의 데이디
};

// setup함수는 보드가 시작할 때 한 번만 실행
// D7 ~ D13번 핀을 for문을 사용해 출력핀으로 설정
void setup() {
//**** FND a ~ g까지 D7 ~ D13번 핀 출력으로 설정
  for(i = 0; i <= 7; i++) {
        pinMode( FND_pin[i], OUTPUT);
  }

//**** FND digit1 ~ digit4 까지 D2 ~ D5번 핀 출력으로 설정
  for(i = 2; i <= 5; i++){
   pinMode( i, OUTPUT);
  }
}

//*****표시할 숫자 9999의 1의자리, 10의자리, 100의자리, 1000의 자리값
나누기
// 1,000의 자릿값 digit[3], 100의 자릿값 digit[2], 10의 자릿값 digit[1]
// 1의 자릿값 digit[0]로 분리하여 저장해 주는 함수
```

```
        int n;
        for(n=0;n<4;n++)
          digit[n]=0;

        while(temp>9){
                temp=temp-10; digit[1]++;
                if(digit[1]>9){
                        digit[1]=digit[1]-10;
                        digit[2]++;
                }

            if(digit[2]>9){
                digit[2]=digit[2]-10;
                digit[3]++;
            }
        }
        digit[0]=temp;
}

//****FND a ~ g까지의 값을 출력해주는 함수
// D7 ~ D13에 순서대로 FND[k][i]의 FND출력값을 출력해 줍니다.
void FND_Dis(int k){
    for(i=0; i <= 7; i++) {
        digitalWrite( FND_pin[i],FND[k][i]);
    }
}

//****************************
// main loop함수
void loop() {
  switch(cnt) {

//**** 1의 자릿값 FND에 표시
        case 0 :digitalWrite(5, LOW);
                digitalWrite(2, HIGH);
                FND_Dis(digit[0]);
                cnt=1;
                delay(b);
                break;

//**** 10의 자릿값 FND에 표시
        case 1 :digitalWrite(2, LOW);
```

```
                  digitalWrite(3, HIGH);
void Convert_digit(int temp ){

                  FND_Dis(digit[1]);
                  cnt=2;
                  delay(b);
                  break;

//**** 100의 자릿값 FND에 표시

         case 2 :digitalWrite(3, LOW);
                  digitalWrite(4, HIGH);
                  FND_Dis(digit[2]);
                  cnt=3;
                  delay(b);
                  break;

//**** 1,000의 자릿값 FND에 표시
         case 3 :digitalWrite(4, LOW);
                  digitalWrite(5, HIGH);
                  FND_Dis(digit[3]);
                  cnt=0;
                  delay(b);
                  break;
         default : cnt=0;
   }


   a++;
   if(a> 50){
     a=0;
     data+=1;
     Convert_digit(data);  // 출력할 data값을 각각의 자릿값으로 나눠라
   }

   if(data>=9999) data=0; // 0 ~ 9999까지만 출력하여라
}
```

스케치 해설

- int digit[4]={0, };

표시할 숫자의 각 자릿값, 1,000의 자릿값을 저장할 digit[3], 100의 자릿값을 저장할 digit[2], 10의 자릿값을 저장할 digit[1], 1의 자릿값을 저장할 digit[0]을 배열로 정의하고 그 값을 0으로 초기화 하라는 명령입니다.

- int FND_pin[7]={7,8,9,10,11,12,13};

디지털 출력핀을 배열로 표현한 것입니다. 아래의 표와 같이 FND[0]~FND[6]까지 7개의 변수를 배열로 선언하고, 각각의 배열변수에 7~13의 값을 초기 값으로 넣으라는 명령입니다.

배열명	FND[0]	FND[1]	FND[2]	FND[3]	FND[4]	FND[5]	FND[6]
초기값	7	8	9	10	11	12	13

- void Convert_digit(int temp){

Convert_digit( )함수는 사용자 정의 함수입니다. 숫자 temp를 받아서 1,000의 자릿값, 100의 자릿값, 10의 자릿값을, 1의 자릿값을 구하는 함수입니다. 코드의 동작은 하나하나 설명하겠습니다.

```
for(n=0;n<4;n++)
   digit[n]=0;
```

digit[0]~digit[3]까지 자료값을 0으로 합니다.

배열명	digit[3]	digit[2]	digit[1]	digit[0]
초기값	0	0	0	0

```
while(temp>9){
        temp=temp-10; digit[1]++;
```

넘겨받은 수를 temp값이 9보다 크다면 temp값에서 10을 뺍니다. 그리고 10의 자리를 하나 올리라는 명령입니다.

만약 temp가 350이라면

temp= 340이 되고,

digit[1]의 값은 digit[1] + 1을 합니다.

배열명	digit[3]	digit[2]	digit[1]	digit[0]
초기값	0	0	1	0

```
if(digit[1]>9){
        digit[1]=digit[1]-10;
        digit[2]++;
}
```

10의 자릿값 digit[1]의 값이 9보다 크면 digit[1]의 값에서 10을 뺍니다. 그리고 100의자릿값 digit[2]의 값을 하나 증가합니다.

만약 digit[0]의 값이 9보다 큰 10이 있었다면

digit[0] = 10 → digit[0] = 0이 되고,

digit[2] = 값은 원래 있던 값에 하나를 더합니다.

배열명	digit[3]	digit[2]	digit[1]	digit[0]
초기값	0	0	1	0

```
    if(digit[2]>9){
        digit[2]=digit[2]-10;
        digit[3]++;
    }
}
```

100의 자릿값 digit[2]의 값이 9보다 크면 digit[2]의 값에서 10을 뺍니다. 그리고 1,000의 자릿값 digit[2]의 값을 하나 증가합니다.

만약 digit[2]에 10이 있었다면

digit[2] = 10 → digit[2] = 0이 되고,

digit[3] = 값은 원래 있던 값에 하나를 더합니다.

배열명	digit[3]	digit[2]	digit[1]	digit[0]
초기값	0	10	3	

⬇

배열명	digit[3]	digit[2]	digit[1]	digit[0]
초기값	1	0	3	

```
*/
        digit[0]=temp;
}
```

이 과정을 temp의 값이 9보다 작거나 같을 때까지 계속 반복한 뒤 남는 숫자가 1의 자릿값이 되어 temp[0]에 저장됩니다.

만약 temp에서 3576을 넘겨받았다면, 함수를 모두 실행한 뒤에

배열명	digit[3]	digit[2]	digit[1]	digit[0]
초기값	3	5	7	6

의 값이 저장됩니다.

- void FND_Dis(int k){

```
for(i=0; i <= 7; i++) {
      digitalWrite( FND_pin[i],FND[k][i]);
   }
}
```

숫자 k의 값이 FND에 표시되도록 FND LED segment a~g까지 숫자를 해당 출력 단자인 D7~D13까지 출력해 주는 함수입니다.

변수 i 값 0~7까지 7번 실행합니다. 만약 변수 k에 3이 넘겨지고 i 값이 0이라면

```
digitalWrite( FND_pin[0],FND[3][0]);
```

FND_pin[0]의 값은 7이므로 digitalWrite(7, 1); 이 실행되어 D7번 핀에 1이 출력됩니다. FND[3][0]의 값은 1이기 때문입니다. 배열 초기화 표에서 확인해 보겠습니다.

FND[A][B]		첨자 B							
		0	1	2	3	4	5	6	7
첨자 A	0	0	1	1	1	1	1	1	0
	1	0	0	0	1	0	0	1	0
	2	1	0	1	1	1	1	0	0
	3	1	0	1	1	0	1	1	0
	4	1	1	0	1	0	0	1	0

- switch(cnt) {

```
//**** 1의 자릿값 FND에 표시
        case 0 :digitalWrite(5, LOW);
                digitalWrite(2, HIGH);
                FND_Dis(digit[0]);
                cnt=1;
                delay(b);
                break;

//**** 10의 자릿값 FND에 표시
        case 1 :digitalWrite(2, LOW);
                digitalWrite(3, HIGH);
                FND_Dis(digit[1]);
                cnt=2;
                delay(b);
                break;

//**** 100의 자릿값 FND에 표시

        case 2 :......
               ......
                break;

//**** 1,000의 자릿값 FND에 표시
        case 3 :......
               ......
                break;
        default : cnt=0;
    }
```

TIP switch (cnt)

4개의 FND를 다이내믹 구동하기 위해 switch문을 사용하였습니다. case0 ~ case3을 한 번씩 교대로 수행하며 4개의 FND를 하나씩 켜게 됩니다. 하나씩 빨리 켜지는 것이지만 착시 현상으로 우리눈에는 모두 켜있는 것처럼 보입니다. 이것이 다이내믹 구동입니다.

아두이노의 출력핀이 부족하여 4개의 LED에 동시에 값을 뿌려줄 수 없습니다. 이러기 위해서는 4×7segment = 28개의 디지털 출력핀이 필요합니다. 이것을 7+4 = 11개의 디지털 출력핀으로 표시하기 위해 일종의 눈속임을 합니다. 4개의 FND를 동시에 켜지 않고 하나씩 켜는데 사람이 알아보지 못할 정도로 빠르게 반복하는 것입니다. 이를 다이내믹(Dynamic)구동이라 합니다.

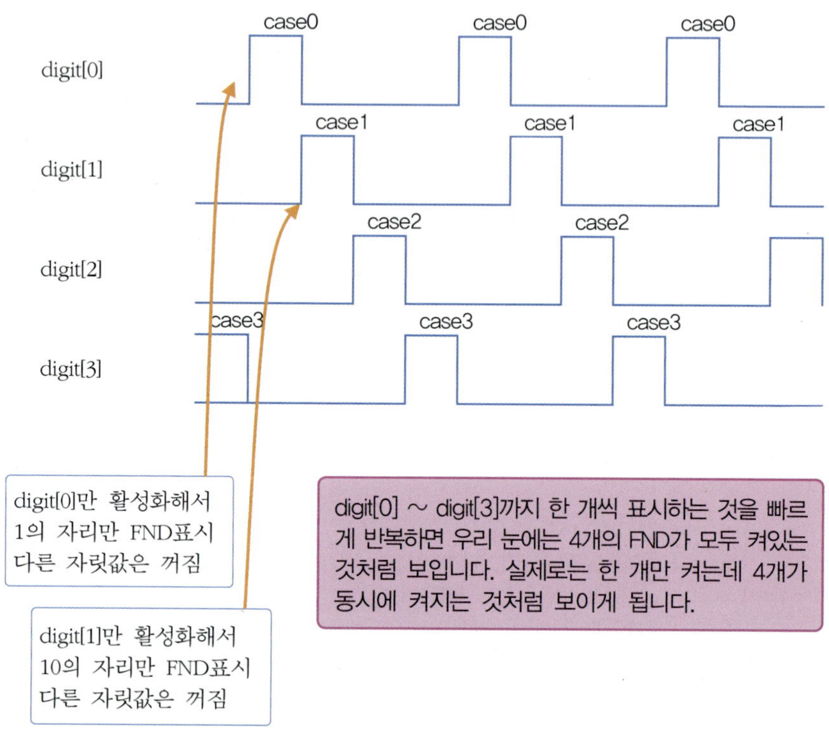

TIP

아두이노는 오픈소스여서 자기가 만든 프로그램을 헤더파일로 만들어 공개하면 전세계 누구나 자유롭게 이용할 수 있습니다. 4자리 FND를 간단하게 구동하도록 함수로 만들어 제공한 오픈소스가 있습니다. 검색해 사용해보면 또 다른 프로그래머가 만든 오픈소스를 사용해 간단하게 구현할 수 있음을 확인할 수 있을 것입니다. 물론 이 스케치도 함수로 만들어 공개하면 누군가 4자리 FND를 구동할 때 편리하게 사용할 수 있을 것입니다.

```
//**** 1의 자릿값 FND에 표시
       case 0 :digitalWrite(5, LOW);     // digit[3]을 꺼라
               digitalWrite(2, HIGH);  // digit[0]을 켜라
                FND_Dis(digit[0]);       // 1의 자릿값 FND에 표시
               cnt=1;                  // 다음에 case1 실행하도록 cnt설정
               delay(b);               // 우리 눈에 잠시 digit[0]을 보여줘라
               break;

//**** 10의 자릿값 FND에 표시
       case 1 :digitalWrite(2, LOW);
               digitalWrite(3, HIGH);
               FND_Dis(digit[1]);
               cnt=2;
               delay(b);
               break;
```

타이머를 이용한 FND 시간표시기 만들기

과제6-2

실습목표 | 타이머라이브러리를 사용해 4자리 FND에 10ms마다 1씩 증가하는 타이머를 만들 수 있습니다.

이번에는 조금 더 정확한 시간을 표시하는 스케치를 작성해 보겠습니다. 100m초(0.1초)마다 1씩 증가하는 스케치를 작성해 보겠습니다. 시간의 정확도를 높이기 위해 일정 시간마다 어떤 일을 하고 싶을 때 사용하는 timer.h 타이머 라이브러리 함수를 사용해 보겠습니다.

타이머 라이브러리는 어떤 일을 주기적으로 처리하고자 할 때 사용하는 라이브러리입니다. 이 라이브러리는 아두이노 홈페이지에 링크된 https://github.com/JChristensen/Timer에서 다운로드 받을 수 있습니다.

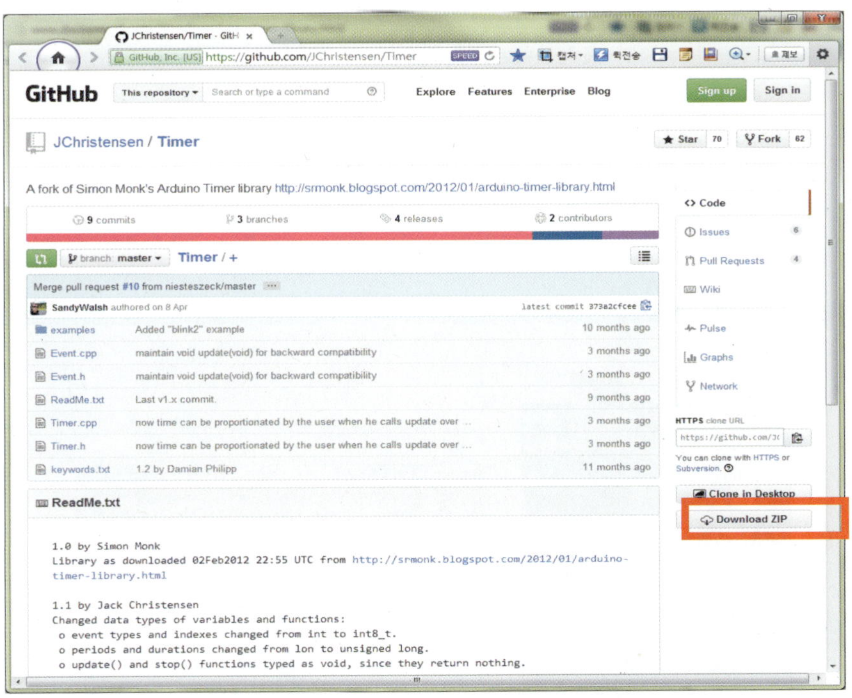

그림 5-55 타이머 라이브러리 다운로드

다운받은 Timer-master.zip파일의 압축을 푼 다음 이 폴더를 C:\Program Files\Arduino\libraries에 복사해 넣으면 됩니다. 다운받은 라이브러리파일을 폴더채로 아두이노 라이브러리 폴더에 복사해 넣으면 이제 timer.h 라이브러리를 사용할 수 있게 됩니다.

타이머라이브러리를 이용해 맨 처음에 학습한 D13번 핀에 LED를 연결하여 깜빡거리는 예제인 Blink예제를 타이머 라이브러리로 만들어 보면서 스케치를 설명하겠습니다.

회로도

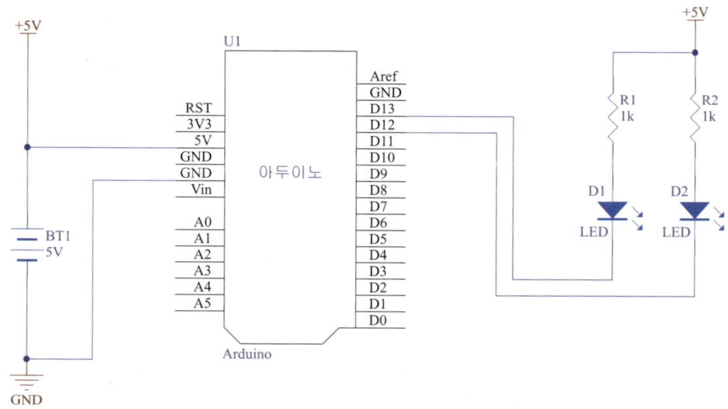

그림 4-56 타이머 동작시험을 위한 회로도

부품배치도

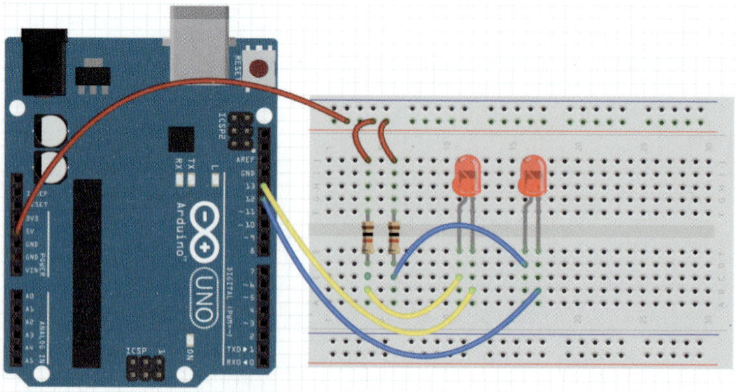

(a) 브레드보드를 이용한 회로배선

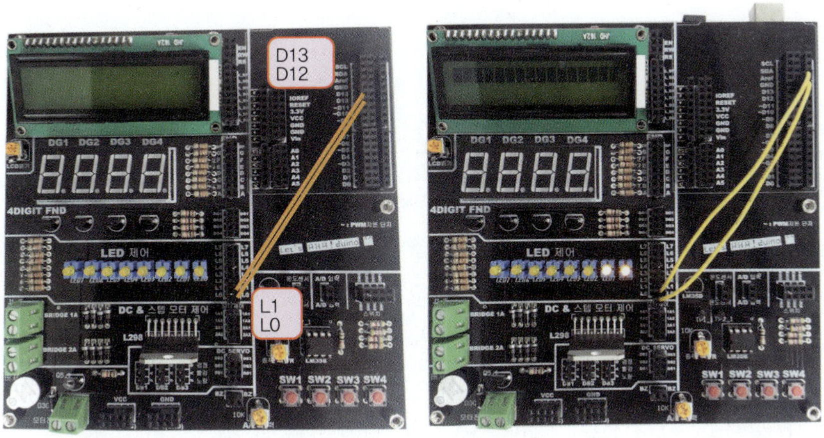

(b) 실습 장치의 회로배선

그림 4-57 타이머 동작시험을 위한 부품 배치

스케치 동작

```
 : LED1은 1초 간격으로, LED0는 0.1초 간격으로 깜빡거려라

#include "Timer.h"    // Timer라이브러리를 사용 하겠다.

boolean a = HIGH;
int LED1 = 13;
int LED0 = 12;

Timer t;              // 타이머를 사용하기 위한 객체 t를 생성

void setup(void){
    pinMode(LED1, OUTPUT);      // D13번 핀 출력으로 선택
    pinMode(LED0, OUTPUT);
    t.oscillate(LED1, 1000, HIGH);
 // LED1을 1000ms마다 주기적으로 반전해라, 처음은 HIGH로 시작해서~~
 //  1초 켜고, 1초 끄고, 1초 켜고, 1초 끄고, ........  무한 반복해라

    t.every(100,Blink_LED);
  // 100ms마다 Blink_LED함수를 실행하라
}

void loop(void){
    t.update();       // loop함 내에 삽입하여야 실행됩니다.
```

```
}

void Blink_LED() {
  a=!a; // 현재의 변수 a값을 반대로 HIGH면 LOW로, LOW면 HIGH로
  digitalWrite(LED0, a);  //
}
```

타이머의 역할을 하는 Timer t;를 선언해야 합니다. 이것은 타이머라이브러리를 사용하기 위한 약속이므로 이대로 스케치하여야 합니다. 타이머 역할을 하는 t는 oscillate함수를 사용하는데 이 oscillate함수는 세 개의 인수를 사용합니다.

```
t.oscillate( 출력핀, 켜고 끄는 주기, 처음 시작값);
```

이렇게 세 개의 인수를 사용하는데 처음에 출력하고자 하는 핀을 쓰고, 다음은 주기를 씁니다. 이때 단위는 ms입니다. 1000은 1초입니다. 세 번째 인수는 처음 출력값이 HIGH인가 LOW인가를 선택하는 인수입니다. 세 번째 인수가 HIGH라면 처음엔 HIGH출력, 다음 1초는 LOW, 다음 1초 HIGH를 반복하게 됩니다.

```
t.every(100,Blink_LED);
```

t.every(함수호출주기, 호출함수 명); 함수는 두 개의 인수를 사용하는데 함수 호출 주기와 호출 함수명입니다.

t.every(100,Blink_LED); 100ms마다 사용자 정의 함수인 Blink_LED 함수를 호출하여 실행하라는 명령입니다.

100ms마다 Blink_LED함수를 실행해서 한번은 HIGH를 다음은 LOW를 D12번 핀에 출력합니다.

타이머 역할을 하는 t는 계속해서 시간을 체크해야 하므로 loop함수 내에 t.update를 호출하여야 합니다. 이 또한 타이머라이브러리를 사용하는 약속입니다.

자, 이제 이 Timer.h 라이브러리 함수를 사용하여 0.1초마다 하나씩 증가하는 초시계를 만들어 보겠습니다. 표시형식은 FND Digit2에 점을 찍어 123.4의 형식으로 표시되도록 작성해 보겠습니다.

회로도

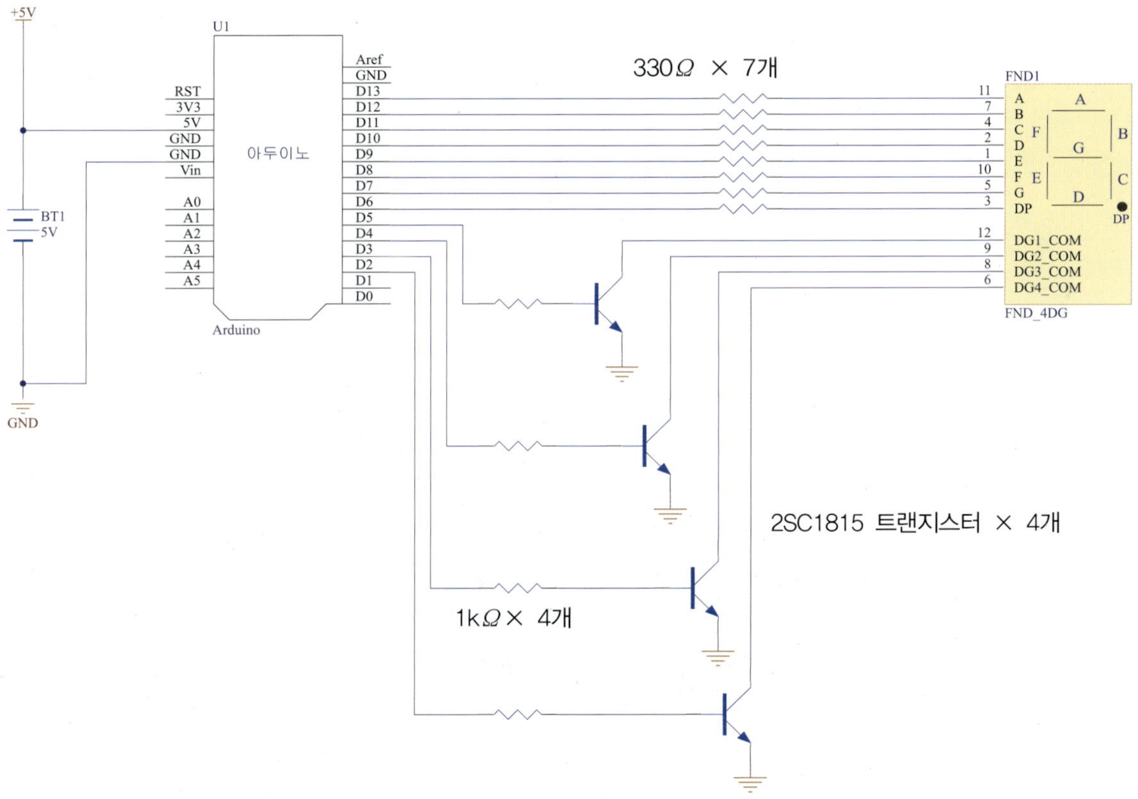

그림 4-58 과제6-2 회로도

부품배치도

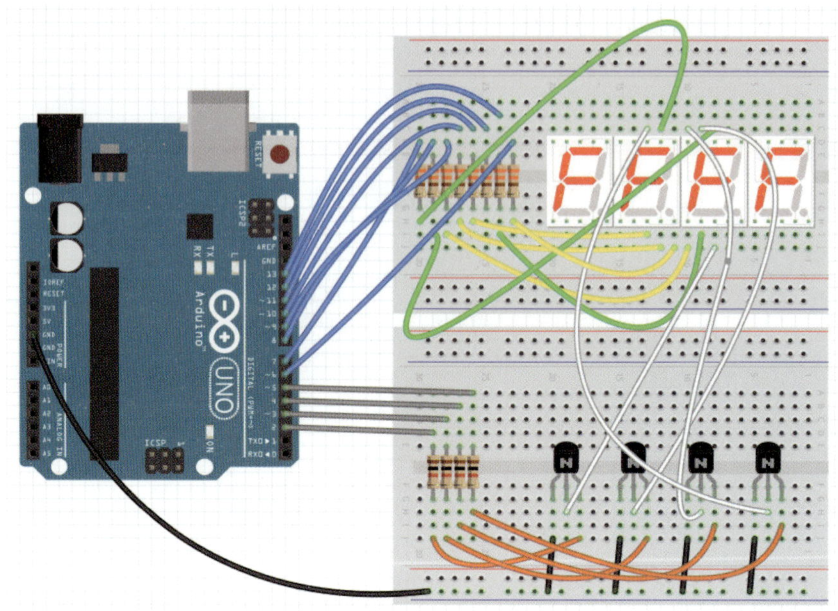

(a) 브레드보드에 구성한 회로

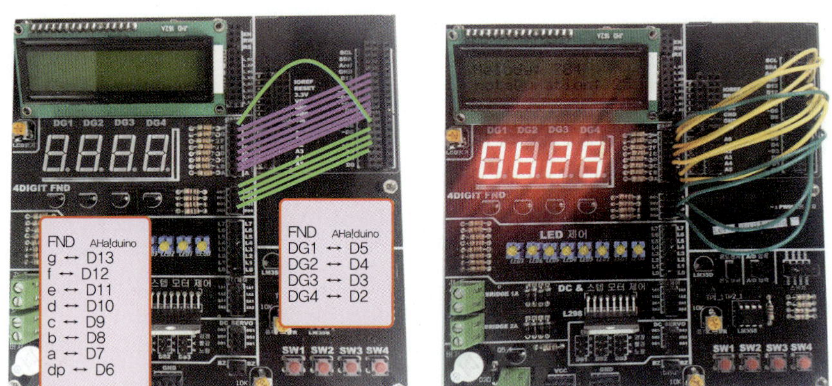

(b) 실습 장치로 구성한 회로

그림 4-59 과제6-2 부품 배치

스케치

앞에서 작성했던 FND 다이내믹 구동 스케치를 조금 바꾸어 작성해 보겠습니다.

스케치 소스 (JOB6_2)

```
#include <Timer.h>

Timer t;    // Timer라이브러리를 사용 하겠다...

int i;
int num;
int b=1;
int cnt=0;
long data=0;
int digit[4]={0, };

int FND pin[7]={7,8,9,10,11,12,13};   // 디지털 출력핀을 표시할 변수 선언

int FND[10][8] = {
        {1,1,1,1,1,1,0,0},  // 숫자 0의 데이터
        {0,1,1,0,0,0,0,0},  // 숫자 1의 데이터
        {1,1,0,1,1,0,1,0},  // 숫자 2의 데이터
        {1,1,1,1,0,0,1,0},  // 숫자 3의 데이터
        {0,1,1,0,0,1,1,0},  // 숫자 4의 데이터
        {1,0,1,1,0,1,1,0},  // 숫자 5의 데이터
        {0,0,1,1,1,1,1,0},  // 숫자 6의 데이터
        {1,1,1,0,0,0,0,0},  // 숫자 7의 데이터
        {1,1,1,1,1,1,1,0},  // 숫자 8의 데이터
        {1,1,1,0,0,1,1,0},  // 숫자 9의 데이터
};

// setup함수는 보드가 시작할 때 한번만 실행
// D7 ~ D13번 핀을 for문을 사용해 출력핀으로 설정
void setup() {
 t.every(100,Count_UP);

//**** FND a ~ g까지 D7 ~ D13번 핀 출력으로 설정
  for(i = 0; i <= 7; i++) {
```

```
            pinMode( FND_pin[i], OUTPUT);
    }

//**** FND digit1 ~ digit4 까지 D2 ~ D6번 핀 출력으로 설정
    for(i = 2; i <= 6; i++){
     pinMode( i, OUTPUT);
    }
}

//***** 100ms 마다 data하나씩 증가
void Count_UP() {
  data++;
}


//*****표시할 숫자 9999의 1의자리, 10의자리, 100의자리, 1000의자리값 나누기
// 1,000의 자릿값 digit[3], 100의 자릿값 digit[2], 10의 자릿값 digit[1]
// 1의 자릿값 digit[0]로 분리하여 저장해 주는 함수

void Convert_digit(int temp ){
        int n;
        for(n=0;n<4;n++)
          digit[n]=0;

        while(temp>9){
            temp=temp-10; digit[1]++;
            if(digit[1]>9){
                digit[1]=digit[1]-10;
                digit[2]++;
            }

            if(digit[2]>9){
                digit[2]=digit[2]-10;
                digit[3]++;
            }
        }
        digit[0]=temp;
}

//****FND a ~ g까지의 값을 출력해 주는 함수
// D7 ~ D13에 순서대로 FND[k][i]의 FND출력값을 출력해 줍니다.
```

```
void FND_Dis(int k){
    for(i=0; i <= 7; i++) {
        digitalWrite( FND_pin[i],FND[k][i]);
    }
}

//****************************
// main loop함수
void loop() {
  switch(cnt) {

//**** 1의 자릿값 FND에 표시
        case 0 : digitalWrite(5, LOW);
                 digitalWrite(2, HIGH);
                 FND_Dis(digit[0]);
                 cnt=1;
                 delay(b);
                 break;

//**** 10의 자릿값 FND에 표시
        case 1 : digitalWrite(2, LOW);
                 digitalWrite(3, HIGH);
                 digitalWrite(6, HIGH);  //Digit2에 소숫점 표시
                 FND_Dis(digit[1]);
                 cnt=2;
                 delay(b);
                 break;

//**** 100의 자릿값 FND에 표시

        case 2 : digitalWrite(6, LOW); //Digit3은 소수점 찍지 않는다.
                 digitalWrite(3, LOW);
                 digitalWrite(4, HIGH);
                 FND_Dis(digit[2]);
                 cnt=3;
                 delay(b);
                 break;

//**** 1,000의 자릿값 FND에 표시
        case 3 : digitalWrite(4, LOW);
                 digitalWrite(5, HIGH);
```

```
                FND_Dis(digit[3]);
                cnt=0;
                delay(b);
                break;
        default : cnt=0;
    }

    t.update();
    Convert_digit(data);  // 출력할 data값을 각각의 자릿값으로 나눠라

    if(data>=9999) data=0; // 0 ~ 9999까지만 출력하여라.
}
```

스케치 해설

- t.every(100,Count_UP);

100ms마다 Count_UP을 호출하여 실행하라는 명령입니다. 이 명령에 의해

```
void Count_UP() {
  data++;
}
```

100ms마다 함수가 호출되어 data값은 data + 1, 즉 data는 하나씩 증가합니다.

Loop함수에서는 반복적으로 data값을 변환하여 FND에 반복적으로 표시해주는 동작만 하게 됩니다.

LCD를 사용하다 FND를 사용하니 프로그램도 복잡하고 사용하기에 조금 복잡하게 느껴집니다. 하지만 FND의 가격은 LCD에 비해 1/5수준입니다. 대량생산한다면 제품 한 개당 6,000원 정도의 비용을 절약할 수 있습니다. 프로그래머가 조금 고생하더라도 제품 한 개 당 6,000원의 원가를 절약할 수 있다면 생산자나 소비자 모두에게 이득이 될 수 있을 것입니다. 실제 현장에서는 하드웨어와 소프트웨어와, 비용 대 효율, 기능 대 원가 등 다양한 분야에서 균형 맞추어 제품을 개발하는 것입니다.

아마 인터넷을 찾아보면 누군가 만들어 놓은 4Digit FND 구동함수를 찾을 수 있습니다. 앞서 문자LCD를 편리하게 사용했듯이 4Digit FND 다이내믹 구동을 함수로 만들어 놓았습니다. 이와같이 여러분이 만들 수도 있고, 오픈소스이므로 다른 사람이 만든 함수를 이용할 수도 있습니다. 물론 지금 과제로 작성한 소스를 함수로 만들어 다른 사람에게 제공할 수도 있습니다.

RC 서보모터를 원하는 위치로 회전시키기 과제7

실습목표 | RC 서보 모터를 사용하여 원하는 위치에 회전시킬 수 있습니다.

대부분의 전자기기 중 출력으로 사용되는 장치 중 하나가 바로 모터입니다. 모터는 회전운동을 하는 장치입니다. 회전만 시키긴 쉽지만 만약 모터를 45도만 회전하고 멈추고 싶을 땐 일반 모터로는 매우 어렵습니다. 직류 모터의 경우 신호를 주면 회전하게 되고 PWM 방식을 사용해 회전속도 제어는 쉽게 할 수 있지만 45도만 회전하고 가만히 멈추어 있게 할 수는 없습니다. 스텝핑 모터를 사용하면 45도 회전을 할 수 있습니다. 정지 시에 손으로 움직이면 모터가 힘을 받지 못하고 돌아가기 때문에 45도에서 정지해 있게 할 수는 없습니다.

그런데 서보모터는 원하는 위치만큼 회전하고 그 회전 위치에서 멈춰서 있을 수 있습니다. 서보모터에 프로그램으로 위치 값을 주면 해당한 위치로 이동해서 그 위치가 변하지 않도록 계속 제어를 하게 됩니다. 서보모터에는 이와 같은 동작을 위해 마이크로컨트롤러와 기어, 회전각을 감지하는 가변저항을 내부에 갖추고 있습니다. 우리가 직류 모터보다 먼저 RC서보모터를 학습하는 것은 사용하기가 편리하기 때문입니다. 아두이노에서 서보모터에 명령하는 함수를 제공해 주어서 우리는 모터의 위치만 아두이노에게 주면 아두이노의 명령을 받은 서보모터의 마이크로컨트롤러가 그 지령을 수행하기 때문에 매우 편리합니다.

실제 산업현장의 고가 로봇은 서보모터로 움직이게 됩니다. 공장에서 사용하는 서보모터에는 직류 서보모터와 교류 서보모터가 있습니다. 직

TIP 서보모터(servo motor)

자체적으로 속도 조절을 할 수 있어 속도와 위치를 정밀하게 통제할 수 있는 모터 시스템을 말합니다. 서보모터의 동력원에 따라 전기식(서보 전동기), 공기식(공기 서보모터), 유압식(유압 모터) 등이 있으며, 보통 서보모터라고 하면 서보 전동기를 말합니다. 서보 전동기는 빠른 응답과 넓은 속도제어의 범위를 가진 제어용 전동기로, 그 전원에 따라 직류 서보모터와 교류 서보모터로 분류됩니다. 교류 서보모터의 대부분은 3상 서보 모터입니다.

류 서보라면 로터리 엔코더가 부착된 직류 모터를 서보드라이버라는 제어기로 컨트롤 해 속도와 위치를 원하는 대로 제어해주는 장치이며, 교류 서보 역시 3상 유도형 모터를 사용하는 것만 다르지 속도와 위치를 제어해주는 모터와 컨트롤러를 합쳐 직류 또는 교류 서보라 합니다. 이와 같은 서보는 모터와 속도와 위치를 감지하는 로터리 엔코더, 서보드라이버의 가격이 매우 고가입니다.

TIP 액추에이터(actuactor)

액추에이터(작동기, 작동장치)는 시스템을 움직이거나 제어하는 데 쓰이는 기계 장치입니다. 다시 말하면 전기나 유압, 압축 공기 등을 이용하는 원동 구동 장치를 가리킵니다. 모터와 같이 에너지를 운동으로 변환하는 장치를 말합니다.

보통 무선 자동차, 무선조종 비행기 등의 액추에이터로 사용되는 RC(Remote Control) 서보 모터는 10,000원 정도면 구입할 수 있고 제어기에서 일정한 간격의 펄스를 가해주면 이에 상응하는 위치로 회전하며, 산업용 서보모터와 같이 360도 회전하는 것이 아니고 180도 범위 내에서 좌우로만 회전할 수 있습니다. 10,000원 정도에 구매하는 RC 서보모터의 경우 정지 토크가 3Kg정도이고, 거창한 동작에 비해 사용방법이 매우 간단하여 소형 응용 제품에 많이 사용되고 있습니다.

TIP 로터리엔코더 (Rotary encoder)

회전을 감지하는 감지기 중 하나입니다. 모터의 회전속도와 회전각을 정밀하게 감지하는데 사용합니다.

RC 서보 모터에는 펄스간격을 측정해 각도지령을 해석하고 내장한 직류 모터를 회전시켜 원하는 각도로 제어하기 위해 소형 마이크로컨트롤러를 내장하고 있으며 가격을 저렴하게 구성하기 위해 회전각도 검출은 비싼 로터리엔코더 대신에 가변저항(포텐시오미터)으로 회전 각도를 입력받아 위치제어를 합니다. 아두이노가 일정한 주기로 위치 지령을 펄스폭으로 주면 RC 서보 모터가 이를 해석해 원하는 각도로 회전시키고 그 각도를 유지하게 되는 것입니다.

보통 1ms의 폭을 입력하면 0도로 회전하고, 1.5ms의 폭을 서보 모터에 주면 90도, 2ms의 폭을 주면 180도로 회전합니다. RC 서보 모터는 다음과 같은 동작 특성을 가지고 있으며 인터넷으로 검색해 보면 정말 다양한 크기와 가격의 RC 서보 모터가 판매 되고 있음을 확인할 수 있을 것입니다.

- 소형로봇이나 회로에 직접 장착가능
- Speed : 0.19sec/minute at 4.8V
- Output Torque : 3.0Kg.cm at 4.8V
- 다양한 종류의 혼과 커넥터 포함

그림 4-66는 RC서보 모터와 내부 구조입니다.

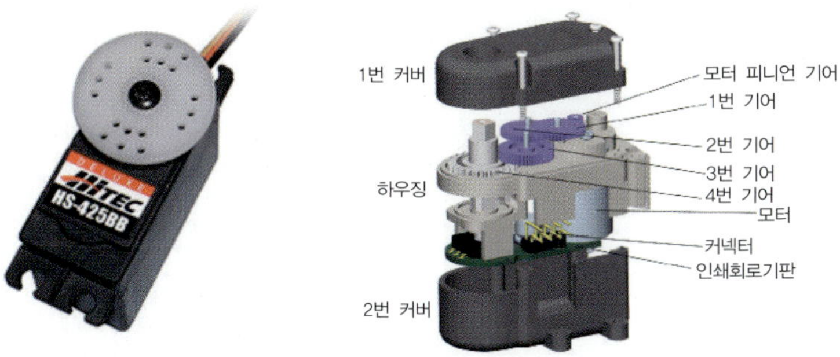

(a) 서보모터의 내부구조

(b) RC서보모터를 사용해 만든 로봇들

그림 4-60 서보모터의 구조 (http://www.roboman.co.kr 그림 참조)

RC 서보 모터에는 5V 전원선, GND선, 신호 입력선 등 세 가닥의 선이 있습니다. 아두이노와는 신호입력선 하나만 사용하여 회전 각도를 펄스폭으로 지령해주면 모터가 회전합니다. 본 실습과제에서는 모터가 10도에서 170도까지 5도씩 회전하였다가, 반대방향으로 10도씩 회전하여 10도 위치로 복귀하는 동작을 반복하는 스케치입니다.

서보구동 핀은 PWM지원 단자인 아두이노 D6핀을 서보모터 출력핀으로 사용하였고, 문자LCD를 표시장치로 사용하였습니다.

TIP RC(Remote control) 서보모터

장난감 등을 무선 제어하는 데 많이 사용하는 서보모터여서 RC서보 모터라고 합니다. DC모터와 각도를 감지하는 가변저항으로 구성되어있습니다.

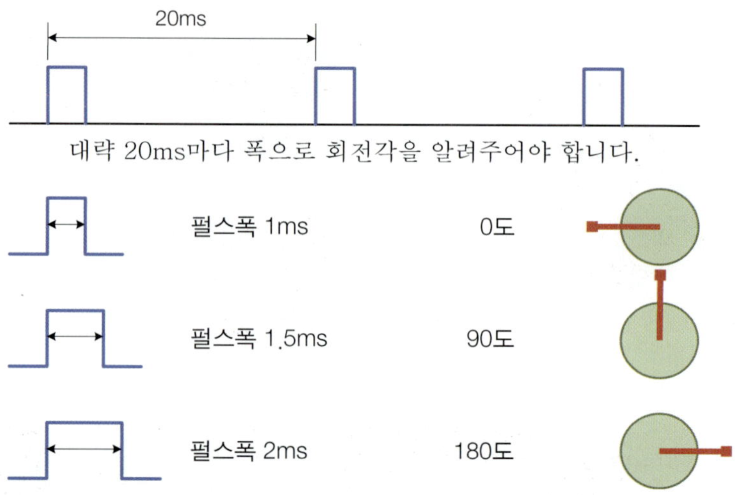

그림 4-61 펄스폭에 따른 모터 회전각 변화

회로도

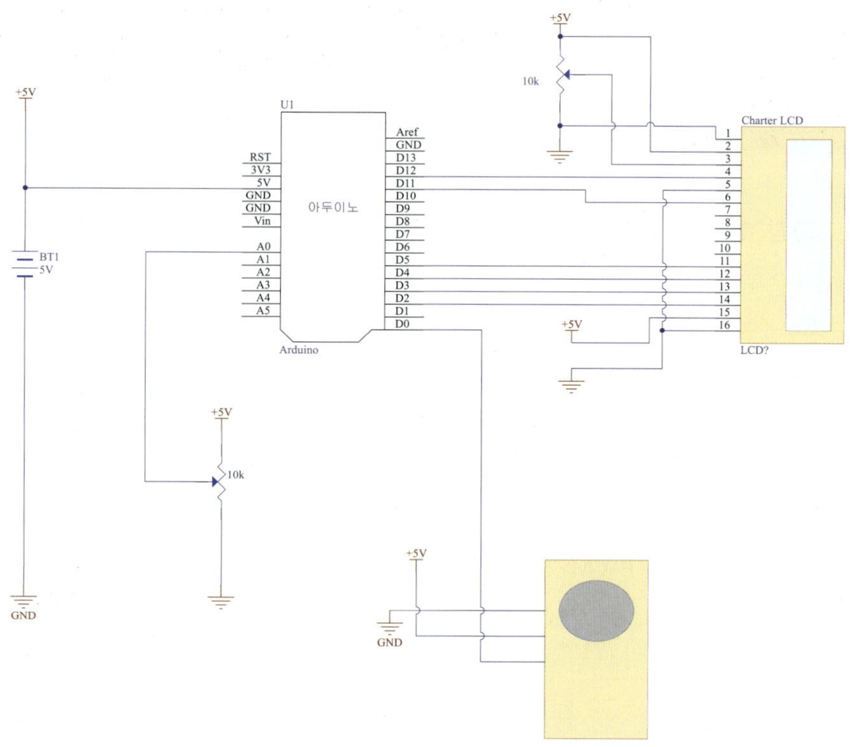

그림 4-62 과제7 회로도

부품배치도

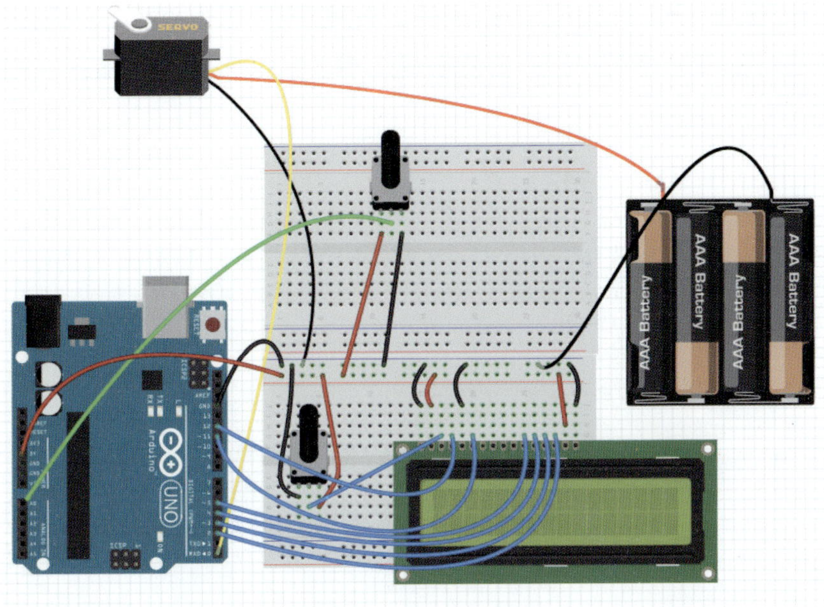

(a) 브래드보드를 사용한 부품 배치 및 회로배선

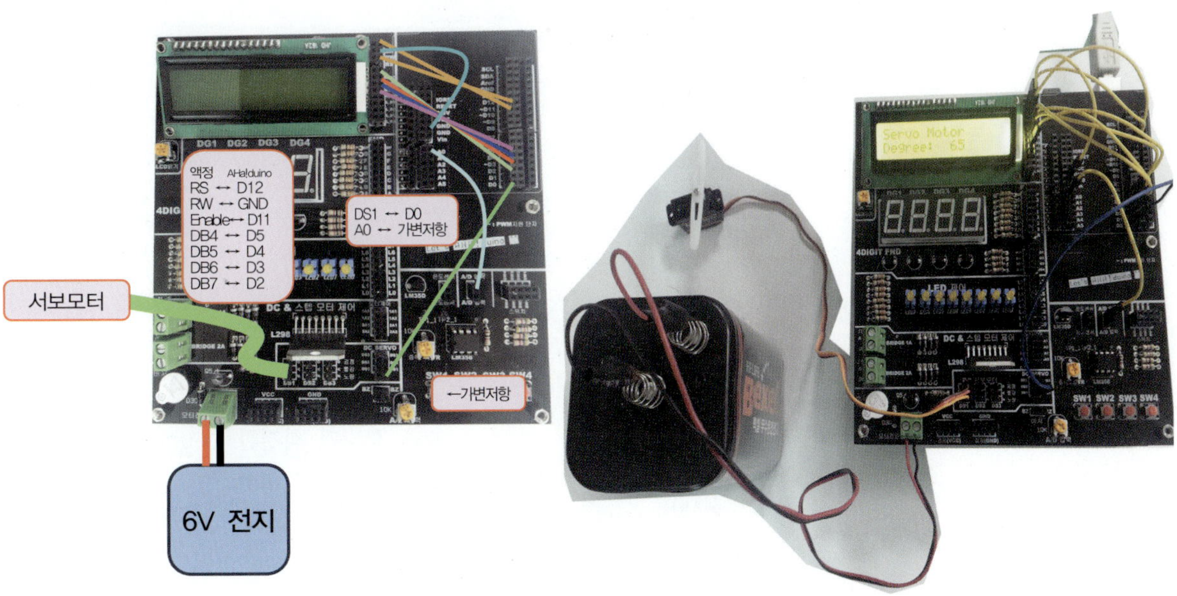

(b) 실습 장치의 회로배선

그림 4-63 과제7 부품배치

TIP 회로배선

모터를 구동할 때는 반드시 보드 하단의 모터전원 단자에 그림 4-64와 같이 6V 건전지를 연결하여야 합니다. 회로의 안전을 위해 모터전원은 외부전원을 사용하도록 보드를 설계하였습니다. ^^

스케치

아날로그 입력 핀 A0로 가변 저항값 입력, 아두이노 D0핀으로 서보모터 동작을 제어, 문자LCD는 기존의 회로 배선을 그대로 사용하도록 하겠습니다.

스케치 소스 (JOB7)

```
#include <Servo.h>
#include <LiquidCrystal.h>

LiquidCrystal lcd(12,11, 5, 4, 3, 2);

Servo servo0;  // 서보 컨트롤 객체 이름을 선언합니다.

int pos = 0;    // 서보모터의 회전위치값을 저장할 변수 선언(0 ~ 180사이값)
void setup() {
  lcd.begin(16, 2);
  servo0.attach(0);  //servo0 모터의 신호선은 아두이노 D0핀에 연결하였음
}

void loop() {
  lcd.display();
  lcd.setCursor(0,0);
  lcd.print("Servo Motor");
  lcd.setCursor(0,1);
  lcd.print("Degree: ");

  for(pos = 10; pos <= 170; pos += 5) {
    servo0.write(pos);              // 변수 pos의 각도와 같이 회전하라
    lcd.setCursor(9,1);
    lcd.print(pos);
    delay(500);                     // 모터가 회전한 후 0.5초 기다려라
  }
   delay(3000);

  for(pos = 170; pos>= 10; pos -= 10) {
    servo0.write(pos);              // 변수 pos의 각도와 같이 회전하라
    lcd.setCursor(9,1);
    lcd.print(pos);
```

```
    delay(400);                              // 모터가 회전한 후 0.4초 기다려라
  }
  delay(3000);
  lcd.clear();
}
```

스케치 해설

- **Servo servo0;**

servo0이라는 서보모터를 사용할 것이라고 선언한 것입니다.

- **servo0.attach(0);**

servo0 모터의 제어신호선은 아두이노 출력핀 D0에 연결하였음을 선언하는 것입니다.

- **servo0.write(pos);**
  delay(500);

servo0모터를 변수 pos의 값만큼 회전하라는 명령입니다. 서보모터에 명령할 수 있는 회전각은 0~180도입니다. 즉, 서보모터를 변수 pos의 각도로 회전한 후 0.5초 대기하라는 명령입니다.

과제7-1

가변저항으로 RC 서보모터의 회전각도 제어하기

실습목표 | 가변저항으로 RC 서보 모터를 원하는 각도(0~180)로 회전시킬 수 있습니다.

이번 과제는 아날로그 입력단자를 사용해 가변저항의 변화를 0~5V의 전압으로 입력받아 가변저항의 회전각만큼 RC서보모터를 회전하는 스케치입니다.

동작 설명은 매우 복잡하지만 실제 코딩은 4줄이면 됩니다. 회로배선은 회로도와 같이 서보 출력단자는 D0핀을, 아날로그 입력은 A0단자로 받습니다. 문자 LCD에 입력값과 회전각을 표시하도록 스케치 해보겠습니다.

이 동작은 가변 저항값만큼 모터가 회전하는 것입니다. 아주 간단한 동작이지만 실제 사람이 팔을 굽히는 것을 가변저항으로 감지하여 모터에 출력합니다. 가정하면 사람의 팔운동을 그대로 구현하는데 사용할 수 있는 스케치입니다. 회로도와 부품 배치는 과제 7과 같습니다.

스케치

가변저항의 입력값을 analogRead로 입력 받아 map함수를 사용하여 모터 회전각을 출력하는 스케치입니다.

스케치 소스 (JOB7-1)

```
#include <Servo.h>
#include <LiquidCrystal.h>

LiquidCrystal lcd(12,11, 5, 4, 3, 2);

Servo servo0;  // 서보 컨트롤 객체 이름을 선언합니다.

int pos = 0;    // 서보모터의 회전위치값을 저장할 변수 선언(0 ~ 180사이값)
```

```
int ad;
int oldData;
void setup() {
  lcd.begin(16, 2);
  servo0.attach(0);  //servo0 모터의 신호선은 아두이노 D0핀에 연결하였음
}

 void loop() {

  pos = analogRead(0);
  if(abs(oldData-pos) >10) {
    oldData = pos;
    ad = map(pos, 0,1023, 0, 500);
    pos = map(pos, 0, 1023, 10, 170);
    servo0.write(pos);                // 변수 pos의 각도와 같이 회전하라
    lcd.clear();
    lcd.setCursor(0,0);
    lcd.print("a/d val: ");
    lcd.setCursor(0,1);
    lcd.print("Degree: ");
    lcd.setCursor(9,0);
    lcd.print( ad/100.0 );
    lcd.setCursor(8,1);
    lcd.print(pos);
  }
}
```

스케치 해설

- if(abs(oldData-pos) >10) {

아날로그 입력값이 이전 값과 차이가 10이상 차이가 날 때만 서보모터의 움직임을 변화시키기 위한 조건문입니다.

- ad = map(pos, 0,1023, 0, 500);
  pos = map(pos, 0, 1023, 10, 170);servo0.attach(0);

변수 ad에는 아날로그 입력값을 입력 전압으로 표시하기 위해 0~500으로 변환한 것입니다. 변수 pos의 입력값을 map함수를 사용해 10~170도의 회전각으로 변환하는 스케치입니다.

과제7-2 조이스틱으로 제어하는 2축 로봇 스케치하기

> **TIP 조이스틱(Joy stick)**
> 주로 게임에 사용하는 조종 레버형의 입력 장치입니다. 상하좌우 또는 경사 방향으로 레버를 움직일 수 있고, 그 이동 정보를 가변저항을 사용해 기울어짐을 감지합니다.

실습목표 | 조이스틱으로 제어하는 2축 로봇 스케치할 수 있습니다.

로봇이나 자동차, 비행기를 조정할 때 사용하는 것이 조이스틱입니다. 조이스틱은 가변저항을 사용하여 만듭니다. 서보모터 2개(X축, Y축)를 사용하여 X축은 좌우의 움직임을, Y축은 상하의 움직이게 만들면 이것을 XY 2축 직교 로봇이라 합니다.

로봇의 동작은 사람이 X축, Y축으로 움직이는 것을 감지하여 각각의 모터를 그에 대응하게 움직여 조이스틱이 움직이는 대로 따라 움직이는 간단한 2축 로봇이 됩니다.

조이스틱은 2개의 가변저항으로 구성되므로 아날로그 입력단자 A0, A1을 사용하여 운동을 감지하고, 디지털입출력단자 D0, D1을 서보모터 제어 선으로 사용합니다. 회전각을 표시하는 LCD는 기존의 실습회로와 같이 배선합니다.

(a) 소형 슬라이딩방식 조이스틱　　　(b) 소형 2축 조이스틱

그림 4-64 조이스틱

그림의 소형슬라이드 조이스틱은 뒷면에 4개의 연결단자가 있는데 핀 배치는 다음과 같습니다.

1번핀	x-axis output(x 축 출력단자)
2번핀	+5V (5V 전원연결)
3번핀	y-axis output(y 축 출력단자)
4번핀	gnd (전원 음극연결)

그림 (b)의 2축 소형 조이스틱은 2개의 가변저항이 바로 연결되어 있으므로 가변저항을 2개 연결하는 것과 연결방법은 같습니다.

회로도

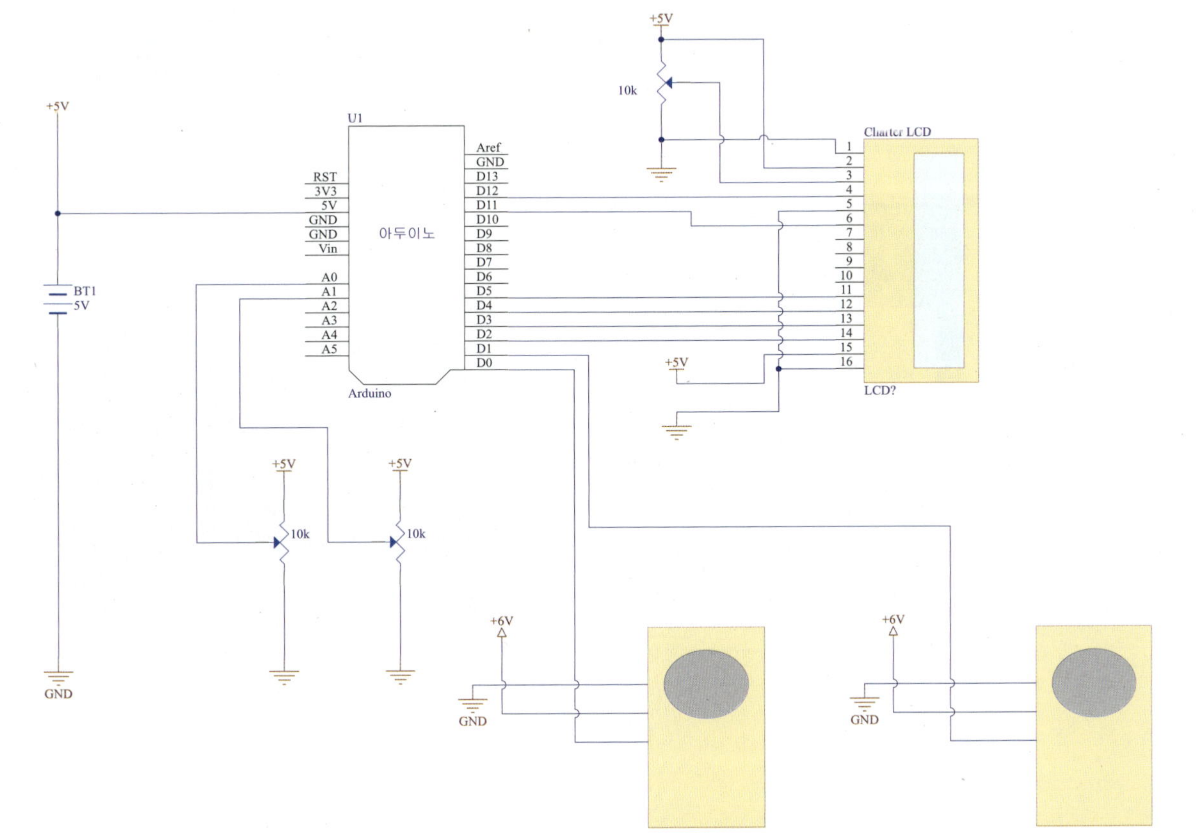

그림 4-65 과제 7-2 회로도

부품배치도

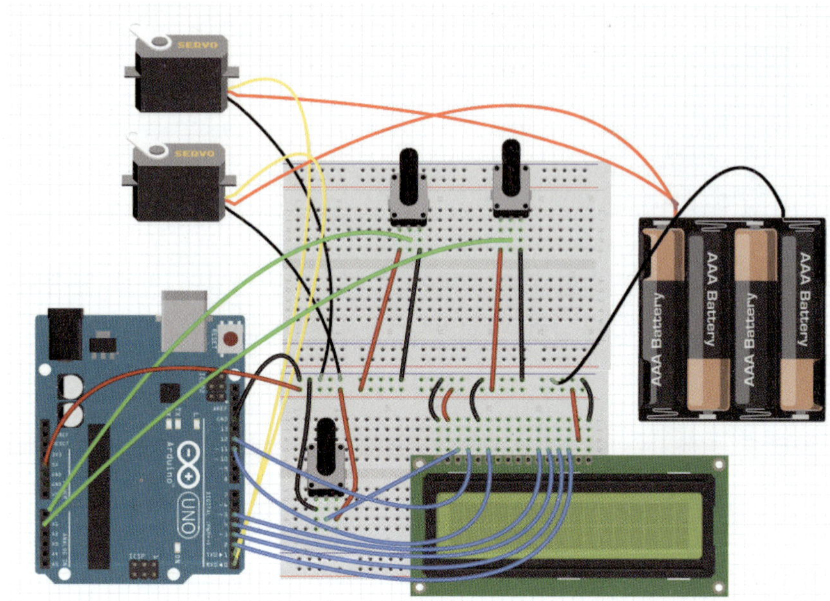

(a) 브래드보드를 사용한 부품 배치 및 회로배선

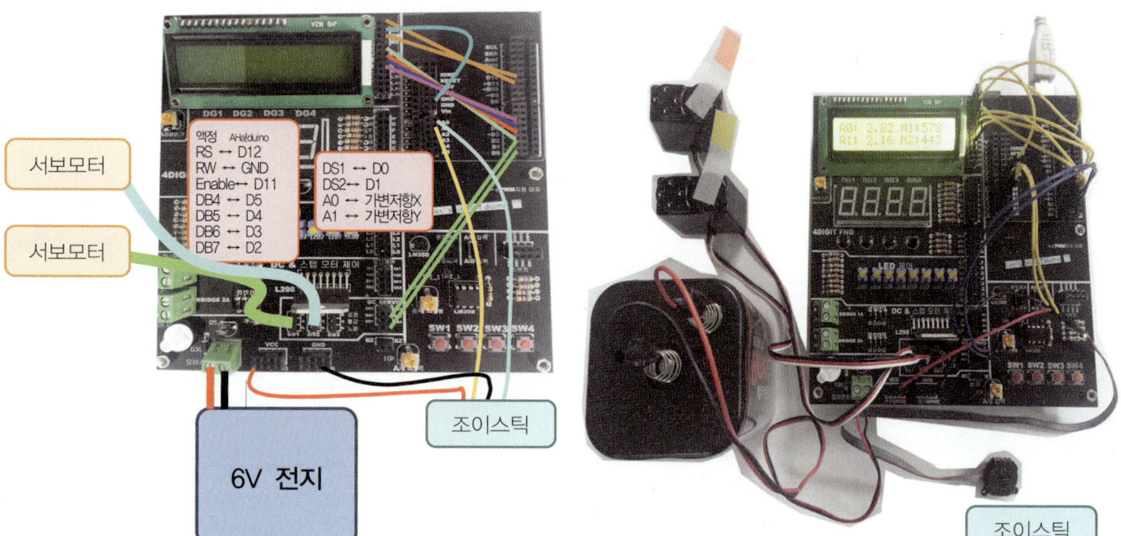

(b) 실습 장치의 회로배선

그림 4-66 과제 7-2 부품배치

스케치

스케치 소스 (JOB7_2)

```
#include <Servo.h>
#include <LiquidCrystal.h>

LiquidCrystal lcd(12,11, 5, 4, 3, 2);

Servo servo0;  // 서보 컨트롤 객체 이름을 선언합니다.
Servo servo1;

int pos0 = 0;    // 서보모터의 회전위치값을 저장할 변수 선언(0 ~ 180사이값)
int pos1 = 0;
int ad0, ad1;
int oldData0, oldData1;
void setup() {
  lcd.begin(16, 2);
  servo0.attach(0);  //servo0 모터의 신호선은 아두이노 D0핀에 연결하였음
  servo1.attach(1);
// 2축 로봇 초기동작, 좌우 스캔
 for(int a=10; a<=170;a++){
    servo0.write(a);
    servo1.write(a);
    delay(20);
 }
 for(int a=170; a>=0;a--){
    servo0.write(a);
    servo1.write(a);
    delay(20);
 }
 // 로봇 초기자세 (모터 90도 위치로 초기자세)
  servo0.write(90);
  delay(500);
  servo1.write(90);

}


void loop() {

  pos0 = analogRead(0);  // x축 입력
```

```
pos1 = analogRead(1);  // y축 입력

if(abs(oldData0-pos0) >10) {        // 입력차가 10이상일 때만 동작
  oldData0 = pos0;
  ad0 = map(pos0, 0,1023, 0, 500);
                         // 아날로그 입력전압 표시용 데이터 변환
  pos0 = map(pos0,0,1023, 10, 170); // 모터 각도 제어용 데이터 변환
  servo0.write(pos0);               // 변수 pos의 각도와 같이 회전하라
  lcd.clear();
  lcd.setCursor(0,0);
  lcd.print("A0:");
  lcd.setCursor(4,0);
  lcd.print(ad0 / 100.0);
  lcd.setCursor(9,0);
  lcd.print("M1:");
  lcd.setCursor(12,0);
  lcd.print( oldData0 );
  lcd.setCursor(0,1);
  lcd.print("a/d1:");
  lcd.setCursor(4,1);
  lcd.print(ad1 / 100.0);
  lcd.setCursor(9,1);
  lcd.print("M2:");
  lcd.setCursor(12,1);
  lcd.print( oldData1 );
}

if(abs(oldData1-pos1) >10) {
  oldData1 = pos1;
  ad1 = map(pos1, 0,1023, 0, 500);
  pos1 = map(pos1, 0,1023, 10, 170);
  servo1.write(pos1);               // 변수 pos의 각도와 같이 회전하라
  lcd.clear();
  lcd.setCursor(0,1);
  lcd.print("A1:");
  lcd.setCursor(4,1);
  lcd.print(ad1 / 100.0);
  lcd.setCursor(9,1);
  lcd.print("M2:");
  lcd.setCursor(12,1);
  lcd.print( oldData1 );
```

TIP 코드설명

이번 과제에서 lcd 표시명령은 모터의 동작과 관련된 것이 아니고 LCD에 동작 상태를 표시하기 위한 코드입니다. 실제 모터를 제어데 사용하는 것은 pos, servo 명령으로 각도를 입력받아 모터로 출력하는 것입니다. 4줄 정도가 메인프로그램이고 나머지는 LCD에 표시하기 위한 보조 코드이므로 생략이 가능합니다.

```
    lcd.setCursor(0,0);
    lcd.print("A0:");
    lcd.setCursor(4,0);
    lcd.print(ad0 / 100.0);
    lcd.setCursor(9,0);
    lcd.print("M1:");
    lcd.setCursor(12,0);
    lcd.print( oldData0 );
  }
}
```

스케치 해설

● pos0 = analogRead(0);
pos1 = analogRead(1);

```
  if(abs(oldData0-pos0) >10) {
    oldData0 = pos0;
    ad0 = map(pos0, 0,1023, 0, 500);

    pos0 = map(pos0,0,1023, 10, 170);
    servo0.write(pos0);              // 변수 pos의 각도와 같이 회전하라
}
  if(abs(oldData1-pos1) >10) {
    oldData1 = pos1;
    ad1 = map(pos1, 0,1023, 0, 500);
    pos1 = map(pos1, 0,1023, 10, 170);
    servo1.write(pos1);              // 변수 pos의 각도와 같이 회전하라
}
```

실제 아날로그 값을 입력받아 모터를 제어하기 위한 코드는 이렇게 간단합니다. 나머지 길고 지리한 코드는 LCD에 아날로그 입력 전압과 이의 디지털 변환값을 표시하기 위한 스케치입니다.

과제8 직류모터 속도 제어하기

실습목표 | 직류모터 속도를 제어할 수 있습니다.

모터는 우리말로 전동기라고 하며 전기에너지를 회전운동으로 변환해주는 동력장치입니다. 모터는 직류모터와 교류모터가 있습니다. 코일과 자석을 이용하는 직류모터는 발전기로도 사용할 수 있습니다. 직류모터에 전류를 흘리면 회전력을 얻을 수 있고, 반대로 모터의 축을 회전시키면 전류를 얻는 발전기로도 사용할 수 있습니다. 요즘 유행하는 전기자동차, 하이브리드 자동차의 경우 모터를 동력원으로 사용하지만 내리막길을 달릴 때나, 브레이크 잡을 때는 모터가 발전기로 동작해 에너지를 생산하며 달리게 됩니다.

현대 문명에서 모터는 없어서는 안 될 정말 중요한 동력장치입니다. 일반 에어컨만 해도 냉매를 압축해주는 압축기 모터, 바람을 불어넣는 송풍기 모터, 날개를 펼쳐주는 모터, 바람을 좌우로 보내주는 모터 등 정말 많은 모터가 부품으로 사용되고 있습니다. 휴대폰에 진동을 주는 작은 모터부터, KTX를 움직이는 동력 모터까지 그 크기와 용도가 정말 다양하게 사용되고 있습니다. 하지만 모터를 움직이는 원리는 단하나 전기와 자기의 상호작용입니다.

직류모터와 교류모터는 그 회전원리가 조금 다릅니다. 본서에서는 구하기 쉽고, 사용하기 편리한 직류모터의 회전방향(정회전, 역회전)과 회전속도 제어를 스케치 해 보겠습니다.

직류모터는 모터에 가해지는 전압을 통해 속도를 제어합니다. 직류모터에 5V를 줄 때와 3V를 줄 때 코일에 흐르는 전류의 세기가 변하므로 회전속도가 변하는 것입니다. 그렇다고 속도를 바꾸려 할 때 건전지의 개수를 바꿀 수 없으니 어쩌면 좋을까요? 과제 2에서 LED의 밝기를 제어할 때 사용하는 PWM(펄스폭 변조)방식을 사용하는 것입니다. 전기를 주는 시간을 변경하여 속도를 제어하는 것입니다. 여기서 잠깐 PWM 방식은 전기를 켜고 끄는 폭을 조절하여 속도를 제어한다면 전기를 주는 순간은 회전하고 주지 않을 때는 멈추지 않을까 하는 생각이 들지 않습니까? 모터는 회전하면 관성이 생겨 전기를 주지 않을 때도 회전하게 됩니다. 물론 너무 오래 전기를 안주면 멈추게 되겠지요. 그러니 관성이 유지되도록 켜고 끄는 시간을 조절해야 합니다. 이런 과정을 모터제어라 합니다.

자! 이제 전기전자 기초에서 설명했던 모터의 회전원리와 LED제어에서 사용한 PWM 제어방식을 결합해 모터의 속도 제어를 설명하겠습니다.

PWM제어

디지털 제어에서는 PWM을 사용해 모터의 속도를 제어하는 것이 일반적입니다. PWM이란 Pulse Width Modulation의 약자로 펄스의 폭을 변화시켜 가며 출력의 평균값을 변화 시키고 이것이 모터 회전 속도를 변화시킵니다. PWM(펄스폭 변조) 방식은 모터에 가해지는 전압을 주기적으로 켜고 끄면서 평균전력의 양으로 밝기를 제어하는 것입니다. 즉, 모터에 회전신호를 주면 전원이 가해져 최고의 힘으로 회전하게 됩니다. 잠깐 회전하는 전압을 주었다가 끄는 과정을 되풀이하면 모터에 가해지는 전압의 평균이 감소해 회전속도가 감소하게 됩니다.

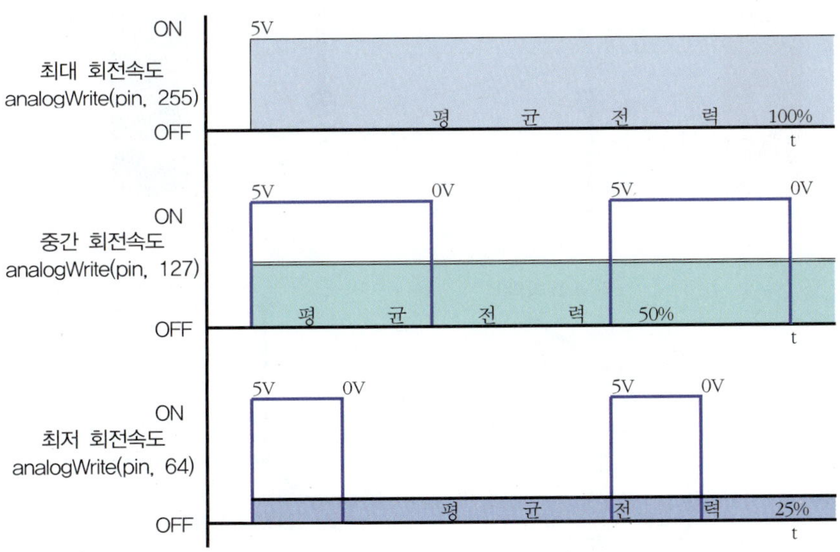

그림 4-67 PWM 출력 파형

5V출력, 0V출력을 하는 HIGH/LOW 시간을 조절하며 모터의 회전속도를 변화시키게 됩니다. 출력 펄스의 폭을 조절하여

$$V(\text{평균전압}) = \frac{5V(\text{출력전압}) \times T_{HIGH}(HIGH\text{출력시간})}{T_{Total}(\text{주기})} [\text{V}]$$

의 출력을 얻는 것이지요.

직류모터의 회전원리

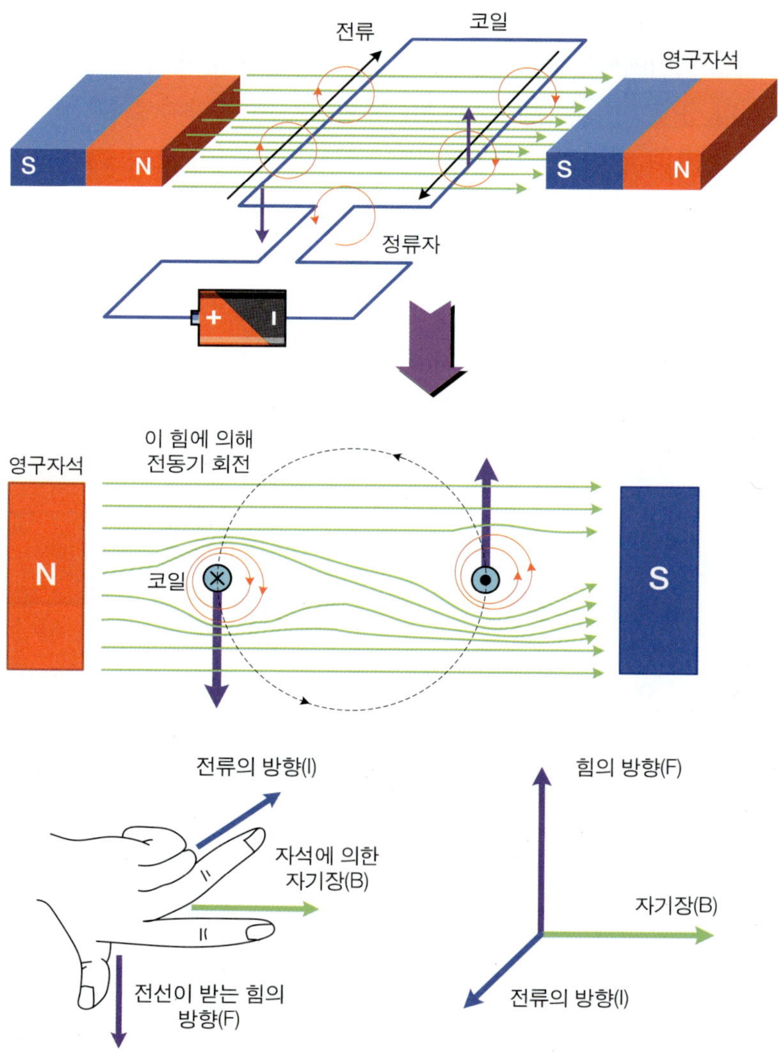

그림 4-68 직류모터의 회전원리

직류모터는 건전지를 어느 방향으로 연결하는가에 따라 회전방향이 변하게 됩니다. 그림에서 건전지를 반대방향으로 연결하면 모든 회전방향이 반대로 되어 모터가 반대방향으로 회전합니다.

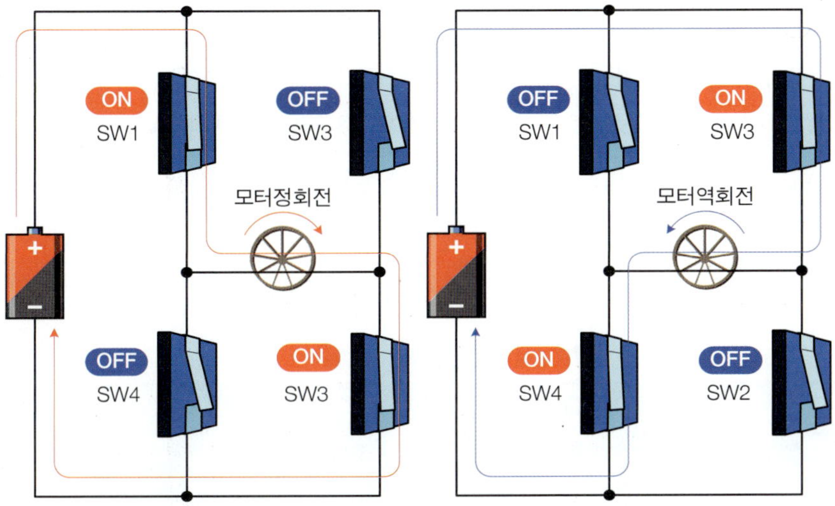

그림 4-69 H 브리지를 사용한 모터의 정역제어

모터의 정역제어는 그림 4-77과 같이 H 브리지 회로를 사용합니다. H 브리지 회로는 4개의 스위치를 사용하여 H자 모양의 브리지를 만들고 스위치1 - 스위치 2, 스위치3 - 스위치4을 짝으로 구성한 회로입니다. 모터를 정회전 시키고자 할 때는 스위치 1과 2는 켜고, 스위치 3와 4은 끄면 됩니다. 역회전 시는 그림(b)와 같이 스위치 1과 2는 끄고, 스위치 3와 4은 켜면 됩니다. 정지하고자 할 때는 스위치를 모드 끄면 됩니다. 단 여기서 전제조건은 스위치 1과 4, 스위치 2와 3은 절대 동시에 켜지면 안 됩니다. 회로에서 스위치 1과 4가 동시에 켜지면 회로적으로 단락이 되어 회로가 불타게 됩니다. 그래서 실제 회로에서는 논리적으로 스위치 1과 4, 스위치 2와 3은 절대 동시에 켜지지 않도록 구성하고 있습니다.

모터의 정회전 역회전(정역)은 H브리지를 사용하여 동작한다 하였습니다. 이때 모터의 속도제어는 PWM방식을 사용합니다. 최고 속도록 정회전을 하려면 스위치 1과 2를 켜면 됩니다. 속도를 줄이려면 스위치 1과 2를 켜고 끄는 동작을 반복하게 됩니다. 실제 회로에서는 스위치를

TIP H 브리지

H 브리지는 모터를 제어하는 마법의 회로입니다. 그림4-69의 SW1, 3을 PWM으로 제어하면 정회전 속도를 제어할 수 있습니다. SW1,3을 끄고 SW2,4를 PWM으로 제어하면 역회전 속도를 제어할 수 있습니다. 그럼 급정지는 어떻게 할까요? 역회전 하던 모터를 급속히 멈추기 위해서 SW2,4를 OFF하는 것만으로는 모터를 바로 정지시킬 수 없습니다. 모터는 회전하던 관성이 있어 계속 회전하다 천천히 멈추게 됩니다. 그럼 어떻게 급속 정지 시킬까요? 바로 순간적으로 SW1,3(정회전) 신호를 주어 정회전하는 힘을 주면 역방향의 힘과 모터의 회전관성이 서로 상쇄되어 즉시 멈추게 됩니다. 모터가 멈추려는 순간 정회전 신호를 끄면 역회전하던 모터를 정지시킬 수 있습니다. H 브리지 회로는 직류를 교류로 바꾸는 마법도 부립니다. SW1, 3과 SW2,4를 교대로 켜면 직류 신호가 교류신호로 바뀌게 됩니다. 이런 동작을 인버터(Inverter)라 합니다. H 브리지 회로는 인버터를 만드는 회로입니다. 모터제어에 있어 정말 용도가 다양한 회로입니다.

트랜지스터로 만듭니다. 그리고 켜고 끄는 동작을 손 대신 아두이노가 대신해 아두이노가 PWM출력명령인 analogWrite( ) 명령을 사용해서 구현합니다.

H 브리지 모터드라이버 IC L298

직류모터의 정역 및 속도제어에 H 브리지회로를 사용한다고 하였습니다. 실제 H 브리지 회로를 구성해서 사용하기 어려우니 두 개의 H 브리지를 하나의 IC로 만든 것이 L298 IC입니다.

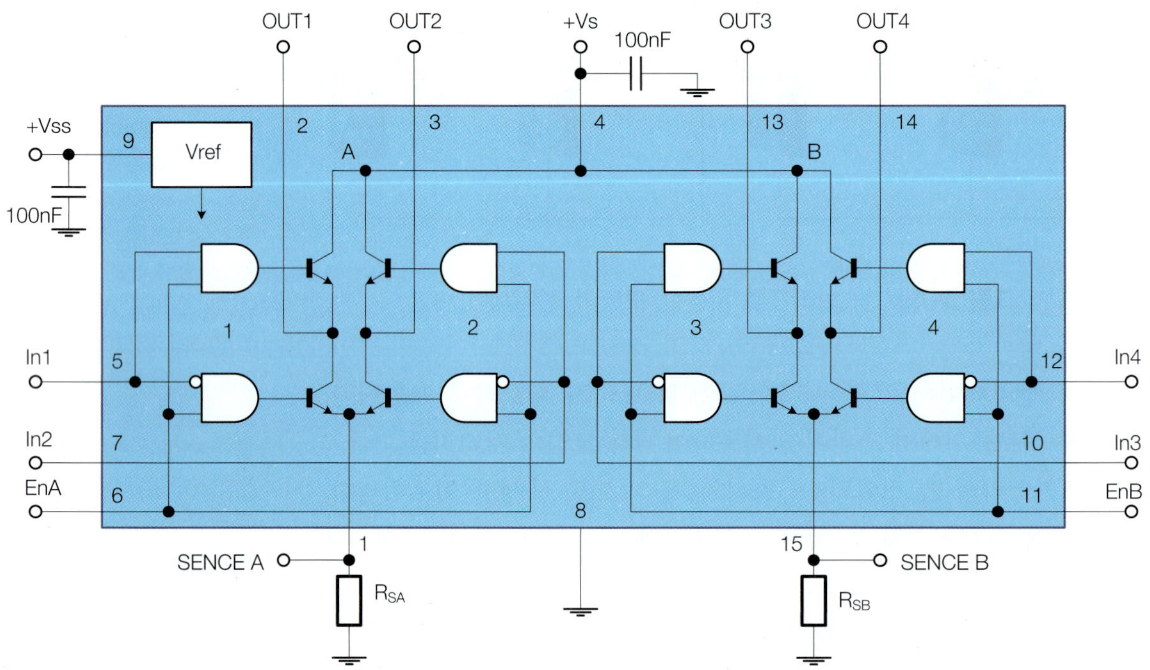

(a) L298 블록도

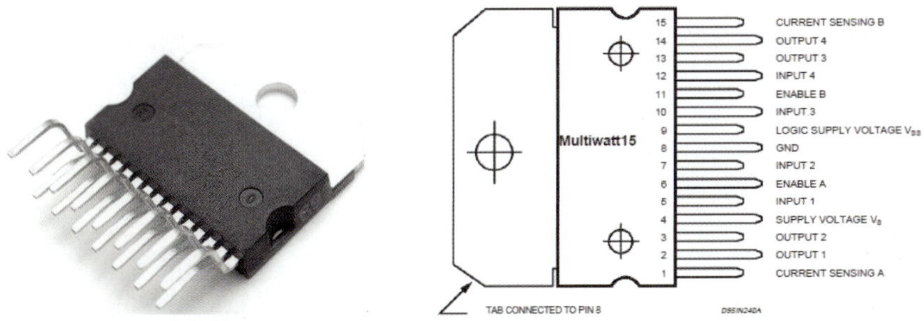

L298 모터드라이브 H브리지		동작
A 브리지	B 브리지	
input1(5), input2(7)	input3(10), input4(12)	모터의 회전 명령
output1(2), output2(3)	output3(13), output4(14)	모터에 연결하는 단자
enable A(6)	enable A(11)	브리지의 동작을 ON/OFF

(b) L298과 주요 핀배치

그림 4-70 L298와 주요 동작핀

장난감 탱크의 경우 왼 바퀴, 오른 바퀴 2개 모터를 사용하여 전진, 후진, 좌우회전 등의 동작을 구현합니다. L298은 두 개의 H 브리지를 갖고 있으므로 이번 과제는 모터 2개의 동작을 프로그램 해보겠습니다.

순	동작	동작설명
1	정회전, 정회전	1~10번 단계의 동작을 무한히 반복하는 동작
2	3초 유지	
3	역회전, 역회전	
4	3초 유지	
5	정회전, 역회전	
6	3초 유지	
7	역회전, 정회전	
8	3초 유지	
9	모터 정지	
10	3초 유지	

회로도

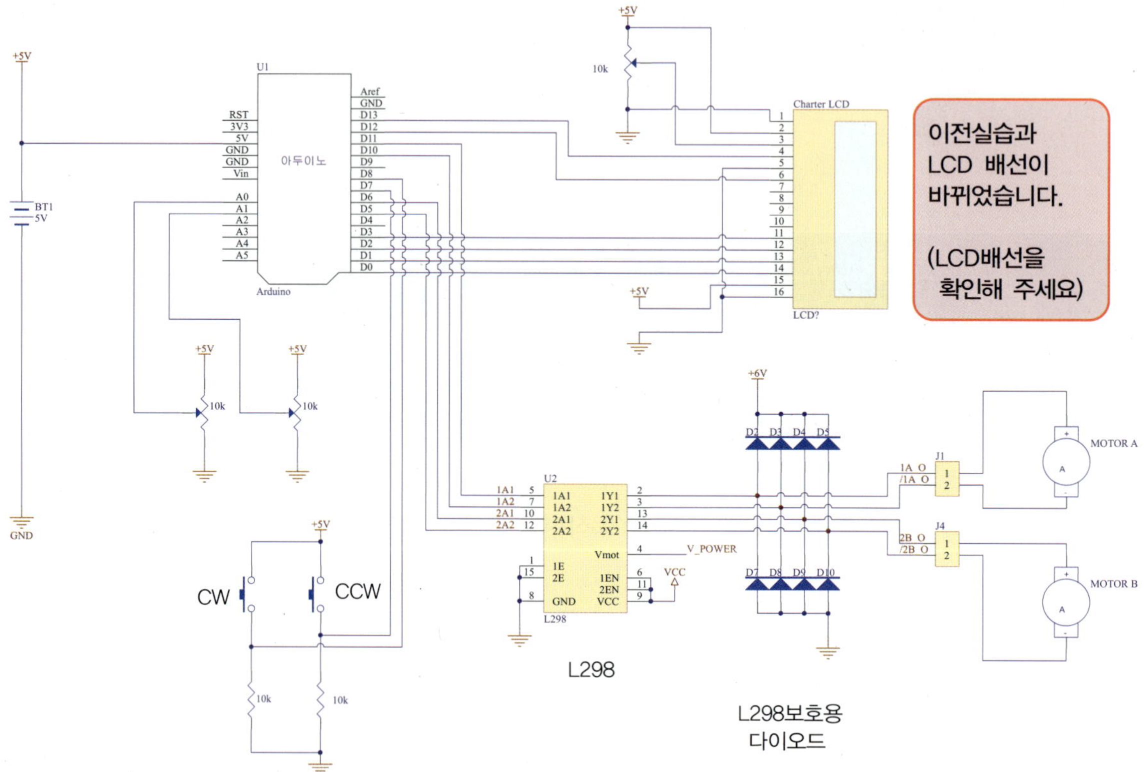

그림 4-71 과제8 회로도

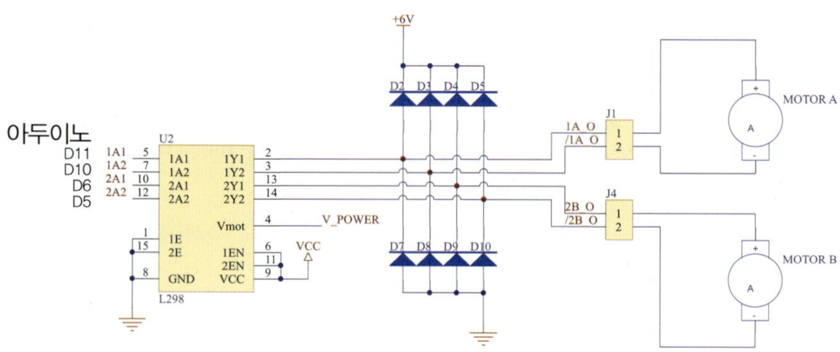

그림 4-72 L298과 직류모터의 연결회로도

부품배치도

브래드보드에 배치하기엔 복잡하여 아두이노 실습용 보드로 실습해 보겠습니다. 조금 복잡하지만 브래드보드에 꽂아 회로를 구성하여도 되고, 조금 시간적 여유가 있다면 납땜으로 회로를 제작해 보아도 좋을 것 같습니다.

전자회로를 설계하고 스케치를 작성하면 이를 제품으로 만들게 됩니다. 만능기판에 부품을 삽입하고 납땜으로 만들 수도 있고, 와이어 랩핑으로 배선을 할 수도 있습니다. 또 다른 방법으로 PCB 설계 툴을 사용할 수도 있습니다. 이 책에서 브래드 보드 배선을 설명할 때 사용하는 Fritzing 툴은 브래드보드 배선, 회로도 그리기, PCB설계까지 모두 할 수 있는 툴입니다. 회로설계 툴을 사용하면 기판을 깨끗하고 간결하게 완성할 수 있을 뿐 아니라, 회로 기판을 여러 개 제작할 수도 있고, 대량 생산도 가능합니다.

아두이노 프로그래밍 학습을 쉽게 하기 위한 아하!두이노(본서의 아두이노 호환보드 이름)실습보드는 PCB설계로 회로의 오 배신을 없애 아두이노 스케치에만 집중할 수 있게 해줍니다.

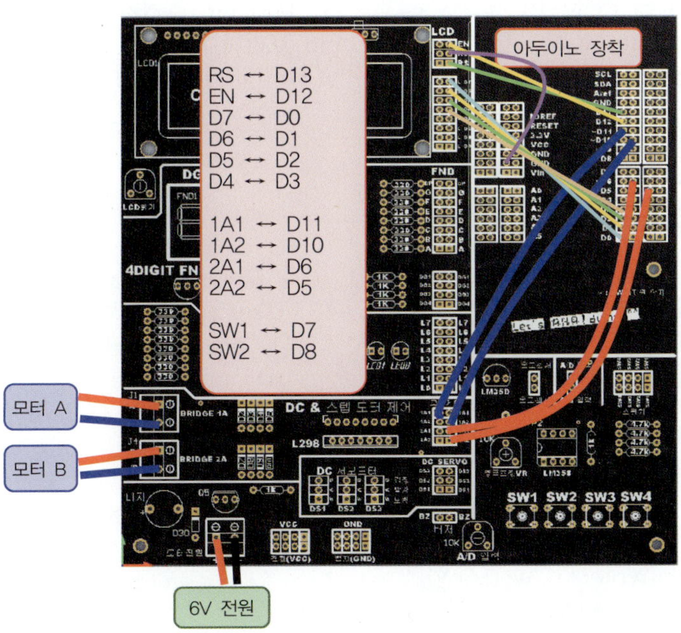

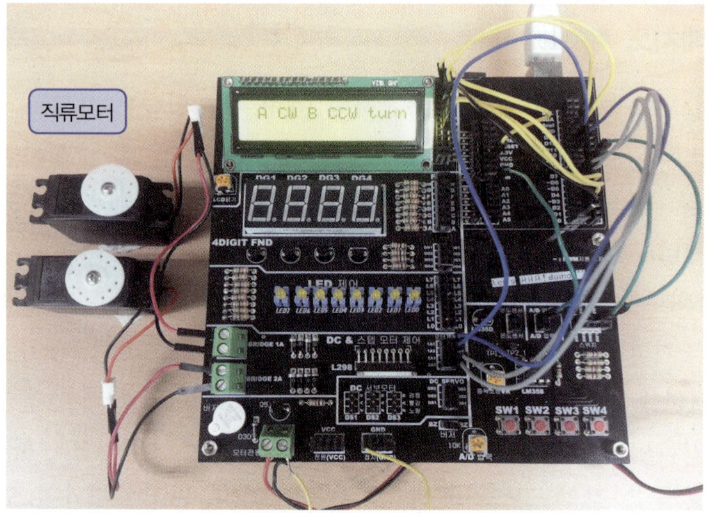

그림 4-73 실습보드에서 2개의 직류모터 구동을 위한 L298 배선

스케치 소스 (JOB8)

```
#include <Servo.h>
#include <LiquidCrystal.h>
LiquidCrystal lcd(13,12, 3, 2, 1, 0);

#define A_CW 11                    // D11 pin 브리지 A 입력
#define A_CCW 10                   // D10 pin 브리지 A 입력
#define B_CW 6                // D6 pin 브리지 B 입력
#define B_CCW 5                    // D5 pin 브리지 B 입력

int Speed=0;
int dis=100;
void setup() {
  lcd.begin(16, 2);
    pinMode(A_CW, OUTPUT);         //  D11 pin을 출력핀으로 사용
    pinMode(A_CCW, OUTPUT);    //   D10 pin을 출력핀으로 사용
    pinMode(B_CW, OUTPUT);     //  D6 pin을 출력핀으로 사용
    pinMode(B_CCW, OUTPUT);    //   D5 pin을 출력핀으로 사용
}

void loop() {
  //**** 모터 A 역회전, 모터 B 역회전
  lcd.clear();
  digitalWrite(A_CW, LOW);
  analogWrite(A_CCW, 255);
```

```
    digitalWrite(B_CW, LOW);
    analogWrite(B_CCW, 255);
    lcd.setCursor(0,0);
    lcd.print(" A, B CW turn");
    delay(3000);

      //**** 모터 A 정회전, 모터 B 정회전
    lcd.clear();
    digitalWrite(A_CW, HIGH);
    digitalWrite(A_CCW, LOW);
    digitalWrite(B_CW, HIGH);
    digitalWrite(B_CCW, LOW);
    lcd.setCursor(0,0);
    lcd.print(" A, B CCW turn");
    delay(3000);

    //**** 모터 A 역회전, 모터 B 정회전
    digitalWrite(A_CW, LOW);
    analogWrite(A_CCW, 250);
    analogWrite(B_CW, 255);
    digitalWrite(B_CCW, LOW);
    lcd.setCursor(0,0);
    lcd.print(" A CW B CCW turn");
    delay(3000);

    //**** 모터 A 정회전, 모터 B 역회전
    analogWrite(A_CW, 200);
    digitalWrite(A_CCW, LOW);
    digitalWrite(B_CW, LOW);
    analogWrite(B_CCW, 200);
    lcd.setCursor(0,0);
    lcd.print(" A CCW B CW turn");
    delay(3000);

    //**** 모터 A 정지, 모터 B 정지
    digitalWrite(A_CW, LOW);
    digitalWrite(A_CCW, LOW);
    digitalWrite(B_CW, LOW);
    digitalWrite(B_CCW, LOW);
    lcd.setCursor(0,0);
    lcd.print(" Motor stop");
    delay(3000);
}
```

- digitalWrite(A_CW, LOW);
  analogWrite(A_CCW, 250);
  analogWrite(B_CW, 255);
  digitalWrite(B_CCW, LOW);

H 브리지의 동작을 위해 모터 A의 역회전 동작을 위해 A_CW(CW; Clock Wise, 시계방향)단자는 digitalWrite 명령으로 LOW를 출력합니다. 역회전 속도제어를 하기 위해 analogWrite(핀, PWM값)을 입력하였습니다. PWM값은 0~255 사이 값을 입력합니다.

digitalWrite(A_CCW, HIGH); = analogWrite(A_CCW, 255); 와 같습니다. PWM값 255는 항상 켜있기 때문입니다.

어느 쪽이 모터의 정회전 방향인가는 설계자가 정하기 나름입니다. 이렇게 회로를 꾸미고 모터단자를 바꿔 연결하면 회전방향은 반대 방향으로 변합니다.

기타 스케치는 모터의 회전상태를 표시해 주는 LCD 명령입니다.

과제8-1 직류모터 속도 및 회전방향 제어하기

실습목표 | 직류모터의 회전방향 및 속도를 제어할 수 있습니다.

직류모터의 회전방향과 속도를 제어하면 정말 많은 제품을 만들 수 있습니다. 전기자동차의 전진, 후진, 전진속도, 후진속도를 내 마음대로 조정할 수 있는 것입니다. 여기에 조향장치만 만들면 전기자동차가 됩니다.

이번 모터의 정회전 역회전은 스위치 입력으로 하겠습니다. 스위치 1을 누르면 정회전, 스위치 2를 누르면 역회전, 아무것도 안 누르면 정지, 스위치 1과 2를 동시에 누르면 정회전 하도록 스케치 하겠습니다. 물론 정회전, 역회전시 회전 속도는 가변저항의 값을 아두이노 A0로 입력받아 0~255 사이 값으로 변환하여 PWM값으로 사용합니다.

문자 LCD에는 SPEED를 표시하는데 PWM값(Speed)은 255이지만 모터가 최대로 회전하니 LCD에는 100으로 표시하겠습니다.

아날로그 입력값(0~5V)
= 아날로그 변환값(0~1023)
= 모터속도 제어값 Speed(0~255)
= LCD 화면 표시값 dis (0~100)

회로도와 부품배치는 과제7과 동일합니다.

그림 4-74 직류모터 정역 및 속도제어 스케치 동작 초기 LCD화면

스케치 소스 (JOB8-1)

```
#include <Servo.h>
#include <LiquidCrystal.h>
LiquidCrystal lcd(13,12, 3, 2, 1, 0);

#define A_CW 11                        // D11 pin에 모터 A 연결
#define A_CCW 10                       // D10 pin에 모터 A 연결
#define B_CW 6                         // D6  pin에 모터 A 연결
#define B_CCW 5                        // D5  pin에 모터 A 연결

#define SW_CW 8                        // D8 정회전 스위치
#define SW_CCW 7                       // D7 역회전 스위치

int Speed=0;
int dis=100;
void setup() {
   lcd.begin(16, 2);
   pinMode(A_CW, OUTPUT);              // D11 pin을 출력핀으로 사용
   pinMode(A_CCW, OUTPUT);             // D10 pin을 출력핀으로 사용
   pinMode(B_CW, OUTPUT);              // D16 pin을 출력핀으로 사용
```

```
    pinMode(B_CCW, OUTPUT);      // D15 pin을 출력핀으로 사용
    pinMode(SW_CW, INPUT);       // D8 pin을 입력핀으로 사용
    pinMode(SW_CCW, INPUT);      // D7 pin을 입력핀으로 사용

  lcd.setCursor(0,0);            // 초기 LCD 표시 문자
  lcd.print("DC Motor Con'");
  lcd.setCursor(0,1);
  lcd.print("Motor Stop");
  delay(1000);
}

void loop() {
  // **** 정회전 스위치를 눌렀을 때 동작
  if(digitalRead(SW_CW)){
    lcd.clear();
    lcd.setCursor(0,0);
    lcd.print(" Motor Dir: CW");
    Speed = analogRead(0);
    dis= map(Speed,0,1023,0,100);
    Speed = map(Speed,0,1023,0,255);
    digitalWrite(A_CW, LOW);
    analogWrite(A_CCW, Speed);
    digitalWrite(B_CW, LOW);
    analogWrite(B_CCW, Speed);
    lcd.setCursor(0,1);
    lcd.print(" Speed:");
    lcd.print(dis);
    delay(100);
  }

//***** 역회전 스위치(D7)을 눌렀을 때 동작
  else if(digitalRead(SW_CCW)){
    lcd.clear();
    lcd.setCursor(0,0);
    lcd.print(" Motor Dir: CCW");
    Speed = analogRead(0);
    dis= map(Speed,0,1023,0,100);
    Speed = map(Speed,0,1023,0,255);
    digitalWrite(A_CCW, LOW);
    analogWrite(A_CW, Speed);
    digitalWrite(B_CCW, LOW);
    analogWrite(B_CW, Speed);
```

```
    lcd.setCursor(0,1);
    lcd.print(" Speed:");
    lcd.print(dis);
    delay(100);
  }

//*** 정, 역 스위치를 누르지 않았을 때 동작
  else{
    lcd.setCursor(0,0);
    lcd.print("DC Motor Con'");
    lcd.setCursor(0,1);
    lcd.print("Motor Stop Push Buttone");
    delay(100);
    digitalWrite(A_CW,LOW);
    digitalWrite(A_CCW,LOW);
    digitalWrite(B_CW,LOW);
    digitalWrite(B_CCW,LOW);
  }
}
```

스케치 해설

- ```
  if(digitalRead(SW_CW)){            // 정회전입력(D8)이 1이면
  lcd.clear();                       // LCD를 깨끗이 초기화
  lcd.setCursor(0,0);
  lcd.print(" Motor Dir: CW");
  Speed = analogRead(0);      // 아날로그입력(A0)입력받아 dis에 저장
  dis= map(Speed,0,1023,0,100); // dis를 0~100값으로 변환해 dis에 저장
  Speed = map(Speed,0,1023,0,255);
                          // Speed(0~1023)의 값을 0~255값으로 치환
  digitalWrite(A_CW, LOW);
  analogWrite(A_CCW, Speed);
  digitalWrite(B_CW, LOW);
  analogWrite(B_CCW, Speed);
  }
  ```

두 개의 모터를 각각의 브리지에 넣고 회전시키고자 하는 방향에 PWM출력을 주어 모터의 회전속도를 조절합니다. 회전방향은 H브리지를 사용해 모터에 인가되는 전류방향을 반대로 주는 것입니다.
  ```

과제 9 스텝핑 모터를 사용한 1축 위치제어로봇 만들기

TIP 스텝핑 모터 (stepping motor)

펄스 신호를 줄 때마다 일정한 각도씩 회전하는 모터입니다. 입력 펄스 수에 대응하여 일정 각도씩 움직이는 모터로, 펄스 모터 혹은 스텝모터라고도 합니다. 입력 펄스 수와 모터의 회전 각도가 완전히 비례하므로 회전 각도를 정확하게 제어할 수 있습니다. 이런 특징 때문에 NC공작기계나 산업용 로봇, 프린터나 복사기, 3D 프린터 등 다양한 기기에 사용되고 있습니다. 메카트로닉스 기계에서 많이 사용하는 모터중 하나입니다.

실습목표 | 스텝핑 모터를 회전각 제어 스케치를 작성할 수 있습니다.

스텝핑 모터(Stepping motor)는 스텝 모터, 펄스 모터 등으로 불리기도 하는 모터입니다. 스텝핑 모터는 AC 서보모터, DC 서보모터에 비하여 값이 싸고 정확한 각도 제어에 유리하여 각종 사무자동화기기나, 공장자동화기기에 널리 사용되고 있습니다. 일반적으로 기계적인 이동량을 정밀하게 제어하는 일에 DC 서보 모터나 스텝핑 모터가 많이 사용됩니다. 스텝핑 모터는 서보모터에 비해 간단히 원하는 각도만큼 제어할 수 있어 프린터 등 정확한 위치제어와 함께 저렴하게 만들어야하는 기기에 많이 사용됩니다. 스텝핑 모터가 DC 모터나 교류 모터와 다른 점은 회전축의 위치를 검출하기 위한 별도의 감지회로 없이, 정해진 각도를 회전하고, 상당히 높은 정확도로 정지시킬 수 있기 때문입니다. 이런 동작을 직류나 교류 모터로 구현할 경우 회로도 복잡하고 비용도 크게 상승합니다.

(a) 스텝핑모터

(b) 스텝핑 모터 뒷면(1.8도/ 1스텝)

그림 4-75 스텝핑 모터

(1) 스텝핑 모터의 장점

- 디지털 신호로 직접 오픈 루프 제어를 할 수 있고 구동 시스템이 간단하다.
- 펄스신호의 주파수에 비례한 회전속도를 얻을 수 있으므로(펄스 전력에 비례한 회전특성) 속도제어가 광범위하다.
- 기동, 정지, 정·역회전, 변속이 용이하다.
- 회전각도와 입력 펄스수가 비례한다.
- 각도 오차가 적고, 오차는 누적되지 않는다.
- 복잡한 피드백 제어 장치를 사용하지 않고 정밀 제어 가능하다.
- 초 저속으로 고토오크 운전을 할 수 있다.
- 브러시가 없고 모터의 부품수가 적기 때문에 신뢰성이 높다.
- 가격이 일반적으로 저렴하다.

(2) 스텝핑 모터의 동작 원리

스텝핑 모터는 크게 나누어 스테이터(고정자)와 로터(회전자)의 2개 부분으로 구성되어 있으며, 고정자의 극의 수에 따라 상(마주하는 2개의 극이 1개의 상)의 수에 따라 단상(1상) 모터, 2상 모터, 3상 모터, 4상 모터, 5상 모터, 6상 모터 등으로 분류합니다. 이번 과제에는 일반적으로 많이 사용하는 2상 스텝핑 모터를 L298을 사용해 회전시키도록 하겠습니다. 2상 모터의 구조는 그림과 같습니다. 여기에 정해진 순서대로 회전을 시키면 한번 상을 변화시킬 때마다 정해진 각도(실습에 사용한 모터의 경우 1상변화에 1.8도 회전)만큼 회전합니다.

2개의 H브리지를 가진 L298 IC를 사용하여 스텝핑 모터를 구동할 때 유니폴라 방식을 사용합니다. 스텝핑 모터는 보통 6선인데, 가운데 공통선을 사용하지 않고 4선만 사용하여 구동합니다. 그림과 같이, A→/A, B→/B, /A→A, /B→B의 순서대로 4번(STEP) 전류의 흐름 방향을 변화시켜 줄 때마다 모터는 1.8도씩 회전합니다. 스텝핑 모터를 1회전시키기 위해 200번(1.8° × 200STEP = 360°) 상을 변화시켜 주어야 합니다. 스텝핑 모터를 2회전 시키려면 400번 전류의 상을 변화시켜 주면 됩니다. 상을 변화시키지 않으면 모터는 회전하지 않고 현재의 상태를 유지합니다.

TIP 회로시험기 (cricuit tester)

회로 시험기에 있는 전환 스위치를 간단히 움직여서 저항, 직류 · 교류 전압, 직류 전류 등을 측정할 수 있는 측정 장치 입니다. 저렴하고 휴대가 가능하여 전자, 전기 기기 점검 및 수리에 많이 이용되는 기본적인 측정 장치입니다.

TIP 스테핑 모터의 배선

스테핑 모터의 배선은 제조회사마다 다릅니다. 그러므로 스테핑 모터를 사용할 때는 모터 제조사의 데이터시트(제품설명서)를 보고 A, B상을 확인한 후 배선해야 합니다.

저자가 과제를 만들 때 사용한 모터의 배선은 다음 그림과 같습니다.

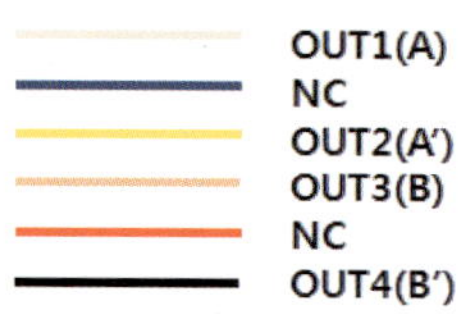

만약 A와 /A를 바꿔 연결하면 어떻게 될까요? 같은 신호를 주었을 때 반대로 회전합니다. 모터를 연결하고 출력하였는데 모터가 원하는 방향으로 회전하지 않으면 A, /A의 두선을 이나 B, /B의 연결 중 하나만 서로 바꿔(A와 /A, B와 /B 중 하나를 선택해서 두선의 위치를 바꾸면 됩니다.

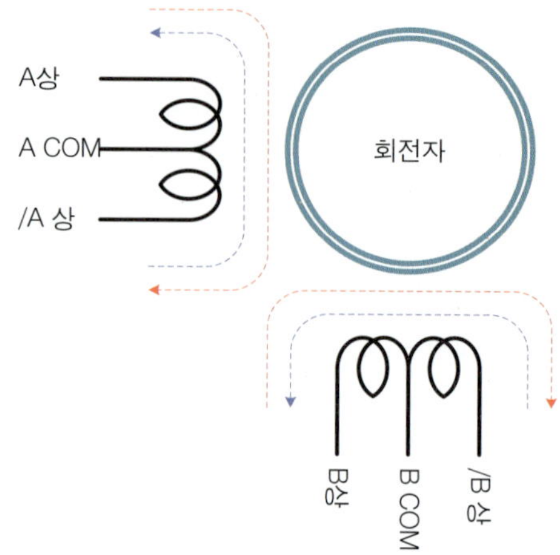

스텝	전류흐름 방향	회전각
1	A → /A	1.8°
2	B → /B	1.8°
3	/A → A	1.8°
4	/B → B	1.8°

그림 4-76 L298을 이용한 스테핑 모터 바이폴라 구동 방식

스테핑 모터 구동회로는 L298을 사용하므로 과제7의 직류모터 구동회로를 같이 사용합니다. 다만 스테핑 모터의 배선은 매뉴얼을 참고하거나 회로시험기를 사용해 저항을 측정하여 단자를 찾아 사용합니다.

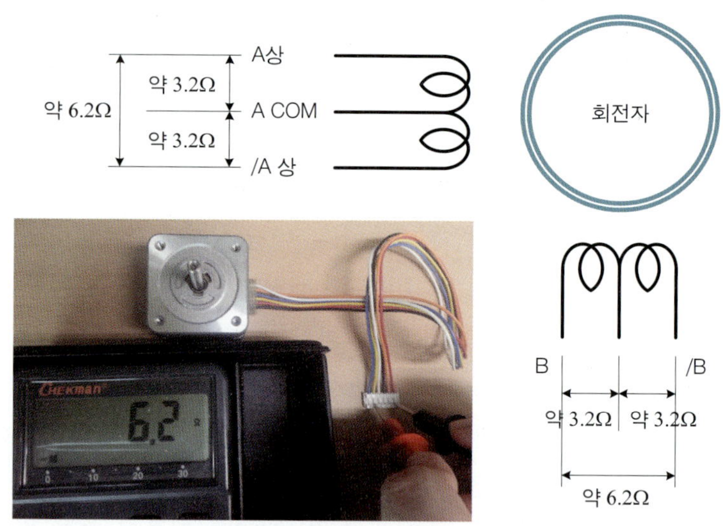

그림 4-77 스테핑 모터의 단자 찾기

A상과 B상은 선이 연결되어 있지 않기 때문에 멀티미터에 ∞의 저항(O.L) 등의 형태로 표시됩니다. 그러니 어느 한 선을 기준으로 저항을 측정해 보면 세선은 대략 3~7Ω의 저항이 표시되고, 나머지 배선 세

개는 단락상태로 표시됩니다. 그러면 이를 기준으로 세선씩 묶고, 각 세선 사이에서 6~7Ω 정도가 표시되면 그것이 A상, /A상이 되고, 나머지 세선에서 같은 저항이 나오는 두선이 B, /B 상이 됩니다. A상과 /A상의 구분은 데이터 시트가 있으면 그 색 그대로 하면 됩니다. 다만 오래된 모터여서 데이터 시트를 구할 수 없을 때는 두선 중 하나를 A상, 나머지를 /A상이라 정하여 사용하면 됩니다.

스케치 동작

<table>
<tr><th>순</th><th>동작</th><th>동작설명</th></tr>
<tr><td>1</td><td>회전스피드: 20rpm, CW 회전 50 Step (90도)</td><td rowspan="8">- for문을 사용하여 반복 동작
- 속도와 회전각 LCD에 표시</td></tr>
<tr><td>2</td><td>회전스피드: 100rpm, CCW 회전 50 Step (-90도)</td></tr>
<tr><td>3</td><td>회전스피드: 20rpm, CW 회전 100 Step (180도)</td></tr>
<tr><td>4</td><td>회전스피드: 100rpm, CCW 회전 100 Step (-180도)</td></tr>
<tr><td>5</td><td>회전스피드: 20rpm, CW 회전 150 Step (270도)</td></tr>
<tr><td>6</td><td>회전스피드: 100rpm, CCW 회전 150 Step (-270도)</td></tr>
<tr><td>7</td><td>회전스피드: 20rpm, CW 회전 200 Step (360도)</td></tr>
<tr><td>8</td><td>회전스피드: 100rpm, CCW 회전 200 Step (-360도)</td></tr>
</table>

회로도

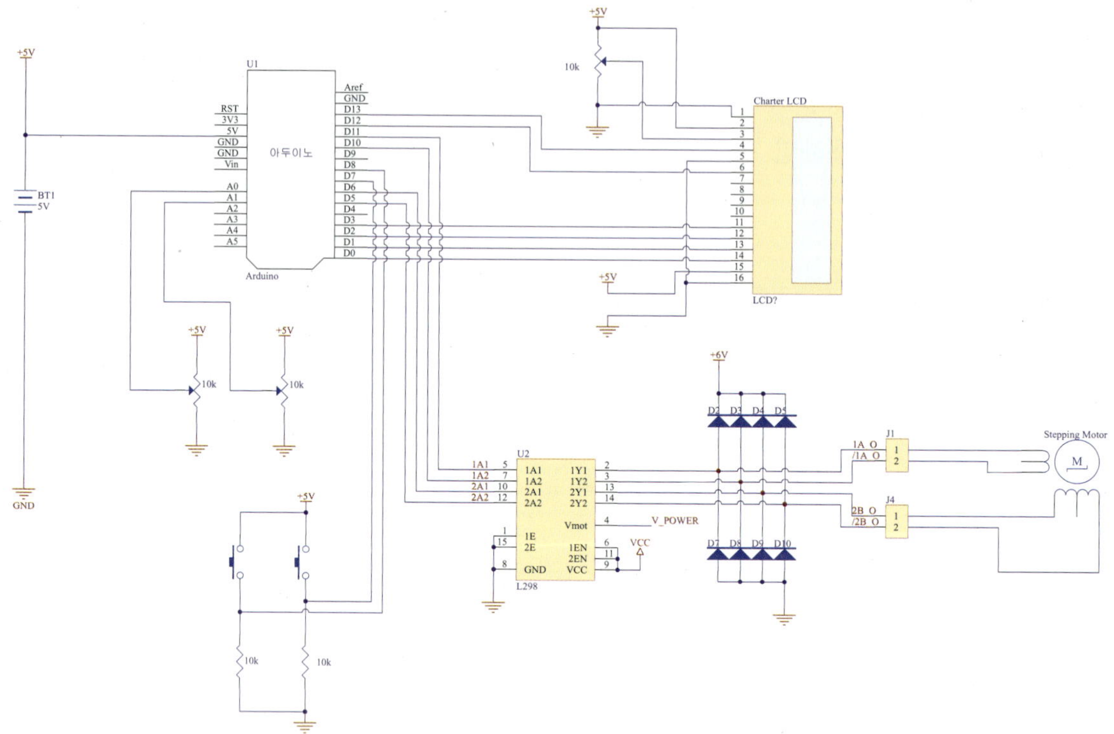

그림 4-78 과제9 회로도

부품배치도

아하!두이노 실습 보드의 회로 배선은 직류 모터 회전 실습과 같습니다. L298 IC한 개로 직류모터는 2개를 구동 할 수 있는 반면, 스텝핑 모터는 1개만 구동 할 수 있습니다.

참고로 문자 LCD의 배선을 잘 확인해 주세요. 이전 과제와 문자 LCD의 배선을 조금 달리 했습니다. 배선을 확인하여 주시기 바랍니다.

문자LCD	RS	EN	D4	D5	D6	D7
아두이노	D13	D12	D3	D2	D1	D0

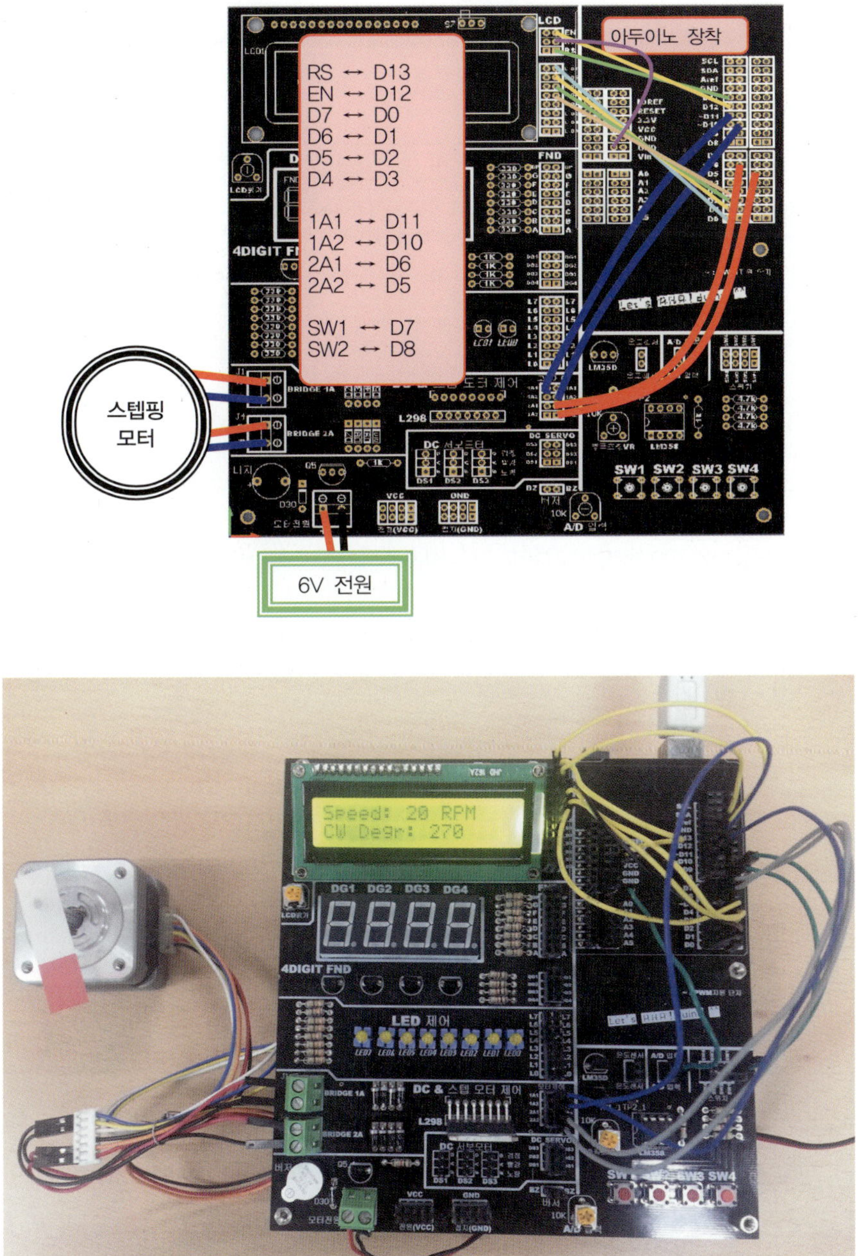

그림 4-79 과제 9 스텝핑 모터 구동을 위한 회로배선

스케치

스케치 소스 (JOB9)

```
#include <LiquidCrystal.h>
#include <Stepper.h>

LiquidCrystal lcd(13,12, 3, 2, 1, 0);

int a;
int StepTurn = 200;
// 스텝핑모터의 상변화 개수입니다. 보통 200 STEP에 1회전 합니다.

// 스텝핑 모터와 모터 배선 선언
// A상 11, 10번,  B상 6번, 5번사용
Stepper myStepper(StepTurn, 11,10,6,5);

void setup() {
  lcd.begin(16, 2);
  lcd.clear();

  // 스텝핑 모터의 회전속도를 설정합니다. 값은 rpm(분당 회전수)입니다.
  myStepper.setSpeed(150);
}

void loop() {
 for(StepTurn = 50; StepTurn <= 200; StepTurn += 50){
     a=20;
     lcd.clear();
     lcd.setCursor(0,0);
     lcd.print("Speed: ");
     lcd.print(a);
     lcd.print(" RPM");

     lcd.setCursor(0,1);
     lcd.print("CW Degr: ");
     lcd.print(int(StepTurn * 1.8));

     myStepper.setSpeed(a);
     myStepper.step(StepTurn);

     delay(1000);
```

```
    a=100;
    lcd.clear();
    lcd.setCursor(0,0);
    lcd.print("Speed: ");
    lcd.print(a);
    lcd.print(" RPM");

    lcd.setCursor(0,1);
    lcd.print("CCW Degr: ");
    lcd.print(int(StepTurn * -1.8));

    mySteppper.setSpeed(a);
    myStepper.step(-StepTurn);

    delay(1000);
  }
}
```

스케치 해설

- int StepTurn = 200;

스텝핑모터의 경우 일반적으로 1Step에 1.8° 회전합니다. 스텝핑 모터가 1회전하기 위해서는 200Step(200Step×1.8°= 360°)이 필요합니다.

- Stepper myStepper(StepTurn, 11, 10, 6, 5);

스텝핑 모터의 이름과 배선을 정의하는 함수입니다. 스텝핑 모터의 이름은 myStepper이고 회전 스텝은 변수 StepTurn에 저장하고, A상은 아두이노 D11, D10을 B상은 D6, D5번 핀을 사용한다는 선언입니다.

- myStepper.setSpeed(150);

스텝핑 모터의 회전속도를 설정하는 함수입니다. 단위는 RPM(분당 회전수)입니다. 그러므로 setSpeed(120)이라면 1분에 120회전 하는 속도로 회전하라는 명령입니다. 1회전하는데 2초 소요되는 회전속도로 회전하라는 명령입니다.

- **for(StepTurn = 50; StepTurn 〈= 200; StepTurn += 50){ ~ }**

1스텝에 1.8° 의 스텝핑모터의 경우 50스텝이면 90° 회전합니다. 과제 8은 90° → 180° → 270° → 360° 를 정방향, 역방향으로 회전하는 스케치입니다. 그래서 StepTurn값이 50스텝씩 증가하도록 스케치한 것입니다.

여기서 StepTurn += 50은 StepTurn = StepTurn + 50과 같은 명령입니다.

- **lcd.print(int(StepTurn * 1.8));**

만약 StepTurn에 50이 저장되어 있을 때 StepTurn * 1.8을 실행 하면 정수에 실수 1.8을 곱한 것이 되어 내부적으로 90.00의 실수형 자료가 됩니다. 이때 int(StepTurn * 1.8)를 통해 실수형 연산결과를 정수형으로 변환하여 90.00 → 90으로 형 변환됩니다. 스케치에서 int를 빼고 작성하면 LCD에 90.00으로 표시되는 것을 확인할 수 있습니다.

과제9-1 스텝핑 모터의 정역과 속도제어 해보기

실습목표 | 회전 방향과 회전속도를 입력받아 스텝핑 모터의 회전 방향과 속도를 제어하는 스케치를 작성할 수 있습니다.

과제 9-1은 두 개의 스위치와 한 개의 가변저항을 사용하여 스텝핑모터의 회전 방향과 회전 속도를 제어하는 스케치입니다.

스텝핑 모터의 회전속도는 가변저항의 변화를 아두이노 아날로그입력(A0)로 입력받아 10~150의 값으로 치환하여 스텝핑모터의 회전속도값으로 사용합니다. 만약 CW스위치(아두이노 D8)을 누르면 회전속도값대로 스텝핑 모터가 50Step (90°)을 회전하고 0.5초 대기합니다. CCW스위치(D7)을 누르면 입력받은 속도로, 반대방향으로 50Step 회전하고 0.5초 대기하는 스케치입니다.

회로도와 부품 배치는 과제 9와 같습니다.

스케치

스케치 소스 (JOB9-1)

```
#include <LiquidCrystal.h>
#include <Stepper.h>

LiquidCrystal lcd(13,12, 3, 2, 1, 0);
#define SW_CW 8                          // D8 정회전 스위치
#define SW_CCW 7                         //  D7 역회전 스위치

int a;
int Speed;

int StepTurn = 50;
// 스텝핑모터의 상변화 개수입니다. 보통 50 STEP에 90도 회전 합니다.

// 스텝핑 모터와 모터 배선 선언
// A상 11, 10번,  B상 6번, 5번사용
Stepper myStepper(StepTurn, 11,10,6,5);

void setup() {
  lcd.begin(16, 2);
  lcd.clear();
}

void loop() {


  if(digitalRead(SW_CW)){
    Speed = analogRead(0);
    Speed = map(Speed,0,1023,10,150);

    lcd.clear();
    lcd.setCursor(0,0);
    lcd.print("CCW 1 Turn");
    lcd.setCursor(0,1);
    lcd.print("RPM: ");
    lcd.print(Speed);

    myStepper.setSpeed(Speed);
    myStepper.step(StepTurn);
```

```
    delay(500);
  }

  else if(digitalRead(SW_CCW)){
    Speed = analogRead(0);
    Speed = map(Speed,0,1023,10,150);

    lcd.clear();
    lcd.setCursor(0,0);
    lcd.print("CCW 1 Turn");
    lcd.setCursor(0,1);
    lcd.print("RPM: ");
    lcd.print(Speed);
    myStepper.setSpeed(Speed);
    myStepper.step(-StepTurn);
    delay(500);

  }
  else {
    lcd.setCursor(0,0);
    lcd.print("No Input");
    lcd.setCursor(0,1);
    lcd.print("Put the Switch··");
    delay(500);
  }
}
```

5 아두이노 프로젝트 과제 만들기

프로젝트 과제 1. 알람시계 만들기
프로젝트 과제 2. 레이저를 쏘는 3축 운동 로봇 만들기
프로젝트 과제 3. EL 와이어를 사용한 무드 조명장치
프로젝트 과제 4. 열전사 프린터 출력장치 만들기
프로젝트 과제 5. 실제로 발사되는 화약로켓과 자동발사대 만들기

Project 1. 알람시계 만들기

실습목표 | 알람을 설정할 수 있는 시계를 만들 수 있습니다.

> **TIP 프로젝트 과제**
>
> 프로젝트과제를 만들기 위해 앞에서 작성해본 스케치 중 응용한 과제를 선택해 어떤 기능을 추가할지 생각해야 합니다. 처음부터 새로운 것을 제작하기는 매우 어렵습니다. 알고 있는 지식에 하나만 추가하면 다른 동작을 만들 수 있겠구나 하는 수준을 과제를 먼저 만들어 보세요. 많이 만들어 보고, 많이 생각할수록 멋진 작품이 완성될 것입니다.
>
> 시계를 만능기판으로 제작해 보고 싶으면 아하!두이노 만능기판에 납땜을 하여 만들어 보아도 좋습니다.

프로젝트 과제는 그동안 배운 기초 지식에 몇 가지 아이디어와 새로운 지식을 더해 원하는 작품을 만드는 것입니다.

아두이노 프로그래밍 예제 중에서 문자LCD, 스위치 입력, 타이머 라이브러리, 멜로디 출력 등의 과제를 응용하여 알람을 설정하는 시계를 만들어 보겠습니다. 한 개의 문자 LCD, 4개의 입력 스위치, 피에조 스피커 1개를 이용해 만들도록 하겠습니다. 프로젝트는 아하!두이노 실습보드에 만들어 보았는데 아하!두이노 만능기판이나 범용 만능기판에 납땜하여 완성하여도 좋습니다.

알람시계 프로젝트는 4개의 스위치로 기본적으로 시간을 표시하고, 알람 설정 모드와 시간 설정 모드의 메뉴를 갖고, 알람설정 시간은 아하!두이노 마이크로컨트롤러에 내장된 EEPROM에 저장해 전원을 꺼도 기억되도록 하였습니다.

그림 5-1 아하!두이노 실습보드로 만든 알람시계 프로젝트

회로도

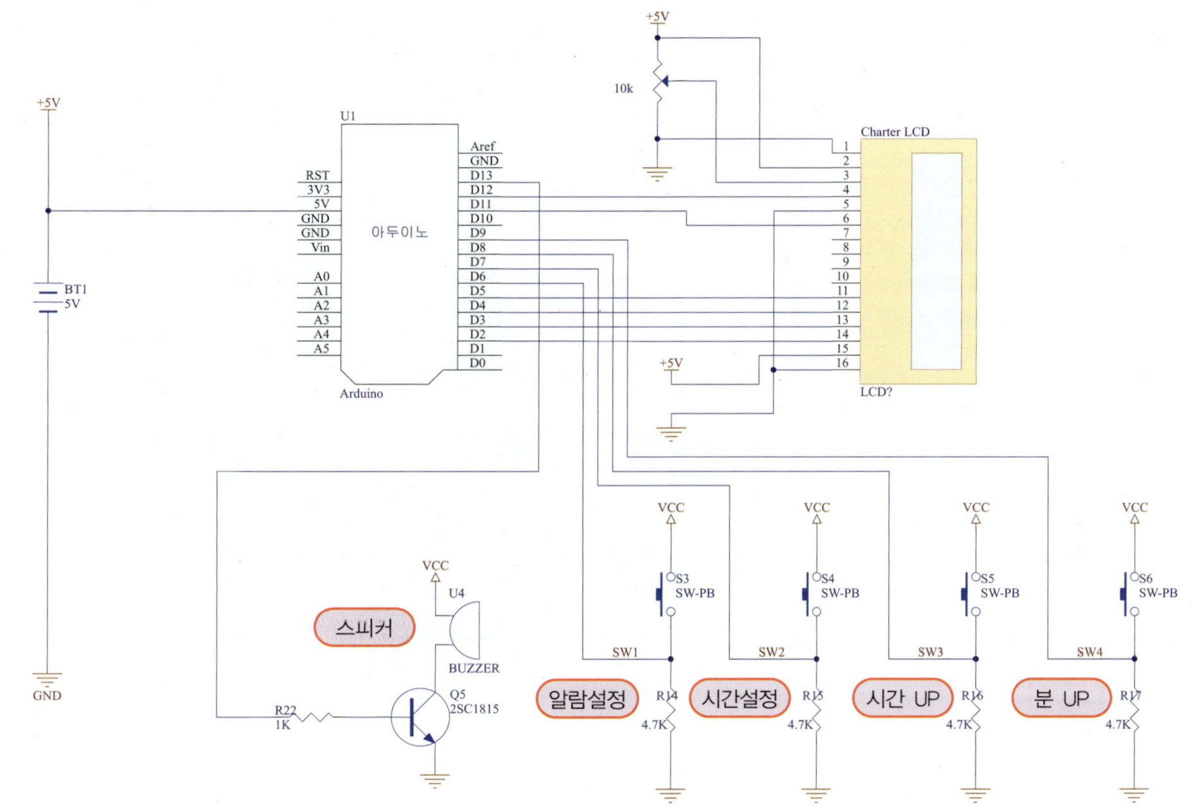

그림 5-2 프로젝트 과제1 회로도

부품배치도

그림 5-3 아하!두이노 알람시계과제 배선도

TIP 배선도

프로젝트 과제 스케치 제작에 앞서 배선을 하나하나 정확히 배선하는 것이 중요합니다. 프로그래밍 전에 회로도를 이상 없이 배선하였음을 확인하고 스케치를 작성하여야 합니다.

알람설정은 알람설정(SW1)을 누른 채 시간UP(SW3)을 누르면 '시간'이 증가하고, 분 UP(SW4)를 누르면 알람 설정의 '분'이 증가합니다. 알람 설정버튼을 떼면 다시 시간 표시 모드로 돌아갑니다. 시간 설정도 알람 설정과 마찬가지로 시간설정(SW2)을 누른 채 시간UP(SW3)을 누르면 '시간'이 증가하고, 분 UP(SW4)를 누르면 현재시간의 '분'이 증가합니다. 시간 설정버튼을 떼면 다시 시간 표시 모드로 돌아가도록 프로그램 합니다.

(a) 시간 설정 (b) 알람시간 설정

그림 5-4 알람 및 시간 설정 모드

스케치

스케치 소스 (Project1)

```
#include "Timer.h"    // Timer라이브러리를 사용 하겠다.
#include <LiquidCrystal.h>
#include <EEPROM.h>
#include <pitches.h>

LiquidCrystal lcd(12, 11, 5, 4, 3, 2);


Timer t;                    // 타이머를 사용하기 위한 객체 t를 생성


int al_sw = 6;              // 알람 설정 스위치
int ti_sw = 7;              // 시간 설정 스위치
int h_sw = 8;               // 시 설정 스위치
int m_sw = 9;               // 분 설정 스위치
int buzzer = 13;            // 알람 시 부저 출력
int on_off = 1;             // 알람의 온-오프
int alarm_on =1;

int mode=1; // mode는 현재 상태에 따라 시간 표시 유무를 결정
int h =12, m=30, s=0;       // 시간 표시용 변수들
int ah=0, am=0;             // 알람 설정용 변수들

//beep melody
int melody[] = {
 NOTE_C4, NOTE_C5,NOTE_B4, NOTE_A4,          // 도도시라
 NOTE_B4, NOTE_E5, NOTE_G5, NOTE_A5,         // 시미솔라
 NOTE_F5, NOTE_E5, NOTE_D5, NOTE_F5,         // 파미레파
 NOTE_E5, NOTE_D5, NOTE_C5, NOTE_B4,         // 미솔파미
 NOTE_A4, NOTE_G4, NOTE_F4, NOTE_E4};        // 라솔파미

// 박자(note durations): 2 = 2분 음표, 4 = 4분 음표, 8 = 8분 음표
int noteDurations[] = {               //모두 4분 음표
        4,4,4,4,
        4,4,4,4,
        4,4,4,4,
        4,4,4,4,
        4,4,4,4};
```

TIP 소스

멜로디 소스는 앞에서 실습해본 파헬벨의 캐논의 과제 스케치를 그대로 사용하였습니다. ^^

```
//************
void setup(void){
      t.every(1000,count_clock);
   // 100ms마다 count_clock함수를 실행하라

   ah = EEPROM.read(0);
       // 처음 시작하면 EEPROM에서 알람 시간 읽어서 변수ah에 저장
   am = EEPROM.read(1);
      // 처음 시작하면 EEPROM에서 알람 분을 읽어서 변수am에 저장
   lcd.begin(16,2);
   lcd.setCursor(0,1);
   lcd.print("AHa!duino Clock·          ");
}

void loop(void){
      t.update();              // loop함 내에 삽입하여야 실행됩니다.
      mode = 1;                // 각 설정이 끝나면 시간이 표시되도록 함
      delay(200);
      if (digitalRead(ti_sw)){mode=0; delay(200); set_time();}
                                                  // 해당 설정 함수 실행
      if (digitalRead(al_sw)){mode=0; delay(200); set_alarm();}
                                                  // 해당 설정 함수 실행
}

//--- 1초마다 시간을 증가시키는 함수
void count_clock() {

  s++;                              // 1초가 지난 후 호출되므로 1초 증가
 if(s == 60){ m++; s = 0; // 60초가 되면 분을 1 증가, 초는 = 0으로 리셋
        if (m == 60){ h++; m = 0;   // 60분이 되면 1시간 증가, 분은 0으로
              if (h > 12) h = 1;}       // 12시가 넘으면 시간을 1로 변경
        if( h == ah && m == am && alarm_on ) {beep(); alarm_on =0;}
          // 만일 알람이 설정되어 있고, 알람 시간이면 멜로디를 울림
  }
   if(mode == 1) disp_time();
 }

//--- 현재시간을 LCD에 표시하는 함수
void disp_time(){                                 // 시간을 표시하는 함수
  lcd.setCursor(0,0);                             // 커서를 0,0으로
  if(h<= 9)  lcd.print("Time=>  ");              // 시간을 2칸에 표시
        else lcd.print("Time=> ");
```

```
  lcd.print(h);
  if(m <= 9)  lcd.print(": ");          // 분을 두 칸에 표시
     else lcd.print(":");
  lcd.print(m);
  if(s <= 9)  lcd.print(": ");          // 초를 두 칸에 표시
     else lcd.print(":");
  lcd.print(s);
 }
 //--- 알람 설정 시간을 표시하는 함수
 void disp_atime(){
  lcd.setCursor(0,0);                    //커서를 0,0으로
  if(ah <= 9)  lcd.print("Alrm=>  ");  // 시간을 두칸에 표시
     else lcd.print("Alrm=> ");
  lcd.print(ah);
  if(am <= 9)  lcd.print(": ");         // 분을 두칸에 표시
     else lcd.print(":");
  lcd.print(am);
  lcd.print("          ");              //초 부분 지우기
}

 //--- 시간 변경 함수
void set_time() {                        //시간 설정 함수
  lcd.setCursor(0,1);
  lcd.print("Set Time Mode       ");

  while(digitalRead(ti_sw)) {
    if (digitalRead(h_sw)){h++; delay(400); // 시간은 0.4초마다 1씩 증가
      if (h  > 12 )  h = 1; }     // 시간은 12시간이 넘으면 1로 초기화
    if (digitalRead(m_sw)) {m++; delay(200);  //분은 0.2초마다 1씩 증가
      if (m == 60) m = 0; }       // 60분이 넘으면 분은 0으로 초기화

    disp_time();                      //갱신된 시간을 표시함
   }

  lcd.setCursor(0,1);
  lcd.print("AHa!duino Clock·       ");
}

 //--- 알람 시간 변경 함수
void set_alarm(){ //알람 설정 함수, 알람 설정 동안에도 시계는 정상 작동함
  lcd.setCursor(0,1);
  lcd.print("Set Alarm Mode");
```

TIP m++; delay(200);

분 올림 스위치를 계속 누르고 있으면 0.2초마다 분이 1씩 증가하는 용도입니다.

```
    while(digitalRead(al_sw)){
        if (digitalRead(h_sw)){ah++; delay(400);//시간은 0.4초마다 1씩 증가
            if (ah > 12) ah = 1;}  //시간은 12시간이 넘으면 1로 초기화
        delay(1);
        if (digitalRead(m_sw)) {am++; delay(200);//분은 0.2초마다 1씩 증가
            if (am == 60) am = 0;}      // 60분이 넘으면 분은 0으로 초기화
        disp_atime();
    }

    EEPROM.write(0x0, ah);          // 설정된 시간을 EEPROM에 저장
    EEPROM.write(0x1, am);          // 설정된 시간을 EEPROM에 저장

    delay(200);
    lcd.setCursor(0,1);
    lcd.print("AHa!duino Clock·");
}

//--- 알람시간이 되면 멜로디를 연주하는 함수
 void beep() {
    //알람 음을 만드는 함수
  for (int thisNote = 0; thisNote < 20; thisNote++) {

    // 박자계산  박자(noteDuration = 1초/음표
    // 예, 4분 음표 = 1000/4, 8분 음표 = 1000/8

    int noteDuration = 1000/noteDurations[thisNote];
    tone(13, melody[thisNote],noteDuration);

    // 음과 음사이의 구분
    // 음과 음사이는 대략 박자값 + 30% 정도의 시간을 추가 지연(임의값)
    int pauseBetweenNotes = noteDuration * 1.30;
    delay(pauseBetweenNotes);
    }

    //**** one more time
    for (int thisNote = 0; thisNote < 20; thisNote++) {
    int noteDuration = 1000/noteDurations[thisNote];
    tone(13, melody[thisNote],noteDuration);
    int pauseBetweenNotes = noteDuration * 1.30;
    delay(pauseBetweenNotes);
    }
}
```

스케치 해설

```
#include <EEPROM.h>
ah = EEPROM.read(0);
        //처음 시작하면 EEPROM에서 알람시간 읽어서 변수ah에 저장
am = EEPROM.read(1);
EEPROM.write(0x0, ah);  // 설정된 시간을 EEPROM에 저장
EEPROM.write(0x1, am);
```

아두이노는 1024 byte의 EEPROM을 내장하고 있습니다. EEPROM은 전원이 나가도 기억을 유지하는 메모리입니다. 비밀번호나 동작시간 등 전원이 나가도 반드시 기억해야할 중요한 변수값을 기억하는데 사용합니다. 알람 시간은 EEPROM 0번지에, 분은 1번지에 저장하였다가, 아두이노에 전원이 들어오면 값을 읽어 변수 ah, am에 저장하여 사용합니다. 물론 알람을 설정한 다음에는 EEPROM에 저장합니다.

TIP EEPROM

EEPROM (Electrically Erasable Programmable Read-Only Memory, E2PROM)는 비휘발성 메모리(NVM)입니다. EEPROM은 전기를 노출시킴으로써 한 번에 1바이트씩만 지울 수 있기 때문에 플래시 메모리와 비교하면 매우 느리며 반복 기록 횟수에 제한이 있는데 약 10만 번 정도입니다. 중요한 데이터나 설정 데이터를 저장하는 용도로 사용합니다.

Project 2. 레이저를 쏘는 3축 운동 로봇 만들기

실습목표 | DC 서보모터 3개를 이용하여 3축 로봇을 만들 수 있습니다.

TIP 레이저(laser)

레이저는 유도 방출에 의한 빛의 증폭(Light Amplification by the Stimulated Emission of Radiation)의 영어표기를 한글화 한 것입니다. 전형적인 레이저 광은 단색, 즉, 오직 하나의 파장이나 색으로 이루어지며, 레이저 빔은 가늘고 곧게 빛을 발합니다.

산업적으로 레이저는 철이나 금속을 자르거나 표면에 그림, 글씨를 새기는 용도, 의학에서는 안과 수술, 미용 목적의 수술 등 매우 다양한 분야에서 사용되고 있습니다.

프로젝트과제란 내가 할 수 있는 지식과 기술에 새로운 아이디어, 새로운 아이템을 더해 새로운 동작을 하는 창의적 과제물을 만드는 것입니다. 프로젝트 과제는 책과 똑같이 만들어 보는 것도 의미 있지만 책에 있는 내용에 자신의 아이디어와 새로운 지식을 더해 나만의 작품을 만드는 것이 더욱 중요합니다. 작품을 만들기 위해 내가 갖고 있는 부품이나, 인터넷 등에서 값싸고 쉽게 구할 수 있는 부품을 사용하는 것이 좋습니다.

로봇이라 하면 걸어 다니는 로봇을 생각하기 쉽지만 걸어 다니는 로봇은 기술적 상징성, 기술력을 높이기 위한 과제입니다. 산업현장에서는 단순한 동작을 하는 2축, 3축, 5축 로봇이 많이 사용되고 있습니다. 여러 대의 로봇이 일을 분담해 처리하는 방식으로 자동차, 휴대폰, 태블릿 PC 등을 생산하고 있습니다. 단순 반복 작업, 위험한 작업, 큰 힘이 필요한 작업을 로봇은 인간보다 더 빠르고 정확하게 수행합니다. 사람은 반복되는 일을 계속하다보면 긴장이 풀려 실수 할 수 있지만, 로봇은 언제나 일정한 수준의 정밀도와 정확성을 가지고 제품을 생산합니다.

이번 과제는 장난감 산업용 3축 로봇을 만들어 보는 과제입니다. 3개의 서보 모터를 어떤 위치에 붙이고 동작하느냐에 따라 창의적 로봇을 만들 수 있는 것입니다.

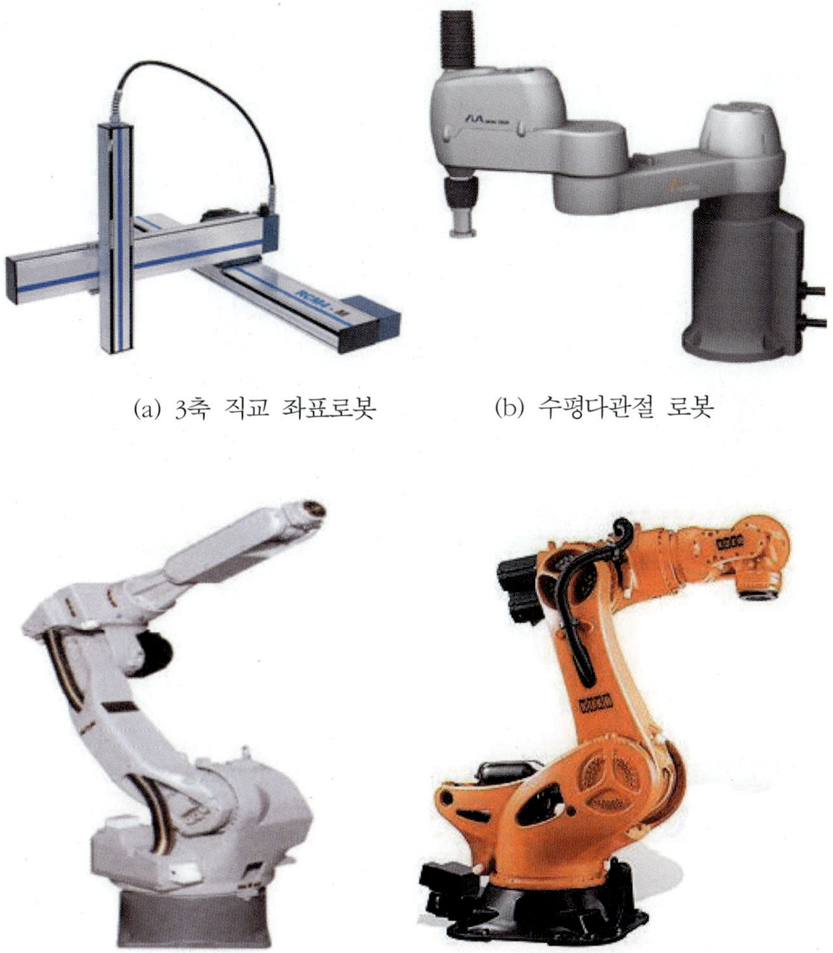

(a) 3축 직교 좌표로봇 (b) 수평다관절 로봇

(c) 3축 수직 다관절 (d) 핸들링 로봇

그림 5-5 다양한 형태의 산업용 로봇

(a)의 직교좌표 로봇의 경우 간단한 구조이지만 휴대폰 부품을 장착하는데 사용용도 이외에도 다양하게 사용됩니다. 용접과 도장 등에 사용되는 수직다관절 로봇, 소형 제품 조립에 사용되는 수평다관절 로봇과 직교로봇, 자동차 조립 등 중공업 분야에서 많이 사용되는 핸들링 로봇 등이 대표적 제조용 로봇입니다.

그림 5-6 산업현장에서의 로봇 활용

모터를 어떻게 장착하고 어떤 구조물로 구성하는가에 따라 다양한 동작의 로봇을 만들 수 있습니다. 이번 프로젝트 과제는 3개의 모터를 사용해 로봇의 동작을 구현하는 과제이며 회로는 아하!두이노 실습 장치를 사용했지만, 기판에 납땜으로 프로젝트과제를 만들 수도 있습니다. 프로젝트에 활용된 부품은 다음과 같습니다.

품명	규격	수량
BATTERY	6V	1
Charter_LCD	16×2 문자LCD	1
POT1	10k	1
AHa!duino UNO	아하!두이노	1
AHa!duino 실습장치	실습장치 또는 만능기판	1
RC 서보모터	기본형	3
레이저포인터모듈	적색	1
양면테이프	자동차용	1
나무	작은 조각	
배선		20

그림 5-7 제작용 부품

회로도

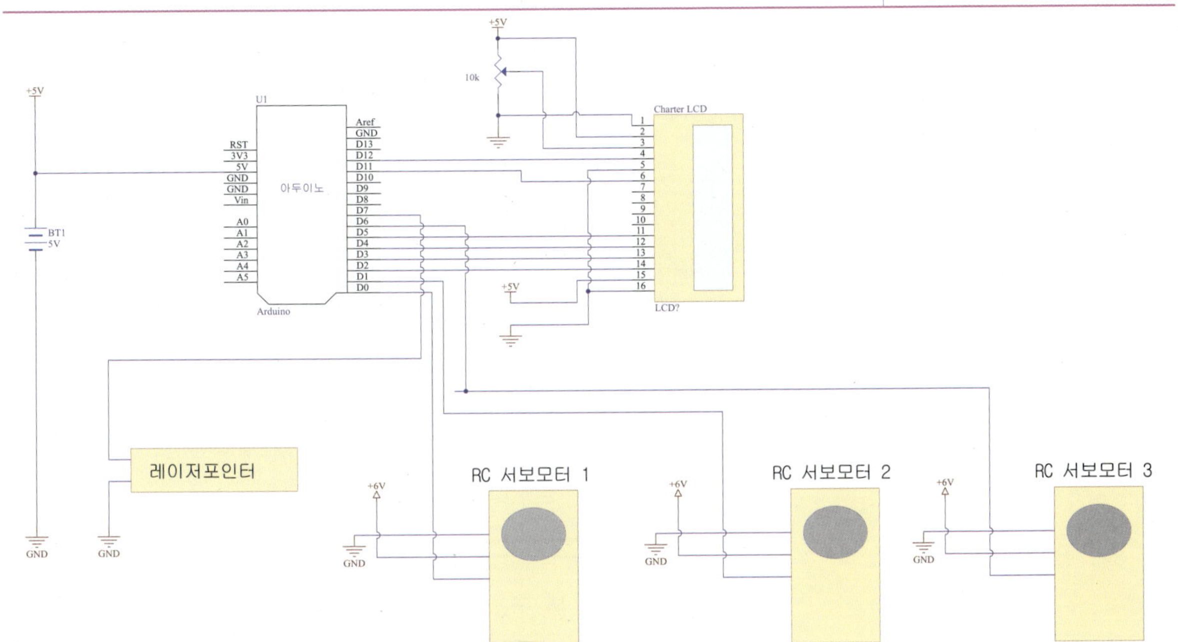

그림 5-8 프로젝트 과제1 회로도

부품배치도

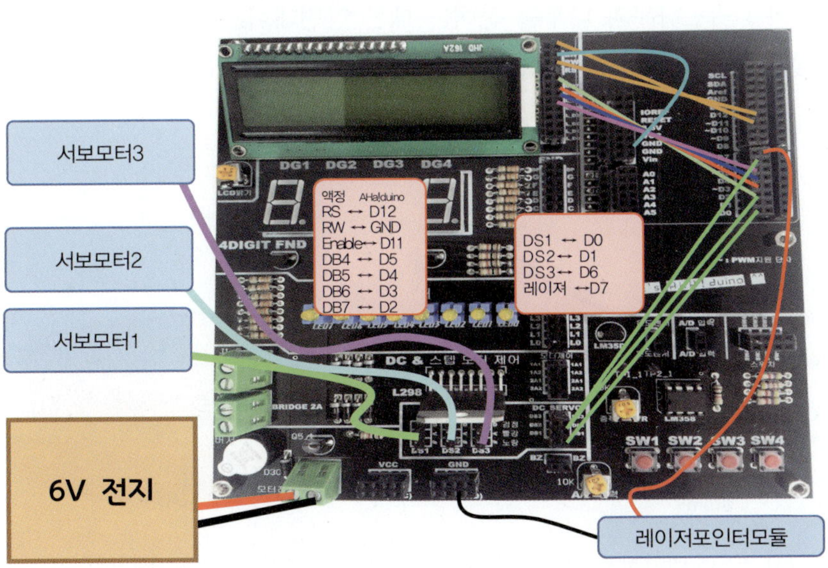

(a) 브래드보드를 사용한 부품 배치 및 회로배선

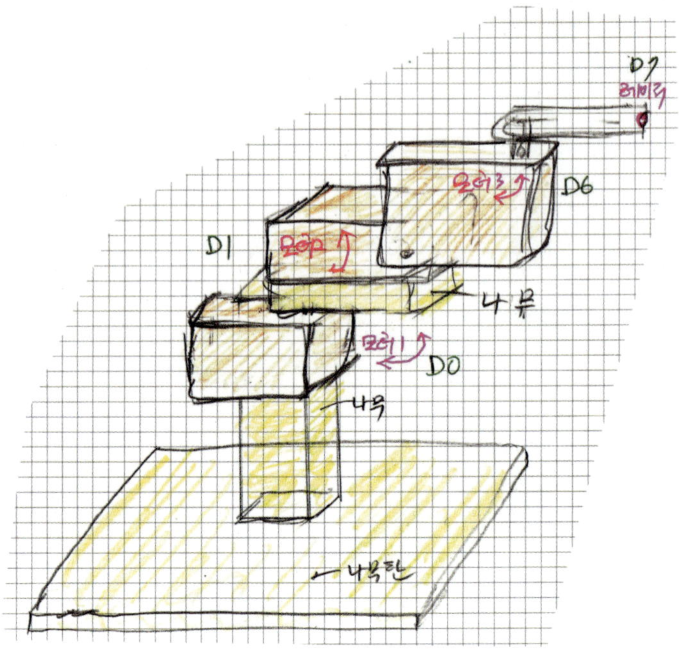

(b) 로봇 구조물 및 모터 배치 스케치

그림 5-9 프로젝트 과제1 3축 로봇이 구성

레이저포인터는 인터넷에서 전자부품 구매 쇼핑몰에서 쉽게 구할 수 있는 적색 레이저 포인트 모듈, 구조물은 나무 조각을 사용했습니다. 모터와 나무, 나무와 나무를 붙이는 데는 양면테이프를 사용하였습니다. 자동차용 양면 테이프는 로봇 구조물을 만드는데 충분한 접착력을 제공합니다.

TIP 양면테이프

로봇의 구조물을 만들 때 자동차용 3M테이프를 사용하였습니다. 나무 조각, 아니면 집에서 있는 블록, 과학상자 부속품을 활용하여 자유로운 구조를 만드시면 됩니다. 구조에 따라 같은 스케치와 배선이라도 다른 동작이 나오게 됩니다.

(a) 4.5V 레이저포인터 모듈(RED) (b) 구조물 제작용 양면테이프

그림 5-10 로봇 구조물 제작 부품

LCD에는 레이저가 발사 될 때를 표시하도록 레이저 ON, 레이저 OFF가 표시되도록 합니다.

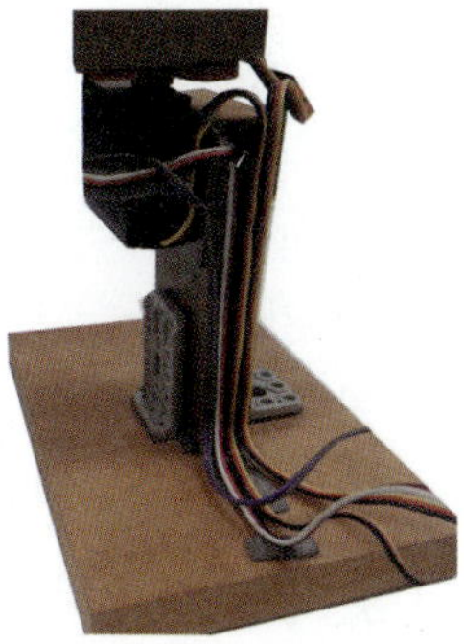

(a) 3축 로봇 하부구조물

(b) 3축 로봇 레이저포인터 구성

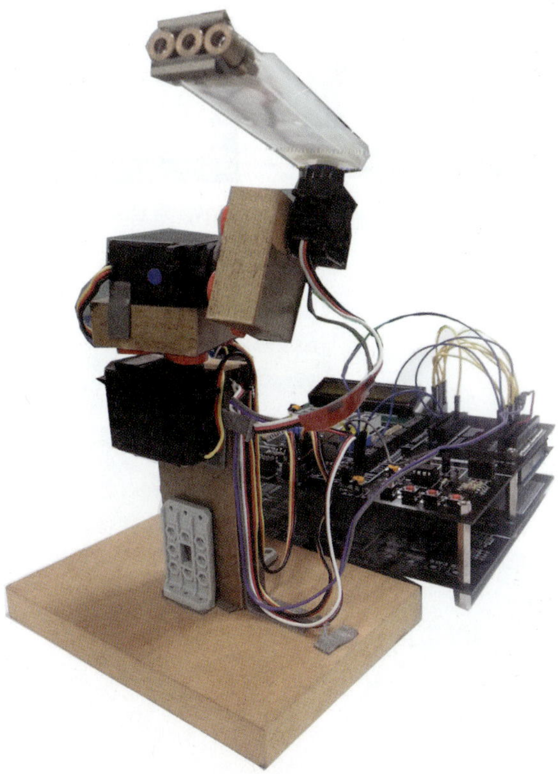

(c) 3축 로봇 전체 구조물 완성

그림 5-11 로봇 Body 제작

각 부위별 장착위치나 높이 등 구조에 따라 다양한 동작을 하는 로봇을 만들 수 있습니다. 로봇의 구조물 지지대는 나무를 사용하고, 나무와 모터, 모터와 모터의 연결에는 양면테이프를 사용하면 간단히 멋지고 튼튼한 로봇을 만들 수 있습니다.

로봇의 구조물을 제작한 후 동작을 제어하는 스케치를 작성합니다. 10개의 동작을 배열로 작성하여 로봇 동작을 순차적으로 수행하도록 하겠습니다. 배열의 개수를 늘이면 그만큼 동작 개수도 늘어납니다. 3축이 아닌 4축, 5축도 서보모터만 추가하고, 배열에서 데이터 개수만 추가하면 복잡한 동작의 로봇을 제작할 수 있습니다. 배열의 동작데이터는 현재는 임의로 다양한 동작을 하게 프로그램 하였으니 여러분이 개성 있는 동작을 하도록 데이터를 수정하여도 좋습니다.

(a) 초기동작의 LCD표시

(b) 로봇동작 중 LCD표시

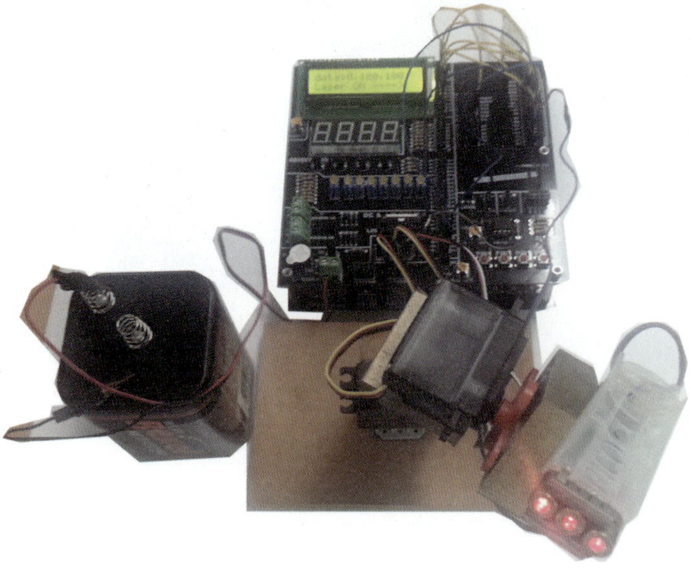

(c) 3축 로봇 동작사진

그림 5-12 3축 로봇 동작

스케치

스케치 소스 (Project2)

```
#include <Servo.h>
#include <LiquidCrystal.h>

LiquidCrystal lcd(12,11, 5, 4, 3, 2);

Servo servo0;  // 서보 컨트롤 객체 이름을 선언합니다.
Servo servo1;
Servo servo2;

// 로봇 구동 데이터 x축, y축, z축 회전각, 레이저 ON/OFF 데이터
int Move[10][4]= {
        {90,180,65,0},  // robot action, motor1, motor 2, motor3, laser
        {180,90,180,1},  // robot action, motor1, motor 2, motor3, laser
        {90,180,120,0},  // robot action, motor1, motor 2, motor3, laser
        {90,180,0,1},  // robot action, motor1, motor 2, motor3, laser
        {90,0,180,1},  // robot action, motor1, motor 2, motor3, laser
        {45,0,0,0},  // robot action, motor1, motor 2, motor3, laser
        {0,180,180,1},  // robot action, motor1, motor 2, motor3, laser
        {180,90,90,0},  // robot action, motor1, motor 2, motor3, laser
        {135,45,45,1},  // robot action, motor1, motor 2, motor3, laser
        {90,90,90,0},  // robot action, motor1, motor 2, motor3, laser
};

//************ Setup 함수
void setup() {
  lcd.begin(16, 2);
  servo0.attach(0);  // servo0 모터의 신호선은 아두이노 D0핀
  servo1.attach(1);  // servo1 모터의 신호선은 아두이노 D1핀
  servo2.attach(6);  // servo6 모터의 신호선은 아두이노 D6핀
  pinMode(7, OUTPUT);  // 레이저 구동신호는 아두이노 D7핀
  // 처음시작시 초기화 동작표시
  lcd.clear();
  lcd.setCursor(0,0);
  lcd.print("3 axil Robot ");
  lcd.setCursor(0,1);
  lcd.print("Robot Warm up!! ");

  // 처음 동작 확인용 (모터 90도 위치로 초기자세)
```

TIP 소스

3축 로봇 제어 소스는 4장의 2개의 서보모터 과제를 기반으로 작성한 것입니다. 모터를 한 개 더하고, 레이저 포인터의 동작(ON/OFF)를 추가하는 정도입니다. 배열의 개수를 추가하면 더 많은 동작을 만들 수 있습니다.

```
  servo0.write(90);
  delay(500);
  servo1.write(90);
  delay(500);
  servo2.write(90);
  delay(2000);


 // 로봇 동작을 확인하는 초기화 동작
  for(int a=10; a<=170; a++){
    servo0.write(a);
    delay(30);
  }
 for(int a=170; a>=10; a--){
  servo0.write(a);
 delay(30);
 }
}

//****** 로봇 동작을 위한 사용자 정의 함수 ****
void Robot_Action(int i ){

  //문자 LCD 첫 행에 좌표 출력
  lcd.clear();
  lcd.setCursor(0,0);
  lcd.print("data:");lcd.print(Move[i][0]);
  lcd.print(",");lcd.print(Move[i][1]);
  lcd.print(",");lcd.print(Move[i][2]);

  //배열의 동작데이터와 같이 로봇 동작 출력
   servo0.write(Move[i][0]);
   servo1.write(Move[i][1]);
   servo2.write(Move[i][2]);
   digitalWrite(7, Move[i][3]);


  //레이저 동작 및 둘째 행에 레이저 동작 표시 출력
   if(Move[i][3] ==1) {
     lcd.setCursor(0,1);
     lcd.print("Laser ON ---->");
   }
   else{
```

```
        lcd.setCursor(0,1);
        lcd.print("Laser OFF X--X");
    }
}

//*********  loop함수
void loop() {
// 배열 데이터에 따라 로봇 동작
 for(int a=0; a< 10; a++) {     // 10단계의 동작을 하나씩 실행
     Robot_Action(a);             // 사용자 정의 함수 호출
     delay(1000);               // 각 스텝동작마다 1초 여유시간(조정가능)
 }
 delay(500);

 for(int a=10; a>=0; a--) {    // 10단계의 동작을 반대로 한번더 실행
     Robot_Action(a);
     delay(1000);
 }
}
```

스케치 해설

```
    int Move[10][4]= {
        {90,180,65,0},  // robot action, motor1, motor 2, motor3, laser
        {180,90,180,1}, // robot action, motor1, motor 2, motor3, laser
                ~~~~~~~~
        {135,45,45,1},  // robot action, motor1, motor 2, motor3, laser
        {90,90,90,0},   // robot action, motor1, motor 2, motor3, laser
};
```

로봇의 10단계 동작을 배열로 작성한 것입니다. 배열은 x축, y축, z축의 세 축 모터의 회전각과 레이저포인터의 동작 유무 등 4개의 데이터를 갖고 있습니다. 추후 모터가 추가되어 4축 로봇을 만든다면 여기에 4번째 축의 데이터만 추가하면 됩니다. 10개의 동작이 아닌 더 복잡하고 다양한 동작을 스케치 하기위해서는 배열의 개수만 늘이면 됩니다.

```
void Robot_Action(int i ){

//문자 LCD 첫 행에 좌표 출력
  lcd.clear();
  lcd.setCursor(0,0);
  lcd.print("data:");lcd.print(Move[i][0]);
  lcd.print(",");lcd.print(Move[i][1]);
  lcd.print(",");lcd.print(Move[i][2]);

//배열의 동작데이터와 같이 로봇 동작 출력
    servo0.write(Move[i][0]);
    servo1.write(Move[i][1]);
    servo2.write(Move[i][2]);
    digitalWrite(7, Move[i][3]);


//레이저 동작 및 둘째 행에 레이저 동작 표시 출력
    if(Move[i][3] ==1) {
     lcd.setCursor(0,1);
     lcd.print("Laser ON ---->");
    }
    else{
     lcd.setCursor(0,1);
     lcd.print("Laser OFF X--X");
    }
}
```

3개의 모터와 레이저의 동작을 위한 사용자 정의 함수입니다. 먼저 동작에 앞서 x, y, z의 회전각을 문자LCD에 표시하고 배열의 회전각을 x, y, z 세 개의 모터에 출력하여 회전 시킵니다. 마지막으로 레이저의 동작을 D7포트에 출력합니다. 배열값이 '1'이면 레이저가 켜지고, '0'이면 레이저가 꺼집니다.

Project 3. EL 와이어를 사용한 무드 조명장치

실습목표 | EL wire를 구동하여 무드 조명장치를 제작할 수 있습니다.

EL 와이어는 발광물질이 도포된 중심의 구리선과 외부 전극 사이에 교류 전압을 가하면 빛을 내는 구조를 가진 발광체로 외부는 안료가 첨가된 투명 PVC소재로 만든 것입니다. 파랑, 녹색, 연두, 노랑, 빨강, 핑크, 흰색 등 다양한 색을 내며 40~110V에 30~30,000Hz 고주파를 연결하면 발광합니다. 와이어 뿐 아니라 A4지 형태의 EL 시트도 있습니다. EL와이어의 동작특징은 다음과 같습니다.

EL와이어의 특징

- 360° 전체 방향으로 발광합니다.
- 열이 발생하지 않는 무열 발광체입니다.
- LED나 다른 조명과 같은 점발광체가 아닌 선형 발광체입니다.
- 원하는 모양대로 구부려 사용할 수 있습니다.
- 길이 제한이 없이 잘라서 사용할 수 있습니다.
- 부드러운 색감과 떨림이 없는 빛을 냅니다.
- 소비전력이 매우 작습니다.
- 수명이 깁니다. (3,000~6,000시간)
- 40~110V, 400~3,000Hz의 교류전압을 가하면 빛을 냅니다.

EL와이어는 자동차실내 장식, 건물의 안전 유도표시등, 실내외 광고조명용, 무대장식등 다양하게 활용되고 있습니다.

TIP EL(Electro Luminance) 와이어

EL은 자체 · 발광하는 무기재료를 가리키며, 일렉트로 루미넌스(Electro Luminance)의 약자입니다. 소비전력이 LED에 비해 3분의 1정도로 적은데다 면 전체가 발광하기 때문에 점 발광 방식인 LED보다 빛을 고르게 공급할 수 있으며, 열 발생이 거의 없어 수명이 길며 구부릴 수도 있는 발광 소자입니다. 40~110V, 30~30,000Hz의 교류 전압을 가하면 발광을 하며 판의 모양, wire모양 등 다양한 모양으로 만들 수 있습니다. 3M EL wire를 필요한 길이로 잘라 사용할 수 있습니다. 다만 배선을 연결하는 방법은 인터넷에서 검색하면 많이 있으니 참고하여 주시기 바랍니다. 잘라서 사용할 때는 두 선이 단락되지 않도록 배선 연결에 주의 하여야 합니다.

그림 5-13 EL wire

EL와이어는 인터넷에서 EL wire를 검색하면 쉽게 구매할 수 있습니다. EL와이어의 구동은 LED구동만큼이나 쉽게 구동할 수 있습니다.

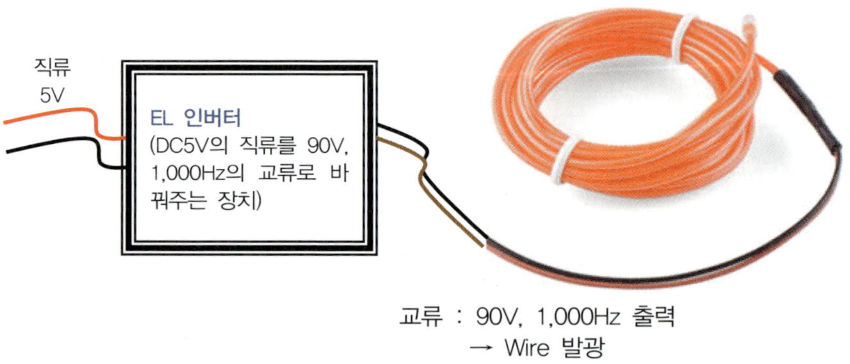

(a) EL 와이어 구동방법

(b) EL구동용 인버터

그림 5-14 EL wire 구동 방법

아두이노를 사용해 10개의 EL와이어를 순차적으로 구동하는 프로젝트 과제입니다. 10개의 EL와이어를 구동하기 위해 10개의 인버터를 사용하는 대신에 한 개의 인버터와 10개의 트라이액을 사용해, 필요한 곳에만 인버터의 교류를 흘려주는 방식으로 인버터 한 개로 10개의 EL와이어를 구동합니다.

직류를 필요에 따라 흐르게도, 흐르지 못하게 해주는 직류스위칭소자는 트랜지스터입니다. 트랜지스터와 유사한 모양이지만 교류를 필요에 따라 흐르게 또는 흐르지 못하게 하기 위해서는 교류 스위칭소자인 트라이액(TRIAC)을 사용합니다. 사용방법은 유사하지만 교류에 트랜지스터를 사용하면 소자가 파괴되니 교류용 회로에는 반드시 트라이액을 사용하여야 합니다.

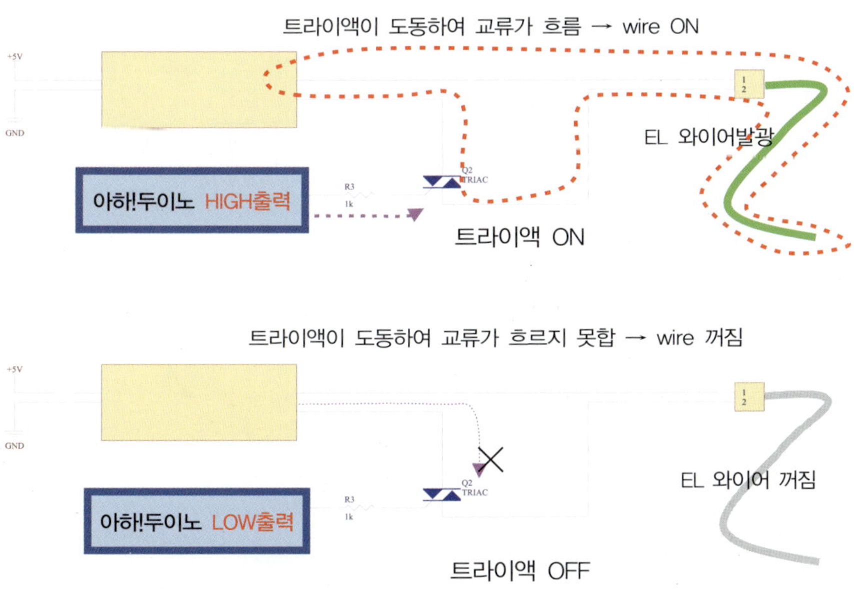

그림 5-15 트라이액을 이용한 EL wire 구동

그림 5-16의 트라이액을 사용하면 한 개의 인버터를 사용해도 10개의 EL와이어를 켤 수 있습니다. 제어대상은 EL와이어 이지만 스케치 코드는 LED를 켜고 끄는 방법과 크게 다르지 않습니다.

TIP 트라이액(TRIAC)

트랜지스터가 직류를 제어하는 소자라면, 트라이액은 교류를 제어하는 소자입니다. 트라이액은 양방향성의 전류 제어가 행하여지는 반도체 제어 부품으로, 규소의 5층 pn접합으로 만듭니다. 2개의 주전극과 1개의 제어전극(게이트; Gate)이 있으며, 게이트 신호가 없으면 어느 방향으로도 OFF되어 흐를 수 없지만, 게이트 신호가 있으면 주전극의 극성에 관계없이 턴온(turn-on)되어 교류신호가 자유롭게 흐릅니다.

꼭 기억합니다. 트랜지스터는 직류제어소자, 트라이액은 교류제어소자 ^^

그림 5-16 트라이액(TS68234C; T1, G, T2)와 핀배치

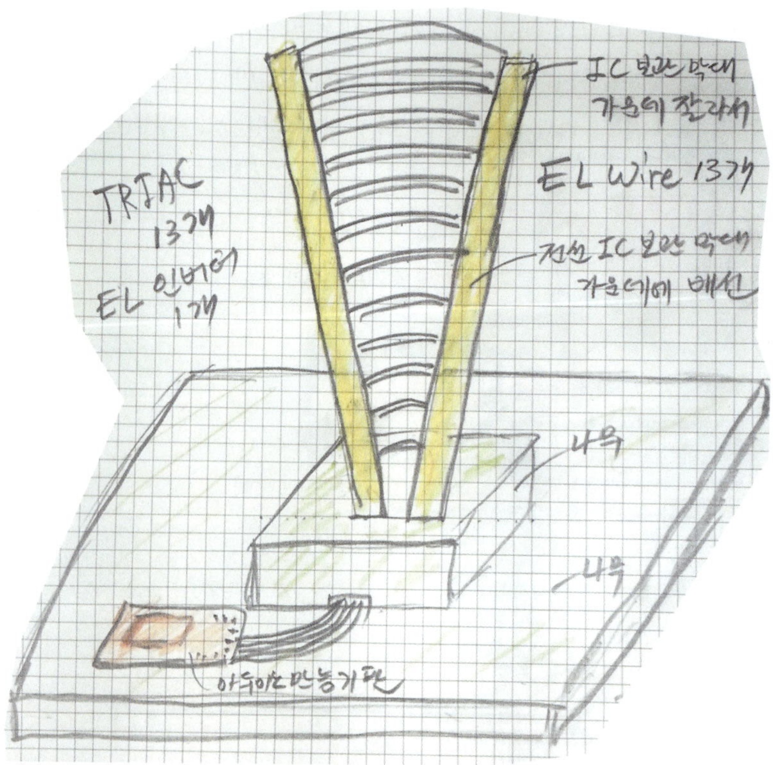

그림 5-17 EL 조명장치 스케치

EL 조명장치는 연필로 그린 스케치의 형태대로 나무상자에 반원 형태로 제작합니다. 아하!두이노의 D4~D13번 핀만 사용하여 10개의 EL와이어를 켜고 끄며, 와이어는 잘라서 반원 형태로 만듭니다. EL와이어는 얇고 투명한 IC보관 플라스틱을 기둥으로 사용했고 이 기둥은 나무로 상자를 만들어 지지하였습니다. 기판은 아하!두이노 만능기판을 사용하였습니다.

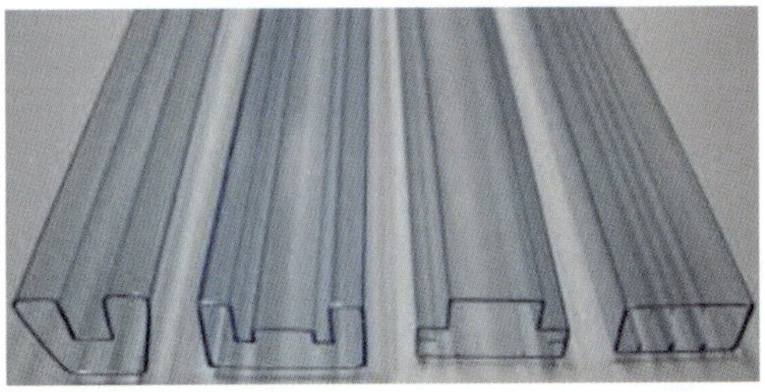

(a) EL 와이어 지지에 사용한 플라스틱 IC보관 스틱

(a) 프로젝트 과제 납땜에 사용한 아하!두이노 만능기판

그림 5-18 EL 조명장치 제작용 부품

회로는 아하!두이노 만능기판에 납땜으로 제작해 보았습니다.

품명	규격	수량
직류 아답터	6V	1
AHa!duino UNO	아하!두이노	1
AHa!duino 만능기판	만능기판	1
트라이액	TS68234C	10
EL wire 인버터	DC 5V입력용	1
EL wire	흰색	3M
나무	각종	1식
배선	각종	3M

그림 5-19 제작용 부품

회로도

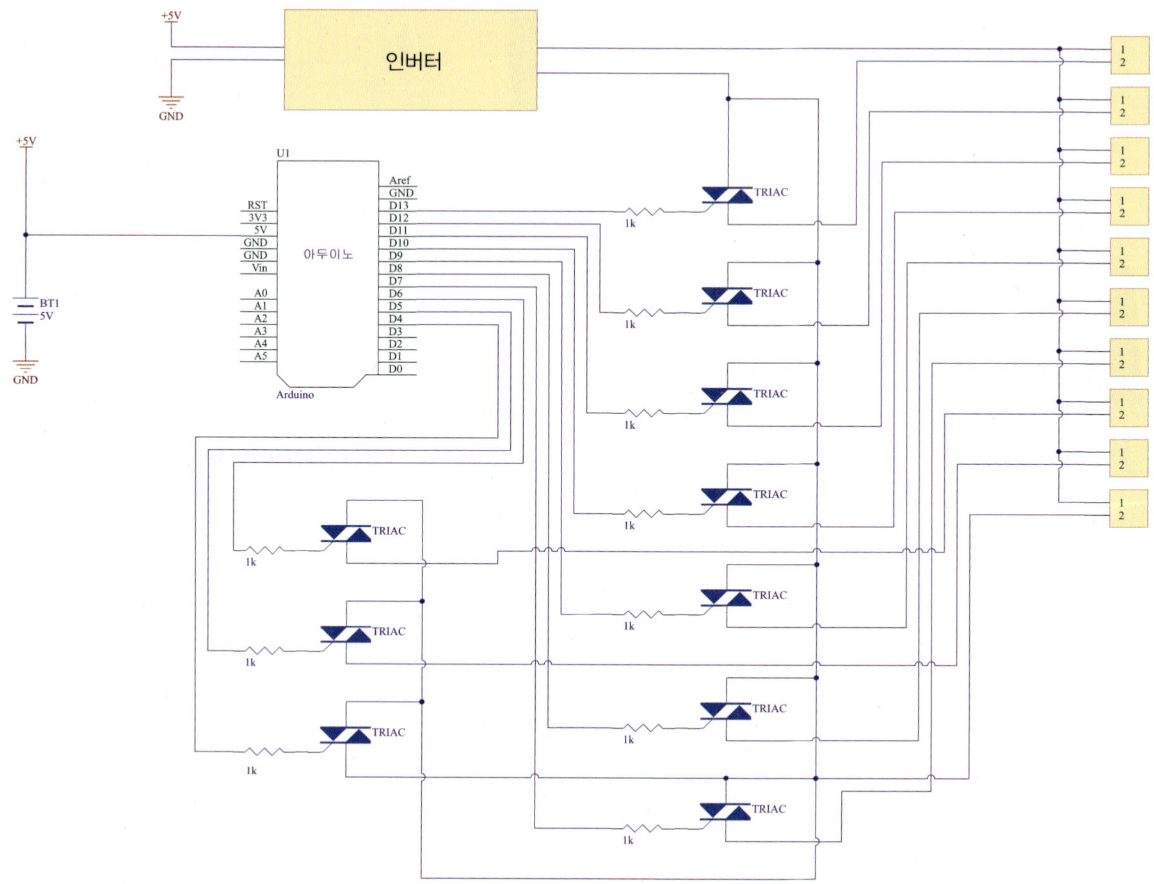

그림 5-20 프로젝트 과제1 회로도

부품배치도

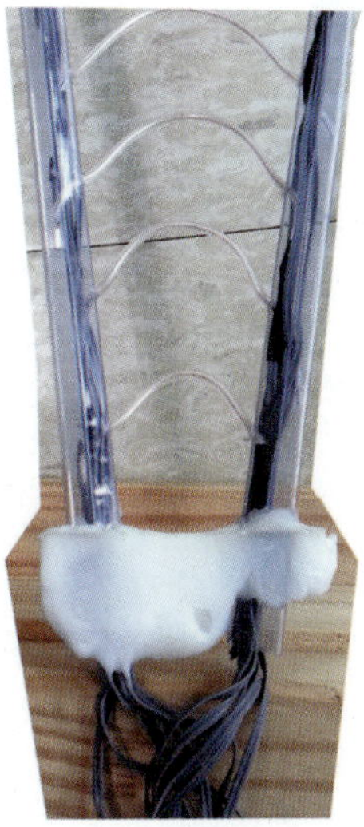

(a) El wire 연결

(b) 동작중인 조명장치

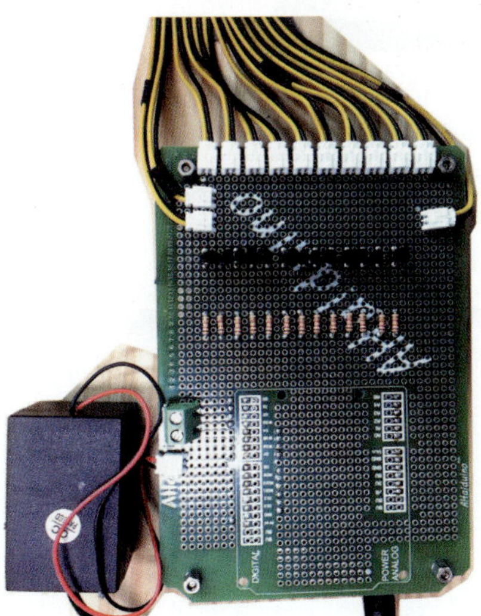

(b) 아하!두이노 조립기판 상면사진

(c) 아하!두이노 조립기판 납땜면 사진

TIP 조립기판 납땜

아두이노 기판을 조립할 때는 회로도를 보고 하나 하나 연결해야 합니다. 빠진 배선이 없도록 천천히 확인하며 작업하는 습관이 중요합니다. 납땜을 30분 빨리하려다 배선 하나가 잘못되면 그걸 찾는데 몇 배의 시간이 걸릴 수도 있습니다. 땜 작업 중에는 화상의 우려가 있으니 안전수칙을 지키는 것이 중요합니다.

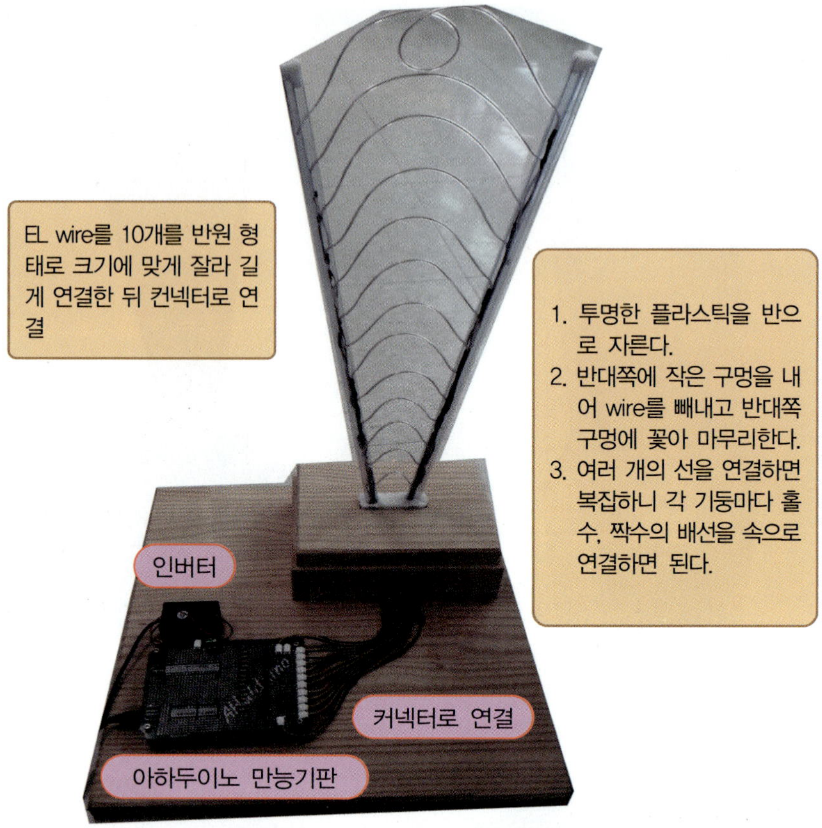

(d) 조명장치 부품배치 및 완성사진

그림 5-21 프로젝트 과제2 기판 및 완성품

스케치

스케치 소스 (Project3)

```
int a,b,c;
int time=30;

//******* setup 함수
void setup() {
  for (a=0;a<14;a++) {
       pinMode(a, OUTPUT);
  }
}
```

```
//***** loop함수
 void loop() {
    for(b=1;b<3;b++){
      for(a=1;a<=13;a++){
         digitalWrite(a,1);
         delay(b*time);
         digitalWrite(a,0);
       }
    }
   //===========================
   time=80;
   for(b=0;b<3;b++){
      for(a=1;a<=13;a++){
        digitalWrite(a,1);
        delay(time);
      }
      delay(1000);
      time=time-20;
      for(a=1;a<=13;a++){
        digitalWrite(a,0);
     }
    }
    //===========================
   time=50;
   for(b=1;b<13;b++){
      for(a=1;a<=13;a++){
         digitalWrite(a,1);
      }
      for(a=1;a<=b;a++){
         digitalWrite(a,1);
         digitalWrite(a+1,1);
         delay(time);
         digitalWrite(a,0);
      }
      delay(100);
   }

   //====================
   time=50;
   for(b=1;b<13;b++){
      for(a=1;a<=13;a++){
         digitalWrite(a,0);
```

TIP 소스

EL 와이어 배선이 완성되면 모두 켜는 간단한 소스를 만들어 회로를 시험합니다. 회로 배선과 동작에 이상이 없으면 LED제어 하듯이 자유롭게 동작을 완성하십시오. 이번 프로젝트 과제는 10개의 LED를 켜고 끄는 프로그램이라 생각하시면 됩니다. 다만 LED대신 EL와이어가 켜지는 것이 다를 뿐입니다.

```
    }
    for(a=1;a<=b;a++){
        digitalWrite(a,1);
        digitalWrite(a+1,1);
        delay(time);
        digitalWrite(a,0);
    }
    delay(100);
}

time=60;
for(b=0;b<6;b++){
    for(a=1;a<=13;a++){
        digitalWrite(a,1);
    }
    delay(time);
    for(a=1;a<=13;a++){
        digitalWrite(a,0);
    }
    delay(time+600);
}

//============================
  for(a=1;a<=13;a++){
      digitalWrite(a,1);
  }
  delay(1000);

  for(a=1;a<=13;a++){
      digitalWrite(a,0);
  }
  delay(500);

//====================
  time=100;
  for(b=0; b<4;b++){
      for(a=1;a<=13;a++){
            digitalWrite(a,1);
            digitalWrite(a+1,1);
            digitalWrite(a+2,1);
            delay(time);
            digitalWrite(a,0);
```

```
            digitalWrite(a+1,0);
        }
        for(a=1;a<=13;a++){
            digitalWrite(a,0);
        }
        time=time-20;
    }
//==========================================


    for(b=1;b<2;b++){
      for(a=1;a<=13;a++){
         digitalWrite(a,1);
         delay(b*time);
         digitalWrite(a,0);
      }
    }
    //============================
    time=130;
    for(b=0;b<4;b++){
      for(a=1;a<=13;a++){
        digitalWrite(a,1);
        delay(time);
      }
      delay(1000);
      time=time-20;
      for(a=1;a<=13;a++){
        digitalWrite(a,0);
      }
    }
//==========================================
    for(b=1;b<3;b++){
      for(a=1;a<=13;a++){
         digitalWrite(a,1);
         delay(b*time);
         digitalWrite(a,0);
      }
    }
    //============================
    time=130;
    for(b=0;b<4;b++){
      for(a=1;a<=13;a++){
```

```
          digitalWrite(a,1);
          delay(time);
        }
        delay(1000);
        time=time-20;
        for(a=1;a<=13;a++){
          digitalWrite(a,0);
       }
     }
//==============================================
      for(b=1;b<4;b++){
        for(a=1;a<=13;a++){
            digitalWrite(a,1);
            delay(b*time);
            digitalWrite(a,0);
         }
     }
    //==============================
    time=130;
    for(b=0;b<4;b++){
        for(a=1;a<=13;a++){
           digitalWrite(a,1);
           delay(time);
        }
        delay(1000);
        time=time-20;
        for(a=1;a<=13;a++){
           digitalWrite(a,0);
       }
     }
//============================
time=40;
   for(b=0; b<4;b++){
        for(a=1;a<=13;a++){
               digitalWrite(a,1);
               digitalWrite(a+1,1);
               digitalWrite(a+2,1);

          delay(time);
              digitalWrite(a,0);
              digitalWrite(a+1,0);
        }
```

```
        for(a=1;a<=13;a++){
              digitalWrite(a,0);
        }
   }
//===============
   for(b=0;b<2;b++){
         for(a=1;a<=13;a++){
               digitalWrite(a,1);
         }
         delay(1000);
         for(a=1;a<=13;a++){
              digitalWrite(a,0);
         }
         delay(500);
   }
 }
```

스케치 해설

프로그램은 D4~D13에 LED가 있고, 그것을 켜고 끄는 스케치와 같습니다. 프로젝트과제 2의 동작은 임의의 동작을 나열한 것이니 과제 1의 LED동작을 응용한 프로젝트 과제라 생각하고 나만의 동작을 나열하면 개성 있는 조명장치를 만들 수 있습니다. for문을 이용해 반복적인 동작을 나열한 것이니 각자의 의도대로 스케치를 작성하면 되겠습니다.

Project 4. 열전사 프린터 출력장치 만들기

실습목표 | 열전사 프린터를 제어하여 문자를 출력할 수 있습니다.

열전사 프린터는 영수증 출력 장치로 많이 사용하는 비충격식 프린터로, 열에 약한 감열용지를 사용해 발열 인쇄 헤드를 이동하면서 인쇄하는 방식의 프린터입니다. 인쇄 헤드가 용지 위를 지나며 순간적으로 높은 열을 내면 열에 약한 감열용지는 그 순간 핀의 열에 의해 까맣게 점이 찍히게 되는 현상을 이용한 것입니다. 사용하는 종이에는 감열작용을 하는 잉크가 발라져 있으며 이것을 열로 녹여서 인쇄하는 것입니다. 도트프린터에 비해 인쇄 상태가 선명하며 인쇄하는 동안 소음이 작고, 구조가 간단하기 때문에 가격이 싸고 소형화할 수 있는 장점과 인쇄 속도가 느리고, 전용 용지의 가격이 비싸 인쇄비용이 많이 드는 단점이 있습니다. 이번 프로젝트 과제는 아두이노를 사용해 소형 프린터에 출력하는 장치는 만드는 과제입니다. 아하!두이노는 시리얼 통신 방식으로 프린터에 출력할 문자나 제어 명령을 전송합니다.

TIP 열전사 프린터 (Thermal Transfer Printer)

색이 있는 왁스를 열로 녹여서 종이 위에 부착시켜 화상을 작성하는 특수한 비충격식 프린터입니다. 인쇄 헤드가 용지 위를 지나면서 순간적으로 높은 열을 내면 열에 약한 감열용지는 그 순간 핀의 열에 의해 까맣게 점이 찍히게 됩니다.

이번 프로젝트에 사용할 프린터는 인터넷에서 손바닥프린터로 검색하면 구할 수 있는 프린터(TS70438C)입니다. 직류 5~9V(최소 2A 이상) 전압으로 작동되며 TTL레벨(5V) 시리얼 통신으로 손쉽게 작동 시킬 수 있습니다. 열 전사 용지는 57mm폭, 39mm 직경의 제품을 사용합니다.

그림 5-22 열전사 프린터

컴퓨터와의 시리얼 통신은 전원선 빼고 전선 2가닥만 아두이노 TX/RX 핀에 연결해주면 바로 제어가 가능하며, 간단한 문자 출력과, 바코드 출력, 비트맵 출력이 가능하므로 다양한 응용을 할 수 있습니다.

아하!두이노 우노는 하드웨어 시리얼 통신포트(D0, D1)가 1개 있으나, 하드웨어 시리얼 통신포트는 USB를 통해 PC와의 연결에 사용하므로 프린터와의 통신은 소프트웨어 시리얼을 사용하게 되는데, 소프트웨어 시리얼 통신은 아하!두이노의 디지털 입출력단자를 시리얼 통신단자로 사용하는 것입니다. 아하!두이노 스케치에는 기본적으로 소프트웨어시리얼 라이브러리가 포함되어 있습니다.

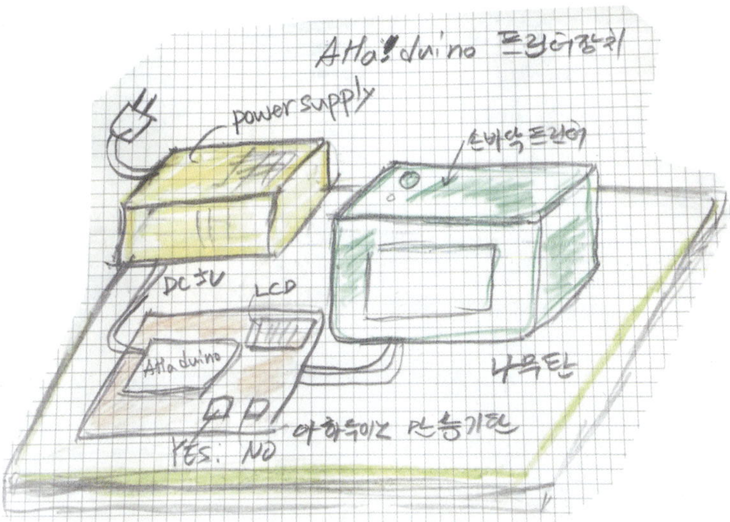

그림 5-23 열전사 프린터 출력장치 스케치

프린터 연결 방법

❶ 전원선 연결(vcc,gnd)

프린터 전원에 5V~9V 전압에 연결해줍니다. (5~9V 정전압, 최소 2A 이상 전력 요함) 프린터 자체 전력소모가 큰 편이므로 PC측 USB케이블로 공급되는 전원을 사용하면 아두이노, 컴퓨터 USB 포트나, 메인보드가 손상될 수 있으므로 절대 컴퓨터 USB전원을 프린터에 사용하면 안 됩니다. 프린터 전원은 반드시 별도의 전원을 사용하여야 합니다.

❷ 통신선 연결(RX, TX)

아두이노 하드웨어 시리얼포트로 프린터와 연결할 경우, 이번 프로젝트 과제 에서는 D6, D7 두 개의 단자를 사용하였습니다. 프린터 TX단자 출력선을 아두이노 측 RX입력(D6)에 연결하고, 프린터 RX단자 출력선을 아두이노 측 TX출력단자(D7)에 연결합니다. GND는 아두이노 GND에 연결합니다.

제어 보드 구성

화면 출력상태를 표시하는 LCD는 제어선 D12, D11, 데이터선 D5, D4, D3, D2를 사용합니다. 프린터 동작을 위해 두 개의 스위치를 사용하는데 "NO" 입력을 위한 D8, "YES" 입력을 위한 D9번을 입력 단자로 사용합니다.

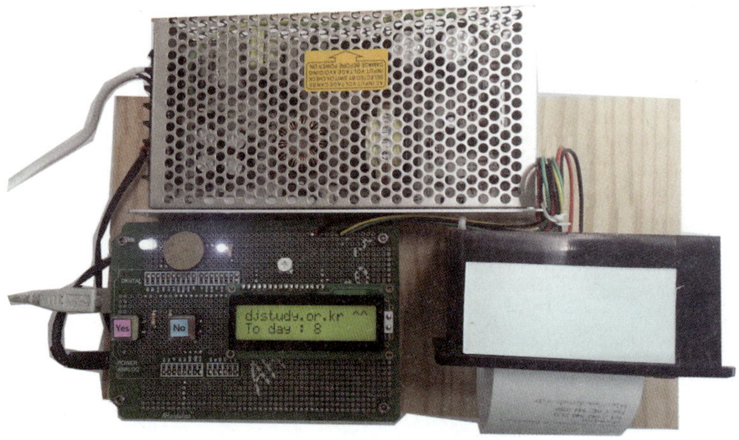

(a) 열전사프린터 출력 장치 완성 사진

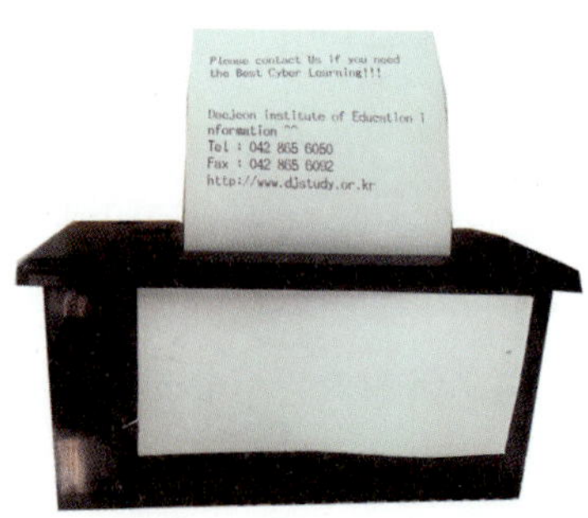

(b) 열전사 프린터 출력

그림 5-24 열전사 프린터 출력장치 프로젝트 과제 완성 사진

회로도

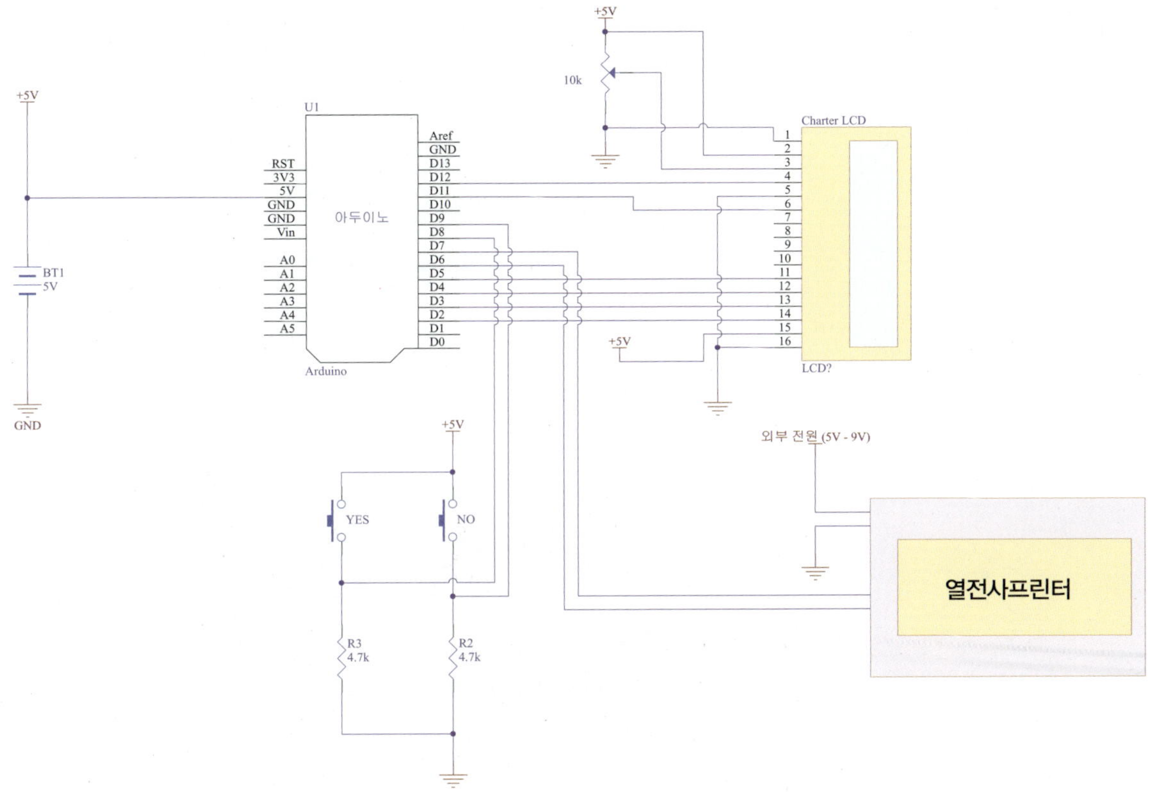

그림 5-25 프로젝트 과제3 회로도

부품배치도

열전사 프린터 프로젝트는 아하!두이노 만능기판에 납땜으로 완성하였습니다. 한 개의 문자LCD와 버튼 2개, 열전사 프린터 1개, DC5V용 외부 전원 공급 장치 1개를 사용하였습니다.

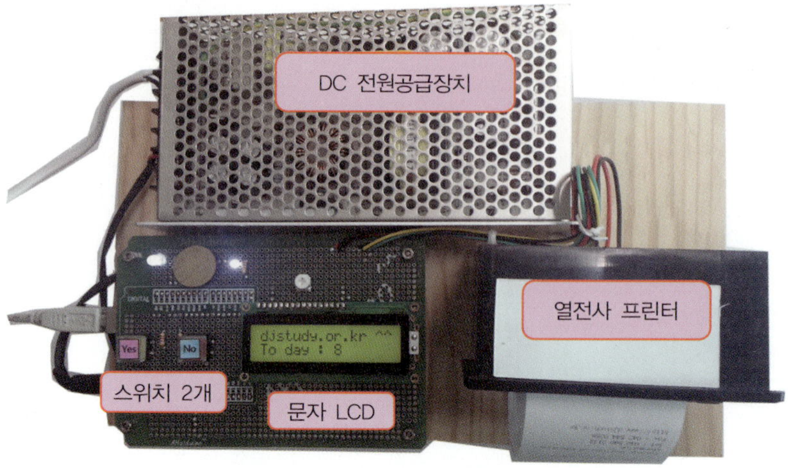

(a) 열전사프린터 출력 장치 완성 사진

(b) 기판 조립 상면

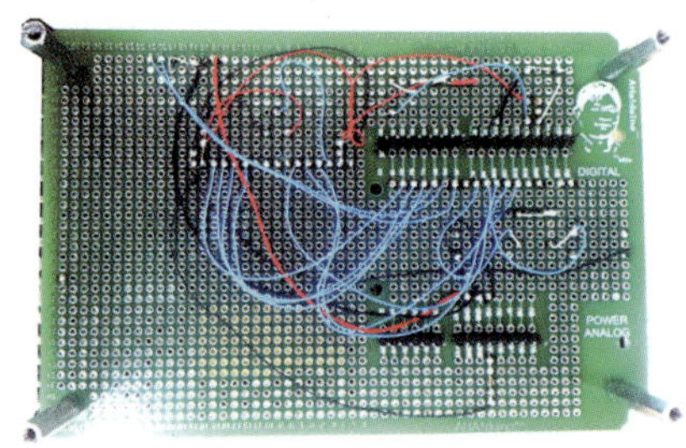

(c) 기판 조립 하면

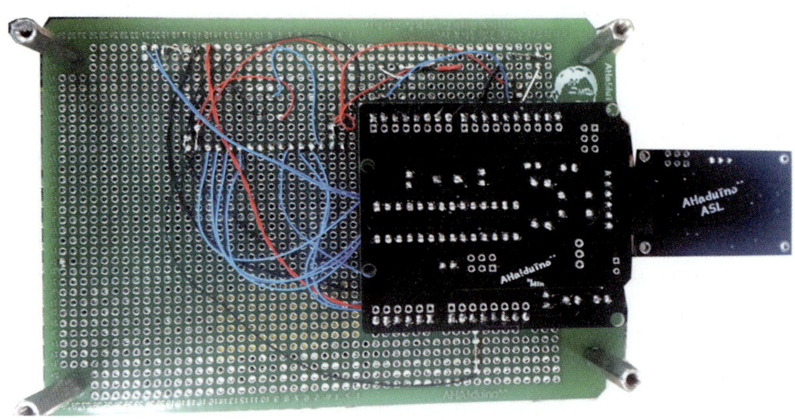

(d) 아하!두이노와 결합해 완성한 기판

그림 5-26 프로젝트 과제3 부품 조립

스케치

스케치 소스 (Project4)

```
#include <SoftwareSerial.h>
#include <LiquidCrystal.h>

 //소프트 시리얼 단자 설정 RX -- D6, TX -- D7
SoftwareSerial Thermal= SoftwareSerial(6, 7);

LiquidCrystal lcd(12,11, 10, 5, 4, 3, 2);

//================
#define FALSE  0
#define TRUE  1
#define R_button 8
#define Y_button 9

int printOnBlack = FALSE;
int printUpSideDown = FALSE;

int ledPin = 13;
int heatTime = 255;
//  프린터 가열 시간(기본으로 사용)

int heatInterval = 80;
 // 가열주기(기본설정 사용)

char printDensity = 20;
 // 출력 글자농도

char printBreakTime = 15;
 // 프린터 breaktime(기본설정으로 사용)
int count=0;
int sw=0;
int Cmd=10;

//************ setup함수
void setup() {

  Thermal.begin(19200); //소프트 시리얼 보래이트 설정
```

TIP 소스

회로 배선이 끝나면 먼저 프로젝트 과제 소스를 실행해 보세요. 실행이 정상적으로 되면 출력하고 싶은 문자로 코드를 변경하시면 됩니다.

```
  lcd.begin(16, 2);

  lcd.clear();
  lcd.setCursor(0, 0);
  lcd.print("djstudy.or.kr ·· ");
  lcd.setCursor(0, 1);
  lcd.print("To day : ");

//========================
  pinMode(R_button,INPUT);
  pinMode(Y_button,INPUT);

  printOnBlack = 1;       // 프린터 설정
  printUpSideDown = 1; // 프린터 설정

  Thermal.print(heatTime); // 열전사프린터에 히트타임 설정전송
  Thermal.print(heatInterval); //열전사 프린터에 히트인터벌 설정값 전송

  // 프린터 농도 등의 설정
  int printSetting = (printDensity<<4) | printBreakTime;
  Thermal.print(printSetting );
                    // 프린터 세기 및 break time 설정값 프린터로 전송
}

//************ loop 함수
void loop() {
  pinMode(ledPin, OUTPUT);
  while(1) {
    if(!digitalRead(Y_button))
      sw = 10;                        // YES버튼이 눌렸을 때
    else if(!digitalRead(R_button))
      sw = 20;                        // NO 버튼이 눌렸을 때
    else
      sw = 0;


   if(sw == 10) {
     count++;
     Thermal.write(Cmd);  Thermal.write(Cmd); // 빈줄 출력(4줄 삽입)
     Thermal.write(Cmd);  Thermal.write(Cmd);
     Thermal.println("Please contact Us if you need");
                                          // 원하는 글자 프린트
```

```
        Thermal.println("the Best Cyber Learning!!!"); // 원하는 글자 프린트
        Thermal.write(Cmd);       Thermal.write(Cmd); // 빈줄 2칸 출력

        Thermal.println("Daejeon institute of Education information ··");
        Thermal.println("Tel : 042 865 **50");
        Thermal.println("Fax : 042 865 **92");
        Thermal.println("http://www.djstudy.or.kr");

        Thermal.write(Cmd);       Thermal.write(Cmd);    //빈줄 5칸 삽입
        Thermal.write(Cmd);       Thermal.write(Cmd);
        Thermal.write(Cmd);

//===문자 LCD 표시값 왼쪽으로 10칸 스크롤(화면 움직임 효과)
   for (int positionCounter = 0; positionCounter < 10; positionCounter++)
{
      lcd.scrollDisplayLeft();
      delay(100);
   }

//===문자 LCD 표시값 오른쪽으로 10칸 스크롤해서 원위치(화면 움직임 효과)
   for (int positionCounter = 0; positionCounter < 10; positionCounter++)
{
      lcd.scrollDisplayRight();
      delay(100);
   }

   lcd.clear();
   lcd.setCursor(0, 0);
   lcd.print("djstudy.or.kr ·· ");
   lcd.setCursor(0, 1);
   lcd.print("To day : "); lcd.print(count);
}
   else if (sw == 20 ) {
      count++;

     Thermal.write(Cmd);      Thermal.write(Cmd);      // 빈줄 6칸 출력
     Thermal.write(Cmd);       Thermal.write(Cmd);
     Thermal.write(Cmd);


     Thermal.println("Think Twice ··");
     Thermal.write(Cmd);
```

```
    Thermal.println("Daejeon Cyber School is not Bad  ·_·;;; ");

    Thermal.write(Cmd);      Thermal.write(Cmd);     // 빈줄 6칸 출력
    Thermal.write(Cmd);      Thermal.write(Cmd);
    Thermal.write(Cmd);

//===문자 LCD 표시값 왼쪽으로 10칸 스크롤
  for (int positionCounter = 0; positionCounter < 10; positionCounter++)
{
     lcd.scrollDisplayLeft();
     delay(100);
  }

//===문자 LCD 표시값 오른쪽으로 10칸 스크롤해서 원위치
  for (int positionCounter = 0; positionCounter < 10; positionCounter++)
{
     lcd.scrollDisplayRight();
     delay(100);
  }

  lcd.clear();
  lcd.setCursor(0, 0);
  lcd.print("djstudy.or.kr ·· ");
  lcd.setCursor(0, 1);
  lcd.print("To day : "); lcd.print(count);
  }
     else {
      sw = 0;
   }
    sw=0;
    delay(400);

  }
}
```

스케치 해설

- int Cmd=10;
  Thermal.write(Cmd);

열전사 프린터 매뉴얼을 보면 프린터의 빈칸 출력(LF Print and line feed)을 위한 명령 코드는 "ASCII값으로 LF, 10진수 '10'입니다. 프린터에 '10'을 전송하면 빈칸이 출력되고 한줄 넘김 동작이 일어납니다.

자세한 명령어는 프린터 제조사에서 제공한 매뉴얼을 참고해 주십시오.

열전사 프린터 매뉴얼 :
https://www.sparkfun.com/datasheets/Components/General/Driver%20board.pdf

Project 5. 실제로 발사되는 화약로켓과 자동발사대 만들기

실습목표 | 화약 폭죽을 이용해 만든 로켓의 자동 발사 장치를 만들 수 있습니다.

이번 프로젝트는 재미있지만 화약로켓을 사용하기 때문에 위험하기도 한 프로젝트입니다. 화약로켓을 만들거나 발사할 때 미성년자의 경우 반드시 보호자와 함께 작업하여야 하며, 화상과 화재에 주의하여야 합니다.

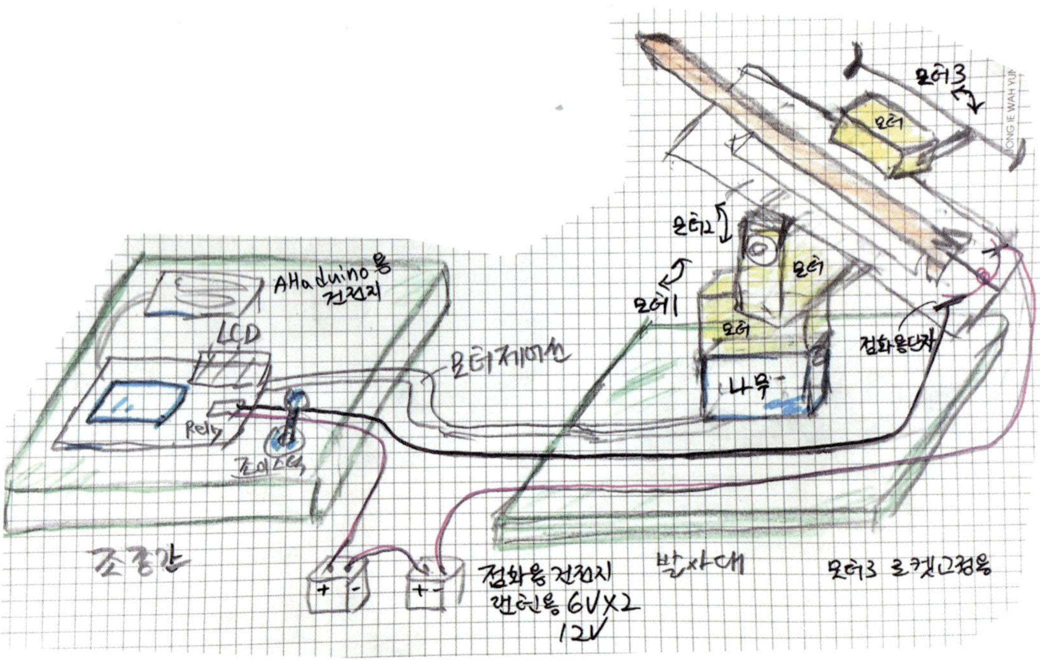

그림 5-27 자동 화약로켓 발사장치 구성

그림 5-28 자동 화약로켓 발사장치 완성 사진

프로젝트는 다음 단계로 진행하고 합니다.

❶ 장난감 폭죽을 사용해 로켓을 만듭니다.

❷ 아하!두이노 보드와 서보모터 3개를 사용하여 로켓 발사대를 만듭니다.

❸ 로켓 장착버튼, 로켓 발사 준비버튼, 로켓 발사 버튼을 연결합니다.

❹ 6V건전지 2개와 릴레이를 사용해 화약심지를 점화하는 점화 장치를 만듭니다.

❺ 발사대 동작을 스케치 합니다.

- 로켓 장착버튼을 누르면 로켓을 올려놓을 수 있도록 발사대를 움직입니다.
- 로켓 발사 준비 버튼을 누르면 로켓의 발사 위치로 발사대를 움직입니다.
- 로켓 발사 버튼을 누르면 문자LCD에 10~0까지 카운트 한 뒤, 로켓심지에 전류를 흘려 점화해 로켓을 발사합니다. 발사 후 발사대를 처음의 위치로 이동합니다.

아하!두이노 실습 장치로 제어회로를 만들고, 로켓 발사 장치는 나무판과 몇 개의 나무조각, 만능기판 2장, 세 개의 서보모터, 릴레이 1개, 양면테이프 등을 사용해 제작할 것입니다.

TIP 로켓 점화

화약로켓의 심지 점화를 위해서 랜턴용 6V 건전지 2개를 직렬로 연결해 12V를 가느다란 전선(못 쓰는 이어폰, 헤드폰의 연결선을 사용합니다. 전선의 피복을 벗기면 여러 가닥의 선이 나옵니다. 그 중 한 가닥을 잘라 사용하면 됩니다.)에 가하면 회로가 단락됩니다. 정상적이라면 불이 나는 있어서는 안 될 일이지만, 이 과제에서는 그 불을 이용해 심지에 불을 붙이는 것입니다. 순간적으로 쇠를 녹일정도의 고열이 발생하므로 화상에 주의하여야 합니다. 모든 화약 실험은 열린 공간, 화재의 위험이 없는 안전한 공간에서 실험해야 합니다.

로켓 점화 방법

로켓은 화약 장난감을 가지고 만듭니다. 화약폭죽에서 플라스틱으로 만든 화약로켓 부분, A4용지, 목공풀, 조금 두꺼운 색지를 가지고 로켓을 만들려고 합니다.

로켓의 발사는 전류의 열작용을 이용하는 것입니다. 로켓의 화약심지에 점화 할 때 성냥이나 라이터를 이용해 불을 붙여야 하지만 이번에는 진짜 로켓같이 스위치를 누르면 건전지로 전류를 흘리고 이때 발생하는 열을 이용해 점화 심지에 불을 붙이는 것입니다. [화약을 만지는 것은 아주 위험하니 화상과 화재, 본인 및 타인의 안전에 주의해야 하고, 미성년자의 경우 반드시 보호자와 함께 하여야 합니다.]

화약로켓은 놀이용 로켓 폭죽을 사용하기 때문에 추진력이 부족하여 가급적 가볍게 만들어야 합니다. A4용지 한 장을 다 사용하면 로켓이 무거워서 높이 날지 못하니 가급적 조금만 사용하는 것이 좋습니다.

로켓은 화약 로켓, 종이로 만든 몸체, 그리고 비행 시 안정한 자세를 유지하는 날개로 구성됩니다.

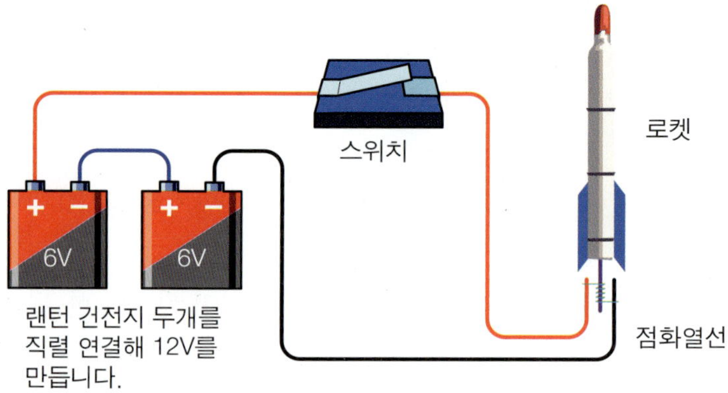

(a) 로켓 점화 배선

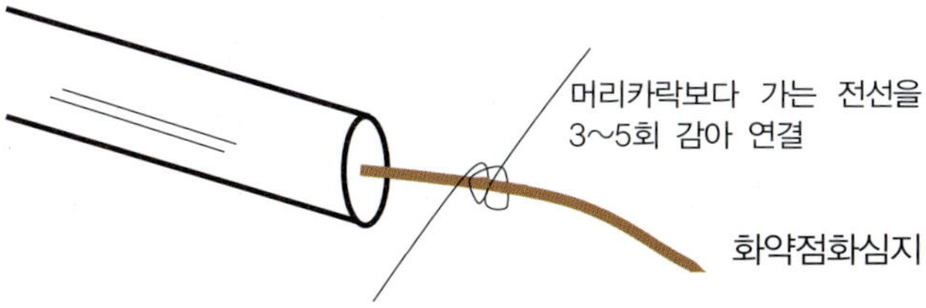

(b) 로켓 점화심지 배선 방법

그림 5-29 로켓점화 원리

6V건전지 2개를 직렬로 연결해 12V의 전압을 만들고 여기에 스위치를 연결합니다. 로켓점화 열선은 사용하지 않는 헤드폰의 연결선을 잘라 사용합니다. 헤드폰선의 피복을 벗기면 가느다란 선들의 다발이 있는데 그중 한 가닥의 선을 사용해 만듭니다. 가는 전선을 화약로켓의 점화심지에 3~5회 감은 뒤 그림 5-29 (b)와 같이 연결한 뒤 스위치를 누르면 가는 전선에서 발생하는 열로 심지에 불이 붙습니다. (약 2~3초 정도 소요되는데, 건전지 상태에 따라 조금 다릅니다)

로켓 만들기

먼저 문방구에 가서 그림 5-30과 같은 놀이용 화약로켓을 구매합니다. 로켓 지지용 나무와 종이 껍질을 제거하고 플라스틱 로켓부분만 사용합니다.

❶ 장난감 화약로켓의 플라스틱 로켓 부분만 빼냅니다.

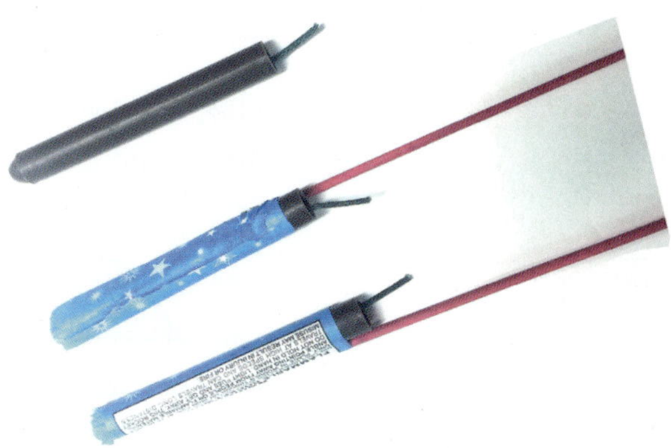

그림 5-30 놀이용 화약로켓

TIP 로켓 몸통 만들기

로켓의 몸통은 화약로켓을 A4 용지를 감아서 만듭니다. 로켓의 힘이 약하므로 무거우면 높이 날아오르지 못합니다. 작고 날렵한 멋진 로켓을 만들어 보세요.

❷ A4용지에서(최소한의 종이를 사용해야 잘 날아갑니다.) 화약로켓과 만나는 부분에 풀칠을 한 뒤, 화약 로켓정도의 지름과 비슷한 둥근 물체를 안에다 넣고 돌돌 말아 끝부분을 풀 붙이면 몸통이 만들어집니다. 다음 로켓 머리 안쪽에 풀을 칠하고 눌러 납작하게 만듭니다. 풀이 마르면 가위로 로켓의 머리모양을 만들면 몸통이 완성됩니다.

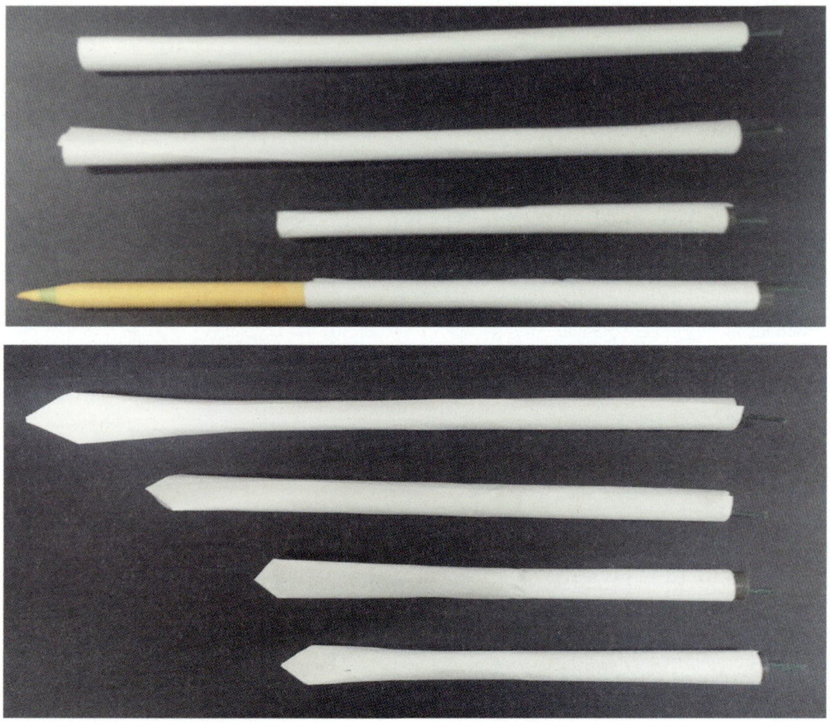

그림 5-31 로켓 몸통 만들기

❸ 이제 로켓의 꼬리날개를 만들어 붙입니다. 종이나 얇은 스티로폼을 잘라만든 꼬리 날개를 목공용 풀로 붙이면 됩니다.

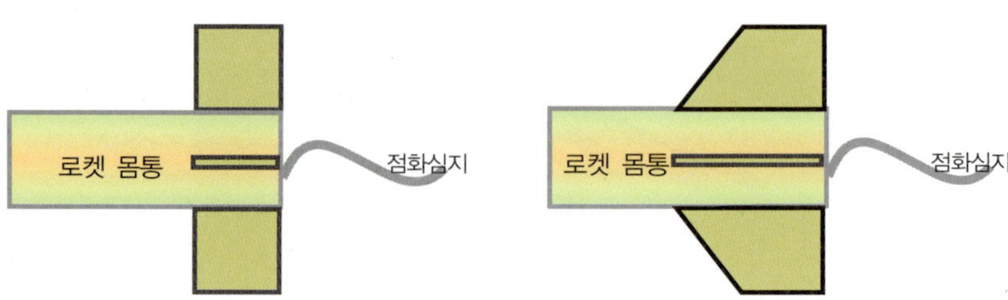

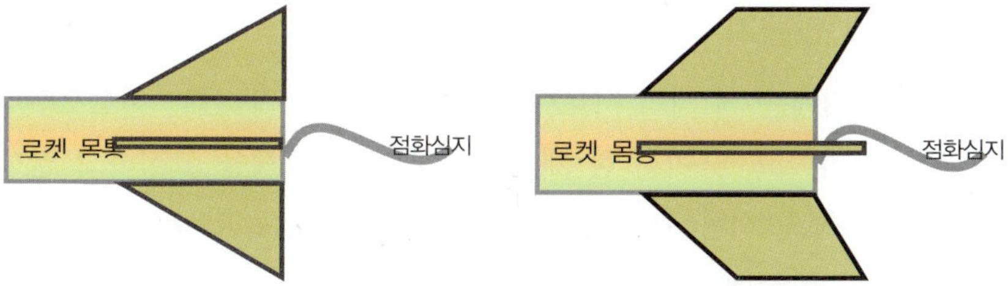

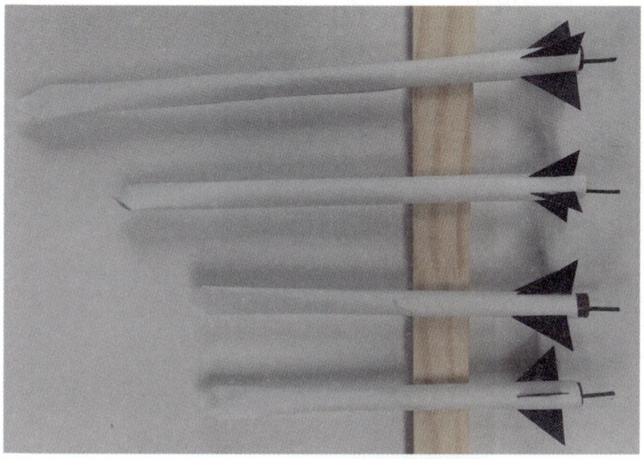

그림 5-32 로켓 꼬리날개 붙이기

❹ 로켓에 점화 심지 연결하기

전선에는 단선과 연선이 있습니다. 연선은 가느다란 전선 여러 가닥으로 전선을 만든 것입니다. 사용하지 못하는 이어폰의 선을 자르면 여러 가닥의 가는 전선이 나옵니다. 그 중 한 가닥을 12cm 정도로 잘라 점화 심지에 3~5회 정도 감으면 됩니다. 점화용 전선을 연결할 수 있도록 전선의 양끝은 5cm 정도 여유를 두어야 합니다.

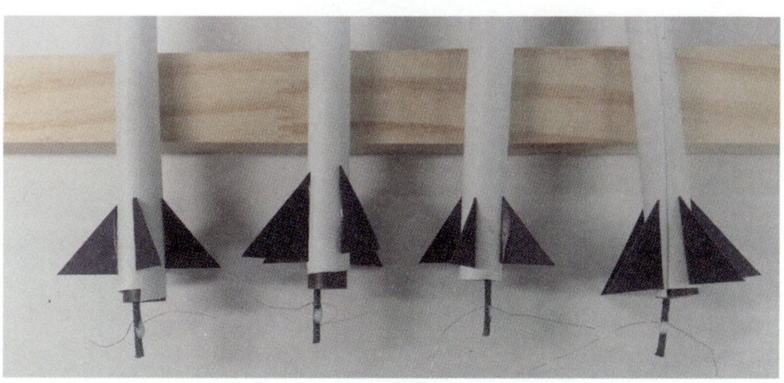

그림 5-33 점화심지 연결하기

로켓 발사대 만들기

로켓 발사대에는 세 개의 서보모터를 사용합니다. 두 개는 서보모터로 발사대를 움직이고, 나머지 한 개는 발사대에서 로켓을 고정하고 발사 전에 푸는 용도로 사용합니다. 발사대 바닥은 나무로 만들고 구조물은 양면테이프를 사용해 제작합니다. 로켓을 지지하는 로켓지지대 부분은 만능기판을 잘라 사용합니다.

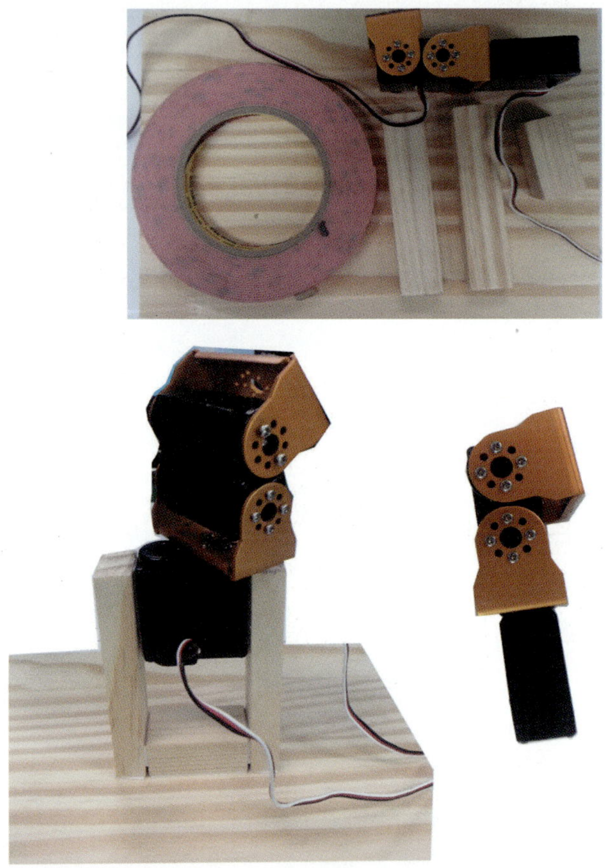

그림 5-34 로켓 몸통 만들기

로켓 발사대 가이드

발사대 가이드는 개당 500원 정도하는 단면 만능기판을 잘라 사용합니다. 구조물의 조립은 만능기판의 납땜면을 이용해 납땜으로 부품을 고정하고, 나무 조각을 지지대로 사용해 강도를 보강합니다. 지지대는 각자의 개성을 담아 만들면 되는데, 로켓 꼬리날개보다 높게 만들어 로켓의 움직임에 지장을 주지 않아야 합니다.

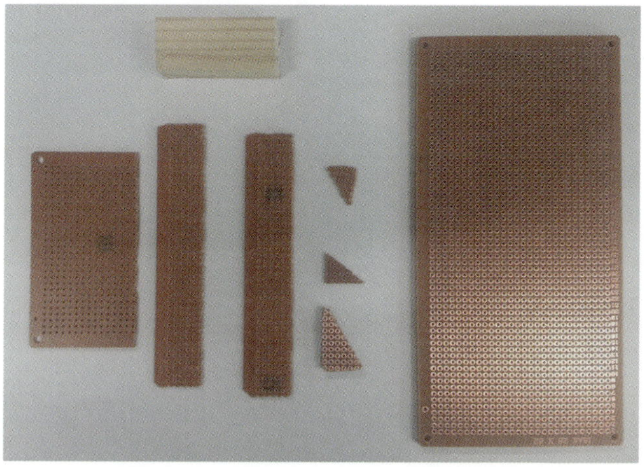

(a) 발사대 가이드 부품

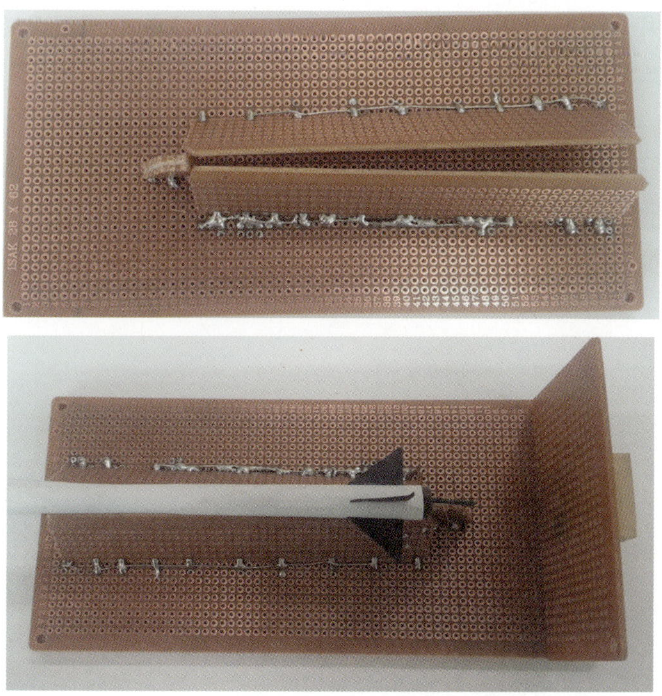

(b) 발사대 가이드 만들기

TIP 발사대 가이드 만들기

발사대 가이드는 열을 받는 부분이기에 과제에서는 단면기판을 잘라 사용하였습니다. 만들고자 하는 로켓의 날개가 걸리지 않은 구조에 주의해서 나무판을 사용하여도 됩니다.

단면기판을 고정할 때 납땜을 사용하였으나 나무와 양면테이프를 사용해 고정하여도 됩니다. 다만 로켓의 분사열을 받는 아래의 판은 알루미늄 호일 등을 붙여 보호해주어야 합니다.

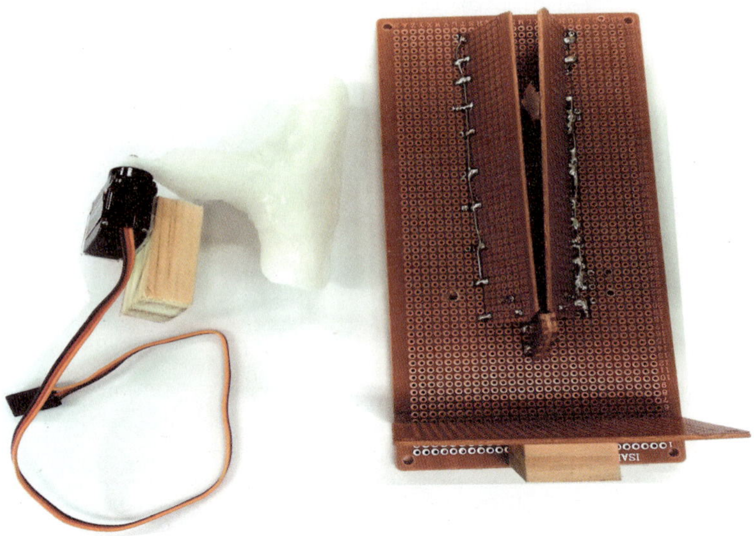

(c) 발사대 가이드와 로켓 커버

그림 5-35 로켓발사가이드 만들기

로켓 커버는 물라스틱TIP이나 클립을 사용해 설계한 지지대에 어울리게 만듭니다. 이번 프로젝트에서는 물라스틱을 사용해 둥근 커버를 만들었습니다. 물라스틱은 뜨거운 물에 담그면 고무찰흙처럼 자유롭게 모양을 만들고 식으면 딱딱하게 굳어지는 플라스틱의 일종입니다.

TIP 물라스틱

물라스틱(물 플라스틱 Plastic)은 뜨거운 물로 녹여서 몇 번이고 재가공하여 사용할 수 있는 무악취, 무독성 재사용 가능한 하얀 쌀알 형태의 플라스틱입니다. 로봇 구조물, 창작물 제작에 활용 가능한 소재로 섭씨 60~70도의 물에 담그면 투명하고 끈적한 재질로 녹아 원하는 형태로 가공할 수 있으며 재 사용 가능한 경량 플라스틱 소재입니다. 섭씨 60도 정도의 물에 담가 놓으면 불투명한 하얀 쌀알 알갱이 형태가 투명해지며 서로 붙어 투명한 플라스틱 반죽이 됩니다. 이때 드라이버 등을 이용해 물을 뿌려놓은 유리판 위에 놓고 모양을 만들기 시작합니다. 식을수록 딱딱하게 굳어지니 빠르게 모양을 만들어야 합니다. 모양만 들기에 실패하면 다시 물에 담가 녹여 만들면 됩니다. 물라스틱은 뜨거운 물에 담그면 투명한 색에 부드러워 지며, 굳어지면 불투명한 하얀색으로 색이 변하며 재질은 딱딱하게 변합니다.

로켓 발사대 조립

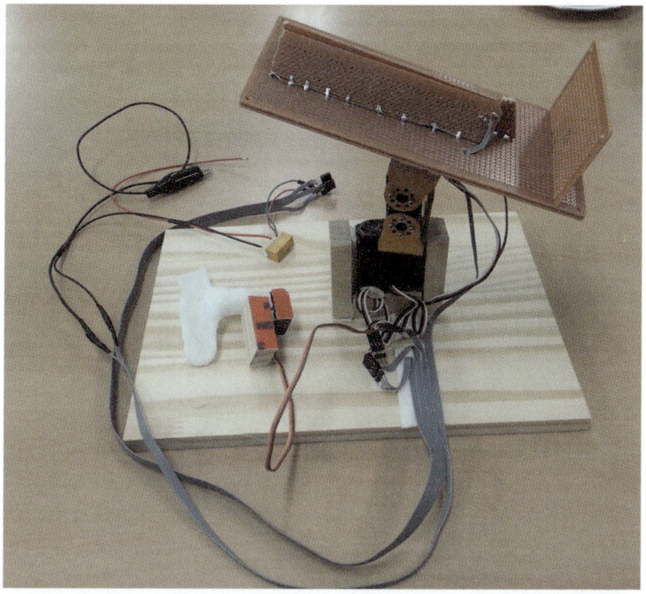

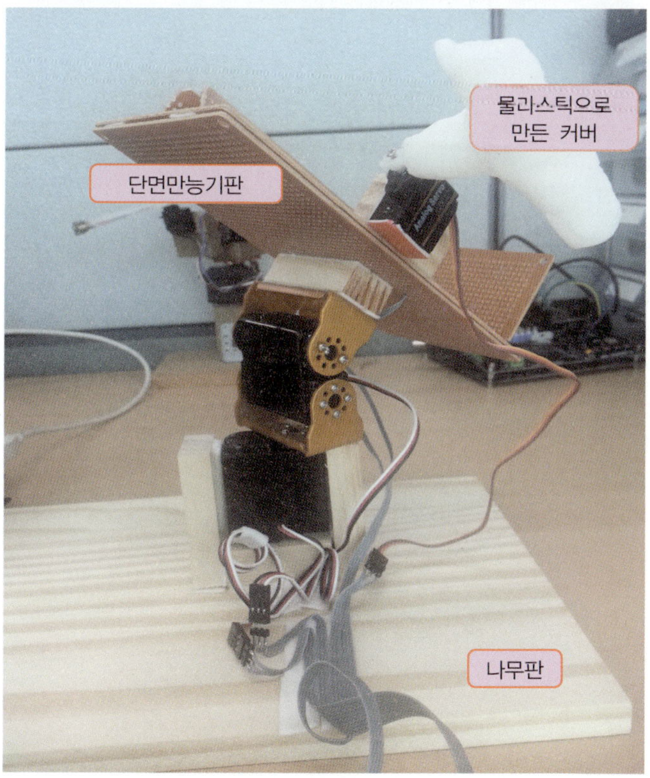

그림 5-36 로켓 발사대 완성

TIP 로켓 발사대

로켓 발사대의 구동은 RC서보 모터를 사용하였습니다. 프로젝트과제 2의 3축 로봇구조물 사용하면 더욱 쉽게 만들 수 있습니다.

회로도

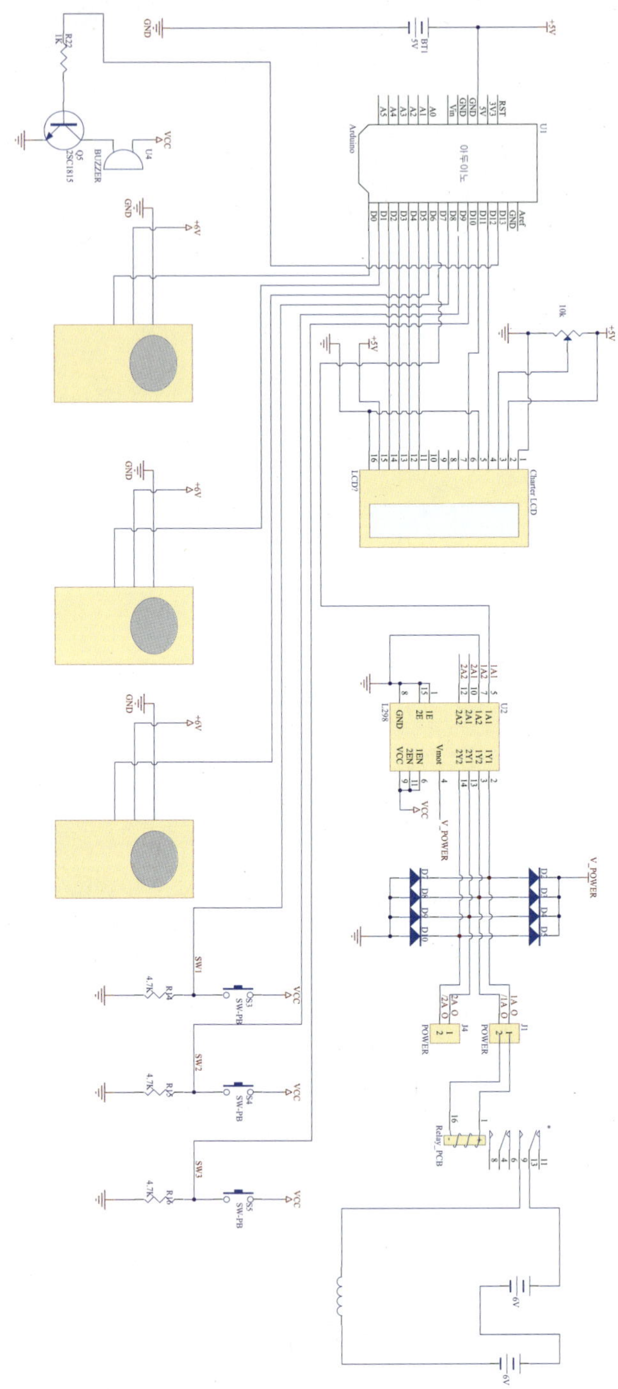

그림 5-37 회로도

부품배치도

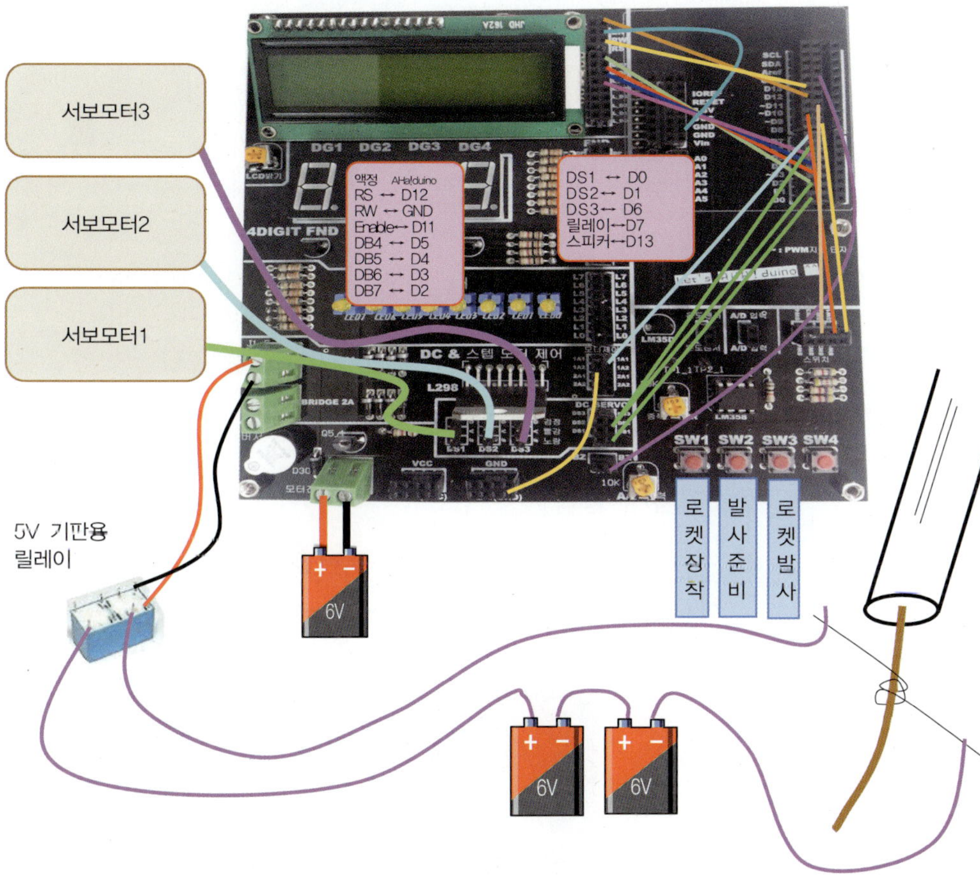

그림 5-38 프로젝트 과제 배선도

6V건전지 3개와 배선, 나무와 만능기판을 사용해 완성한 로켓발사 장치입니다.

TIP 과제배선

12V를 심지에 줄 때 많은 전류가 흐르게 됩니다. 이를 위해 릴레이를 사용하였습니다. 이번 과제에서는 별도의 회로 없이 L298의 출력으로 5V기판용 릴레이를 구동하였습니다. 반드시 그림 5-38과 같이 배선하여야 합니다. L298의 최대 구동 전류는 한 개의 브리지당 3A입니다. 이 전류로는 심지에 불을 붙일 수 없어 릴레이를 사용한 것입니다.

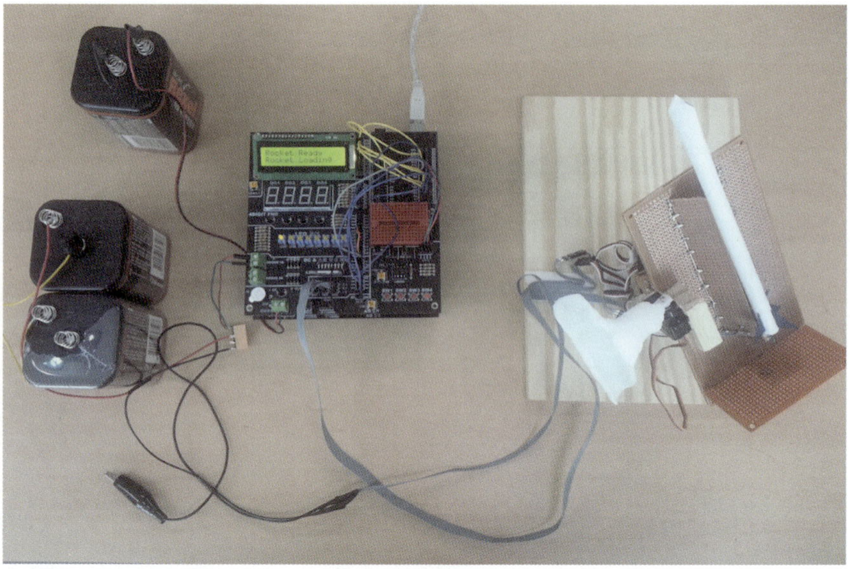

그림 5-39 완성된 로켓발사대 프로젝트과제

로켓발사대 동작

❶ 처음 전원을 켜면 3개의 서보 모터를 순서대로 움직이며 동작을 점검합니다.

그림 5-40 초기 모터 점검모드

❷ 로켓 장착(SW1) 버튼을 누르면 로켓을 장착하기 쉽도록 45도 각도로 움직이고, 로켓 커버를 열어 놓습니다. 이때 로켓을 장착하고, 심지를 연결합니다.

(a) 로켓 장착 모드 액정 표시

(b) 점화 심지 연결

(c) 발사 준비 모드

그림 5-41 로켓발사 준비모드

TIP 점화심지 연결

과제에서는 점화심지 선을 양쪽에 세운 굵은 선에 감는 방식으로 연결하였지만, 집게나 글립 등 다양한 방법을 사용할 수 있을 것입니다. 더 좋은 연결방법이 떠올랐다면 그 방법을 사용해 보셔도 좋습니다.

❸ 발사위치로 이동(SW2) 스위치를 누르면 발사 위치로 이동합니다. 발사대의 각도를 80도가 되도록 합니다.

대략적인 동작 순서

SW2 버튼을 누름 → 로켓 커버를 닫는다 → X축 모터 45도 회전 → Y축 모터 80도로 회전 → 로켓 커버를 연다

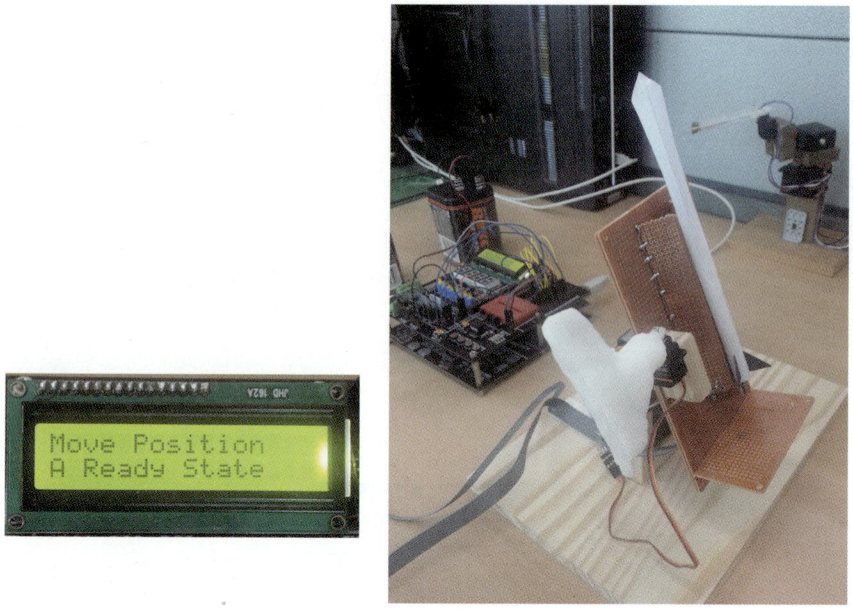

그림 5-42 로켓 발사로 이동모드

❹ 발사 스위치(SW3)을 누르면 10을 카운트 한뒤 릴레이에 출력을 내 점화 코일에 전류를 흘려 로켓을 점화해 발사 합니다. 발사 4초 뒤 로켓발사대를 초기 위치로 이동합니다.

(a) 발사 카운트 다운

(b) 로켓 점화

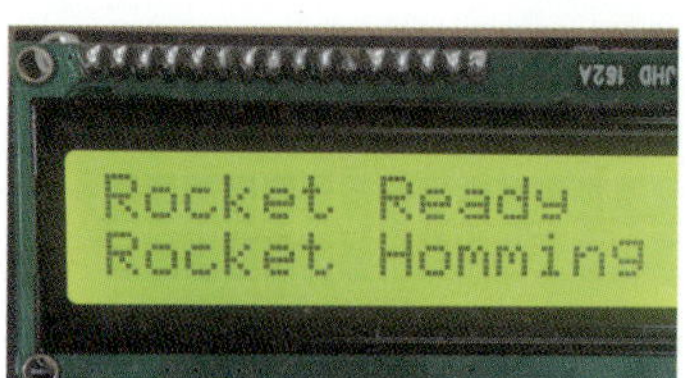

(c) 발사 후 초기위치로 복귀

(d) 로켓발사 후 초기위치로 복귀

그림 5-43 로켓발사 후 초기 위치로 복귀

스케치

스케치 소스 (Project5)

```
#include <Servo.h>
#include <LiquidCrystal.h>
#include <pitches.h>

LiquidCrystal lcd(12,11, 5, 4, 3, 2);

Servo servo0;  // 서보 컨트롤 객체 이름을 선언합니다.
Servo servo1;
Servo servo2;

// SW1은 D8, SW2는 D9, SW3은 D10에 연결함

int x1=90;          // 로켓의 위치값 선언 및 초기값 설정
int y1=80;
int z1=168;
```

```
int state=1;

//********* setup 함수

void setup() {
  lcd.begin(16, 2);
  servo0.attach(0); // servo0 모터의 신호선은 아두이노 D0핀에 연결하였음
  servo1.attach(1); // servo1 모터의 신호선은 아두이노 D1핀에 연결하였음
  servo2.attach(6); // servo2 모터의 신호선은 아두이노 D6핀에 연결하였음
  pinMode(7, OUTPUT); // 점화선은 아두이노 D7핀에 연결하였음

  lcd.clear();
  lcd.setCursor(0,0);
  lcd.print("Rocket Luncher");


  // 로봇 초기자세 (모터 90도 위치로 초기자세)
  lcd.setCursor(0,1);
  lcd.print("X axial ini");
   servo0.write(90);
   servo1.write(80);
   servo2.write(168);


  // servo0모터(x축 모터) 좌우로 움직이며 동작점검
     for(int a=90; a<=170;a++){
        servo0.write(a);
        delay(50);
     }
   for(int a=170; a>=90;a--){
        servo0.write(a);
        delay(50);
 }


// servo1모터(y축 모터) 상하로 움직이며 동작점검
  lcd.setCursor(0,1);
  lcd.print("Y axial ini");

     for(int a=80; a>=10;a--){
        servo1.write(a);
        delay(50);
```

```
    }
  for(int a=10; a<=80;a++){
      servo1.write(a);
      delay(50);
 }

// servo2모터(로켓커버 모터) 로켓커버 천천히 열며 동작점검
  lcd.setCursor(0,1);
  lcd.print("Z axial ini");

  // servo2 scan
    for(int a=10; a<=168; a++){
      servo2.write(a);
      delay(50);
    }
    delay(2000);
}


//********* loop 함수
void loop() {

   // **** 로켓장착 모드(SW1, D8번이 눌렸을 때 동작 모드)
   if(digitalRead(8) && (state == 1 || state == 2 || state == 3)) {
       lcd.clear();
       lcd.setCursor(0,0);
       lcd.print("Rocket Ready");
       lcd.setCursor(0,1);
       lcd.print("Rocket Loading");

       // x축모터 45도로 천천히 회전
        for(int a=90; a<=120; a++){
            servo0.write(a);
            x1=a;
            delay(70);
        }

      // y 축모터 45도로 천천히 들어올리기
        for(int a=80; a>=50; a--){
          servo1.write(a);
          y1=a;
```

```
            delay(50);
        }


        // 로켓 커버 빨리 열기
        servo2.write(10);
          z1=10;
         delay(500);
         state =2;
    }
  // **** 로켓 발사 대기 모드(SW2, D9번이 눌렀을 때 동작 모드)
  if(digitalRead(9) && state == 2) {
       lcd.clear();
       lcd.setCursor(0,0);
       lcd.print("Move Position");
       lcd.setCursor(0,1);
       lcd.print("A Ready State");

   // 로켓 커버 서서히 닫기
   for(int a=10; a<=168;a++){
     servo2.write(a);
     z1=a;
     delay(60);
   }

    // x축모터 180도로 회전
     for(int a=120; a<=180; a++){
         servo0.write(a);
         x1=a;
         delay(80);
     }

   // y축모터 70도 각도로 천천히 들어올리기
     for(int a=50; a>=20; a--){
       servo1.write(a);
       y1=a;
       delay(50);
     }
     delay(500);
  // servo2 로켓 커버 천천히 열기
   for(int a=168; a>=10;a--){
     servo2.write(a);
```

```
      z1=a;
      delay(30);
    }
    state =3;
  }

   // **** 로켓 발사 모드(SW3, D10번이 눌렸을 때 동작 모드)
    if(digitalRead(10) && state == 3) {
      lcd.clear();
      lcd.setCursor(0,0);
      lcd.print("Rocket Fire");
      lcd.setCursor(0,1);
      lcd.print("CountDown: ");

      int k=10;
// 비상정지 버튼이 눌리지 않았거나 카운트가 0이 아니면 계속 반복
     while(! digitalRead(11) && k !=0 ) {
      lcd.clear();
      lcd.setCursor(0,0);
          lcd.print("Rocket Fire");
          lcd.setCursor(0,1);
          lcd.print("CountDown: ");
          lcd.print(k);
          tone(13,NOTE_C6, 4);  // 삐하는 비프음 내기
          delay(1000);
          k--;
          if(k <=1 ) digitalWrite(7,HIGH);
   // 카운트가 1이되면 심지에 전류공급, 불붙는 시간을 계산하여 미리 점화
심지에 전류공급
     }
      lcd.setCursor(0,1);
      lcd.print("Fire!!!  Fire!! ");
       delay(3000);
       digitalWrite(7,LOW);

       delay(4000);

      lcd.clear();
      lcd.setCursor(0,0);
      lcd.print("Rocket Ready");
      lcd.setCursor(0,1);
      lcd.print("Rocket Homming   ");
```

TIP 로켓심지 점화시간 delay(3000);

로켓을 점화하기 위해 릴레이를 구동해 12V를 구동하는 시간은 3초입니다. 코드를 보면 카운트 0이 아니라 1일 때[if(k <=1 1) digitalWrite(7, HIGH);] 릴레이를 구동하여 점화를 시작합니다. 심지에 불이 붙는 시간을 계산한 시간입니다. 이 시간은 조정이 가능합니다. 실험해보니 건전지가 새것일 때는 금방 점화되고, 건전지를 오래 사용하면 점화시간이 조금 더 걸립니다. digitalWrite(7, HIGH);하여 심지에 불을 붙이고 3초가 지난 뒤에는 반드시 digitalWrite(7, LOW);를 해서 12V를 차단하여야 합니다. ^^

```
        // 발사후 로켓 커버 천천히 닫기
        for(int a=z1; a<=168; a++){
          servo2.write(a);
          z1=a;
          delay(30);
        }


      // 발사대 원래위치로 숙이기
        for(int a=y1 ; a<=80; a++){
          servo1.write(a);
          y1=a;
          delay(50);
        }

       // x축 모터 원래 위치로 이동
        for(int a=x1; a>= 90; a--){
            servo0.write(a);
            x1=a;
            delay(80);
        }
       state =1;
    }
}
```

로켓발사대 프로그램은 미리정한 동작만 스케치하였기 때문에, 주석만 가지고도 충분히 이해하고 스케치를 작성할 수 있을 것입니다.

완성하느라 수고 하셨고, 로켓이 발사됨으로 수고 이상의 성취감과 기쁨을 느끼셨으리라 생각됩니다.
책 머리말에 써놓았던 글입니다. 사랑도 공부도 인생도 이와 다르지는 않은 듯 합니다.

"사랑하면 알게 되고, 알게 되면 보이나니, 그때 보이는 것은 전과 다르리라"

여러분의 건승을 기원합니다. 수고하셨습니다.

하드웨어와 소통하는 소프트웨어

ARDUINO SOFTWARE TUTOR

1판 1쇄 2014년 11월 15일

저 자 민한식 / 이원주
발행인 송광헌
발행처 복두출판사
주 소 서울특별시 영등포구 경인로82길 3-4
센터플러스 807호
(우) 150-091
전 화 02-2164-2580
FAX 02-2164-2584
등 록 1993. 11. 22. 제 10-902 호

정가 : 22,000원

ISBN : 979-11-85880-72-3 93560

한국과학기술출판협회 회원사

아두이노(Arduino) 소프트웨어 튜터 + Beginner KIT

제품소개

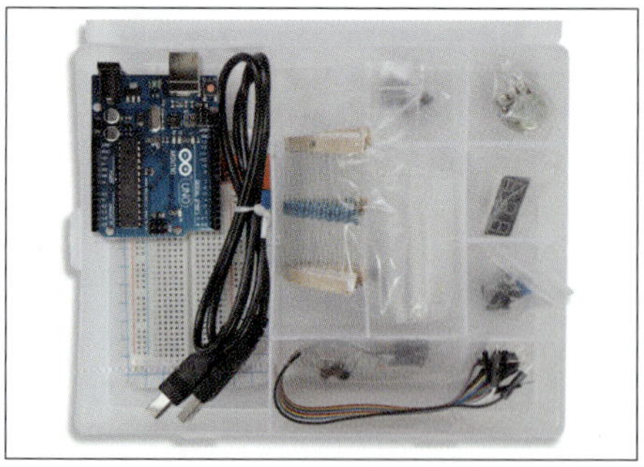

- 아두이노(Arduino) 소프트웨어 튜터 Beginner KIT은 아두이노를 처음 시작하는 분들을 위한 KIT입니다.
- Arduino Uno R3 호환보드와 브레드 보드를 기본으로 개발자들이 가장 많이 사용하는 디지털, 아날로그 센서 및 7세그먼트, LED, 저항, 서미스터, Character LCD, 모터 등 다양한 부품이 포함되어 있습니다.
- KIT 구성품이 손상가지 않도록 단단한 플라스틱 케이스로 패키지를 구성했습니다.
- 케이스는 칸막이로 나뉘어져 부품들의 보관이 용이합니다.
- 워크샵이나 각종 교육용 교재로 사용하기 적합하며 초보 엔지니어를 위한 실험 KIT으로도 손색이 없습니다.

제품구성

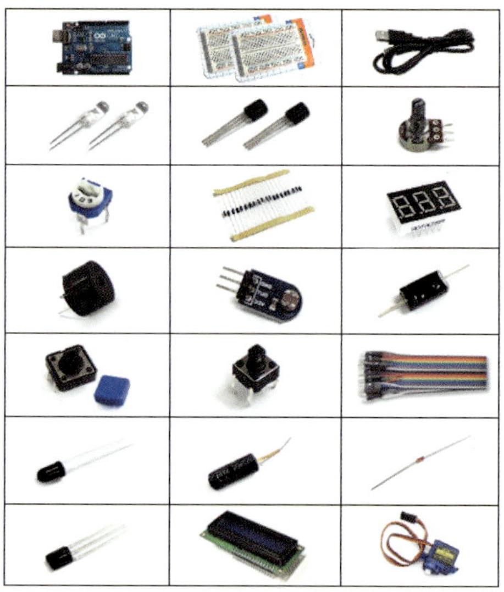

1. Arduino Uno R3 호환보드
2. 브레드 보드 – 2개
3. USB 다운로드 케이블(Uno R3용) – 1개
4. LED(RED, BLUE, GREEN, YELLOW, WHITE) – 각 4개씩
5. 트랜지스터 S8550, S8050 – 각 2개씩
6. 가변저항 10K – 1개
7. 화이트 & 블루 가변저항 10K – 1개
8. 저항 1K, 10K, 100K, 100, 470(ohm) – 각 20개씩
9. 7세그먼트 – 1개
10. 수동부저 – 1개
11. 조도센서 – 1개
12. 기울기센서 – 1개
13. 12*12 Tact스위치, 스위치 캡 – 1개
14. 6*6 Tact스위치 – 4개
15. 점퍼 와이어(약 18cm) – 20개
16. 화염감지 센서 – 1개
17. 진동감지 센서 – 1개
18. 온도감지 서미스터 – 1개
19. 적외선 원격제어수신기 – 1개
20. 1602 Character LCD
21. sg 90 Servo motor

KIT SET

아두이노(Arduino) 소프트웨어 튜터 Starter KIT (알루미늄 하드케이스 포함)

하드웨어와 소통하는 아두이노 스타터키트

아두이노(Arduino) 소프트웨어 튜터는 아두이노를 처음 시작하는 분들을 위한 제품으로
1602캐릭터LCD, 7세그먼트, LED, 부저, 온도센서, tact 스위치, 가변저항, 모터IC, 미니 브래드 보드 등이
탑재된 Bottom Board 를 기본으로 Bottom 보드에 손쉽게 장착했다 분리할 수 있게 제작 된 Arduino Uno R3 100% 호환
AHA!duino Uno R3 보드 를 기본 구성으로 구성 하였습니다

이 뿐만 아니라 고성능 스테핑 모터, Servo모터, DC모터 등도 포함되어 있어 다양한 프로젝트를 수행 할 수 있습니다
구성품이 손상이 가지 않도록 단단한 알루미늄 하드 케이스로 패키지로 구성되어 있으며,
브래드 보드용 점퍼 케이블 및 USB 케이블, 리페어용 드라이버까지 패키지로 준비 하였습니다

초보 엔지니어 및 워크샵, 각종 교육용 교재, 강의용 Kit 으로 사용하기 적합 합니다

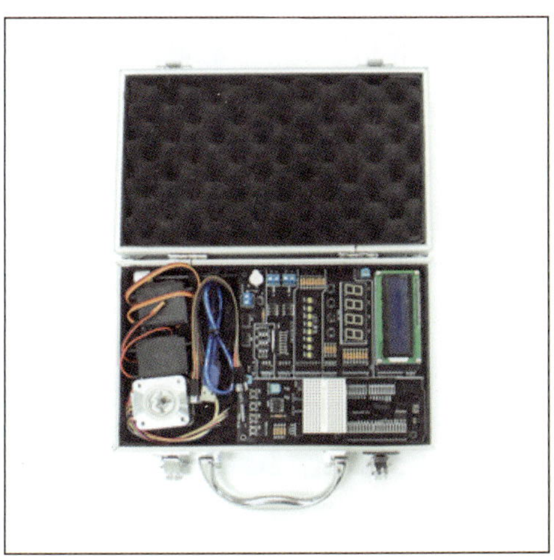

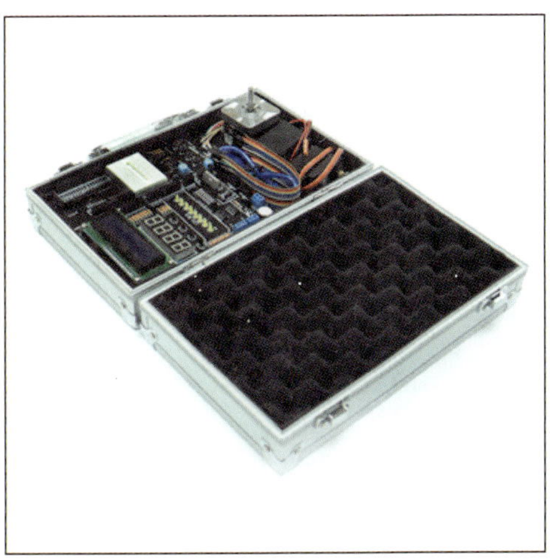

아두이노(Arduino) 소프트웨어 튜터 Starter KIT (알루미늄 하드케이스 포함)

AHA!duino Bottom Board 구성도

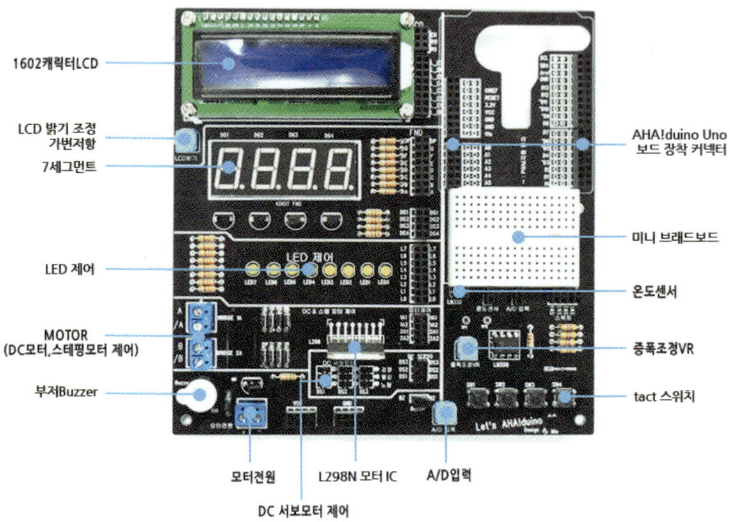

추가 기본 구성품: 베터리박스(1.5A*4 베터리 미포함), 악어클립

AHA!duino Uno R3 Board 사양

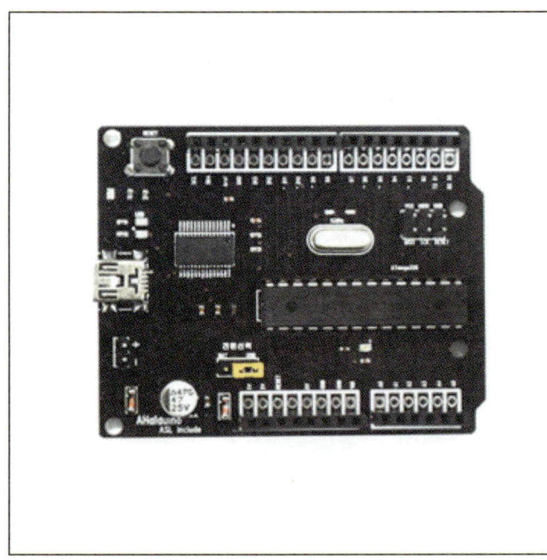

Microcontroller ATmega328
Operating Voltage 5V
Input Voltage (recommended) 5-6V
Input Voltage (limits) 5-6V
Digital I/O Pins 14 (of which 6 provide PWM output)
Analog Input Pins 6
DC Current per I/O Pin 40 mA
DC Current for 3.3V Pin 50 mA
Flash Memory 32 KB (ATmega328) of which 0.5 KB used by bootloader
SRAM 2 KB (ATmega328)
EEPROM 1 KB (ATmega328)
Clock Speed 16 MHz

ATmega328P 기반
AHA!duino Bottom Board 에 장착 가능
Reset 스위치 및 6Pin ISP 핀
5Pin Mini USB 포트
BAT/USB 선택해서 전원 공급 가능
아두이노 스케치 프로그램을 사용하여 프로그램 가능